中印关系研究丛书
教育部人文社会科学重点研究基地四川大学南亚研究所
四川大学中国西部边疆安全与发展协同创新中心
2012年国家社会科学基金项目资助（批准号：12XGJ006）

印度中国观演变研究

A Historical Study of Indian Perceptions of China

尹锡南◎著

时事出版社

图书在版编目（CIP）数据

印度中国观演变研究/尹锡南著.—北京：时事出版社，2014.12
ISBN 978-7-80232-791-7

Ⅰ.①印… Ⅱ.①尹… Ⅲ.①中印关系—国际关系史—研究 Ⅳ.①D829.351

中国版本图书馆 CIP 数据核字（2014）第 249036 号

出 版 发 行：时事出版社
地　　　　址：北京市海淀区万寿寺甲 2 号
邮　　　　编：100081
发 行 热 线：(010) 88547590　88547591
读者服务部：(010) 88547595
传　　　　真：(010) 88547592
电 子 邮 箱：shishichubanshe@sina.com
网　　　　址：www.shishishe.com
印　　　　刷：北京百善印刷厂

开本：787×1092　1/16　印张：23.75　字数：370 千字
2014 年 12 月第 1 版　2014 年 12 月第 1 次印刷
定价：88.00 元

（如有印装质量问题，请与本社发行部联系调换）

本书献给

印度德里大学东亚研究系汉学家
玛妲玉教授（Prof. Madhavi Thampi）

学术委员会

（以姓氏笔画为序）

主　任：罗中枢
副主任：姚乐野
主　编：李　涛
副主编：文富德　张　力　陈继东
委　员：文富德　尹锡南　李　涛　叶海林　任　佳
　　　　孙士海　张贵洪　张　力　张　骏　杜幼康
　　　　沈丁立　沈开艳　杨文武　邱永辉　陈利君
　　　　陈继东　尚劝余　荣　鹰　郁龙余　姜景奎
　　　　赵干城　胡仕胜　谢代刚　谭　中（美国）
　　　　Mahendra P. Lama（印度）
　　　　Khalid Rahman（巴基斯坦）

总序

  中印两国有着两千多年的文明交流史,共享两千多公里边界线,拥有 25 亿、占世界 1/3 的人口,中印关系对自身、地区乃至全球都具有举足轻重的影响。随着国际形势的发展,国际政治活动重心正逐渐从欧美向亚洲,特别是东亚、南亚等充满活力的地区转移,这对于迅速崛起的亚洲新兴发展中大国中国和印度关系的研究而言愈显重要。

  当然,影响中印关系的因素众多。从历史看,既有两千多年文化宗教友好交往的回忆,又有 1962 年边界冲突留下的阴影;从现实看,既有两国政府的高度重视,又有双方大众相互认知上的缺失和不对称;从发展看,既存在不同产业结构和资源禀赋的互补性,又存在贸易逆差等带来的问题;从国际形势看,既有同为发展中大国追求共同利益诉求的互助性,又有受地缘政治和国际格局变化影响带来的排斥性和潜在的冲突性……因此中印关系长期扑朔迷离、跌宕起伏。

  如何共同引导和维护好作为集邻国关系、大国关系、发展中国家关系、多边舞台上的重要伙伴关系"四位一体"的中印关系,这不仅是两国政府、官员的职责,也是双方民众、媒体、特别是从事中印研究的智库学者们义不容辞的任务。为此,教育部人文社会科学重点研究基地四川大学南亚研究所在基地重大项目和其他项目研究的基础上,整合全国最新科研成果推出了此套《中印关系研究丛书》。

  这套丛书将从经济发展、外交安全和社会文化的视角,全面探讨中印关系发展的历史轨迹、客观现状和未来走势,希望能有助于推动两国关系沿着正确的方向发展——从国家利益谋求自主发展,从双边关系增进互信共赢,从地区层面共促亚洲世纪,从全球视角追求世界和平、天下大同。这不仅是作者们的心声,更是两国人民的愿景!

李 涛

四川大学南亚研究所常务副所长、教授

2014 年 3 月 25 日

目　　录

绪论 〉〉〉_ 1
　　第一节　中国观的基本内涵 〉〉〉_ 2
　　第二节　国内外研究现状 〉〉〉_ 5
　　第三节　研究意义和方法 〉〉〉_ 9
　　第四节　基本结构和研究内容 〉〉〉_ 12

第一章　印度中国观的美好与朦胧期（1840—1949年） 〉〉〉_ 17
　　第一节　古代印度的中国幻想 〉〉〉_ 18
　　第二节　近现代印度眼中的中国社会与政治风云 〉〉〉_ 26
　　　　一、同情与揭露：对中国悲惨境遇的反应 〉〉〉_ 27
　　　　二、尊崇与期望：对中国形象的正面利用 〉〉〉_ 33
　　　　三、精神视角与政治视角：辩喜与康有为的认知错位 〉〉〉_ 40
　　　　四、从理解到非议：对国民党的政治观察 〉〉〉_ 46
　　　　五、从理解到疑惧：对共产党的政治观察 〉〉〉_ 51
　　第三节　历史与现实的交汇：M. N. 罗易的中国观 〉〉〉_ 61
　　　　一、罗易的中国历史观 〉〉〉_ 62
　　　　二、罗易对中国现实政治的观察 〉〉〉_ 67
　　　　三、"五月指示泄密事件"：缠绕罗易的重重迷雾 〉〉〉_ 73
　　第四节　近现代印度眼中的中国历史与文化 〉〉〉_ 78
　　　　一、梅农笔下的中国古代文学 〉〉〉_ 79
　　　　二、两大文明的融合：印度的中印交流观 〉〉〉_ 81
　　　　三、儒家佛教与"道奥义书"：印度的中国宗教哲学观 〉〉〉_ 89

（一）印度学者眼中的儒家思想　〉〉〉_ 90
　　（二）印度学者眼中的道家思想　〉〉〉_ 94
　　（三）印度学者眼中的中国佛教　〉〉〉_ 98
　第五节　从想象与崇敬到批评与展望：泰戈尔的中国观　〉〉〉_ 101
　　一、关于中国文明的整体观察　〉〉〉_ 101
　　二、关于中国命运与中印合作的思考　〉〉〉_ 105

第二章　印度中国观的升华与转型期（1949—1988年）　〉〉〉_ 109
　第一节　"蜜月期"印度中国观的主流
　　　　　（1949—1959年）　〉〉〉_ 110
　　一、概述　〉〉〉_ 111
　　二、中国社会面面观　〉〉〉_ 115
　　三、中国政治与经济发展观　〉〉〉_ 121
　第二节　"蜜月期"印度中国观的支流
　　　　　（1949—1959年）　〉〉〉_ 124
　　一、印度中国观的第一、二派支流　〉〉〉_ 126
　　二、印度中国观的第三派支流　〉〉〉_ 131
　第三节　敬慕、警觉、"惊醒"：尼赫鲁的中国观演变　〉〉〉_ 135
　　一、语带敬慕看中国　〉〉〉_ 136
　　二、心生警觉看中国　〉〉〉_ 142
　　三、"惊醒"以后看中国　〉〉〉_ 147
　第四节　印度主流中国观的大转型（1959—1988年）　〉〉〉_ 151
　　一、中印边界相关问题　〉〉〉_ 152
　　二、"中国的背叛"：中国观转型的心理前提　〉〉〉_ 157
　　三、中国观转型的逻辑展开　〉〉〉_ 162
　第五节　印度非主流中国观的形象反拨
　　　　　（1959—1988年）　〉〉〉_ 168
　　一、中印关系低潮中的谨慎展望　〉〉〉_ 169
　　二、历史研究领域的中国形象反拨　〉〉〉_ 172
　　三、边界争端起源和"中国威胁论"揭秘　〉〉〉_ 176
　　四、亲历中国者的中国印象　〉〉〉_ 183

第三章 印度中国观的混杂与激荡期（1988年至今） 》》》_ 191

第一节 印度如何看待中国崛起 》》》_ 193
一、定位中国形象的不同声音 》》》_ 193
二、中国经济发展观 》》》_ 203
三、中国军事发展观 》》》_ 212
四、中国政治和社会发展观 》》》_ 219

第二节 近年来印度英文媒体的对华报道 》》》_ 223
一、2004—2010年印度对华报道的基本脉络 》》》_ 224
二、近期印度媒体对华报道的基本动向 》》》_ 231
三、印度媒体对华负面报道的原因和中国的对策 》》》_ 239

第三节 Chindia：21世纪的"中印大同" 》》》_ 249
一、"中印大同"的滥觞和演变 》》》_ 249
二、从"中印大同"到中印"地缘文明范式" 》》》_ 254
三、"中印大同"的是是非非 》》》_ 259

第四节 印度作家和记者的中国观 》》》_ 266
一、印度之眼看中国：普兰·苏里的中国观 》》》_ 267
（一）中国魂：寻找之旅的主题 》》》_ 267
（二）佛道儒：对文化中国的思考 》》》_ 270
（三）"咄咄逼人的本性"：对现实中国的观察 》》》_ 275
二、"雾里看花"：印度记者艾蓓的中国观 》》》_ 279
（一）政治优先：意识形态的中国观察 》》》_ 280
（二）孰优孰劣：艰难痛苦的中印比较 》》》_ 283
（三）文化疏离：淡而无味的中国体验 》》》_ 287

第四章 印度中国观演变特征与中印重新认识对方 》》》_ 289

第一节 印度中国观演变的基本特征 》》》_ 290

第二节 中印如何重新认识对方 》》》_ 297
一、当代印度中国观的消极影响 》》》_ 298
二、印度如何培育成熟的中国观 》》》_ 302
三、中国如何认识印度的中国观 》》》_ 310
四、中国如何培育成熟的印度观 》》》_ 318

余论　〉〉〉_ 323

参考文献　〉〉〉_ 331

后记　〉〉〉_ 361

绪论

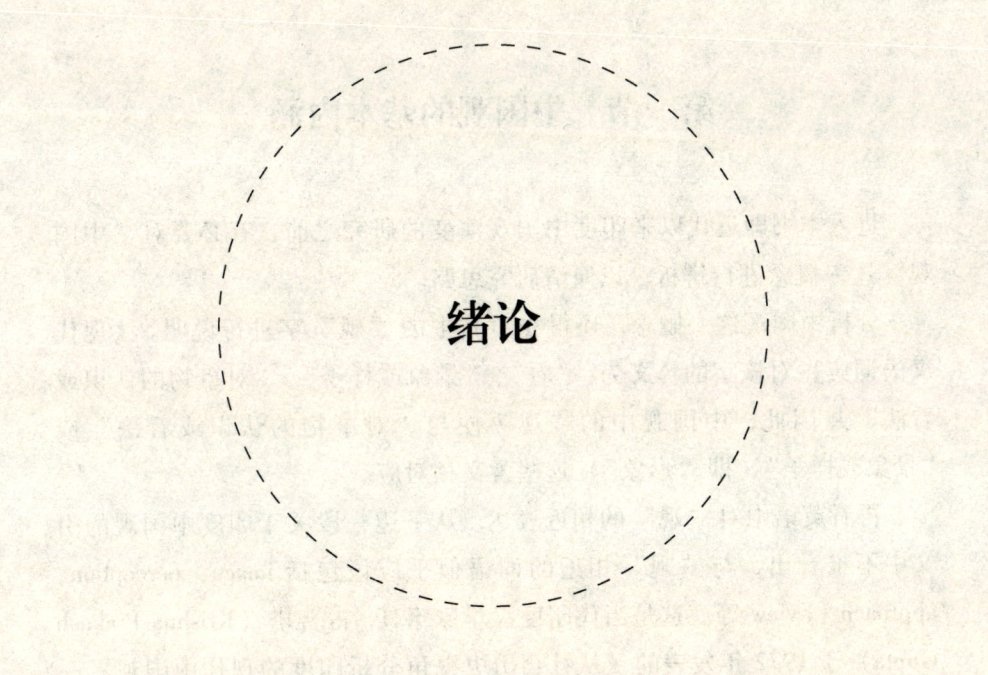

第一节　中国观的基本内涵

进入本书即近代以来印度中国观演变的研究之前，有必要对"中国观"这一概念进行辨析，以厘清研究思路。

分析中国观这一概念，还得先对其中的"观"字进行说明。《现代汉语词典》对该字的释义为："看"、"景象或样子"、"对事物的认识或看法"。[①] 因此，中国观中的"观"便与"对事物的认识或看法"或"景象或样子"（即"形象"）这些含义相对应。

再看英语中对"观"的相近表达。从下边一段关于印度中国观的引文中不难看出，与"观"相近的词语似乎应该包括 image, perception, approach 和 view 等。这是当代印度汉学家 K. P. 古普塔（Krishna Prakash Gupta）于 1972 年发表的《从社会历史视角分析印度的现代中国观》一文的英文摘要：

Dominant Indian approaches to China have been marked by empathy emanating from visions of Asian unity and resurgence. At no stage has this been reciprocated by China. This paper surveys Sino-Indian images at various periods in the last seventy years. India's initial quest for a united spiritual front, subse-

---

① 中国社会科学院语言研究所词典编辑室编：《现代汉语词典》（2002 年增补本），北京：商务印书馆，2004 年版，第 463 页。

quently transformed into the ideal of political co-existence, is contrasted with China's Sinocentric images of cultural superiority and indifference to Indian values. This remained true even at the apex of the Bhai-bhai period when Indians spontaneously accepted China as an alternative model of development, but China continued to reject the Indian experiment, notwithstanding certain deceptive gestures of cultural exchange programmes. China's political system and the 1962 war have not affected this fundamental asymmetry. The latest evidence is also examined with reference to Sino-Indian perceptions of each other during the Bangladesh liberation movement.① （下划线为笔者所加）

作为名词，image 有"心象、意象、形象、观念"等意思，perception 表示"感觉、知觉、了解、领悟力和理解力"等意思，view 则有"个人的意见，对某事的态度，对某一问题的想法或见解"等意思。② approach 表示思考问题的方式或认识事物的态度，也可表示对事物的认识或理解。

仔细阅读古普塔的文章，可以发现很多包含 image, perception 和 view 等词以表述中印相互认知的短语，例如：Indian perception, shared and reciprocal images, India's favourable images of China, images of China, India's China image, Sinocentric image, Nehru's image of China, Nehru's view of China, perceptions of China, India's mainstream perception of China, Indianized image of China, dominant Indian image of China, unfavorable image of India 等等。这些例子说明，古普塔基本是在同义或近义的基础上运用 image, perception 或 view 三个英语词汇来表达印度与中国的相互认知。这种相互认知可以顺理成章地分解为印度的中国观或中国的印度观。再看一例，另一位印度学者在研究中印关系史的著作中有这样一句话："One of the most important developments in the nineteenth century was the gradual transformation in the image or perception of India a-

---

① Krishna Prakash Gupta, "Indian Approaches to Modern China-I: A Social-Historical Analysis," *China Report*, Vol. 8, No. 4, July-August, 1972, p. 29.
② 上述三词的释义分别参见《牛津现代高级英汉双解词典》，北京：商务印书馆，1996年，第567、830和1282页。

mong the Chinese."① 这说明，image 和 perception 在一定的语境中可以等值看待。再看西方学者研究西方中国观的著作名称也可知道，② 他们与古普塔等印度学者的思路一致，或者说古普塔在某种程度上借鉴了西方的表述经验。有趣的是，西方学者 H. R. 伊萨克斯（Harold R. Isaacs, 有人译为"哈罗德·伊罗生"）著作的正标题是 Image of Asia, 而副标题则是 American Views of China and India, 这说明 image 和 view 均可联系其他词一道表示西方的亚洲观。换句话说，image, view 和 perception 等英语中的名词均可表示一种动态的跨文化认知，其作用相当于动词，因此它们译为"观"似乎也无甚不妥。approach 一词也可译为"观"，例如中国学者林同奇便将美国汉学家书中出现的英语词组 China-centered approach 译为"中国中心观"。③ 许多学者无一例外地将 image 译为"形象"本身无可非议，但却在无形中省略了该词在英语语境中所表达的动态含义。"形象"在汉语中的意思和文化认知这一过程的表达毕竟有些距离。如此说来，将 Western images of China 和 India's China image 分别译为"西方的中国观"和"印度的中国观"并无不妥，当然译为"西方的中国形象"与"印度的中国形象"也没错，但不同译法的背后包含着作者或译者的深层逻辑判断。例如，在某些西方学者看来，image 一词的含义是非常复杂的："Image 可以是观念性的、视觉的、听觉的、嗅觉的形象，也可以是这些感觉的一种融合。"④

与"中国观"一词相近的正是目前中国学者更喜采纳的一词，即"中国形象"。关于中国观与中国形象的区别，目前学界的探索并不多见。有的学者指出，中国形象不仅是"知识的积累，更是一个想象的操作，不仅是一个基于现实的直接反应，更是以挖掘这一直接反应所带来的结果与影响为目的"。没有必要刻意区分中国体验、中国认识、中国形象等概念与

---

① Madhavi Thampi, *Indians in China: 1800–1949*, New Delhi: Manohar Publishers, 2005, p. 221.

② 例如：Harold R. Isaacs, *Image of Asia: American Views of China and India*, New York: Harper Torchbooks, 1972 (1958). Colin Mackerras, *Western Images of China*, Hong Kong: Oxford University Press, 1989.

③ [美] 柯文，林同奇译：《在中国发现历史——中国中心观在美国的兴起》，北京：中华书局，1989年版，第1页。

④ Colin Mackerras, *Western Images of China*, p. 9.

中国观之间的细微差异。① 在另一位学者看来，外国人眼中的中国形象的本质不在于中国这一心理投射的客体，而在于西方这一心理认知的主体。"西方的中国形象是西方文化投射的一种关于文化他者的幻象，是西方文化自我审视、自我反思、自我想象与自我书写的方式，表现了西方文化潜意识的欲望与恐怖，指向西方文化'他者'的想象与意识形态空间。"② 从这个角度来看，虽然说中国形象与西方人的主体反思有关，但它无论如何也是一种对象认知或观念建构的过程。因此，中国观与中国形象、中国认识、中国认知等概念在很大程度上可以互换使用。

一般而言，中国观主要表示东方国家或西方国家对中国社会、政治、经济、文化、宗教、民俗等各个方面的认识。当然，从以往一些学者的研究来看，他们对于国外中国观的思考有时更为偏重其政治、经济和社会等维度，对于世界的中国形象的探索则更偏向于文学与文化维度。目前国内外学者在探索世界的中国形象时，似乎将其研究触角伸向了政治、社会、文学、宗教、民俗等更为广阔的领域。换句话说，目前的中国形象研究基本上是世界的中国观研究的代名词而已。因此，本书对印度中国观的历史探索也将在政治、经济、社会、文学、宗教文化等各个层面展开。当然，由于现当代印度作家的中国题材创作相比西方作家来说少得多，也由于印度的主流中国观并非突出地表现在印度作家的文学创作中，因此笔者将思考的笔触主要集中在印度对中国政治、中国经济、中国社会等各个方面的感性认识与理性思考上。

第二节　国内外研究现状

关于世界的中国观或中国形象，国外学者的研究已经走在中国学者、

---

① 吴光辉：《日本的中国形象》，北京：人民出版社，2010年版，第22页。
② 周宁：《天朝遥远：西方的中国形象研究》（上卷），北京：北京大学出版社，2006年版，第3页。

甚至印度学者的前面。例如，早在1958年，西方学者就已推出《心影录——美国人心目中的中国与印度形象》（Scratches on Our Minds: American Image s of China and India），该书于1972年改名为《亚洲的形象：美国的中国观与印度观》（Image of Asia: American Views of China and India）再版。此书的1958年版由中国学者译为中文并于2006年出版。① 遗憾的是，该译本舍弃了原书中关于美国的印度形象探讨的部分，属于节译本。迄今为止，除了对印度的中国观进行过某些探讨外，印度学者基本上没有涉猎更大范围的世界中国观探讨。中国学者对世界中国观或中国形象的系统探讨，大致出现在20世纪末与本世纪初，其中最有代表性的学者是周宁等人。② 中国大陆在此领域的探讨步伐之所以如此缓慢，与20世纪70年代改革开放前不理想的文化生态与学术环境不无关联。值得欣慰的是，进入新世纪以来，中国学者对世界中国观、特别是西方的中国观或中国形象的研究，显示出浓烈的兴趣，产出的成果虽然良莠不齐，但也不乏力作。在某种程度上，这为中国放眼看世界，也为当前的文化强国战略和文化"走出去"战略奠定了一定的学术基础。

在国际学术界，印度的中国观或中国形象是一个尚未引起足够重视但却极为重要的学术议题。西方学界对于印度的中国观研究乏善可陈，但前述的H. R. 伊萨克斯以及斯蒂芬·霍夫曼等少数学者的成果值得一提。③ 不过，霍夫曼的研究主要着眼于世纪之交即当代印度的中国认知，是一种地道的国际关系研究，未能综合社会历史视角，缺乏历史深度和文化广度。在印度学术界，学者们主要从政治、经济或历史互动等层面考察中印关系，除前述的K. P. 古普塔等少数人外，印度学者以专文或专著论及印度中国观的历史变迁者尚不多见。古普塔的《从社会历史视角分析印度的

---

① ［美］哈罗德·伊罗生，于殿利、陆日宇译：《美国的中国形象》，北京：中华书局，2006年版。

② 例如：周宁编著：《2000年西方看中国》（上下卷），北京：团结出版社，1998年版；周宁：《天朝遥远：西方的中国形象研究》，北京：北京大学出版社，2006年版；周宁主编：《世界之中国：域外中国形象研究》，南京：南京大学出版社，2007年版。

③ Steven A. Hoffmann, "Perception and China Policy in India," Francine R. Frankel and Harry Harding, eds., The India-China Relationship: What the United States Needs to Know, New York: Columbia University Press, 2004, pp. 33–74.

现代中国观》一文篇幅较长,共 43 页,故而以两期连载的形式发表于 1972 年第 4 期和第 5 期的《中国述评》(China Report)。① 由于写于 1962 年中印边界冲突后不久,古普塔的文章自然带有浓厚的意识形态偏见,对于中国的看法存在一些错误或偏见,但该文将研究视野扩展为古代、近代到 20 世纪 70 年代的中国认知或中印相互认知,这是中印学界的一个开创性贡献。该文还以一定的篇幅探讨了印度中国学的相关问题。该文虽然存在一些缺憾,但也得出了某些有价值的结论,提出了一些发人深思的问题,因此它对印度中国观的系统探索值得学界高度重视。古普塔还主编了《印度的中国观》(Perspectives on China) 一书。值得注意的是,根据古普塔透露的信息,两位印度学者于 1955 年在英国出版了《共产主义革命以前印度的中国观》。② 这是印度学者研究印度中国观的第一部专著,但因出版较早,它对印度中国观的考察具有非常明显的时代局限。S. 斯瓦米的《印度的中国观》论及印度对当代中国的观察和认识,但基本未探讨印度中国观的历史变迁。③ 德里大学一位学者对于印度媒体对华报道的分析也值得注意,他在文章中对印度媒体的中国形象塑造及其背后潜藏的心理机制进行了深入的研究,该文具有反思的深度与资料来源的可信性。④ 部分中国学者,如韩华、张力、张贵洪和赵干城等人在关于中印关系研究的著述中先后论及当代印度中国观的基本概况和复杂成因。⑤ 遗憾的是,限于资料搜集的难度和学养结构等各方面复杂因素,迄今为止,学者们很少以

---

① Krishna Prakash Gupta, "Indian Approaches to Modern China-I: A Social-Historical Analysis," *China Report*, Vol. 8, No. 4, pp. 29–51. Krishna Prakash Gupta, "Indian Approaches to Modern China-II: A Social-Historical Analysis," *China Report*, Vol. 8, No. 5, September-October, 1972, pp. 38–57.

② Hindi-Cheeni & D. Amba Bai, *Indian View of China before the Communist Revolution*, Cambridge: M. I. T., 1955.

③ Subramanian Swamy, *Inida's China Perspective*, New Delhi: Konark press, 2002.

④ [印] 苏巴尔诺·查塔尔吉,万雪梅译:"'印度中国亲如兄弟':印度传媒中的中国形象",《跨文化对话》第 19 辑,南京:江苏人民出版社,2006 年版。

⑤ 这方面的例子包括:韩华:"友好邻邦还是安全威胁——中印如何看待对方",《南亚研究》2002 年第 2 期;张贵洪:"印度对中国崛起的看法和反应",《南亚研究》2005 年第 1 期;张力:"中国与印度:相互再认识的必要",张敏秋主编:《跨越喜马拉雅障碍:中国寻求了解印度》,重庆:重庆出版社,2006 年版;赵干城:"印度如何估量中国崛起",《东南亚南亚研究》2011 年第 3 期;郑斌、许少民:"印度对中国崛起的认知",《南亚研究》2011 年第 4 期。

专文或专著的形式系统而历史地考察近代以来印度中国观的发展演变,也未能从中印文明特质的异同和复杂的国际政治环境、国际文化语境来揭示印度中国观演变的脉络和成因。近年来,少数中国学者开始尝试这方面的相关研究。①

顺便提一下,目前研究中国的印度形象或中国观已有一些相关成果问世。例如,华裔印度学者谭中曾经对中国的印度认知进行了历史追踪,但对印度的中国观演变并未进行系统而持续的思考。1985年,他在《中国述评》上发表文章,对古代中国文献涉及印度的记载进行分析。他认为,近代以来,中国的印度形象从带有佛法魔力的神奇土地变为"孤独无助的亡国奴"或"心甘情愿的殖民奴隶",是对印度古代文明的辉煌文化面临现代文化挑战败下阵来的"悲哀评语"。② 中国文化眼睛中的印度形象经历了几千年沧海桑田的变化。2006年,谭中在一篇文章中认为,中国人心目中印度形象的变迁可以按照心理认识基础分成六个不同的阶段加以探讨,即神异阶段、敬仰阶段、虚无阶段、同情阶段、友好阶段和冷淡阶段。③ 印度贝纳勒斯印度教大学的嘉玛希(Kamal Sheel)正在进行与中国的印度观演变相关的研究。这显示出,印度学术界已经开始将中国的印度观演变纳入研究视野。

众所周知,中国、日本与印度均为亚洲地区的重要国家。迄今为止,对日本的中国观进行系统研究的著作至少已经出版了两种,其中2012年由江苏人民出版社出版的《近代以来日本的中国观》特别值得一提。④ 比较而言,由于国内专业性的印度研究人才较少,再加上其他诸多复杂因素,对于印度中国观的历史探索基本上无人问津。这也是本书研究基础薄弱的原因,自然也显出其重要的研究价值。

---

① 例如:周宁:"我们的遥远的近邻——印度的中国形象",《天津社会科学》2010年第1期。拙著:《印度的中国形象》,北京:人民出版社,2010年版;拙文:"一百年来印度对中国认识的复杂变化",《南亚研究季刊》2007年第3期。
② Tan Chung, "Indian Images in Chinese Literature: A Historical Survey," *China Report*, Vol. 21, No. 1, 1985, p. 62.
③ [印]谭中:"中国文化眼睛中印度形象的变迁",张敏秋主编:《跨越喜马拉雅障碍:中国寻求了解印度》,第31页。
④ 蒋芳:"《近代以来日本的中国观》出版",2012年9月25日,http://www.js.xinhuanet.com/2012-09/25/c_113204510.htm。

第三节 研究意义和方法

　　印度的中国观是一个极为重要的学术课题。近年来，中印学者开始探索这一领域，但是迄今为止，除了极少数人外，中国、印度和西方学者基本没有涉及古代或近代以来印度中国观历史演变的系统探讨。

　　目前，西方的中国观成为中国学界的研究热点，学界对印度等东方国家的中国观研究则显得冷清得多。这在目前中印关系日益升温、中印文化交流逐渐增多但中印相互认知常常出现偏差或不对称的时代语境里显得非常不合时宜。后殖民理论创始人赛义德（Edward W. Said，又译"萨义德"，后文按通行译法称为"赛义德"）说过："只要考虑东方就无法回避印度。"[①] 忽视研究印度的中国观演变史，无论是对中国的印度学研究，还是对中印关系发展而言，都只能是弊大于利。

　　很长时间以来，由于中印学术界缺少交流互动和其他诸多复杂因素，中国学术界主要关注欧美各国或日本等国的中国观历史演变，对近代以来印度中国观发展演变的系统研究不予关注。事实上，这种研究意义深远。关于印度中国观发展演变的系统研究将使我们深入了解印度认识中国的基本脉络及发展趋势。随着全球化的不断深入，邻国外交正日益成为中国外交的重要组成部分。客观地看，中国的周边外交还面临很多问题。中国地缘战略的考量离不开亚洲。研究世界大国的中国观固然重要，但研究周边国家中国观的发展演变同样重要且更为迫切。从这层意义上来说，既为周边国家又极具大国潜质的印度的中国观便具有非常重要的研究价值。近代特别是1962年中印边界冲突以来，印度的中国观极大地左右了印度对华外交策略，也深刻地影响了中印关系的发展，这一影响至今仍然清晰可

---

① ［美］爱德华·W. 萨义德，王宇根译：《东方学》，北京：三联书店，1999年版，第97页。

见。因此，研究印度中国观的历史蜕变、特别是当前印度中国观的复杂概貌，必将深刻地揭示中印关系曲折发展的深层心理机制。"知彼知己，百战不殆。"当前，中印友好与"龙象竞争"的趋势并存，中印作为发展中大国同时崛起是当代东西方世界最关注的问题。因此，对印度中国观的演变进行系统考察刻不容缓。"从长期来看，中印关系有望成为中国建立新型大国关系的主要例证之一。由于中印既为新兴大国，又是邻国，因此双方利益重叠交叉和冲突矛盾都有很大的典型意义。中国如何处理对印度关系是中国在成为全球大国道路上一个有着全新意义的问题，因此必须有长远的眼光和战略性的前瞻……这需要将中国的对印度政策置于亚洲和全球的格局塑造范畴予以考量，而这正是中印关系已然超出双边范围的意义之所在。"① 本书对印度中国观如何影响中印关系发展的分析，将进一步丰富中印关系研究的内容。对中国政府和民间如何应对印度中国观消极面的问题进行探讨，这将把中印关系研究从理论探讨引入对策应用的层面。全面深入地了解印度中国观的演变成为中国对印外交的基本前提，它将为中国制定对印外交策略提供比较可信的参考依据和信息。

　　系统探索近代以来印度中国观的历史演变，也是对目前正在蓬勃发展的中印友好事业的文化支撑。这一探索的现实意义在于，它将在一定程度上总结中印关系在近代以来为什么会由冷到热，再由热到冷，目前又由冷转热？这一研究可能还会预示或暗示，在目前中印关系转热的同时，友谊之河潜藏哪些暗礁，会阻止中印友好航船顺流直下、一往无前。忘记历史意味着背叛，抛开理性的学术研究空喊政治口号意味着轻浮。虽然近年来中印关系的大幅改善有目共睹，但彼此间的误解或曰中印相互认知的偏差不可能在短时间内消除。与中美、中日、中俄、中英等双边交往相比，中印关系显得更加耐人寻味。这是由 20 世纪中后期中印消极互动加剧造成的。这不可避免地影响了中印看待对方的视角和心态。有的印度人士曾指出印度看中国的一大弊端："事实上，我们印度人是通过西方眼光和西方以英语为媒介进行的研究来看待中国的。我们接受了中央王国等诸如此类的关于中国形象的老生常谈。我敢确信，中国人也是以这样的方式来看待

---

① 赵干城：《中印关系现状·趋势·应对》，北京：时事出版社，2013 年版，第 73 页。

印度的。"① 这些观点发人深省。一些有识之士认识到这一问题的严肃性，如新德里英迪拉·甘地国立艺术中心主管人卡比拉·瓦赞嫣（Kapila Vatsyayan）于1990年访问敦煌时说："印度和中国过去一直是通过西方去寻求对彼此的认识与了解，现在我们应该面对面来直接了解彼此了。"② 迄今为止，在以学术研究响应"面对面直接了解彼此"方面，华裔学者谭中走在了中印学者的前头。他在印度通过组织研讨会、出版专著的方式，将中印彼此了解推向一个新的阶段。无论如何，中印友好是中印在21世纪一起崛起于世界东方的重要前提，也是世界政治、经济格局大变动的必然产物。青山遮不住，毕竟东流去。因此，在推动中印友好历史潮流向前翻滚的征途中，研究近代以来印度中国观的变迁必将是一种有益的学术举措。

对印度中国观历史演变的考察既属于文化研究或比较文化（比较文学）范畴，也属于国际关系研究的范畴，同时还是一种货真价实的历史研究、心理探索与社会学思考。近代以来，印度中国观经历了从朦胧到清晰、从积极到消极、再从消极单一的刻板印象到复杂微妙的多元认识的漫长路径。印度中国观是世界中国观的一个重要组成部分，它与其他东西方国家的中国观有着某些相似之处，但作为中国的近邻和友好历史伴侣，印度近代以来的中国观演变又有着自己的独特之处。正是这种独特性，构成了印度中国观演变作为研究对象的引人入胜之处。因此，本书将采取历史考察和理论分析相结合、文化研究和国际政治分析相渗透、宏观考察和个案分析的微观透视（如具体分析泰戈尔和尼赫鲁等的中国观）相补充的方法进行研究。笔者在本书主体结构的谋篇布局上力求均衡，以期辩证而历史地探索和烛照印度中国观的多视角（如社会、政治、经济、文学、历史等）、多层面（如学者、作家、媒体、政治家等）和多声部（各种积极认知与消极认识）。具体说来，笔者将主要以文化理论（如后殖民理论等）和国际关系理论的双重视角，对近代以来印度中国观的历史嬗变分段进行剖析，力求探索印度中国观历史变化的独特规律，揭示其当前走向，预测其发展趋势。例如，K. P. 古普塔在研究印度的中国认知时认为："印度对

---

① Surjit Mansingh, ed., *Indian and Chinese Foreign Policies in Comparative Perspective*, New Delhi: Radiant Publishers, 1998, p. 509.
② 张敏秋主编：《跨越喜马拉雅障碍：中国寻求了解印度》，第2页。

中国的寻求与印度寻求自己的身份认同是同步进行的。"① 在某种程度上，印度中国观变迁可用西方后现代理论进行分析。笔者将在研究中体现这一开放性姿态，同时又注重历史考察的实证维度。总之，笔者将勉力体现跨学科研究的特色，综合借鉴历史学、比较文学、国际关系学等跨学科（亦即跨越人文科学与社会科学界限）的理论资源，比较全面地考察印度中国观的演变。

第四节 基本结构和研究内容

近代以前，印度有关中国的历史文献特别缺乏，这使得打量古代印度的中国观成为一个异常棘手的问题。近代以来的殖民主义统治时期，由于中印开始直面交流，历史文献记载也有本可查，印度对中国的认识初现端倪。因此，本书拟先对古代印度的中国幻象进行简略介绍，再集中研究近代以来、特别是20世纪中期中印关系恶化以后印度中国观的历史演变，最后对印度中国观与当代中印关系发展的相关问题进行思考。

本书的主体部分为四章。在"绪论"阐明中国观基本含义的基础上，第一章主要研究1840年鸦片战争至1949年新中国成立前夕的印度中国观。在这漫长的100多年中，印度的中国观内容丰富。这一时期，印度的中国观处于一种美好的想象期，诗意朦胧的向往和对中国命运的深切关怀，基本构成了这一期印度中国观的两大主体内容。

鸦片战争以后、特别是自泰戈尔（Rabindranath Tagore，1861—1941年）访华开始，被西方殖民势力阻隔的中印交流渠道再次打通，中印之间开始了新一轮的心灵对话。印度对中国社会现状、民族精神、民族命运、政治风云等方面的观察和思考值得关注。这是本章首先研究的主要内容。

---

① Krishna Prakash Gupta, "Indian Approaches to Modern China-I: A Social-Historical Analysis," *China Report*, Vol. 8, No. 4, July-August, 1972, p. 33.

对中国当时身处半殖民地状态的现实境况，印度广大政治、文化精英和民众均表现出同情的姿态。近代以来，印度对华认知尤以同情中国遭受鸦片残害之苦及对中国抗日战争进行道义和物质支持最为典型。近现代印度智者的中国观或曰中印文明之间的对话，在某种意义上也可归入文化利用的范畴进行分析。印度智者对中国形象的文化利用基本以正面为主，因为他们主要是以正面的中国形象反思印度的弊端，以达到鼓舞民心的目的。中印近现代双向认知存在某种不对称的现象，这也是中印文明近代对话篇中非常独特的认知错位现象。例如，康有为以政治视角考察印度的现实状况，而辩喜等印度智者则以精神文化视角美化中国形象，以寄托自己的民族复兴之梦。

印度独立前后，印度朝野对于中国复杂微妙的政治形势有过比较深入的思考。以尼赫鲁为首的国大党和其他印度政党、媒体，对于国共两党有过很多观察和思考。第一次国共合作后期，印度革命家 M. N. 罗易以共产国际代表的身份来华指导中共的革命工作。罗易在《中国革命与反革命》和《我的中国经历》等著作中记录了他丰富多彩的中国观。他对中国历史、中国现实政治、中国革命方略和前途等均有论述。

本章接着对近现代印度眼中的中国历史文化观进行了简略的考察。一些印度学者由佛教之于中印关系的深刻影响入手，着力考察中印文明在古代世界的交流融合，从历史视角构建双向交流基础上的中印文化一体或文明融合说。中印文明融合说以师觉月为典型代表，他提出了"两大文明融合"、"共同文明"和"中印式艺术"等观点。印度学者主要通过英语载体的翻译媒介，带着宗教之眼看中国，试图在中国古代的宗教哲学中发现中国文明的特性。泰戈尔的中国文明观代表着印度中国观的一些主要方面。他对中国文明一般性质、中国现状和前途等的观察、认识和评述，是现代印度中国观的重要组成部分。

第二章主要探讨 1949—1988 年的 40 年间印度如何认识中国的问题。在这 40 年中，中印关系发展经历了曲折坎坷，这极大地影响了印度中国观的发展演变。边界冲突前后，印度以积极美好为主色调的升华型中国观开始了历史大转型。时至 1988 年印度总理访华的"破冰之旅"，印度中国观的主流基本仍以负面、甚至是极端的负面色彩为主。

一般而言，可以将20世纪50年代的印度中国观或印度对华认知大致分为主流与支流两派。中印关系"蜜月期"里的印度中国观基本上以正面、乐观、积极、肯定为主流姿态。

不容否认，整个20世纪50年代印度国内至少还存在三种消极中国观。三派声音组成了印度中国观的支流。不过，在20世纪50年代中印关系基调为友好的前提下，印度中国观的支流几乎一直被其主流所遮蔽。

在现代印度政治家中，尼赫鲁的中国观代表了现代印度中国观向当代印度中国观转型的一种潮流。尼赫鲁三个时期的中国认知代表不同的内容：先是中印联合的政治梦想，再到严肃思考如何和平共处的问题，最后到公开抨击中国的"敌意"。

随着时间的推移，西藏问题、中印边界问题等逐渐浮出水面，印度主流的中国观开始了剧烈、彻底而影响深远的重大转型。这次转型的时间在20世纪50年代末。中印边界冲突给印度的中国认知带来了巨大的冲击。印度中国观最大的变化是对中国形象的极端妖魔化。

严格说来，并非20世纪60年代到80年代的所有印度人都对中国取妖魔化的立场姿态。事实上，他们中的某些人在一定程度上超越了这一消极立场。这些人的中国观无形中对当时处于主流的消极中国观起到了反拨、抵抗、瓦解的作用。

总之，1949年至中印关系基本正常化的1988年，印度的中国观经历了曲折而漫长的40年"心理长征"。经过20世纪50年代末至60年代初中印关系的急转直下，印度中国观开始了第一次重大转型。妖魔化的中国形象成为很长一段时期内印度中国观的主流，而理性地思考中国、浪漫地想象中国的声音变成支流的、边缘化的"涓涓细流"。这对20世纪90年代至今印度中国观基本面貌的形成造成了无法忽视的影响。

第三章主要研究1988年至今20余年间印度如何认识中国的问题。在中国崛起的背景下，印度对中国的全面认知产生了严重的分歧，此即印度中国观"众声喧哗"似的混杂与激荡，这也是印度中国观在20世纪末出现第二次转型的基本含义。

从中印高层达成共识的现实来看，印度政府显然已经超越了"非敌即友"式模式，也超越了意识形态的对华认知立场，从而在国家利益、地区稳定、世界共赢等多个层面上重新认识中国之于印度的重大意义。

当前印度各界对中国经济增长、军事现代化和地区影响力等重要方面的看法各异。于是，当代印度纷纭复杂、三维立体的中国形象若隐若现，印度中国观处于混杂激荡的"众声喧哗"状态。人们不难发现，在左右大多数印度人士的主流中国观难以定型的同时，两种极端的中国观仍然存在。前一种极端是印度版"中国威胁论"的新发展，后一种"极端"主要指当代印度的"中印大同"观。"中印大同"来源于泰戈尔等印度智者的天才设计。华裔学者谭中将"中印大同"思想推衍为中印地缘文明范式新思维。

20世纪末至21世纪初，很多印度学者对中国经济增长及其前景进行了分析和预测，并自然延伸到中印经济发展比较的维度。与此前一些学者的研究心态相比，他们的心态更趋理性和客观。如果说印度对中国经济高速增长的理解还算客观而理性的话，那它对中国军事现代化则多持消极的看法。对于中国政治体制和社会发展道路的观察思考，印度学界也有不同的观点碰撞。这表明，印度的中国观具有非常丰富的内容。

由于中国迅速崛起，印度英文媒体的对华报道近年来逐渐增多，这成为分析印度中国观的又一个极佳的学术平台。整体来看，近年来印度主流英文媒体的对华报道开始呈现多元化色彩，但是如全面考察印度的主流英文媒体（如报纸、期刊、电视节目等），便会发现其对华报道的主流仍以负面为主。那么，印度主流英文媒体对华负面报道的起因究竟有哪些？本章对此进行了分析，并对中国的对策进行了初步探索。

本章还对印度作家普兰·苏里和记者艾蓓的中国游记进行了个案研究。她们的中国书写是印度对华认知"众声喧哗"的真实反映。

第四章先对印度中国观历史演变的基本特征和规律进行总结，然后探讨中印如何重新认识对方的重要时代命题。

21世纪，印度应该如何客观地看待中国的崛起，中国应该如何理性地认识印度中国观的负面因素，如何正确地构建客观合理的印度观，理应成为当前中印关系研究的重点。事实上，消极的印度中国观给中印关系带来的压力是非常实在的。当代印度如何走出看待中国崛起过程中出现的认知误区，这是一个必须认真加以思考的问题。

印度的大国地位甚或正面形象正在逐渐变为中国学界的共识，但是很多学者对印度中国观的探讨习惯于聚焦它的负面和消极因素即印度中国观的某些误区，特别是聚焦于当代印度的"中国威胁论"。这容易造成中国学者、读者对印度中国观的认知误区。因此，本章对中国如何理性认识印度当代中国观的问题进行了思考，还就中国如何培育成熟印度观的议题进行了初步探索。

毋庸置疑，由于国内对近代以来印度中国观历史演变的研究刚刚起步，关注者较少，这方面的研究基础比较薄弱，可以借鉴的前期成果不多，某些时段的研究资料难以"竭泽而渔"，因此本书对于印度中国观的演变研究只是一种不太成熟的探索和尝试。这自然会留下很多遗憾。当代印度各界非常关注中国，收集和阅读相关的海量文献均是艰难重任。考察当代印度中国观时，如欲对印度政界、学界、企业界、文学界、外交界、新闻媒体和外延十分广泛的一般民众的对华认识或印象进行全面梳理，这似乎会形成一种主次不分的"大杂烩"。因此本书主要以印度政界、学界和新闻媒体等的对华认识为代表性的考察对象，兼涉商界、文学界等的中国印象。由于语言的限制，笔者也不能运用印地语、孟加拉语、马拉提语、泰米尔语、坎纳达语、泰卢固语或旁遮普语等印度现代语言的相关文献，因此，本书对印度中国观的地域特征缺乏深入分析。总之，本书作为抛砖引玉之作，期待各位专家和读者不吝指正。

第一章

印度中国观的美好与朦胧期（1840—1949年）

1840年鸦片战争是中国历史步入近代阶段的标志性事件。此后不久，印度民族大起义爆发，由于大英帝国侵略和分化等殖民主义因素，中印之间的联系开始进入新阶段，呈现出很多新的特征。1804—1949年新中国成立的100多年间，印度对近现代中国的观察和认识自然是一种客观的存在。本章主要研究鸦片战争到中华人民共和国成立的100多年间印度各界、特别是文化与政治精英对中国社会、政治与文化等方面的各种认识。比起西方复杂多维的中国观来，近现代印度的中国观确乎以积极美好为主色调，罕见关于中国的意识形态套话或等级性政治话语。某种程度上，近现代印度的中国观也是对古代印度模糊朦胧的中国想象的自觉继承。因此，在进入本章内容的研究之前，有必要对古代印度的中国幻想进行简介。①

第一节　古代印度的中国幻想

　　印度在中国古代典籍中有多种译名，如身毒、贤豆、天竺、忻都、婆罗门国、欣都思、印毒、印都、印特伽、盈丢等。《后汉书·西域传》中将所谓天竺国称为身毒。唐玄奘《大唐西域记》卷二《印度总述》这样记载道："详夫天竺之称，异议纠纷，旧云身毒，或曰贤豆，今从正音，宜

---

①　下文关于古代印度中国幻想的介绍，参阅拙著：《印度的中国形象》，第45—54页。此外，后文的相关论述多参考该书内容，特此说明。

云印度。印度之人，随地称国，殊方异俗，遥举总名，语其所美，谓之印度。印度者，唐言月。月有多名，斯其一称。"① 自玄奘为印度正名以后，后人沿用至今。正如玄奘所言，印度古代小国林立，随地称国，印度的确是其总名而已。因此，古人又称印度为"五印度"、"五天竺"，或简称"五印"、"五天"，即东西南北中印度之总称。但如果从学理上考究，玄奘的记载有些失误，他误把"印度"一名解释为与之读音相同的梵语名词indu 的音译，并提出所以称之为"月"（indu）的原因。在他之后去印度留学的义净在《南海寄归内法传》里指出了这种说法的错误："或有传云，印度译之为月，虽有斯理，未是通称。且如西国名大周为支那者，直是其名，更无别义。"②

中印两个伟大的东方文明古国既然相邻，各自又有灿烂辉煌的文化传统，更应有多种多样的文化互动，事实也的确如此。"至于这一交流究竟起于何时，现在已无法考定了。"③ 无论如何，中印古代交流的存在已是不争的事实。在这种相互交流的基础上，古代印度对中国的朦胧幻想开始出现。

中印两大文明古国的友好交往在世界文明发展史上非常独特。这种独特性就体现在她们之间的和平往来上，如佛教对中国文化的"和平征服"，中国道家思想对印度文化潜移默化的影响。尽管中印之间横隔着喜马拉雅山的天然障碍，但这从来没有阻挡彼此间源远流长的文化交流。中印文化交流的历史可以追溯到 2000 多年前。在这漫长的文明交往过程中，许多中国人记录了自己所感知的亦真亦幻的印度形象。然而，由于印度人自古不好笔录，其古代经典几乎全靠心记口传，这不仅使中国文化对古代印度的影响难觅踪影，也使印度人所感知的中国形象很难为后人准确把握。一般而言，古代印度缺乏真正意义上的历史著述，而多宗教神话的想象性巨制，这不仅使得中国文化影响印度的痕迹难以捉摸，就连寻觅古代印度的

---

① 玄奘、辩机著，季羡林等校注：《大唐西域记校注》（上），北京：中华书局，2000 年版，第 161 页。
② 义净著，王邦维校注：《南海寄归内法传校注》，北京：中华书局，1995 年版，第 141 页。
③ 薛克翘：《中印文化交流史话》，北京：商务印书馆，1998 年版，第 9 页。此处及后文的相关介绍多参考该书内容。

中国认识,寻觅近代以前印度的中国形象建构轨迹,也无异于大海捞针。[1]但是,通过艰难的寻觅,人们还是可以在一些早期印度文化经典里发现印度人认识和想象中国的一些蛛丝马迹。这些只言片语即为非常宝贵的"吉光片羽",将其串联拼合,即可使古代印度人眼中的中国印象露出冰山一角。

当今西方人称呼中国时,英国人叫 China,法国人叫 Chine,意大利人叫 Cina,这些词曾被译为"支那"。令人惊讶的是,印度古代经典也不约而同地把中国叫作"支那"。按照法国著名汉学家伯希和(Paul Pelliot,1878—1945 年)的观点,该词来自中国的"秦"字,但它的出现比秦始皇统一中国的时间要早一些,大约在公元前 3 世纪中叶以前。与众不同的是,一位印度学者语出惊人,他认为:"China 这个名字来自印度,通过佛教为我们所知。"[2] 日本学者中村元认为:"人们一般都熟知印度乃至南亚文化一直给中国以影响,但对于与此相反的事实却不甚了了……中国何时起开始为南亚所知呢?在梵语中把中国称为'支那'(cina),在现代印地语和孟加拉语中,书写成 cin,发音为'秦'。Cina 一词最早出现于《摩诃婆罗多》、《摩奴法典》等文献中。在佛经里,则最初出现在《弥兰陀王问经》中。"[3] 具体说来,印度古代经典最早记录"支那"这一名称的,应该是被当代西方学者称为用历史实证方法最早阐述关于国家和均势理论的梵文经典《政事论》(Arthasastra,又译《利论》),其作者考底利耶(Kautilya)被视为"第一个系统叙述国际关系"的人。[4] 孔雀王朝(公元前 322—前185 年)时期产生的《政事论》主要讲述统治之术,是印度一部非常重要的文化经典。

中国的丝通过古代的"丝绸之路"传到了西方,同时也传到了印度。关于这一点,《政事论》中有这样一句记载:"Kauseyam cinapattasca cinab-

---

[1] 郁龙余等著:《梵典与华章:印度作家与中国文化》,银川:宁夏人民出版社,2004 年版,第 529—530 页。此处介绍参考该书相关内容。

[2] Paramesh Choudhury, *Indian Origin of the Chinese Nation*: *A Challenging*, *Unconventional Theory of the Origin of the Chinese*, Calcutta: Dasgupta & Co. Private Ltd., 1990, p. 169.

[3] [日]中村元,方广锠译:"论中国文化在亚洲的意义",何兆武、柳卸林主编:《中国印象——世界名人论中国文化》(下册),桂林:广西师范大学出版社,2001 年版,第 364 页。

[4] 倪世雄等著:《当代西方国际关系理论》,上海:复旦大学出版社,2001 年版,第 14 页。

humijah."（丝及丝衣产于支那国）① "kauseya"指中国的一种蚕丝，这在玄奘的《大唐西域记》卷二中便有相关记载。玄奘的记载告诉我们，此时蚕丝已经传入印度，并且印度人已经开始穿用蚕丝做的服装。《政事论》关于中国的此类记载仅此而已，它没有告诉当代读者更多有关"支那"即古代中国的信息，使得今天的读者很难感知早期印度的中国印象。但是，考虑到印度古代文字记载不详的实际情况，《政事论》这一记载具有非常宝贵的历史文献价值。

《政事论》之后，印度两大史诗即《摩诃婆罗多》（Mahabharata）和《罗摩衍那》（Ramayana），以及《摩奴法典》（Manava dharmasastra）等也多次提到"支那"即中国。在《摩诃婆罗多》的《大会篇》第23章里，史诗作者即仙人毗耶娑的大弟子护民子给婆罗多族后裔镇群王讲述他的祖先、大英雄之一阿周那征服北方各地的故事："人民之主啊！东光国有个伟大的国王叫福授，他和伟大的阿周那展开了一场大战。"紧接着的叙述是："东光国王周围有吉罗陀人和支那人，还有许多住在海边的战士。"②《摩诃婆罗多》中有些国家能为现代学者所证实，但也存在许多随意命名的不能证实的国家。护民子这里叙说的"支那人"无疑应是中国人。这里的"支那人"是众多民族中的一员，没有什么引人注目之处。

《大会篇》第47章有几颂（颂相当于梵文诗歌的一句）是史诗主人公之一难敌向父亲讲述对手般度族的领袖人物坚战受各国朝贡的情况。在四方朝贡的人群中，再次出现了"支那人"的模糊身影："支那人、匈奴人、塞种人、奥陀罗人、住在山中的人、芘湿尼人、诃罗胡那人、黑人和雪山上的人，带着各色各样的许多物品前来进贡，也被挡在门外。"③ 这里将支那人与匈奴人、黑人、雪山上的人等一同对待，说明"支那人"的确是很普通的一个民族。在大史诗第十二篇《和平篇》里，坚战等人的祖父、婆罗多族英雄毗湿摩关于大牟尼（即圣人）毗耶娑的叙述是："大牟尼看到

---

① 转引自季羡林：《中印文化交流史》，北京：新华出版社，1991年版，第18页。后文相关介绍多参考该书内容，特此说明。

② [印] 毗耶娑：《摩诃婆罗多》（第1卷），此句为席必庄译，北京：中国社会科学出版社，2005年版，第550页。

③ [印] 毗耶娑：《摩诃婆罗多》（第1卷），此句为席必庄译，第589页。

支那人和匈奴人出没的各种地区，来到阿利耶婆尔多这个地方。"① 这里的叙述同样说明"支那人"的普通平常。《大会篇》第 47 章紧接着的叙述是："还有波力迦和支那产的幅宽、鲜艳、柔滑的毛绒、鹿皮和绢绸。"② 这里出现了"支那"的特产毛绒等，但它又和一个叫波力迦的国家纠缠在一起，使人相信绢绸等进贡物品不是中国的独家发明。从这里的叙述可以发现，中国人是古代印度人所知道的众多民族中的一种，而中国的部分物产已经为他们所熟悉。可以说，这种关于"支那"即中国的早期印象是朦胧的，它客观地反映了印度古人对中国的认知。

在《摩诃婆罗多》稍后出现的另一部印度史诗《罗摩衍那》中，也出现了与中国有关的宝贵信息。《罗摩衍那》主要讲述印度教英雄罗摩的传奇故事，它曾经在历史上对南亚、东南亚和东亚某些国家的文学文化及宗教生活都发生过重要影响。在《罗摩衍那》的第四部分《猴国篇》中，群猴领袖即神猴哈奴曼（一说即中国神魔小说《西游记》里孙悟空的印度原型）帮助罗摩寻找被魔王罗波那劫掠而去的妻子悉多。哈奴曼吩咐一个叫舍多波厘的猴子，带上许多猴子到北方的喜马拉雅山一带去寻找悉多。哈奴曼嘱咐道："要一再去访问那支那人，极东支那和尼诃罗；你们搜索了陀罗多，再把那雪山去搜索。"③ 在这里，神猴哈奴曼即故事叙述者的化身先点出北方的喜马拉雅山，再叙述"支那人"，并认为中国就是"极东支那"（Paramacina）。从地理方位看，这里的叙述是正确的。梵文里的"parama"有"最遥远、极端、最有名、最好"等意思。④ "cina"即中国古称。季羡林将这两个合在一起的梵文词形象地译为传神的"极东支那"，既体现了中国的地理方位（古代中国称印度为"西天"），又暗示古代印度人虽然倚靠着喜马拉雅东边的邻居（极东支那），但离认识真正中国的距离何止万千？不过，回到哈奴曼的叙述，结合古代天竺人高超美妙的想象

---

① ［印］毗耶娑：《摩诃婆罗多》（第 5 卷），此句为黄宝生译，北京：中国社会科学出版社，2005 年版，第 592 页。
② ［印］毗耶娑：《摩诃婆罗多》（第 1 卷），此句为席必庄译，第 589—590 页。
③ ［印］蚁垤，季羡林译：《罗摩衍那》（四），"猴国篇"，北京：人民文学出版社，1982 年版，第 300 页。
④ M. Monier Williams, *A Sanskrit-English Dictionary*, Delhi: Motilal Banarsidass Publishers, 2002, p. 588.

来分析，这里的"Paramacina"未尝不可转译为"最美好的中国"、"妙不可言的中国"等。也许这更符合哈奴曼亦即古代印度人对"极东支那"的美丽想象吧。这或许正是远古印度想象的中国的迷人之处吧。

在《摩奴法典》里，中国人被看作刹帝利种姓。印度教将人分为四种姓，从高到低依次为婆罗门（主管祭祀等宗教活动）、刹帝利（武士阶层）、吠舍（主要从事商业、农业和手工业的一般平民阶层）和首陀罗（最底层者）等四个种姓。这样来看，《摩奴法论》的作者和《摩诃婆罗多》的作者一样，都有趣地将中国人视为第二种姓，即能征善战、勇猛无畏的刹帝利武士。虽然他们没有将最高级的描绘赠送给中国，但将中国人视为地位显赫的刹帝利种姓，也可谓给足了面子。这与梵语词"Yavana"具有"希腊人"和"野蛮人"的双重含义形成对比，它说明早期印度人眼中的中国人是高贵的一族，而西方的希腊人则属于野蛮一族。以古代印度之眼看中国，这便产生了奇妙而绝佳的文化误读。即使近为喜马拉雅邻居，古代印度人看中国时也不由自主地戴上了一副雾里看花、水中望月的文化哈哈镜。印度人隔着高耸入云的喜马拉雅天险，打量近在咫尺却又远在天涯的"支那人"，他们获得的中国印象的确令人称奇。

由历史记载来看，近代以前中印交流的一大特点是，印度文化对中国的影响一直处于"贸易出超"的状态。因此，欲把握中国的印度认知不是特别困难，但在印度大史诗形成之后，由于印度方面相关文献资料的缺乏和诸多复杂原因，仅仅依靠中国方面的相关记载，印度人的中国观难以把握。当然，也有极少的例外。例如，中国古代求法高僧在印期间，与印度僧人有过广泛接触。他们中的一些代表人物如玄奘以"大乘天"和"解脱天"的美名在印度僧人心目中留下了令人欣慰的中国高僧形象。玄奘遍游五印度，在告别居住已久的那烂陀寺时，寺里僧人竞相挽留。根据玄奘归国后所收两位弟子的记载，印度僧人虚构的中国印象开始呈现在读者面前："法师即作还意，庄严经像。诸德闻之，咸来劝住，曰：'印度者，佛生之处。大圣虽迁，遗踪俱在，巡游礼赞，足预平生，何为至斯而更舍也？又支那国者，蔑戾车地，轻人贱法，诸佛所以不生，志狭垢深，圣贤由兹弗往，气寒土险，亦焉足念哉！'"① 从这里的叙述来看，印度僧人显然是以佛国之世界中心观戏说其从未真正感知的东土大唐，并以天竺世界这一"佛生之处"对应或贬低"轻人贱法"和"诸佛不生"的"支那国"的，这一方面说明本位中心思想严重的印度僧人对中国一无所知，另一方面也说明了他们故意使激将法挽留玄奘这位绝世高僧的隐秘心思。虽然说这种虚幻的中国印象并不美好，但玄奘在印度僧人心目中留下的美好形象又在很大程度上足以抵消"支那国"的"轻人贱法"、"志狭垢深"和"气寒土险"的消极印象。② 中国形象并非纯属负面。况且，尽管这种叙述与玄奘本人有着千丝万缕的联系，但后人的记叙并不完全等同于玄奘自己所经历的历史事实，尚不能完全摆脱记叙者随意编造以虚构情节的嫌疑。

根据中国古代文献记载和当代中印学者的考证，佛教传入中国之后，印中文化交流对印度人的中国观还是有所影响的。这突出地表现在印度与老子思想的心灵对话上。中国古代哲学家老子与印度的关系发生于佛教在两汉之际传入中国内地之后。老子五千字的《道德经》是精深博大的中国哲学元典之一。到了唐代，老子与印度的关系有了实质性的进展。唐太宗令玄奘与他人一道将老子的《道德经》译成梵文。老子的思想连同他的著作出关到了玄奘当年取经的"西天"印度后，因为其内涵特质和思辨理路几近于印度的佛经、奥义书，所以受到印度人的欢迎。印度人对《道德经》有一种似曾相识的文化亲切感。《道德经》被印度人译为印地语时，书名被耐人寻味地译为《道奥义书》。③《奥义书》是印度古代的宗教哲学经典系列。从《道德经》在印度传播和佛教中国化的两个个案可以发现，中印文化交流的确是在互相倾慕中进行的。就印度方面来说，他们毫不犹豫地称《道德经》为《道奥义书》，这与他们当初毫不犹豫地穿上"支那"丝衣和视中国人为第二种姓刹帝利分明有着深刻的思想联系。

---

① 惠立、彦悰：《大慈恩寺三藏法师传》，北京：中华书局，2008年版，第102—103页。
② 参阅周宁："'我们的遥远的近邻'——印度的中国形象"，《天津社会科学》2010年第1期。
③ 薛克翘：《中国与南亚文化交流志》，上海：上海人民出版社，1998年版，第248页。此处及后文的相关介绍多参考该书内容，特此说明。

不过，按照比较文学基本原理，印度古代对中国的认识有着更深层的东西值得分析。法国形象学理论家巴柔认为，一切文学书写产生的形象都源于对自我与他者、本土与异域关系的自觉意识之中，即使这种意识非常微弱。巴柔在叙述自我与他者的互动性时说："'我'注视他者，而他者形象同时也传达了'我'这个注视者、言说者、书写者的某种形象……这个'我'想言说他者，但在言说他者的同时，这个'我'却趋向于否定他者，从而言说了自我。"① 巴柔这里所说的"否定"不应被视为一般意义上的消极否定，这种"否定"是超越性的建构，即以对他者形象的变异性超越奠定自我形象的文化基础。古代印度文化经典对中国这个文化他者的"注视"和言说，也十分契合比较文学形象学的基本规律。遥远的"支那人"在印度人看来，是种姓的第二等级刹帝利，这便不自觉地否定了中国人的原始本貌，为建构印度人的自我身份认同奠定了基础。经过这种超越性否定，印度人的印度性得以加强。印度人称老子的著作为《道奥义书》也有类似的道理，是借老子思想加强对《奥义书》的文化认同感。换句话说，《道奥义书》将使《奥义书》在印度人心目中变得更加亲切和神圣。这也应验了巴柔的另外一句话："一切文化都是在与其他文化相对立、相比较中而确定的。"② 印度人按照本土的种姓制度为中国人区分等级，将老子精粹印度化，它可使印度古人坚守自己的民族身份和文化信念。

巴柔在论述异国文化形象时，对他者形象在跨文化对话中的几种用途做了自己的说明。他认为，书写异国文化者具有四种不同的态度。第一种态度是，认为异国文化绝对优越于本土文化。对应于异国文化的正面增值，就是对本土文化的贬低。"在此情况下，这个作家或集团就表现出一种'狂热'来，他们对异国的描述也就更多地隶属于一种'幻想'，而非形象。"第二种态度"憎恶"与第一种相反，异国文化被视为低下和负面的，本土文化得以正面增值。第三种态度则非常有趣，按照巴柔的说法

---

① [法] 达尼埃尔·亨利·巴柔，孟华译："形象"，孟华主编：《比较文学形象学》，北京：北京大学出版社，2001年版，第157页。

② [法] 达尼埃尔·亨利·巴柔，孟华译："从文化形象到集体想象物"，孟华主编：《比较文学形象学》，第144页。

是:"异国文化现实被视为正面的,它来到一个注视者文化中,在其中占有一席之地;而注视者文化是接受者文化,它自身也同样被视为正面的。这种相互的尊重,这种为双方所认可的正面增值有一个名称:'友善'。友善是唯一真正、双向的交流……'友善'则发展了正确评估和再诠释异国的方法。"①印度古代对待中国的态度既非"狂热",亦非"憎恶",而是典型地体现了巴柔所谓的"友善"。当初,"支那"蚕丝制成的服饰在印度被人穿戴,《道德经》成为印度人喜爱的《道奥义书》,道教的旁门左道竟然成为印度密宗真正的"左道",而印度佛教中国化以后成为地地道道的中国佛教即禅宗。这些事例说明,古代时期,中印双方的"友善"使放送者文化和接受者文化之间形成了"唯一真正、双向的交流"。这种交流的媒介便是"友善",是文化心灵的契合。泰戈尔和梁启超之所以热情赞颂中印之间的亲戚关系或兄弟关系,是因为他们感受到了自古以来中印文化对话的"友善"。

第二节 近现代印度眼中的中国社会与政治风云

鸦片战争以后、特别是自泰戈尔访华开始,被西方殖民势力阻隔的中印人文交流渠道被再次打通,中印文明开始了新一轮的深入接触和心灵对话,印度也在一个新的起点上开始直面感知并理性地思考中国。虽然说印度对中国的体验感知只限于少数人,但其所思所言却为后世学者考察近现代印度的中国观提供了弥足珍贵的契机。中印友好交流及它们同处不幸的时代语境,使近现代印度的中国观带有鲜明的时代特征,沾染了浓厚的感性色彩。本节拟对近现代时期印度对中国社会现状、民族精神、民族命运、政治风云等方面的观察和思考进行简析。

---

① [法]达尼埃尔·亨利·巴柔,孟华译:"从文化形象到集体想象物,"孟华主编:《比较文学形象学》,第141—143页。

一、同情与揭露：对中国悲惨境遇的反应

1840年鸦片战争拉开了西方列强加倍掠夺和压迫中国的序幕。民族沦亡的危机如同"达摩克利斯之剑"悬在中国人的头上，中国从此陷入半殖民半封建社会的悲惨境地。第二次鸦片战争、中日甲午战争、八国联军侵华等一系列重大历史事件使中国陷入更大的亡国亡种危机之中，广大人民饱受外国列强和国内封建统治者的双重剥削，处于水深火热之中。而自1857年民族大起义以失败告终后，印度不仅在实质上，也在名义上完全陷入殖民状态。关于近代印度与中国的区别，历史学家认为："如果说中国的处境和印度有什么区别，那就是：清王朝还是一个统一的国家……中国和印度人民在受害的性质和趋势上是同样的，区别只在于程度。最早沦为殖民地的印度，最早尝到苦果。不过，中国人民的命运并不好些。"① 在这种感同身受的心理基础上，印度人民、特别是有过在华经历或对中国有过诸多了解的印度人，对中国抱有深深的同情，并对外国列强侵略和掠夺中国深恶痛绝，对其罪行予以深刻揭露。在印度人的心目中，近代中国是文化意义或政治语境中的东方同盟者，是令人同情的东方兄弟，也是一面明晃晃的镜子。在这面"镜子"前，印度人照出了自己的苦难，照出了自己的悲悯。

在同情中国的人中，来华的印度普通官兵是一个特殊的群体。无论是英国发动的第二次鸦片战争，还是1900年英国参与镇压义和团运动的八国联军行动，都有相当部分的英属印度官兵参加。在这些来华印度官兵中，居然有人最早记录了近代印度对中国苦难命运的同情。试举一例加以说明。

1900年，中国爆发了以"扶清灭洋"为口号的义和团运动。英国殖民者调集了部队，加入八国联军的侵华行动。这支英军中照例包括很多印度官兵，其中一位名叫辛格（Godadhar Singh）。辛格与同胞都是被派往中国

---

① 林承节：《中印人民友好关系史（1851—1949）》，北京：北京大学出版社，1993年版，第45页。后文相关介绍多参考该书内容。

战场充当殖民炮灰的,非常幸运的是,他活着回到了印度。在华期间,他冒险以印地语写下了大量的战地日记,记载了自己的中国见闻。回到印度后,辛格逃过英印当局严格的书报检查,以《在华十三月》(英译为 Thirteen Months in China)为题出版了自己的战地日记。印度共产党总书记、曾经四次访华的高士(Ajoy Kumar Ghosh,1909—1962 年)曾经主编英文杂志《新纪元》(New Age)月刊,该刊 1953 年 1 月号登载了桑格尔(O. P. Sangal)对辛格日记的介绍。高士称辛格日记为"有历史价值的稀有的文件"。① 辛格的日记真实地记载了他对殖民战争的反感和对中国人民的同情。丁则良认为,尽管限于当时的历史条件,辛格的觉醒还没有达到国际主义的高度,但他的日记"标志着在帝国主义压迫下殖民地半殖民地的各国人民,尽管语言不通,肤色不同,就已经有了相互同情,对帝国主义者同怀憎恨的心理"。②

1900 年 6 月 29 日,辛格登船离开印度。在当天的日记中,辛格写道:"很快就到了黄昏时分,太阳开始下落了,我走到上层甲板上去看看景色,一些奇怪的想法在心头出现……有一种恐惧盘旋在我的心头……中国的美丽的月亮真的要落下去吗?亚利安人的国土上的耀眼的太阳却真是落下去了。"③ 辛格的话耐人寻味,他或许是担忧,自己的祖国已经遭受了沦亡为殖民地的悲惨命运,中国的命运难道也会如此。到了中国,耳闻目睹外国列强对中国人民的欺压和迫害,他的心情难以平静。他写道:"我们的心总是安不下来,因为到底我们是来和这些中国人作战了……一看到他们的肤色和我们的差不多,心中就有一种情感油然而生。中国人是信佛教的,和印度人信的是同一种宗教。我们同是亚洲大陆上的居民,所以中国人也还是我们的邻人呢。他们的肤色、风俗、礼貌和我们的也没有很大的差别。为什么上帝要降这样的灾害(按指帝国主义军队的屠杀抢劫等——则

---

① 丁则良:"义和团运动时期一个印度士兵的日记",《光明日报》1954 年 2 月 20 日,第 5 版。该文后来被收入史学双周刊社编:《义和团运动史论丛》,北京:三联书店,1956 年版,第 110—114 页。此处相关介绍参考林承节:《中印人民友好关系史(1851—1949)》,第 51—54 页。
② 丁则良:"义和团运动时期一个印度士兵的日记",《光明日报》1954 年 2 月 20 日,第 5 版。
③ 丁则良:"义和团运动时期一个印度士兵的日记",《光明日报》1954 年 2 月 20 日,第 5 版。

良）到他们的身上呢？难道我们不倒是应该去帮助他们吗？"① 由于同情中国，担忧中国的命运，辛格鄙视和憎恨英军对中国人犯下的罪行。他在日记中记录了英军到达天津时的恐怖行为。拿中国人当活靶打，是外国侵略军在中国经常进行的一项血腥"娱乐"活动。在从天津去北京的途中，辛格所在部队参加了这一血腥的行动。辛格在日记中写道："我真惭愧，印度士兵有时也参加了这种魔鬼般的暴行和屠杀。"② 类似文字，在辛格的日记中还有不少。字里行间显示出辛格对外国列强的痛恨和对中国的深切同情。他开始质疑自己参加的这场战争的合法性。

这种由同情中国而来的觉醒和深刻反思，显然是一种思想境界的升华。中国的痛苦和悲惨显然是触疼辛格内心伤痕的动力，他对印度民族劣根性的反思和批判是中国命运这面镜子的自然反射。辛格日记既是黑暗历史的真实记载，又体现了殖民主义时期印度对中国悲惨境遇的同情。放在中印友好的历史长河中打量，辛格日记是长河中一朵开得非常别致的艳丽小花，在历史迷雾中散发出诱人怀古的芳香。中国命运这面"镜子"也照出了辛格的家国之忧和亡国之痛，这是殖民主义时代中印特殊交流语境的题中应有之义。总之，辛格的战地日记是一个个案，但又集中代表了晚晴时期在华印度人的中国体验和中国认知，同时对研究中国的印度形象不无启示。这里再联系印度学者的相关研究进行说明。

出生于印度外交世家的汉学家、德里大学中印关系史专家玛妲玉（Madhavi Thampi）的相关研究引人注目。1999 年，玛妲玉在《中国述评》上发表了一篇重要的文章：《19 和 20 世纪初期在华的印度士兵、警察和卫兵》，开始对在华印侨群体进行系统研究。③ 在此基础上，玛妲玉还出版了《在华印度人：1800—1949》一书，探讨殖民主义时期在华印侨所作所为及其复杂命运，也探讨他们在中印近代和现代关系史中的地位及其对当代中印关系的深远影响。该书是玛妲玉在自己的博士学位论文基础上修改而

---

① 丁则良："义和团运动时期一个印度士兵的日记"，《光明日报》1954 年 2 月 20 日，第 5 版。
② 丁则良："义和团运动时期一个印度士兵的日记"，《光明日报》1954 年 2 月 20 日，第 5 版。
③ Madhavi Thampi, "Indian Soldiers, Policemen and Watchmen in China in the Nineteenth and Early Twentieth Centuries," *China Report*, No. 35, Vol. 4, 1999.

成的。2005 年，她主编的考察殖民时期中印关系史的论文集《殖民主义世界的印度与中国》在新德里出版。此后，她与其他学者一道，投入到另外一个别具新意的项目研究中去，该项目成果已经出版。① 迄今为止，就近现代中印关系史研究而言，玛姐玉以其视角独特的钩沉和思考走在了中印学界的前列。

作为一位历史学者，玛姐玉不仅探究了殖民主义对于中印关系的负面影响，也揭示了在华印侨与中国人民共同抗击殖民者的积极一面。为此，她在"在华印侨的政治活动"一章中，对在华印侨从事的正义事业进行追踪记录。就全书整体结构而言，玛姐玉对于殖民主义如何影响在华印侨的命运、并进而怎样影响中印关系的问题给予了更多的关注。

关于自己对异国形象的研究旨趣，玛姐玉说："我的研究范围主要集中在印中两国遭受殖民统治的苦难年代。千百年来，印度作为佛国'西天'的形象存在于中国不同阶层，悲剧在于殖民时代印度变成鸦片产地、变成'亡国奴'的这样一个形象覆盖了历史形象。印度自己被外来民族征服，却提供物力与人力去帮助英国侵略中国与其他国家。虽然在这一时期许多中国知识分子同情印度的遭遇，但他们却把印度当作反面教材，坚决避免中国重蹈印度覆辙。"② 玛姐玉在探索在华印度人历史命运的同时，还重视考察他们如何影响中国人心目中的印度或在华印度人形象。她说："19 世纪，中印关系发展最重要的一件事就是，中国人心目中的印度形象或印度认知逐渐转型，在华印度人的活动确凿无疑地促成了这一点。"③ 她还说："在华印度人群体的历史遗产之一就是，它的确影响了中国人对印度和印度人形象的认识。"④

玛姐玉不仅揭示了殖民主义时期一个特殊印度群体的历史命运，还解释了当代中印文化交流基础薄弱以致中印关系跌荡起伏的历史原因。她在

---

① 这两部书是：Madhavi Thampi, ed., *India and China in the Colonial World*, New Delhi: Social Science Press, 2005. Madhavi Thampi and Shalini Saksena, *China and the Making of Bombay*, Bombay: The K. R. Cama Oriental Institute, 2009.
② [印] 玛姐玉："印度外交世家的中国情"，谭中主编：《中印大同：理想与实现》，银川：宁夏人民出版社，2007 年版，第 309 页。
③ Madhavi Thampi, *Indians in China: 1800 – 1949*, p. 221.
④ Madhavi Thampi, *Indians in China: 1800 – 1949*, p. 226.

思考当代印度眼中的中国形象时说:"对大多数印度人而言,尽管他们承认中国是一个伟大邻邦,但却是公众视线里非常遥远的国度。"① 这似乎也是前述辛格认为中国人与印度人同信佛教的缘由。总之,印度士兵辛格的战地日记反映的中国体验和认知包含着丰富的信息,值得学者们关注。

19 世纪至 1949 年新中国成立,印度智者出于同情中国而写下了很多精彩的篇章。首先应该提到的是印度民族主义先驱拉姆·莫汉·罗易。他在 1821 年出版了印度第一家民族主义报刊《明月报》。它报道了中国人民深受苦难的情况并表示同情。这是印度民族主义者对中国人民表示友好情谊的最早证明之一。再看曾任印度驻中华民国大使 K. M. 潘尼迦 (Kavalam Madhava Panikkar, 1895—1963 年) 的话:"与此相对,我对中国人民抱有深深的同情,乐见他们团结强大,有力地抗击一百多年来压迫他们的那些国家。我从心里欣赏他们涤荡屈辱的心愿,彰显亚洲复兴的理念,那些屈辱来自西方对中国的统治。印度和中国在这方面的情形相似。他们和我们的差异只在政治结构方面。"② 因为同情中国的遭遇,憎恨列强对东方国家的侵略和掠夺,潘尼迦甚至不愿住进外国列强在北京的使馆区,他在回忆录中写道:"从一开始,我就决定在使馆区以外的地方寻找居处。我不想与使馆区发生联系,因为它非常明显地代表着欧洲对东方的霸权。"③

在印度智者对中国悲惨命运的关注中,英国对中国的鸦片贸易或曰中印英鸦片"三角贸易"和惨烈的抗日战争是两个极为重要的热点。

许多印度智者反对英国殖民者在远东一手操纵的"死亡贸易"即鸦片贸易,谴责殖民者用鸦片毒害中国人民的强盗行径。泰戈尔、甘地以及印度国大党极端派领袖提拉克等著名人士都持相同立场。1881 年,泰戈尔曾以非常形象的语言表达了他对中国命运的深切关注和同情:"英国商人捆牢中国的双手,炮口对准她的胸膛,把鸦片塞进她的嘴里,说:'你吸了鸦片了,付钱吧!'多少年来,英国人在中国进行这种史无前例的贸易……读完关于鸦片贸易如何进入中国的文章,心肠似铁的人也会对中国

---

① Madhavi Thampi, *Indians in China: 1800 - 1949*, p. 19.
② K. M. Panikkar, *In Two Chinas: Memoirs of a Diplomat*, London: George Allen & Unwin Ltd., 1955, p. 72.
③ K. M. Panikkar, *In Two Chinas: Memoirs of a Diplomat*, p. 77.

产生同情。"① 对于与印度命运相似的中国,泰戈尔既为其辉煌灿烂的历史文化而陶醉,也对其不幸命运寄予无限同情。深爱和同情互相交融,这便构筑了泰戈尔中国观的心理基础。甘地在 1947 年接待中国代表团时说:"我将自己看成一个中国人。"他还说:"印度是中国的伟大朋友。"② 这说明甘地热爱中国,并珍视中印友谊。1938 年 10 月 11 日,甘地在谈到鸦片贸易时说:"一个世纪以前,中英之间发生了众所周知的鸦片战争。中国不想从印度购买鸦片,但是英国人把它强加给中国。印度同样应该受到斥责,因为一些印度人在印度订立了鸦片合同。"③ 甘地与泰戈尔关于鸦片贸易的论述,是其同情中国并揭露殖民者罪恶行径的最好证明。

泰戈尔对中国抗日战争的支持集中体现在他与日本法西斯诗人野口米次郎的两次通信中。1938 年 9 月 1 日和 10 月 29 日,他以犀利的语言对野口关于日本侵略中国所做的辩护进行严厉抨击,同时体现了他对中国人民的同情。他告诉对方:"日本采用从西方学到的野蛮方法,对中国人民发动一场残酷的战争,践踏文明的一切道德原则。这铁的事实,是任何辩解也改变不了的。"④ 他在信中驳斥了野口的"亚洲是亚洲人的"法西斯理论,认为这是"政治掠夺的一件武器"。面对日军杀害中国平民的血腥暴力,他沉痛地告诉野口:"我无法忍受目睹那种惨况的痛楚。"⑤ 对于中国抗日战争,甘地在 1932 年写给朋友的信中说:"说起日本和中国,我们必然是同情中国。"⑥ 他在 1942 年告诉来访的蒋介石:"我在心里深深地同情着中国人民,并对他们在争取国家自由团结的巨大事业中作出的牺牲和英勇斗争而致意。"⑦ 这真是患难时刻见真情。1940 年 10 月 4 日,尼赫鲁强

---

① [印] 泰戈尔,白开元译:"鸦片——运往中国的死亡",刘安武、倪培耕、白开元主编:《泰戈尔全集》,第 23 卷,石家庄:河北教育出版社,2000 年版,第 1 页。

② Tan Chung, ed., *Across The Himalayan Gap: An Indian Quest for Understanding China*, New Delhi: Gyan Publishing House, 1998, p. 43.

③ Tan Chung, ed., *Across The Himalayan Gap: An Indian Quest for Understanding China*, p. 43.

④ [印] 泰戈尔,白开元译:"致日本诗人野口的信,"刘安武、倪培耕、白开元主编:《泰戈尔全集》,第 22 卷,第 305 页。

⑤ [印] 泰戈尔,白开元译:"致日本诗人野口的信",刘安武、倪培耕、白开元主编:《泰戈尔全集》,第 22 卷,第 311 页。

⑥ Mahatma Gandhi, *The Collected Works of Mahatma Gandhi*, Vol. 49, New Delhi: The Publications Division, Ministry of Information and Broadcasting, Government of India, 1979, p. 199.

⑦ Tan Chung, ed., *Across The Himalayan Gap: An Indian Quest for Understanding China*, p. 41.

烈谴责日本对中国重庆的空袭事件，同时呼吁印度人民一道反对日本对中国野蛮残忍的轰炸行动。[①] 出生于印度北方邦的著名印地语小说家普列姆昌德（Premchand，1880—1936年）在逝世前几年，以一组短文表达了对日本侵略中国的愤慨以及对中国的同情。他写道："日本还想获得印度的同情，这怎么可能呢？印度和中国有几千年的友好关系，印度对中国所抱的尊重、敬仰和友爱之情，那只有印度人民自己能体会到。"[②]

　　印度智者对中国命运的关注和同情一直伴随着中国近现代史的蜿蜒前行，这充分体现了两大东方邻居在惨淡现实面前感同身受地理解对方的善意。只有回溯中印千年友好交往史，回到中印文明对话的历史长河岸边，才能真正理解印度对中国的深切同情和兄弟情谊。正因如此，我们也才能理解为何一些印度智者对中国文明发自肺腑地热爱和崇敬，为何对中国的光明前途抱有无比坚定的信心。也正因如此，当时的印度驻华总代理K. P. S. 梅农才会在中国游记中写下这样一段话："考底利耶以印度的马基雅维利而知名。2300年前，他将敌人界定为'与自己的国境接壤的国家'。换句话说，成为某国现实的或潜在的敌人，不在其所作所为，而只在其与之接壤。这是一种无情的定义（brutal definition），但却为世界历史所证实。中国与印度的情形是个例外，我们也期望她们一直如此。然而，对于我们在国际政治中所持的理想主义心态而言，考底利耶的现实主义是一种有益的矫正。"[③] 当然，这些表达美好意愿的话读来令人伤感，的确，国际政治现实可以粉碎很多的人间美梦。但是，这些话对我们理解现代印度的中国观却不无启示。目前看来，梅农的美梦仍然难以成真，但它毕竟为中印关系的当代发展指出了一个值得思考的方向。

二、尊崇与期望：对中国形象的正面利用

　　当代世界已经进入加速全球化时期，"地球村"正在出现。在这样的

[①] Jawaharlal Nehru, *Selected Works of Jawaharlal Nehru*, Vol. 11, New Delhi: Orient Longman, 1978, p. 345.
[②] 唐仁虎、刘安武译：《普列姆昌德论文学》，桂林：漓江出版社，1987年版，第162页。
[③] K. P. S. Menon, *Delhi-Chungking: A Travel Diary*, London: Oxford University Press, 1947, p. 29.

时代，人与人、国家与国家、文明与文明之间的对话如何展开，是一个非常有趣的话题。有的学者认为，相互借鉴、互通有无、取长补短是不同民族与文明之间交流对话的目的，同时也是对话的途径。文化交流或跨文化对话的目的是为了维护文化生态的平衡，也是为了维护交流者自身的健康发展。"文化交流的一个潜意识动机是文化的互相利用。如果一个民族的所短恰好是另一个民族的所长，一个民族文化的特色可以作为另一个民族缺憾的补偿，那么它们之间的相互交流就变成了一项促进人类进步的重要事业。"① 这就涉及跨文化交流中的文化利用问题。一般而言，一种文化对他者文化的利用分为正面利用和负面利用两种。正面利用多是以一个理想化的异国形象或异国文化构成要素来质疑本土文化，对本土社会或本土文化模式进行改进和重建。负面利用则相反，它倾向于以本土文化模式来观照异己文化，贬低或丑化他者文化，以凸显自我形象的优越性，建立对他者的文化优越感。印度智者的中国观在某种意义上可归入文化利用的范畴进行分析。必须承认，印度智者对中国形象的文化利用基本以正面为主，因为他们主要是以理想化的中国形象反思印度的弊端，以激励印度的民心，达到文化借鉴的目的。

这里再引入一个观察视角即文化相对主义。文化相对主义认为，每一种文化都会产生自己的价值体系，不可能有一切社会都承认的、绝对的价值标准。在文化相对论者看来，过去社会学、人类学往往用民族自我中心的偏见来解释不同民族文化的行为方式和行为理由，这是没有根据的。"文化相对主义者强调尊重不同文化的差别，尊重多种生活方式的价值，强调寻求理解，和谐相处，不去轻易评判和摧毁与自己文化不相吻合的东西，强调任何普遍假设都应经过多种文化的检验才能有效。"② 文化相对主义有其进步意义，但也有一定的局限性，如它可能导致文化保守主义的封闭性、排他性弊端，但是如果将其积极作用发挥出来，它仍然是有运用价值的理论。

1937年4月14日，泰戈尔在印度国际大学中国学院开学典礼上讲话

---

① 姜智芹：《文学想象与文化利用：英国文学中的中国形象》，北京：中国社会科学出版社，2005年版，第104页。
② 乐黛云：《比较文学与比较文化十讲》，上海：复旦大学出版社，2004年版，第21页。

时指出，人们应该在承认差异的基础上团结起来。"差异永远不会消除，没有差异，生命反倒羸弱。让所有种族保持各自的特质，汇合于鲜活的统一之中，而不是僵死的单一之中。"① 贯穿泰戈尔文明观的一条主线是东方文明和西方文明必须互相学习，在交流互动中共求发展。他的话将跨文明交流必须遵守的准则表达得非常清楚。这对我们观察印度智者的中国观极具参考价值。

由于近代以来西方殖民霸权的长期存在，一些西方人潜意识中形成了西方与东方、文明与野蛮、光明与黑暗、进步与停滞、民主与蒙昧的二元对立模式。在观察论述东方文化时，他们往往以西方思维定势将东方文化他者化、异己化、野蛮化。东方成为西方的陪衬与配角。换言之，东方与西方是不平等的。这是泰戈尔等东方智者极力反对的。他们往往以西方的民主、自由思想为武器，首先在文化平等意义上"发现"印度（此即尼赫鲁的代表作《印度的发现》的书名由来）的价值，继而推广到对东方世界的等值"发现"。近代以来印度智者对中国和中国文化的"发现"就是在这样的背景中开始的。印度智者对中国文明的赞美或曰再"发现"不仅是一种简单的发现，它还具有文化利用的因素，其目的是借中国的美好形象激励印度人自强不息，以抵御殖民压迫，谋求印度的民族独立。从此意义上说，印度学者的话非常准确："印度对中国的寻求与印度寻求自己的身份认同是同步进行的。这一进程是在对西方的挑战进行回应时开始的。"② 此处所谓"寻求自己的身份认同"亦可视为确立现代印度的民族国家身份，而其参考坐标则是他们心目中仍然保持着民族独立和国家统一的中国。

曾经于1944年5月访问中国达两个星期之久的印度宗教学家拉达克里希南在重庆做了一系列讲座。从这些讲座内容可以发现，他虽然对现代中国文明发展动向有些担忧，但仍然注重考察中国之于印度的启示价值。他对中国人民高涨的爱国热情和团结精神印象颇深："祖先崇拜正在升华为

---

① ［印］泰戈尔，白开元译："中国和印度"，刘安武、倪培耕、白开元主编：《泰戈尔全集》，第24卷，第446页。
② Krishna Prakash Gupta, "Indian Approaches to Modern China-I: A Social-Historical Analysis," *China Report*, Vol. 8, No. 4, p. 33.

爱国主义热忱。封建时代对父母的孝道正在演变为民族主义情绪。对于这一意识的形成，日本的贡献巨大。抵抗日本造就了精神团结。共同经受苦难产生一种同胞情谊……各阶层的中国人皆为兄弟情谊所整合。在这一方面，中国比之印度明显占优。"[1] 拉氏的言外之意非常清楚。由于种姓制度盛行和英国殖民者的干扰，印度各个民族难以达成全国性的团结统一。因此，拉氏欲借中国民众团结一致、抵抗外敌的正面形象，警醒正为民族独立奋勇拼搏的印度同胞。拉氏赞扬中国人的众志成城，其实是"醉翁之意不在酒"。因此，再读一段他的话，我们更容易体味出其中的深意："民族的坚强只有以心中怀有的梦想来衡量。目前的艰难困苦正在考验着中国……中国并无种族优越感，并不喜欢霸权统治，她在历经艰辛后，将成为一个现代国家，并以平等的姿态与其他国家进行合作。"[2]

拉氏的态度比较含蓄，他的前辈甘地却非常坦率。1905 年，甘地为中国人民的团结精神所鼓舞，他写道："中国人尽管羸弱，但团结起来却变得非常强大。他们因此证实了古吉拉特的一句格言：'蚂蚁团结起来也能要毒蛇的命。'"[3] 他显然是借中国人民团结一致、抵抗外侮的宝贵精神激励自己的同胞抛弃种姓、教派的界限，尽快地团结起来，为印度的民族尊严而继续奋斗。1931 年，甘地在伦敦开会发言时说："这些人（印度人）生活在对卫生蒙昧无知的状况中，我们必须关心他们的卫生状况……简单地说，村庄卫生包括将人粪变为肥料。在如何利用人类排泄物方面，中国人是世界上最伟大的民族。"[4] 甘地对中国人讲究卫生的叙述其实是一种愿望，即期望印度同胞培养合理的卫生习惯，成为文明的现代国民。

印度智者在东方"发现"中国之于印度文明的启示意义时，还在一种近似地缘政治的战略高度上升华中国的形象。他们将中国的现状和命运放在亚洲乃至世界范围来考量，倡导中印联合、中日印三方联合乃至中国、

---

[1] S. Radhakrishnan, *India and China: Lectures Delivered in China in May 1944*, Bombay: Hind Kitabs Ltd. 1954, pp. 28 – 29.

[2] S. Radhakrishnan, *India and China: Lectures Delivered in China in May 1944*, p. 32.

[3] Mahatma Gandhi, *The Collected Works of Mahatma Gandhi*, Vol. 5, New Delhi: The Publications Division, Ministry of Information and Broadcasting, Government of India, 1961, p. 83.

[4] Mahatma Gandhi, *The Collected Works of Mahatma Gandhi*, Vol. 48, New Delhi: The Publications Division, Ministry of Information and Broadcasting, Government of India, 1971, p. 198.

印度与俄罗斯三方合作。这些理想设计自然是与它们对中国的亲切感分不开的，也是他们对中国形象正面利用的自然延伸。这方面以尼赫鲁和奥罗宾多等人为典型。

泰戈尔当年曾把美国和苏联并列为西方文明未来的"主要发展中心"。尼赫鲁则把当时还处于积贫积弱境地的中国与美国、苏联相提并论。他对中国文明的巨大活力及其灿烂明天笃信不疑。尼赫鲁不仅认识到中国革命之于世界反帝反殖战线的重要意义，还将它与印度的命运联系起来。或许是尼赫鲁的地缘战略意识使然，1942年2月22日他在题为《俄罗斯、中国与战争》的讲话中，非常具有远见地提出了中印俄三方战略合作的方针。

与尼赫鲁、泰戈尔一样怀有东方民族联合思想的印度人不少。1907年4月，章太炎和印度革命者鲍斯、钵罗罕等一道，在日本东京成立了"亚洲和亲会"。这个组织以中印革命者的联合为基础。这是亚洲历史上第一个联合反帝的革命组织。当初，中印革命者没有看透日本的真实面目，幻想中日印大联合。钵罗罕援引中国古代一位僧人的话，把中日印比喻为一把折扇，印度是纸，中国是竹格，日本是系柄之环绳。钵罗罕说："今纸与竹格皆破坏，独环绳日益增善，是宜有挈提之。"① 钵罗罕的这番话说明了他与章太炎等人关于中日印大联合的幻想非常强烈。

与钵罗罕的亚洲联合思想相似的还有印度极端派领袖奥罗宾多。他在题为《印度与蒙古人》的文章中说："亚洲的觉醒是二十世纪的一个事实。在这一觉醒过程中，远东的蒙古人已经开了个好头。"② 这里的"蒙古人"应指东亚即远东的中国人与日本人等。奥罗宾多认为，印度的觉醒是亚洲复兴的关键所在。印度的自由是"亚洲联合的必要条件"。中日将首先联手把英国殖民者从印度土地上赶出去，为亚洲的自由团结奠定基础。然后，印度将在中国、日本等国的帮助下获得民族独立。奥罗宾多怀有中国与印度复兴后引领东方复兴的美好愿望，这种愿望耐人寻味。

由此看来，奥罗宾多的东方民族大联合思想比之泰戈尔和尼赫鲁等人

---

① 转引自林承节：《中印人民友好关系史（1851—1949）》，第90页。
② Sri Aurobindo Ghose, *Sri Aurobindo Bande Mataram*, *Early Political Writings*, Vol. 1, Pondicherry: Sri Aurobindo Ashram, 1972, p. 814.

又有显著不同。奥罗宾多的"梦幻设计"充分显示了他集作家与极端派革命家于一身的双重气质。值得注意的是,他与泰戈尔、尼赫鲁一样,仍然将殖民压迫之下的中国坚定地视为他日必将成器的强大力量。这种信念是对中国无上的尊崇或祝福。无论中国是否将在他所安排的解殖"舞台"上成功扮演自己的角色,我们都会读出奥罗宾多对印度独立的梦寐以求,对中日印联合反殖的幻念,以及对中国无限真诚的热切期望。

虽然说很多印度智者在这一时期对中国抱有浓烈而真诚的好意,并延伸为优化印度形象和清除印度社会弊端,进而提升为中印合作等理想境界,但整体来看,中国方面的呼应却比较消极。除了孙中山、梁启超和徐志摩等人外,泰戈尔和奥罗宾多等人联合中印的热情遭到了当时很多政治精英和知识精英的冷遇。印度学者K.P.古普塔曾经探讨了中印相互认知错位(perception asymmetry)或曰双向认知不对称、认知失衡的非常现象。他的观点虽然屡有偏颇或失实之处,但也不乏中的之言。例如,他说:"在中印相互认知这一点上,所有一般的解释完全无效。无法解释中印相互认知历史错位(historical asymmetry)或曰历史不对称的严酷现实。在民族自我认知的每一个时期,印度历来表现出对中国文化和文明的普遍崇拜,然而,中国却总是贬低印度的思维方式和行为方法。"[1] 这些话有以偏概全之嫌,但它还是多多少少道出了中印相互认知错位的历史真相。当然,中国方面的反应冷淡还得联系当时中国思想界与西方的互动要强于与印度的互动等复杂因素进行分析。

古普塔不无偏激地认为:"有足够的证据表明,印度对中国的亲切感并未得到中国的相同回应。儒家思想和佛教思想那充满传奇色彩的邂逅只是强化了这种中印相互认知的错位而已。尽管印度知识界通过佛教大体上欣然认同中国人的身份,许多中国官僚们毫不掩饰自己的高傲,甚至常常表现出明显的敌意……早在印度知识界在脑海中酝酿这种中印精神联合战线的念头之初,中国的改革家们就已将印度表述为失败和停滞的负面样板。文化体系极大地制约了中国的知识精英,使其难以接受和吸纳亚洲复

---

[1] Krishna Prakash Gupta, "Indian Approaches to Modern China-I: A Social-Historical Analysis," *China Report*, Vol. 8, No. 4, p. 31.

兴的观念。对于信奉儒家思想的人而言，印度改革家们所信奉的东方精神力量只是中国思想精华的一种表现而已。在中国，印度普遍鼓吹的东西方融合却以中国与西方精神融合的方式面世。作为个案研究，人们可在K. C. 森（Keshub Chunder Sen）和冯桂芬的比较中发现这种认识分歧的雏形。"① 在森看来，由于东西方文明的融合，亚洲的虔信尽职可以弥补西方务实求真精神的不足之处。印度在此语境中地位突出。与此不同的是，晚清洋务派思想家冯桂芬曾经在1861年写成《校邠庐抗议》，他在其中并未表明中国与印度拥有相同的观念和命运。他明确地提出"采西学"和"制洋器"的主张，鼓吹对西方国家要"始则师而法之，继则比而齐之，终则驾而上之，自强之道，实在乎是"。他的洋务指导思想核心是"以中国之伦常名教为原本，辅以诸国富强之术"。这一思想不仅成为晚晴朝野兴办洋务的纲领，也成为后来流行一时的所谓"中学为体，西学为用"理论的滥觞。② 针对森和冯桂芬的思想分歧，古普塔认为："然而，这种二元对立在具体的观念阐释中显得很虚假。事实上，在思想深处，双方的方案同样以弘扬自己的文化价值观为基础。对森来说，只是因了印度，亚洲这一概念才显出深意。印度是'东方的代表'。相同的道理，对于冯桂芬来说，中国象征着最完美的文化。在两人那里，非西方首先只与自己的文化体系相关。但是，只要一开始直面交流，二人观念中的根本差异就会浮出水面。这种情形恰恰出现在辩喜和康有为身上。在这一问题上，他们开始提供认知错位的实际例证。"③

K. P. 古普塔提到的康有为和辩喜，的确值得从他们对对方国家的不同认知或认知错位进行比较。1893年，辩喜赴美参加世界宗教会议途经中国时顺访了广州等地，对中国风情有了一些初步的印象。康有为则于1901—1903年之间在印度定居，后于1909年再度访印，对印度有了很多感性认识和理性思考。由于生活于同一时代，都在对方国家里留下足迹，

---

① Krishna Prakash Gupta, "Indian Approaches to Modern China-I: A Social-Historical Analysis," p. 34.

② 李侃等著：《中国近代史》（第四版），北京：中华书局，1994年版，第127页。此处有关冯桂芬的引文亦见此页。

③ Krishna Prakash Gupta, "Indian Approaches to Modern China-I: A Social-Historical Analysis," *China Report*, Vol. 8, No. 4, p. 35.

都对殖民主义时期的东西方关系进行过深入思考,两人对对方国家的论述值得比较。例如,古普塔曾经对康有为和辩喜的思想与活动进行比较研究。古普塔认为,身为改良者,他们两位都创造性地融西方于己用,他们是"中印改良主义双生子"。[①] 客观地看,辩喜的中国展望代表了近代印度中国观的核心,而康有为的印度观则代表了近代中国知识分子对印度的普遍看法。辩喜与康有为的对视,也就是中印两国知识界的对视,也是近代印度中国观和中国印度观的一种碰撞。中印两大文明的心灵对视基本可归为认知错位,但恰恰是这种不对称的相互认知典型地体现了中印文化心灵的距离之遥。

三、精神视角与政治视角:辩喜与康有为的认知错位

辩喜(Swami Vivekananda, 1863—1902年)是印度近代史上著名的宗教哲学家和社会活动家。早在印度独立以前,尼赫鲁就曾给予他高度评价。1963年2月3日,尼赫鲁在纪念辩喜诞生100周年大会上发表演讲时说:"我想指出一位值得我们大家学习的典范人物,他就是辩喜……但愿现在与未来的印度人、尤其是孩子们和年轻人,从他的训喻及其一生中获益无穷。"[②] 与泰戈尔一样,辩喜受到印度传统文化与西方文化的双重影响,并热心参加梵社的宗教和社会改良运动。辩喜著述丰富,后人将其编为8卷,包括其代表作《现代印度》与《东方与西方》等。他在《东方与西方》中说:"欧洲人常常吹嘘不已的'文明进步'究竟何谓?它的涵义无非是利用对错误手段的辩护来成功掠取己所之欲,达到目的就证明其手段之正确。"[③] 从这些语言中,可以感受到辩喜强烈的反殖情绪。辩喜对中

[①] Tan Chung, *Triton and Dragon: Studies on Nineteenth-Century China and Imperialism*, New Delhi: Gian Publishing House, 1986, p. 640.

[②] Jawaharlal Nehru, *Jawaharlal Nehru's Speeches (1957–1963)*, Vol. 4, New Delhi: Publications Division, Ministry of Information and Broadcasting Government of India, 1983, pp. 455–456.

[③] Swami Vivekananda, *The Complete Works of Swami Vivekananda*, Vol. 5, Calcutta: Advaita Ashrama, 1979, p. 531.

国的同情、对西方列强的批判以及对中国和印度复兴的期盼，都应放在这种特定的历史语境中进行解读。

与泰戈尔一样，辩喜对伟大的中国文明非常敬仰。东方情结在他的心灵上刻下了深深的烙印。1896年，辩喜在伦敦与英国人交谈时说："今日中国虽是一个涣散的群体，但在其伟大的鼎盛时期，她却具有任何国家并不知晓的最值羡慕的组织。几百年甚至上千年以前，我们心目中的那些现代设施和制造方法已被中国人所掌握、使用。"① 1899年，辩喜在《现代印度》中说："在我们眼前，伟大的中国正急速滑向首陀罗的地步，而无足轻重的日本则以火箭上升之势，甩落'首陀罗'身份而获取'高种姓'地位。"② 在1900年3月18日于美国旧金山发表的演讲中，辩喜将目光投向中国的未来："许多民族曾经崛起旋即永远衰落。有这样两种民族，一是持久发展，一是已经穷途末路。印度与中国两个和平国家跌倒再崛起，但另外的一些国家一旦衰落便回天乏力，走向末路。"③ 辩喜将中国与母邦印度相提并论，足见中国在他心目中的崇高地位。在与同胞的谈话中，辩喜激情澎湃地宣称："整个东方将要获得复兴，重新建立一个人道的世界，这是像白昼光明一样清楚的。瞧着！中国有着伟大的未来，并且与中国一样，所有其他国家也将拥有伟大的未来。"④ 这些话足见辩喜对中国复兴的百倍信心，也映照出辩喜对自己国家在未来得以复兴的殷切期盼。

再看康有为对印度的认识。1894年甲午战争以中国失败告终。甲午战争是中国近代的一次重大历史转折。要求政治变革的一批维新思想家开始登上历史的舞台。维新变法的重要理论家和戊戌变法的主要领导者便是康有为。他的一生及其著述与印度结下了不解之缘。

与辩喜对中国文明的尊敬相似，康有为对印度文明非常赞赏。他在《印度游记》中说："夫印度者大地之骨董，教俗、文字、宫室、器用至

---

① Swami Vivekananda, *The Complete Works of Swami Vivekananda*, Vol. 8, Calcutta: Advaita Ashrama, 1979, p. 93.
② Swami Vivekananda, *The Complete Works of Swami Vivekananda*, Vol. 4, Calcutta: Advaita Ashrama, 1979, p. 468.
③ Swami Vivekananda, *The Complete Works of Swami Vivekananda*, Vol. 8, p. 93.
④ 转引自黄心川："辩喜"，巫白慧主编：《东方著名哲学家评传·印度卷》，济南：山东人民出版社，2000年版，第489页。

古,为欧美文明祖所自出,文明所关至大也……印度之文物六入支那,故支那之文明更广。心学灵魂戒律塔寺是也。"① 通览康有为的印度观可以发现,他主要围绕着三个方面的问题展开论述。他首先思考的是,印度为什么会沦亡为殖民地?他的答案是,印度亡于守旧不变。1895 年,康有为在《京师强学会序》中写道:"昔印度,亚洲之名国也,而守旧不变,乾隆时英人以十二万金之公司,通商而墟五印矣!"② 守旧一词实则康有为批判国内守旧人士阻碍变法维新的寻常用语,但他却将其自然地用在了印度问题的思考中,从这可看出,他对印度的历史与现状不是很熟悉,其印度观察也显得有些抽象和空洞,不着边际。"不过,尽管抽象、空洞,他的论断并不错,甚至可以说是道出了印度衰败的症结所在。这是很有趣的。这也可以说是政治家观察事务的敏感吧,中国与印度本来就有许多共同点,康有为是按中国国情推断印度的。"③ 从这个角度看,康有为也是以印度沦亡的历史现象为镜子,反照出自己力争在中国以维新变法保国救亡的梦幻。变法失败后,康有为继续论述印度沦亡为殖民地的两大基本原因:一是印度土邦林立、列国纷争,为英国入侵并统治全印创造了内在前提;二是种姓制度和歧视妇女等因素瓦解了印度社会的团结统一。其次,康有为还在论述中体现了对印度人民的同情以及对英国殖民者罪恶统治的谴责和揭露。在他看来,印度的惨状达到了不忍目睹的境地:"万里印度之地,如一大牢焉。"④ 当印度人对他诉说亡国之痛时,康有为更加真切地感到亡国之苦了。最后,康有为还论述了印度命运向何处去的历史命题。由于不赞成暴力革命的方式,康有为虽然理解 1857 年印度民族大起义,但却不认可这种流血的反殖斗争。康有为将印度独立的希望寄托在外部条件的变化上。他在《大同书》中写道:"英有内变,或与德战而败,印度即能起

---

① 郑逸梅、陈左高主编:《中国近代文学大系:1840—1919》(卷二十四),上海:上海书店出版社,1993 年版,第 519 页。
② 上海市文物保管委员会编:《康有为遗稿·列国游记》,上海:上海人民出版社,1995 年版,第 165 页。
③ 林承节:"康有为论印度",张敏秋主编:《跨越喜马拉雅障碍:中国寻求了解印度》,第 64 页。此处论述多参考该文相关分析,特此说明。
④ 汤志钧编:《康有为政论集》(下册),北京:中华书局,1981 年版,第 812 页。

立。"① 这种想法与奥罗宾多有异曲同工之妙。奥罗宾多说过:"当水到渠成时,中国军队将攻打印度的喜马拉雅大门,日军舰队则出现在孟买港口,英国又有什么力量来抵抗中日力量的大联合?……英国人将被蒙古人的科学技术所粉碎。"② 与奥罗宾多不同的是,康有为拒绝采用暴力方式追求民族独立。

在古普塔看来,康有为的印度观是极为灰色的,辩喜起源于精神视角的中国观与康有为起源于政治视角的印度观形成了鲜明的反差。古普塔说:"在康有为的印象中,现代印度只是一个被征服的殖民地,缺乏自治的勇气与活力。作为一种政治体制,印度代表了一种失败的事业(lost cause)。因此,他便从未提及中印合作的问题。相反,从精神的视角出发,辩喜可以很快地发现,中国思想与印度思想体系之间存在着本质的亲缘关系……这种亲缘关系在辩喜的脑海中形成了东方精神的一种基因模式,它可矫正西方物质主义的弊端……他还将中国视为引领亚洲复兴的动力。"③ 古普塔认为,辩喜显然是从精神视角认识中国的。"与之相反,康有为的政治视角阻碍了他形成对印度的亲切感,也使他并不看好印度能在未来发挥什么作用。事实上,他警告中国人不要堕入印度沦亡的道路,这种道路意味着发展的停滞,同时还意味着主权的丧失……康有为的大乌托邦(Grand Utopia)理想将印度社会蔑视为深受压迫、愚昧无知且饱受种姓制困扰的社会,它不可逆转地走向衰亡。在绝妙的世界理想中,只有中国和西方才能保持发展的势头。"④ 在古普塔看来,辩喜和康有为对对方国家的认识之所以存在如此悬殊的差异,原因在于,他们各自的文化立场不同。古普塔说:"从印度文化视角出发,辩喜在名目和形式的表面差异之外寻求本质的相似性。这种相似性的基础在于,在非政治现实的最高境界存在着'经验'和'目标'的一致性。从这一角度出发,辩喜便随心所欲地构建了一支亚洲精神力量,中国是其中同等重要、甚至是更为重要的伙伴。

---

① 康有为:《大同书》,北京:北京古籍出版社,1956 年版,第 74 页。
② Sri Aurobindo Ghose, *Sri Aurobindo Bande Mataram*, *Early Political Writings*, Vol. 1, p. 815.
③ Krishna Prakash Gupta, "Indian Approaches to Modern China-I: A Social-Historical Analysis", *China Report*, Vol. 8, No. 4, p. 36.
④ Krishna Prakash Gupta, "Indian Approaches to Modern China-I: A Social-Historical Analysis", p. 37.

然而，康有为却从儒家文化视角出发，严格地根据印度政治体制与中国政治体制的差距来评估印度。衡量这种差距的标准内在于这种具体政治现实的二元对立中。因此，很明显，康有为在任何前景展望中都排除了印度与中国等值的可能性。辩喜和康有为只是一种仍然存在的相互认知的典型范例，它说明了各种层面和不同历史时期中印双方的认知错位。这恰巧便是最早的在印华人所继承的那种认知错位感。"[1] 在古普塔看来，辩喜和康有为的相互认知是中印双向认知的一种典范、一种缩影。

根据中国学者的研究，作为晚清时期最有影响力的改良活动家，康有为也是晚晴对印度了解最多、谈论最多的一位政界人物。"举印度之例，析中国之事，他认为最有说服力。他的记述、他引用的材料、他的评论虽不能说准确无误，但今天看来，可以说，绝大部分是真实的，评论平实贴切，大都言之有据。康有为的论述最典型地表达了中国近代改革家对印度沦为殖民地的看法、对印度人民悲惨遭遇所抱的同情态度以及对印度发展前景的展望。他的论著是中国人认识印度的一个新的里程碑。"[2] 作为一位对印度有过亲身体验和深入思考的中国思想家，他的印度观却受到了古普塔的多方质疑，这在今天的学者看来似乎不可思议。不过，平心静气地阅读和思考康有为有关印度的论述后会发现，古普塔对康有为的分析甚或"指责"似乎也有些道理。鸦片战争自维新变法，再到"五四"运动，中国知识界重点关注西方，印度这个曾经亲切无比的"佛国"，无形中成了落后的代名词。救亡救国的紧迫形势使得晚晴政治家和思想家专注于政治、军事或科学技术的改革层面，中外文化对话遂简化为中西对话。在这种时代语境下，辩喜和泰戈尔等人借重中国文明以激励印度奋起，与康有为等人借重西方文明以图国强形成了鲜明对比。因此，辩喜和康有为等人的认知不对称在所难免。

古普塔还不无偏激地认为，中国的非佛教徒几乎总是反感印度，不认同印度教的弃世绝欲。他以梁漱溟对中国、西方和印度文明的分类原则进

---

[1] Krishna Prakash Gupta, "Indian Approaches to Modern China-I: A Social-Historical Analysis", p. 37.
[2] 林承节："康有为论印度"，张敏秋主编：《跨越喜马拉雅障碍：中国寻求了解印度》，第63页。

行质疑,并对梁启超"回避"中印精神联合和胡适"反感"佛教思想的举措表示关注。

事实上,古普塔此处对梁漱溟等人的印度观存在很深的误解。例如,梁漱溟认为,在古代,希腊人、中国人、印度人各以独特的道路前行,均以其聪明才智"成功三大派的文明",这是迥然不同的三大伟业。但另一方面,"自其态度论,则有个合宜不合宜;希腊人态度要对些,因为人类原处在第一项问题之下;中国人态度和印度人态度就嫌拿出的太早了些,因为问题还不到"。① 梁漱溟还说:"西洋文化的胜利,只是其适应人类目前的问题,而中国文化印度文化在今日的失败,也非其本身有什么好坏可言,不过就在不合适宜罢了。"② 有的学者认为,梁漱溟所发展出的与当时欧化派(即西化派)不同的文化(文明)观,是一种对中、西、印三种文化都可以有所肯定的文化观。他把对西方文化的肯定置于时间坐标的"现在"时段,而把对中国、印度文化的肯定移置到时间坐标的"未来"时段。在这样一种时间的维度里,他使得中国与印度文化价值仍能获得肯定,而不像激进的欧化派想的那样,把中国与印度文化的价值在西方化的潮流中永远送进历史的博物馆。③ 古普塔显然是误解了梁漱溟的本意。

另一方面,不可否认的是,古普塔的中国观察也有值得中国学者认真反思的积极因素。如果再引一段辜鸿铭的话,我们对于古普塔的"指责"或失望也许会理解得更为透彻,对于泰戈尔、辩喜、奥罗宾多、尼赫鲁等人的中国观与康有为、胡适乃至陈独秀、瞿秋白、郭沫若等人的印度观之所以存在明显的认知错位也会理解得更为到位。1924 年 7 月,辜鸿铭在为法国《辩论报》所撰的《泰戈尔与中国文人》一文中说:"孔庙外形宏伟,具有古典的朴素特点,这是中国的形象,真正的中国形象。喇嘛庙具有蒙昧和神秘的特点,加上那里有许多偶像,有的丑陋不堪,色情下流,这是印度的形象。实际上,中国文明与东方文明的差别,大大超过东方文明与现代西方文明的差别。"④

---

① 梁漱溟:《东西文化及其哲学》,北京:商务印书馆,1999 年版,第 202 页。
② 梁漱溟:《东西文化及其哲学》,第 202 页。
③ 陈来:"对新文化运动的再思考",《南昌大学学报》2000 年第 1 期。
④ 姜景奎主编:《中国学者论泰戈尔》(上),银川:阳光出版社,2011 年版,第 128 页。

这说明，辜鸿铭与泰戈尔于1924年5月在北京的短暂会晤可用一句话进行概括：有缘对面来相识，咫尺仍是千万里。当然得承认，辜氏话中存在正确的成分，如认为中国文明与东方文明的差异甚大。悖论的是，其思想中的正确因素恰恰印证了他的局限所在。遗憾的是，这种情况至今仍然普遍存在。可以说，西方中心主义流毒对中国与西方学术界的影响远未肃清，西方的"东方主义"立场也影响着中国学者与读者。对于很多中国人而言，印度仍是一个未加勘察的"神秘地带"或"幽暗国度"。从这个意义上说，古普塔提及的中印认知错位现象值得学界关注。

四、从理解到非议：对国民党的政治观察

印度学者 S. 萨克塞纳（Shalini Saksena）曾经对新中国成立前的国共关系与中印关系进行过深入研究。她在书中写道："印度与中国是两位亚洲巨人。独立以来，愿与中国保持友好关系是印度外交政策的基本原则。印度先是与蒋介石的国民党政府、后与共产党政府保持友好关系。地理位置和历史积淀是保障中印良好邻居关系的因素。"[①] 萨克塞纳的话说明，印度独立前后，印度朝野对于中国复杂的政治形势等有过比较深入的观察和思考。其实，早在印度独立以前，以尼赫鲁为首的国大党和其他印度政党、媒体和普通人民，对于国共两党及其政府的言行就有过很多观察和思考。总体来看，他们对于国民党人及国民党政府是在非议中进行理解，越到后来，这种非议甚或批判的姿态更加明显，这与他们对国民党的了解日益增多有关；对于中国共产党及1949年成立的新中国，他们在理解中不乏非议甚至莫名的疑虑恐惧，意识形态考量与二战后的国际环境变化是其主要原因。

印度知识精英对于国民党人的了解由来已久。1925年，随着中国国民革命进入高潮，中印两国的革命组织开始接触，实现合作。北伐战争期间，国民党"左"派把目光投向印度，希望两国革命人士携手合作。尼赫

---

① Shalini Saksena, *India, China and the Revolution*, "Introduction," New Delhi: Anmol Publications, 1992, VII.

鲁和苏巴斯·钱德拉·鲍斯以及广大的印度民众支持中国革命。这使得印度人眼中的国民党形象显出了更多的亮色。

事实上,国民党人与印度知识界、政界的交往密切,这也是印度人眼中的国民党形象在开始阶段并非负面的主要因素之一。例如,围绕泰戈尔访华及此后相关的中印文化交流,国民党的热情和相关举措引人注目,这也是国民党吸引很多印度知识分子和政治人物注意力的一大亮点。国民党的代表人物孙中山邀请泰戈尔访问广州一事已为人熟知。再看曾经于1924年陪同泰戈尔访华的印度学者卡利达斯·纳格（Kalidas Nag）写于1945年的一段相关历史回忆:"诗人（指泰戈尔）的部分演说和讲话发表在他的《中国演讲集》中,但是,要对他这次重要旅行获得一个全面的印象,人们必须多少研究一下当时的中国报刊,还得研究论述泰戈尔其人其作的中文书籍。一位著名中国学者谭云山就写过一本这样的书,1927年7月,他在新加坡准备赴爪哇的途中邂逅了诗人。谭教授记叙了他在1927至1937年的十年中,如何使自己在圣蒂尼克坦建立一个永久的中国研究中心的美梦成真,这也幸亏得到了他的中国朋友、特别是得到了戴季陶先生阁下的慷慨支持。1940年,戴非常愉快地亲自造访了泰戈尔博士的国际大学（Visva Bharati）。1937年4月,诗人正式创办了中国学院（China Bhavan）,作为第一任会长,他还发起组织了印度中印学会（Sino-Indian Society of India）。我们的民族领袖如圣雄甘地、潘迪特·贾瓦哈拉尔·尼赫鲁等对此表示热烈祝贺。1939年,在诗人的大力支持下,尼赫鲁受邀访问了重庆。同一年,尊敬的太虚方丈云游印度各地,在他之后,作为来自中国的文化大使,戴季陶先生阁下于1940年向病榻上的诗人表达了敬意……中国向我们呈现了亚洲艺术和文化的新世界。从中国回来以后,我在1925至1926年间创办了大印度学会（Greater Indian Society）。"[①] 此处将时任国民政府考试院院长的戴季陶称为"中国文化大使",足见印度知识分子对于国民党的印象非常深刻。正因如此,我们便可理解,为何纳格要在他的《泰戈尔与中国》中对国民党所进行的中印文化交流大书特书,为何后来的印度

---

① Kalidas Nag, ed., *Tagore and China*, Calcutta: Federation of Indian Music and Dancing and Calcutta Art Society, 1945, p. 58.

民间文艺团体要制作泰戈尔画像并于 1944 年送抵重庆。因此，我们也可在某种程度上理解，为何尼赫鲁要在信中称蒋介石为"中国统一与自由的象征"。当蒋介石于 1942 年访问印度时，接待他的印度人士不仅将之视为国民党的代表，还视其为"整个中国文明的代表"。①

不过，随着梅农和潘尼迦等印度政治精英先后来华并长期定居，加之对国民党政府的了解更为深入，他们对蒋介石及其领导的南京国民政府开始失望，印象逐渐变差。这种变化很快就感染了尼赫鲁等访华时间很短或没有来华经历的印度政治家，并影响到印度广大民众和媒体的对华报道。例如，萨克塞纳曾经指出："尼赫鲁自己的对华认知受到他从 K. P. S. 梅农与 K. M. 潘尼迦等两位印度驻华大使处接收的信息的影响。"②

印度方面对以蒋介石为代表的国民党及南京国民政府的观察可以大致分成两派。一派以尼赫鲁、梅农和潘尼迦等政治家为主，另一派以印度"左"派人士及印度媒体为主。蒋介石的统治被"左"派人士视为"地地道道的希特勒统治"和"不负责任的暴政"，蒋介石本人被印度媒体冠名为"东方的大法西斯"。③ 值得注意的是，"左"派人士有时还将对蒋介石政府的批判与印度国内政治联系在一起，这显示了一种内倾的视角。"'左'派的观点是猛烈批判蒋介石的反动政府……在某种思想逻辑的驱使下，由于急于谴责尼赫鲁政府和印度国大党，'左'派人士将之比拟为蒋介石和国民党。"④ "左"派的批判此处不再赘述，这里着重谈谈尼赫鲁等印度政治家对蒋介石及南京国民政府的观察和思考。

萨克塞纳认为："印度对国民党政府的反应是对蒋介石独裁统治有保留的批评。尽管蒋介石政府在各个方面都受到指责，但这种谴责并不是非常严厉。"⑤ 在对蒋介石进行批评的政治家中，尼赫鲁值得重视。尼赫鲁经受过西方民主洗礼，他对蒋介石独裁统治和国民党腐败的政治分析自然不乏西方的民主色彩。1939 年，尼赫鲁在重庆见到了蒋介石，并目睹了国民

---

① Krishna Prakash Gupta, "Indian Approaches to Modern China-I: A Social-Historical Analysis," *China Report*, Vol. 8, No. 4, p. 42.
② Shalini Saksena, *India, China and the Revolution*, "Introduction," VIII.
③ Shalini Saksena, *India, China and the Revolution*, p. 52.
④ Shalini Saksena, *India, China and the Revolution*, p. 83.
⑤ Shalini Saksena, *India, China and the Revolution*, p. 45.

党政权的统治现状。他在日记中写道:"然而,我猜想国民党不是一个很民主的组织,尽管它自称民主……国民党与政府的关系很特别。也许个人因素构成联系二者的最强纽带。"① 尼赫鲁在写给内政部长的一封信中说道:"不幸的是,顾名思义,国民党政府显然不再具有任何真正意义上的国民性。"② 这说明,尼赫鲁对蒋介石及其政权的好感是非常有限的。这是因为,国民党的高压政策使得国内民主空间受到严重挤压,其顽固的反共立场使得国共和谈无果而终,蒋宋孔陈四大家族疯狂敛财,国民党内贪污腐败层出不穷,黎民百姓生活在水深火热之中。这些情况由长期在华的梅农和潘尼迦等人报告给尼赫鲁等人,这就自然产生了一种结果:"印度政府能够清楚地认识到,蒋介石被那些反动势力所包围。那些反动势力不仅要镇压中间派力量,还坚决地排除了国共和解的可能。"③

1943年9月至1948年5月,梅农在华任印度驻中华民国总代办一职(尼赫鲁于1946年在印度组织临时政府后,梅农遂改称印度驻中国华民国大使)。④ 他对绝大多数国民党要员并无好感,对国民党政府的贪污腐败更是痛恨。1943年11月2日,梅农在写给朋友的信中说:"教育部长陈立夫被视为反动分子和狂热的党徒。然而,我印象很深的并非是其狂热,而是其愚蠢无知。在与副部长谈及当前中印教育问题时,他转而谈论需要一个民族的重要性。关于形成一个民族的条件,他谈到了三点:排除宗教基础上的团结统一(如中国)、共同的语言(如中国)和历史地理研究(如中国)。"⑤ 对于四大家族,梅农的负面印象更深,他在同一封信中写道:"中国最有权势也最不受人欢迎的人物是孔祥熙。他是名副其实的金融巨子。身为孔子后人,他是蒋介石的姐夫。他看起来像一位屠户,有暴发户相。在贫困至极的中国,他不知廉耻地炫耀自己的小车、地毯、草坪、中央供暖系统、室内游泳池、画作和成排成串的侍者。他唯一值得一提的谈话便是其印象深刻的询问,如'印度的土邦王公是不是世界上最富裕的人'。

---

① Jawaharlal Nehru, *Selected Works of Jawaharlal Nehru*, Vol. 10, New Delhi: Orient Long man, 1977, p. 98.
② Shalini Saksena, *India, China and the Revolution*, p. 45.
③ Shalini Saksena, *India, China and the Revolution*, p. 46.
④ K. P. S. Menon, *Twilight in China*, "Preface," Bombay: Bharatiya Vidya Bhavan, 1972, IX.
⑤ K. P. S. Menon, *Twilight in China*, p. 15.

（意思是他和尼扎姆是否有得一拼？）看见他，就如同看见现政府最丑恶的一面，孔祥熙或许是政府的致命要害。"① 1944年1月24日，他在信中写道："孔氏家族积敛钱财，而中国其他地方却大受其苦。"② 梅农当然明白，二战后的中国是战胜国，作为大国而赢得了国际社会的承认，并拥有联合国安理会的席位和否决权，蒋介石的国民党政府赢得了美国的支持，苏联也承认蒋介石政府的合法地位。不过，在这种光鲜的外表下，梅农看出了潜在的深刻危机。关于抗日战争胜利后的国民党统治，他写道："在平静的表面下，愤怒的火山熔岩正在聚集，咄咄逼人，即将喷涌而出……国民党政府正日益显出解决国家基本问题的无能。共产党更加清醒地意识到这些问题，也就更为坚决地解决这些问题。他们已经渗透到黄河以南、甚至渗透到长江一带。"③ 梅农对于国民党垮台前后的中国政局的观察既全面也深刻。他看到了国民党无能的内因所在，也敏锐地意识到共产党即将取代腐败的国民党政权的历史必然性。

1948年即国民党统治即将在中国大陆崩溃的前一年，K. M. 潘尼迦来到中国，任印度驻中华民国大使，国民党政府垮台后他又任印度驻中华人民共和国首任大使。在华期间，潘尼迦耳闻目睹了国民党腐败统治的纷繁乱象，感受至深。他后来在自传中评价说，蒋介石对中国的统治"与希特勒和墨索里尼的独裁专制非常相似"。④ 关于蒋介石，潘尼迦不无揶揄地写道："蒋介石是一位伟人，但其晚生了一个世纪……事实上，他是一个矛盾的集合体：虽为基督徒却笃信儒家思想，虽为民主总统却信奉军事独裁，虽为正直诚实之士却又容忍身边之人大肆腐败。"⑤ 稍后，潘尼迦还将蒋介石与毛泽东、尼赫鲁进行比较。他这样写道："将毛泽东与蒋介石相比并不公平合理。蒋介石无疑个性强硬，意志坚定，性格突出，但他也冷酷无情，自私自利，性格残忍。他将包括幼儿在内的杨虎城将军三代斩草除根，因其在西安犯下过扣押他的罪行。这种方式表明了他的复仇个性。

---

① K. P. S. Menon, *Twilight in China*, p. 15. 尼扎姆（Nizam）即1793—1950年间统治印度海得拉巴的土邦君主。
② K. P. S. Menon, *Twilight in China*, p. 38.
③ K. P. S. Menon, *Twilight in China*, p. 117.
④ K. M. Panikkar, *An Autobiography*, p. 200.
⑤ K. M. Panikkar, *In Two Chinas: Memoirs of a Diplomat*, p. 25.

另外，从没有人认为，蒋介石是一个有修养的人。"① 因此，潘尼迦认为，将毛泽东与尼赫鲁进行比较更加合理。潘尼迦对国民党大选的乱象印象很深，对国统区物价飞涨、"法币"迅速贬值以致百姓遭殃也不无慨叹。他认为，神秘莫测的杜月笙犹如西方人虚构的傅满洲。潘尼迦还看出了国民党政府对印度所持的一种傲慢心态："不久，我发现国民党对印度的态度虽然真诚而友好，但显得有些傲慢。这是一种老大哥的姿态，它资格很老，已有很好的世界声望，准备为尚在斗争中寻求出路的小弟弟出谋划策。印度的独立值得欢迎，但显然应该明白，作为战后获得公认的东方大国，中国希望印度明白自己的地位……我觉得很奇怪，国民党统治下的中国几乎一切、甚至是大国地位都要依赖美国，但却有如此的态度。然而，不久我意识到，即使对待美国，中国的态度也是傲慢的。"② 他发现，国民党政府的某些人物蔑视美国，在他们眼中，美国文化底蕴差，是一个近乎"野蛮"的国家。

由上所述可以看出，印度各界人士对于即将失去中国大陆的国民党政府很少持同情的态度。正如《孟买纪事报》（Bombay Chronicle）指出的那样："印度各派人士的观点表明，他们已经不再对蒋介石及其国民政府抱任何幻想。蒋介石政府顽固地坚持那种自杀性的反动政策，其中某些行为使其臭名昭著、令人憎恨。"③ 看来，蒋介石及其领导下的国民党政府因各种反动政策丧失了民心，这是其遭到印度政治家和"左"派人士、媒体一致反对和批判的主要内因。

五、从理解到疑惧：对共产党的政治观察

印度与中国共产党真正的频繁接触要从抗日战争时期算起。不可否认，印度国大党对中国抗战的支持，主要表现为对蒋介石领导的抗战的支持，但同时其也与一直在敌后积极抗战的中国共产党建立了联系。援华的柯棣华医疗队支持八路军便是典型的例子。K. P. 古普塔指出："综合起来

---

① K. M. Panikkar, *In Two Chinas: Memoirs of a Diplomat*, p. 82.
② K. M. Panikkar, *In Two Chinas: Memoirs of a Diplomat*, pp. 26–27.
③ Shalini Saksena, *India, China and the Revolution*, pp. 62–63.

看，尽管绝大多数印度官员似乎认定，与国民党建立友好关系更加容易，但是印度民众的观点却倾向于与中国共产党进行友好联系。"① 或许正是民心所向，才最终谱成了印度医疗队与中国共产党领导下的八路军进行友好合作的历史佳音。抗日战争时期，印度政治家、知识分子和普通大众对于中国共产党及其领导的抗日游击战争有了不同程度的了解，这为他们认识后者提供了契机。

不过，总体来看，印度知识界对于当时中国的情况了解得不是很多，他们对于国民党和共产党都一视同仁，没有偏见。在他们眼中，共产党和国民党都在为民族革命和国家重建的共同目标而努力奋斗。"个别印度人偶尔会表达对共产党或国民党的同情，但是绝大多数人的立场是中立的。"② 例如，曾经于抗日战争结束前夕的1944年5月访问重庆的拉达克里希南回国后说："我深信，当前的国民党政府或共产党领导不会做任何事情来削弱抗日民族统一战线，他们在抗战期间建立的联盟，在战后将发展为民主政治体制。"③ 不过，按照古普塔的观察，抗日战争时期，印度涉及中国主题的出版物大都倾向于支持中国共产党，但在很多时候，与对国民党的支持相比，这种对共产党的同情并没有什么明显的差别。埃德加·斯诺的《红星照耀中国》（Edgar Snow, *Red Star over China*, New York: Random House Inc., 1938年）被译为印地语，受到部分印度人的欢迎。K. 黛薇的《在战争肆虐的中国》（Kamla Devi, *In War-torn China*, Bombay: Padma Publications Ltd., 1942年）倾向于支持蒋介石的国民革命，与之相反，S. S. 巴特利沃拉的《新中国缔造者》（S. S. Batliwala, *Makers of New China*, Bombay: People's Publishing House, 1943年）公开地赞颂中国共产党是"为亚洲自由和公平而斗争的领袖"。④

如果说印度各派人士对国民党的看法是从了解到理解和支持，再到全

---

① Krishna Prakash Gupta, "Indian Approaches to Modern China-I: A Social-Historical Analysis," *China Report*, Vol. 8, No. 4, p. 42.

② Krishna Prakash Gupta, "Indian Approaches to Modern China-I: A Social-Historical Analysis," p. 42.

③ S. Radhakrishnan, *India and China: Lectures Delivered in China in May 1944*, p. 31.

④ Krishna Prakash Gupta, "Indian Approaches to Modern China-I: A Social-Historical Analysis," p. 42.

面非议乃至猛烈批判,那么新中国成立前后,他们对中国共产党的看法则没有那么大的变化。虽然在新中国成立前后,部分印度政治家出于意识形态的考量而对中共有所担忧、警惕乃至非议,但大部分政治家、知识精英和广大民众对中国共产党的看法是积极的、正面的和乐观的。换句话说,新中国成立前后,印度各界在很大程度上是认同和理解中国共产党的。

对中国共产党进行观察论述的印度人大致可以分为三派,即以尼赫鲁、潘尼迦和梅农等为首的政治家,"左"派人士及新闻媒体,普通知识分子与群众。事实上,知识分子和广大民众往往要么与政治家,要么与"左"派人士的中国观基本一致。正如萨克塞纳所指出的那样:"就中国局势而言,一般观察家和印度知识界的认知往往与印度政府和'左'派派人士的观点保持一致。这些人的观点涉及中国共产党走向强大的一系列因素。"①

就潘尼迦而言,他的中国观建立在长期的中国体检基础上。自然,他对国民党的了解更为透切,对中国共产党及其信仰的共产主义思想的了解却似乎不尽如人意,这当然也影响到他对共产党人的感性观察与理性思考。潘尼迦自己也承认这一点:"我对共产主义思想的了解只来自书本。事实上,除了驻南京的苏联和东欧集团外交官外,我根本不认识任何共产党人。我所有的教育都与西方自由激进思潮相关,因此尽管我在某种程度上熟悉马克思的经济学原理,但我对个人自由不占显著位置的政治体制并无好感。"② 但是,随着对国民党的了解加深,潘尼迦对共产党的认识也更趋理性。例如,他在评论毛泽东时说,将毛泽东与蒋介石进行比较是不合理的,将毛泽东与尼赫鲁进行比较更有价值。这是因为:"他们俩都是雷厉风行者,但都有梦想家的理想主义气质。尽管两人都可视为广义上的人道主义者,但尼赫鲁却扎根于西方的自由主义思想,这种思想甚至影响着他对社会主义的看法。基本上自学成才的毛泽东学习了马克思、列宁的经济学和历史学,或许并不重视个人自由的原则。然而,作为浸淫于中国古代文学和早年接受过佛教思想熏陶的毛泽东,或许可以公平地说,他的思

---

① Shalini Saksena, *India, China and the Revolution*, p. 105.
② K. M. Panikkar, *In Two Chinas: Memoirs of a Diplomat*, p. 72.

想结构要比干瘪的马克思理论丰富得多。"① 这些话虽然没有明显地赞扬毛泽东，但和潘尼迦对蒋介石独裁残忍的讥讽谴责相比，大体上仍然是比较客观的评价。

在1944年5月访问重庆后，拉达克里希南对共产党人的认识比较客观。他认为："中国共产党人并不是刻板地遵循俄国人的教条。他们的祖国是中国而非苏联。首先且最重要的是，他们是为中国而非共产国际的抗日战争而战。"②

就梅农而言，他对中国共产党统一全中国的决心非常赞赏，这又蕴含着他在印度独立前夕，期盼印度各教派（主要是印度教徒和穆斯林）统一建国的美好愿望。他在1947年5月19日写给尼赫鲁的信中说："中国也许也会像印度那样被迫默认某种形式的领土分治，但是中国共产党并未走到印度穆斯林所走的那种地步。他们不希望一个主权国家处于分裂状态，他们声称，自己首先是中国人，其次才是共产党人。事实上，他们认为自己是1911年革命的真正继承人，在他们手中，'三民主义'要比握在腐败的国民党手中更为保险。"③ 这种中印比较的结果是，中国人民高度自觉的民族主义精神得到肯定，中国共产党人维护国家统一的正面形象得到赞扬。1947年6月15日，在写给尼赫鲁的信中，梅农报告了毛泽东、陈毅、蒋介石、何应钦、阎锡山等国共两党要员的基本概况。在论及毛泽东时他写道："毛泽东是共产党领袖，伟大的先驱人物，是受亿万被剥削的农民敬畏的象征。然而，毛泽东还是一位古典的学者、优秀演讲家、出类拔萃的作家和卓越的战术家，他的立场坚定不移。"④ 这与他对孔祥熙等四大家族的辛辣讽刺形成了鲜明对比，说明梅农对毛泽东为代表的中国共产党人有着高度的认同感。

尼赫鲁要求在华的梅农考察共产党解放区的经济政策。梅农等人的一手信息对尼赫鲁的中国观有着深刻的影响。尼赫鲁认可国民党的腐败无能导致共产党胜利的这种说法。1949年4月1日，他在写给一位印度首席部

---

① K. M. Panikkar, *In Two Chinas: Memoirs of a Diplomat*, p. 82.
② S. Radhakrishnan, *India and China: Lectures Delivered in China in May 1944*, p. 30.
③ K. P. S. Menon, *Twilight in China*, p. 194.
④ K. P. S. Menon, *Twilight in China*, p. 205.

长的信中说："中国共产党的胜利与其说源自自身的力量，不如说源自国民党政府的土崩瓦解及其在各阶层人民面前特别地不得人心。国民党政府来不及吸取教训就已经退隐进历史之中。"① 当然，也有部分印度观察家对尼赫鲁等人的观点提出质疑，如《孟买纪事报》便否认了共产党的胜利是捡了国民党腐败无能的"便宜"这种论调。社会主义者梅塔（Asoka Mehta）更是直截了当地说："中国共产党的成功不能以国民党统治的失败来解释。"② 也就是说，共产党人的力量来自自己所取得的积极成就，而不是拜国民党失败所赐。印度广大民众也认为，在解放战争的最后阶段，中共军队在人数、准备、战斗力和士气方面都要优于国民党军队。"印度的自由派民族主义媒体的观点是，毛泽东力量的重要来源是人民群众道义上的支持，而这种支持变成了实实在在的合作。"③

就当时的"左"派人士、印度共产党或"左"派媒体而言，他们也欣赏中共领导人诚实正直的品格和勤俭节约的生活作风，并将之作为印度人学习的楷模。不过，包括印共在内的"左"派人士对中国共产党的反应主要围绕毛泽东提出的"新民主主义"革命理论而展开。他们主要探讨新民主主义革命理论与经典马克思主义的关系，它与马克思和列宁主义的区别，它与世界范围的社会主义革命的关联，以及中国传统哲学思想对它的影响等等。K. K. 麦特拉（Kashi Kanta Maitra）在"左"派报纸《国民先驱报》上撰文说，"新民主主义理论"所阐释的国家概念是二战后的新现象。"新民主主义的确是一种新式民主，也是一种崭新的国家形式。"④ 麦特拉认为，新民主主义理论与马克思、列宁所提倡的科学社会主义有着思想立场的差异。《共产党宣言》提倡无产阶级领导下的"无情"的阶级斗争，而新民主主义却基于民族团结和阶级统一。中国的近期目标不是社会主义革命，而是铲除帝国主义和封建主义。中国不愿追随西方的民主模式，不走新式的资本主义道路。麦特拉的结论是："不仅在思想而且在方法上，新民主主义都与马克思主义有所不同。向克里姆林宫献媚的人们赞

---

① Shalini Saksena, *India, China and the Revolution*, p. 98.
② Shalini Saksena, *India, China and the Revolution*, p. 128.
③ Shalini Saksena, *India, China and the Revolution*, p. 117.
④ Shalini Saksena, *India, China and the Revolution*, p. 99.

扬新民主主义理论与马克思主义完全一致，但是这种论调是毫无根据的空穴来风。"① 当然，也有人对麦特拉的说法提出挑战。例如，R. 班纳吉（Renu Banerji）认为，"新民主主义"这个词语的确是毛泽东在二战时杜撰的，但其基本理念却是列宁在 1905 年俄国革命期间所阐释的。因此，新民主主义理论并非理论创新，它是无产阶级和农民所实行的民主专政而已。A. 查克拉沃蒂（Arun Chakravarti）与麦特拉和班纳吉的观点相左。他认为，麦特拉质疑新民主主义理论的马克思主义合法性问题不值得一驳。他说，随着知识的发展，马克思的科学理论也会不断地发展。"列宁在帝国主义时代发展了马克思主义，而新民主主义是马克思主义在法西斯时代和社会主义时代的进一步发展。'新民主主义'理论适用于殖民和半殖民地国家，被延迟的民主革命在此融入了世界社会主义革命。"② 除了上述理论观察家外，还有一些"左"派人士也对毛泽东及其新民主主义理论进行评说。例如，一位独立的"左"派人士认为，毛泽东是中国最有才华的马克思主义理论家。他创造了中国式或亚洲式马克思主义。他最卓越的成就是将来自欧洲的马克思主义成功地运用于亚洲的土壤。"毛泽东认识到，马克思和列宁版的共产主义思想基本上只适用于欧洲的情境，中国的特殊问题要求人们按照中国实际情况对之进行重新阐释。这便是毛泽东为广大群众所阐释的'新民主主义'。"③

尽管存在诸多的争议，毛泽东的新民主主义理论得到印度知识界、特别是"左"派人士的高度关注，这却是不争的事实。"就共产主义在中国获胜的问题，印度的认知基本保持一致，这便是马克思主义、列宁主义在毛泽东'新民主主义'理论中巧妙的策略性改造。"④ 印度"左"派对新民主主义思想或曰新民主主义革命理论的评说在某种程度上促进了印度政治家和知识界对毛泽东思想的深入了解。事实上，新民主主义革命理论是随着中国革命的发展和深入而逐步完善起来的。早在大革命时期，毛泽东等中共领导人就提出了关于中国革命对象、动力、领导和目标的

---

① Shalini Saksena, *India, China and the Revolution*, p. 100.
② Shalini Saksena, *India, China and the Revolution*, p. 100.
③ Shalini Saksena, *India, China and the Revolution*, pp. 100 – 101.
④ Shalini Saksena, *India, China and the Revolution*, p. 129.

新民主主义理论。此后，该理论不断发展，成为毛泽东思想的基本内容和核心精髓。总之，新民主主义革命理论是一个完整的体系，它揭示了在半殖民半封建的中国进行资产阶级民主革命的规律。该理论体系的创立，是毛泽东思想发展史上的里程碑，是毛泽东思想走向成熟的标志，也是马克思列宁主义与中国实践相结合的"第一次历史飞跃"。"由于中国革命在世界革命中的重要地位，以及对于殖民地半殖民地革命的重大影响，因而新民主主义革命理论在马克思列宁主义发展史上具有重要的、独创性的意义，它丰富了马克思列宁主义的理论宝库，是世界人民的共同思想财富。"[1] 由此可知，印度知识界和"左"派人士对毛泽东新民主主义革命理论的探讨，在很大程度上触及了它的核心和精华，其评述虽不能说尽善尽美，但至少反映出毛泽东的思想体系或曰中国话语体系对当时印度的吸引力。

关于国共两党的大决战，印度人士和新闻媒体还从国际大背景进行分析，虽然这种分析并不完全准确。"一开始，绝大多数印度知识分子认为，很明显，中国内战一方面得到了俄国的支持，另一方面得到了美国为首的西方大国的支持。"[2]《印度斯坦旗报》（Hindustan Standard）分析说，南京政府欢迎美国加入中国内战，抵抗共产党，美国全力以赴地支持内战，实则是间接地与苏联在远东进行交战。中共则在解放战争中与苏联紧密合作，以打垮国民党军队，苏联也有在远东与美国间接交战的意图。而《自由新闻期刊》（Free Press Journal）则认为，表面上看，这是中国人进行的一场内战。"事实上，这是一场国际战争，其间，美国支持蒋介石，红色共产党得到了苏联的支持。"[3]

1949 年 10 月 1 日，新中国诞生。1949 年 12 月 30 日，印度国大党政府在犹豫一番后，终于宣布断绝与蒋介石政府的一切关系，承认新中国。1950 年，中印正式建交。"这样，印度虽是继缅甸之后第二个承认新中国的非社会主义国家，但是由于谈判代表先抵北京，却成为第一个与新中国

---

[1] 沈郑荣主编：《毛泽东思想史纲》，济南：黄河出版社，1994 年版，第 206 页。
[2] Shalini Saksena, *India, China and the Revolution*, p. 148.
[3] Shalini Saksena, *India, China and the Revolution*, p. 152.

建交的非社会主义国家。"① 某种程度上可以说，此前印度官方和民间人士的对华认识或中国体验奠定了他们承认新中国的心理基础。正如憎恨西方殖民中国并深刻了解蒋介石独裁政府的潘尼迦所言："尽管对必须承认新中国这点毫无异议，但印度领导层对承认的时间问题存在不同意见……坦率地说，我自己的观点是，当国民党政权在中国大陆倒台时，我们就应当承认这个新政权。"② 根据萨克塞纳的观点，当时的印度对新中国的承认出于彼此理解的缘故。她说："印度强烈批评美国不承认毛泽东政权的政策……印度对新中国采取的立场既不是英国式的实用主义，也不是缅甸式的绝望和权宜之计。印度必须以容易明白的人类理解方针和亚洲精神凸显自己的外交路线。"③

事实上，围绕着是否承认新中国，印度朝野在1949年底进行了一场规模不大的观点"博弈"，这是印度政府犹豫的主要因素。"当时印度政府之所以有些犹豫，是因为看到国民党政府迁都广州，虽已失败，但与共产党的较量尚未结束，更重要的是由于其内部的意见分歧。"④ 这里所谓的意见分歧其实是指以印度副总理兼内务部长 S.V. 帕特尔（Sardar Vallabhai Patel）为首的右派人士和很多文职官员不赞成过快地承认新中国。他们除了受到亲西方的院外集团的影响外，还对中国当时对印度的看法保持警戒或疑虑。他们的理由之一是，一家在上海出版的杂志批评了尼赫鲁，称他是"民族独立运动的叛徒，是破坏人民解放运动进展的恶棍，是帝国主义的忠实奴仆"。更重要的是，毛泽东在1949年10月19日发给印度共产党总书记的电报中称，印度人民"过去的命运和将来的道路与中国有许多类似之点。我确信，依靠勇敢的印度共产党和一切印度爱国者团结奋斗，印度决不会长期处于帝国主义及其合作者的羁绊之下。"⑤ 据此，印度右派人士对中国的态度表示疑虑或警觉，不赞成尽快与中国建交，但在尼赫鲁和

---

① 王宏纬：《当代中印关系述评》，北京：中国藏学出版社，2009年版，第69页。关于印度承认新中国及中印建交的史实，还可参见张敏秋主编：《中印关系研究（1947—2003）》，北京：北京大学出版社，2004年版，第4页。
② K. M. Panikkar, *In Two Chinas: Memoirs of a Diplomat*, p. 67.
③ Shalini Saksena, *India, China and the Revolution*, p. 185.
④ 王宏纬：《当代中印关系述评》，第67—68页。
⑤ 转引自王宏纬：《当代中印关系述评》，第68页。

中国问题专家潘尼迦等人的辩论和斡旋下，中印建交的序幕还是拉开了。对此，萨克塞纳分析道："在是否承认新中国的问题上，尽管所有政治团体与印度政府意见一致，但是反共的右翼团体要求确保中国不会侵略印度。在与 K. M. 潘尼迦大使、印度政府其他官员、西方集团和英联邦国家协商后，尼赫鲁不失时机地审时度势。即使是尼赫鲁的对手也支持迅速承认新中国，这表明印度新政府已经开始执行不结盟的外交政策。某些观点认为，尼赫鲁镇压印度国内共产党势力和亲近共产党邻国的政策之间存在裂痕。除了关注这一应对时局的实用主义方法外，许多论者反复强调中印两国 2000 多年来一直存在和谐的历史文化交流这一事实。"①

在印度朝野这场承认新中国的"风波"中，值得关注的是"左"派知识分子、媒体与印度普通民众的态度。就印度民众而言，他们占优势的观点是，支持政府承认新中国。就"左"派及其麾下的新闻媒体而言，承认新中国根本不是一个问题。"毛泽东宣布中华人民共和国成立及中央人民政府的成立，促使'左'派报纸《民族报》要求政府尽快承认她，并与新中国建立外交关系。"② 有的印度媒体认为："从理论上来说，承认一个政权的问题与意识形态的亲切或反感关系不大。这首先是一个是否符合事实的问题，它不受是否愿意承认新政府的心态所左右。"③ 《甘露市场报》（Amrita Bazar Patrika）则认为，拒绝承认或推迟承认新中国，可能会将中国变为无法协调关系的敌人。在支持印度政府承认新中国的同时，印度民众也十分关心其他国家对新中国的态度。他们很多人严厉谴责美国不承认新中国的外交政策。印度广大民众和媒体对新中国的友好态度，使 20 世纪 50 年代的中印"蜜月"关系有了一种比较稳固的心理基础，这与中印人民长期共同反对西方殖民侵略、长期互相援助的历史友谊分不开。

随着中国人民的解放战争走向全面胜利，随着新中国成立，印度对中国共产党的认知开始出现一些新的动向，这便是担忧、疑虑与恐惧。关于其中的原因，萨克塞纳指出："就中国革命对印度共产主义影响的结果，自由派民族主义媒体表示了担忧和疑惧。印度的共产主义运动受到鼓舞，

---

① Shalini Saksena, *India, China and the Revolution*, p. 199.
② Shalini Saksena, *India, China and the Revolution*, p. 179.
③ Shalini Saksena, *India, China and the Revolution*, p. 181.

特里加纳（Telengana）农民运动仿效毛泽东的战略与战术。许多评论者敦促印度政府不仅要将共产主义威胁扼杀在萌芽状态，也要采纳进步的社会经济政策，以抗衡颇得人心的共产主义思想。尼赫鲁也意识到了这一点，他在印度实行了社会主义发展模式。"①关于印度对中国的疑虑和担忧，萨克塞纳进一步分析道："印度非官方的观点是，对亚洲、特别是对印度而言，共产主义分子在中国占据领导地位是一种真正的威胁，因为印度也有原始而封建的农业经济。"②

某种程度上，印度媒体某些自相矛盾的中国观察或论述证实了印度版"中国威胁论"或曰"中共威胁论"开始萌芽。例如，1949年4月27日的《自由新闻期刊》欣然表示，中国共产党的胜利值得赞赏，因为"红色中国的胜利就是亚洲人民的胜利"。但吊诡的是，早在当年1月21日，该报却表达了对中共崛起的担忧，它认为，一个主义的统治将取代另一个主义的统治。"今日正在活跃的共产主义是披着外衣的帝国主义。"③这种自相矛盾其实反映了印度右派人士和某些反共的政治家对新中国的疑虑。他们害怕在中共领导下获得胜利的中国革命会影响或刺激印度共产党，从而使其发动农民运动，危及印度安全。因此，这些人鼓吹印度应该成为抵抗共产主义的前沿阵地。尼赫鲁为首的印度政府当然不会忽略这一点，他们的对内政策体现了这一点。印共人士和某些"左"派人士则对中国革命的经验保持浓厚的兴趣，他们自然成为印度政府和右派人士防范的重点之一。除此之外，新中国成立后，印度的担忧还增加了边界问题的新因素。"除了担心中共的胜利会鼓舞印共力量之外，印度舆论普遍担忧中印边界问题。"④

综上所述，以是否承认新中国为契机，印度部分人士已经开始关注中国革命的胜利是否会"威胁"印度国内安全的问题，并开始逐渐涉及中印边界问题与西藏问题。除了西方媒体的影响、冷战后两大阵营开始成型等国际因素外，部分右派人士和印度政治家以意识形态的眼睛去观察共产党

---

① Shalini Saksena, *India, China and the Revolution*, p. 233.
② Shalini Saksena, *India, China and the Revolution*, p. 216.
③ Shalini Saksena, *India, China and the Revolution*, p. 211.
④ Shalini Saksena, *India, China and the Revolution*, p. 217.

治下的"红色中国",这便使其中国观增添了更为消极的色彩。这说明,中印历史友谊走到1949年时,一些人为的消极因素开始注入其中,印度的中国形象开始悄悄地注入负面的成分,虽未立即成为主流色调,但它却为20世纪50年代后期中印关系转阴埋下了祸根。

第三节 历史与现实的交汇:M. N. 罗易的中国观

第一次国共合作是中国现代史的重要篇章,而大革命失败则是其令人遗憾的"续貂之作"。国共合作后期,印度革命家 M. N. 罗易(Manabendra Nath Roy,1887—1954年)来华,以其非常短暂的政治活动链接了中印革命者在特殊时期的特殊对话,也奠定了罗易中国观的感性基础。

1919年3月2日,第三国际在莫斯科成立,各国共产党是它的支部,共57个支部。1922年7月,中国共产党第二次全国代表大会决定,中共加入第三国际并成为它的支部。1927年初,罗易奉共产国际之命前往中国,任共产国际驻中国代表团团长,负责指导中国革命,并策划如何挽救即将最后崩溃的第一次国共合作。罗易于2月底抵达广州,4月初抵达武汉。4月12日蒋介石及国民党右派在上海发动反革命政变,导致宁汉分裂。罗易与当时中共主要负责人陈独秀、谭平山以及鲍罗廷等对革命方略出现争论。在这个关键时刻,按照一般史学家的说法,罗易犯了一个致命的错误,即他于6月将共产国际的秘密指示给武汉国民党政府的首领汪精卫过目,汪看了电报,明白了共产国际指示中共的意图,便确立了在武汉分共的决心。这引起鲍罗廷和中共人士的极大愤慨,他们要求共产国际召回罗易,同年8月罗易返回苏联莫斯科。罗易随后到柏林开展工作。1929年12月,他被共产国际开除,随后回到印度。1931年7月,他在孟买被英国当局逮捕,出狱后继续进行革命和研究工作。1954年1月25日,罗易病死。

与当时很多来华指导中国革命的共产国际代表一样,M. N. 罗易的一生大起大落，经历非常复杂。他对中国革命现状和前途的某些论述经受了时间的考验，但对中共领导人与国共合作的看法也存在很多问题。非常复杂的是，他的一些言行作为对处于异常危机之中的中国革命产生了极具戏剧色彩，也具有争议性质的严重后果。罗易将他从中国带回的有关报告、文章、决议等汇编成《中国革命和共产国际》，于1929年在莫斯科用俄文出版。该书于1931年在德国用德文出版，但在希特勒上台后就停止发行了，直到1945年在加尔各答出版了英文版。他还在监狱里写下了《我的中国经历》，出狱后将其在孟买出版。罗易晚年时写了长篇回忆录，并同样在孟买将之出版。罗易还撰写过很多与中国相关的文章。他在这些文章和上述著作中，对中国历史、中国社会现实和中国革命方略等一些重大命题进行论述。罗易的中国观就体现在这些著述中。

一、罗易的中国历史观

罗易是一位喜欢独立思考的人。即使与列宁这样伟大的思想家、革命家交流时，他也不盲从。他自己在回忆录中也曾谈及这一点。[①] 与后来来华的梅农、潘尼迦、尼赫鲁和拉达克里希南等人一样，身为革命家和政治家、思想家的罗易也对中国历史有过一些深入的思考。罗易认为，中国历史对印度有示范价值，中国经验对印度有益。罗易关于中国历史的论述后来成为一些印度学者研究中国历史的重要参考书，他们直接引用罗易的观点为自己的立论依据。[②] 罗易之于中国历史研究和中国革命的价值不容忽视。谭中认为："必须从中国的立场来考察罗易人格的另一主要侧面……他对中国共产主义运动的一大贡献是他作为外来者所给予的深刻影响。对于中国现代史研究而言，他的主要贡献是他在华几月的关键时期所留下的文献与论述，罗易不仅是这一历史阶段的主要角色，也是重要的评论家和

---

① M. N. Roy, *M. N. Roy's Memoirs*, Bombay: Allied Publishers Pvt. Ltd., 1964, pp. 379 – 380.
② A. K. Singh, *A History of China in Modern Times*, New Delhi: Surjeet Publications, 1984, p. 32.

历史记录者。"①

《中国革命与反革命》是罗易的重要代表作。谭中指出："罗易的《中国革命与反革命》应该被视为一部经典之作。按其质量和重要性来说，它是印度可堪与前哈佛大学教授费正清的《美国与中国》匹敌的著作。在该书中，罗易向人们展示了他对中国的理解，他没有将中国文化视为似乎从火星来到现代文明世界的东西。对罗易来说，中国属于这个真实的世界。"② 这些话自然不乏过分的溢美之辞，但也说明，罗易在该书中贯彻了从中国历史的内部考察中国的清晰思路。罗易关于中国历史的思考集中体现在该书的前半部分。他认为，马克思论述的"亚洲生产方式"已经在论述封建主义问题的学者们那里产生了困惑。他说："如果学者们很少质疑资产阶级汉学，就很难利用马克思主义对中国史进行研究。马克思和恩格斯关于中国的少量著述来自于很不充分的资料，因此不能视为中国史研究的权威论断。迄今为止，机械地引用科学社会主义创始人的只言片语，仍是马克思主义汉学（Marxist Sinology）的出发点。很明显，这样一种难以称得上马克思主义的方法，并不能有助于理解中国社会历史的奥秘……很多马克思主义汉学家至今仍然敬畏于资产阶级汉学威风凛凛的博大精深。"③ 从这些话来看，罗易分明是想解构此前的"资产阶级汉学"，同时对科学社会主义创始人的中国观进行某种程度的质疑。因此，他不刻意研究老子和孔子的思想体系，而想从他们的某些观念出发考察中国历史发展的一般规律，以及中国历史区别于欧洲历史发展的独特规律。在他看来，即使在东方社会，古代中国和印度的发展与埃及、巴比伦社会的发展规律也有区别。他反对将长期的封闭孤立和人工灌溉制视为解释专制的"中国之谜"（Chinese puzzle）的钥匙。

罗易信奉线型进步的历史观。他认为，现在深深地扎根于过去的历史。只有对过往历史进行深入探索，才能正确地理解现在和清晰地展望未

---

① Tan Chung, "China: M. N. Roy's Paradise Lost," *China Report*, Vol. 24, No. 1, 1988, p. 35. 此处对罗易的分析多借鉴该文观点，特此说明。
② Tan Chung, "China: M. N. Roy's Paradise Lost," p. 35.
③ M. N. Roy, *Revolution and Counter-revolution in China*, Calcutta: Renaissance Publishers, 1946, p. 1.

来。理解中国历史事件的风起云涌也应如此。虽然中国文明与地中海文明和闪族文明同时进入人类社会早期阶段，但却在后来的现代文明发展阶段被落下了。他说："但是，中国并未随同巴比伦和古埃及一道消逝。她艰难奋进，但却被舞台上晚起的其他角色所超越。就此奇特的历史变化而言，除了将之视为难以理解的特殊个案之外，中国并未在人类进化的研究中得到应有重视。对许多人来说，中国成为一个难以理解的复杂问题。她似乎是违背公认的社会进步原则的'中国之谜'。"① 但在罗易看来，如将历史问题视为科学的问题并以现代方法进行研究，就没有什么历史之谜不可解决。为此，罗易在历史深处寻找中国文明跌宕起伏后仍然不断向前发展的原因。

在对中国历史进行分析的过程中，罗易就中国人起源问题挑战西方学者的观点。瑞典著名地理学家安德森（Johann Gunnar Anderson，1874—1960 年）曾经认为，中国人起源于西亚人种。这种学说曾经流行西方学界。不过，罗易认为，中国的原始人并未像雅利安人和闪米特人那样，经过了大规模的民族迁徙。"由于原住地的自然馈赠，古代中国人很可能要比其他任何人类先进入稳定的居住状态。中国或许是最早的、有组织的人类社会家园。"② 对于中国社会发展的停滞之因，罗易将之部分地归因为儒家思想和道家思想。他认为，帝国主义的炮舰政策是导致近代中国社会发展滞后的主要因素。罗易挑战马克思的社会发展五阶段说。他认为，中国社会绕过了奴隶社会阶段，直接从原始社会跃入封建社会时期。值得注意的是，罗易的思想与一些中国史学家的主张类似。例如，1931—1933 年间，《读书杂志》相继出版《中国社会史的论战》四辑，围绕中国社会史性质、亚细亚生产方式和中国历史上有无奴隶制社会等问题进行辩论。郭沫若和吕振羽等人认为，中国古代存在奴隶制社会。而托派学者李季和杜畏之等人则坚持认为，中国古代没有奴隶制社会。③

罗易是少数高度评价太平天国历史意义的外国学者之一。关于太平天

---

① M. N. Roy, *Revolution and Counter-revolution in China*, p. 13.
② M. N. Roy, *Revolution and Counter-revolution in China*, p. 21.
③ 王桧林主编：《中国现代史》（上册），北京：北京师范大学出版社，1991 年版，第 368—369 页。

国运动的特色和性质，罗易认为有这样八点，即具有宗教色彩、有原始共产主义趋向、反对地主阶级、仇视满清政府、大力发展工业贸易、与外国人修好、信奉自由社会和强烈渴望平等。美中不足的是，罗易对于太平天国同佛教的联系未做分析，而"天国"二字表明，它与佛家思想似乎存在某种隐秘的联系。不过，罗易认为，太平天国与基督教的联系纯属偶然，并不紧密。因此，罗易写道："太平天国运动在宗教上反对偶像崇拜，政治上反对满清政府，但在社会制度上信奉共产主义。对于太平军起义的原则、特色和成就的简述清楚地说明，它本质上是一场民主运动。从一个大的范围来说，它近似于德国农民起义，但是它更近似后来的资产阶级民主革命。太平军起义还未达到资产阶级革命的地步，因为中国农民的力量仍然很弱。"① 罗易此处所谓的"资产阶级民主革命"其实是指法国大革命。他在后文明确地指出这一点，从而推翻了自己此前的结论。他说："历史地看，同法国大革命一样，中国的太平军起义也是一场资产阶级民主运动。"② 从这些论述来看，罗易显然人为地拔高了太平天国运动的性质。他之所以如此，是因为他以欧洲资产阶级革命的模式观察太平军起义，并以自己对共产主义革命的理解来进行补充，使得一场地地道道的反封建农民起义成了名不副实的资产阶级民主运动。这是对太平天国的文化误读。事实上，太平天国虽然表现了坚决的反封建精神，但它"毕竟是农民战争，农民阶级不是新的社会生产力的代表者，它不能创造新的生产方式，不能建立一个符合历史发展的新社会"。③ 另一方面，1524—1526 年间发生的德国农民战争却是"一场具有资产阶级革命性质的反封建的农民战争，斗争目标是要建立统一的德国和消除封建压榨。由于斗争失败，这两项任务均未完成……这次农民战争与过去历次农民起义有别，它具有资产阶级革命的性质和特点"。④ 太平天国运动与法国大革命的相似点不大。例如，洪仁玕在1859 年发布了为太平天国统筹全局的方案《资政新篇》，它具有鲜明的资本主义色彩，符合当时中国社会的发展要求，但它从未在太平天国运

---

① M. N. Roy, *Revolution and Counter-revolution in China*, p. 136.
② M. N. Roy, *Revolution and Counter-revolution in China*, p. 164.
③ 李侃等著：《中国近代史》（第四版），北京：中华书局，1994 年版，第 69 页。
④ 刘明翰主编：《世界史·中世纪史》，北京：人民出版社，1996 年版，第 503 页。

动期间真正实行过，与太平军起义没有关系。而此前发布的《天朝田亩制度》"既具有革命性，又具有封建落后性，这个矛盾是由农民小生产者的经济地位决定的"。① 而 1789 年 8 月 26 日正式发表的《人权宣言》是"法国大革命的纲领性文件，里面阐明了 18 世纪启蒙思想家的政治思想和主张，明确宣布了资本主义社会的基本原则"。② 从太平天国与法国大革命所发表的纲领性宣言或文件便可清晰地看出，它们之间的差异性要远远大于相似性。

关于义和团运动，罗易认为，它是反对帝国主义和中国反动势力阴谋联合的一场斗争，它与反帝反封建的太平军起义有着历史的联系。他说："对于太平军起义的镇压是义和团起义产生的原因。在两场起义中，反动势力的联合都是相同的。这是一种人民大众对外国帝国主义与本国反动派联盟的斗争。"③ 这种将两场运动联系起来进行论述的做法有一定的道理，但却有简单化嫌疑。对于某些学者将义和团运动视为由满清政府发动的说法，罗易表示反对。他说："义和团起义是一场革命大众的运动，因为它是在封建统治者的剥削下造成的。满清政府官员也不大可能从朝廷那里得到支持，以保护或促进义和团运动。事实上，从一开始，满清朝廷及全国高官非常害怕这聚集的风暴，从而寻求外国帮助以确保对义和团的镇压。"④ 这些论述基本符合事实。因为虽然义和团在运动高潮期间提出"扶清灭洋"的口号，并在某些时候得到清政府一定程度的扶持，但归根结底，义和团被慈禧太后为代表的清廷所出卖，最后为中外反动势力所绞杀。"中国人民通过这一次血的教训，进一步认清了清政府已经变成帝国主义的忠实走狗，不打倒它，中华民族不可能有振兴之日。"⑤

对于孙中山于 1905 年 11 月 26 日在《民报》发刊词中所归纳的作为同盟会纲领的三民主义，罗易颇有微词。他认为，民族主义、民权主义和民生主义等三民主义并不能对旧的封建秩序构成致命挑战。这是因为："孙

---

① 李侃等著：《中国近代史》（第四版），第 64 页。
② 刘祚昌等主编：《世界史·近代史》，北京：人民出版社，1996 年版，第 197 页。
③ M. N. Roy, *Revolution and Counter-revolution in China*, p. 192.
④ M. N. Roy, *Revolution and Counter-revolution in China*, pp. 193 – 194.
⑤ 李侃等著：《中国近代史》（第四版），第 306 页。

中山的三民主义原则不具颠覆性。它们有些保守，并不能代表一个革命阶级的进攻思想，而是一个处于防御态势的阶级的意识形态……由于这一目的，孙中山宣扬一种带有欺骗性改良思想的虚幻理论。"① 罗易此处的观察比较合理。事实上，孙中山的三民主义即民族主义（驱除鞑虏，恢复中华）、民权主义（推翻封建统治以建立资产阶级民主共和国）和民生主义（平均地权）虽是比较完善的资产阶级民主主义革命纲领，也对动员群众推翻清朝统治起过巨大历史作用，但它又是一个不彻底的民主革命纲领。"它主张民族主义，但没有明确提出反帝的号召；它主张民权主义，但又不敢依靠广大工农群众；它主张民生主义，但缺乏使农民获得土地的内容。同盟会纲领中的这些弱点，反映了中国资产阶级的软弱性和妥协性。"② 这种软弱性和妥协性是罗易贬其为"不具颠覆性"和"虚幻理论"的根本缘由。

综上所述，罗易的论述虽然存在这样那样的缺陷，但也在某种程度上接近了中国历史本貌。

二、罗易对中国现实政治的观察

在对中国历史进行考察后，罗易转而对中国现实政治进行考察。这涉及到他对国民革命的观察、对国民党和共产党人的认识、对中国革命的命运和策略等方面的分析。

1924—1927 年是中国现代史的重要阶段。在此期间，出现了全国性的革命高潮即以第一次国共合作为基础的国民革命。这一阶段的历史，以国共合作开始，以蒋介石和汪精卫先后叛变革命并完全抛弃孙中山三大政策结束。国民革命遭到彻底的失败。罗易在大革命处于低潮即第一次国共合作即将失败的关口来华，这使他的中国观察更具真实的意味。对于北伐运动与国民革命失败的关系，罗易的判断有些真实，但也不乏偏差或谬误的成分。他说："随着北伐的成功，国民革命被严重的危机所笼罩，这粉碎

---

① M. N. Roy, *Revolution and Counter-revolution in China*, p. 295.
② 李侃等著：《中国近代史》（第四版），第 349 页。

了国民党。它不再成其为革命斗争的机构。内部的阶级斗争迅速演变而为一场猛烈的冲突,这对孙中山的三民主义原则是一种嘲弄。资产阶级首先成了被打击的对象……蒋介石所领导的国民党反革命势力得以巩固,这纯粹是北伐战争的结果。"① 这种分析显然将蒋介石集团分裂和背叛革命的复杂动因简单化。当然,罗易对第一次国共合作破裂亦即大革命失败后的国民党的定性是基本准确的。他说:"在资产阶级与封建军阀联盟的基础上,蒋介石完全劫取了北伐的成果。国民党因此不再成为反对帝国主义和本国反动势力的革命斗争的机构。"② 在罗易看来,国民党的完全堕落,使它蜕变成反革命的工具。"在脱离与民主力量的革命联盟之后,国民党在国内赢得了封建军阀的支持,在国外获得了帝国主义列强的庇护。"③ 在《我的中国经历》中,罗易还对蒋介石政府的反动性质做了进一步说明:"靠着中国资产阶级的经济支持和国际帝国主义的大量准备,以上海为基地蒋介石可以打败国内任何对手,除非对手是彻底的民主革命领袖。"④ 这种叙述符合历史事实,说明罗易对蒋介石叛变革命成功的国内外原因有了一番认真的思考。罗易将蒋介石称为"民族自由事业的叛徒"。⑤ 他还将阎锡山和冯玉祥称为"左"派军阀"。⑥ 对于汪精卫先伪装进步再叛变革命,罗易开始的认识有些混乱。例如,他在中央执行委员会上坚持国民党对国民革命的领导权,他说:"今日之中国革命确实遭遇了危险。但我认为,如果中国革命需要一位领导的话,那么只有中国的国民党才能肩负这一职责。"⑦ 后来,真相大白,罗易对汪精卫集团迅即进行无情的揭露:"共产党拯救国民党的努力被视为与汪精卫等人的同流合污。当共产党人保护被压迫的中产阶级利益时,国民党'左'派却背叛了他们。"⑧

对于宁汉合流后的局势和革命性质,罗易进行了分析。在他看来,武

---

① M. N. Roy, *Revolution and Counter-revolution in China*, pp. 418 – 419.
② M. N. Roy, *Revolution and Counter-revolution in China*, p. 442.
③ M. N. Roy, *Revolution and Counter-revolution in China*, p. 488.
④ M. N. Roy, *My Experiences in China*, Calcutta: Renaissance Publishers, 1945, p. 38.
⑤ M. N. Roy, *Revolution and Counter-revolution in China*, p. 503.
⑥ M. N. Roy, *Revolution and Counter-revolution in China*, p. 487.
⑦ Huang I-shu, "Chinese Source Materials on M. N. Roy," Sibnarayan Ray, ed. *M. N. Roy: Philosopher-Revolutionary*, New Delhi: Ajanta Publications, 1995, p. 107.
⑧ M. N. Roy, *Revolution and Counter-revolution in China*, p. 525.

汉国民政府的垮台与小资产阶级"左"派领袖投靠封建主义和资本主义阵营，标志着中国革命一个发展阶段的结束。随之而来的是历史转折期，但革命仍属资产阶级民主性质。"然而，资产阶级民主革命的历史任务在中国尚未完成……封建军阀仍然没有摧毁，只是由一个军阀代替另一个军阀而已。最后，帝国主义统治没有被推翻。中国的局势没有变化，这便阻碍了正常的经济发展……民族资产阶级与封建地主、新军阀的同流合污，将阻止这一时期革命的发展。但是，历史地看，资产阶级民主革命不仅只对资产阶级是一种必然。"① 事实上也是如此。

对于第一次国共合作的凄凉结局，罗易凭借个人力量和美好心愿无法左右，但其相关著述对于考察印度革命家的现代中国观具有重要的历史意义。罗易认为，中国的国民革命之所以遭受挫折，是由几个原因造成的。首先，大革命失败是共产党人的机会主义作祟的结果。罗易在《我的中国经历》中认为，在中国革命处于转折点的时候，中共领导人的碌碌无为、犹豫不决令人失望，因为失败主义情绪到处弥漫。的确，当时的中共领导人陈独秀等人犯有严重的右倾机会主义错误，后来的瞿秋白又犯了严重的"左"倾盲动主义错误。这些都为大革命失败前后的几大败笔。罗易说："听天由命的思想是机会主义的另一个源头。在革命处于危机关头，共产党却被机会主义者所控制，他们的表现如同无可救药的白痴。要是那种几乎已经注定的灾难可以避免的话，那才真是一场奇迹！"② 对于1927年大革命失败后中共的对策，罗易既肯定了南昌起义，也对广州起义持非议态度。1938年，罗易在《我的中国经历》中对大革命失败之于中共的启示进行思考，他说："内战也给中国人民造成了极大的灾难。中国还不具备无产阶级革命的条件，苏维埃政府对目前的形式来说并不合适。中共应该在很早以前就明白这一点。在此情况下，过去八年的悲剧也许可以避免。"③ 这些论述有隔靴搔痒的嫌疑，毕竟这时的罗易已经远离革命家必需的中国体验。罗易还将1927年国共合作破裂与此后中共建立抗日民族统一战线的斗争策略进行"捆绑"，以历史的痛苦经历警醒中共领导人，此举虽为善

---

① M. N. Roy, *Revolution and Counter-revolution in China*, p. 529.
② M. N. Roy, *My Experiences in China*, p. 41.
③ M. N. Roy, *My Experiences in China*, p. 68.

意,且表现出一种难能可贵的中国情结,但在此过程中,他居然不分青红皂白地将毛泽东视为大革命失败的责任人,原因是其"机会主义"性格使他一贯采取"特别左倾的冒险政策"。这是一种历史的误读,说明他对大革命失败后中国革命的复杂局面和毛泽东建立井冈山革命根据地的目的的认识非常模糊。因此,罗易对毛泽东进行点名批评,并再度寄望于所谓的共产国际"有效指导"。这显示了罗易对中国革命和毛泽东等领导人的认识局限。

罗易认为,年轻的中共过于幼稚,没有独立思考的能力和勇气,失去了自我发展的机会和决定权,不知道发动群众,不知道争取革命武装和对人民群众的领导权,坐失了许多良机,眼睁睁地看着大革命走向失败。他说:"对于年轻的中共来说,学习伟大的俄国革命和布尔什维克党的经验很有必要。但是,同样必须明白,如何有效地将这些经验运用于本国的情境中。这就要求一种原创性思考和批评的勇气,这在温室条件下不可能办到。采取联合反帝的革命统一战线方针后,中共的发展势头惊人。但是,她内部的成熟远远落后于外部的成长。"[1]

另外,罗易认为,国共合作失败的根源除了陈独秀等人的机会主义外,还有莫斯科遥控指挥的失误、共产国际缺乏自我批评意识等因素。他在1930年2月22日发表的一篇题为《殖民地问题与中国》的文章中总结道:"中共领导人所犯的机会主义错误可能是大革命失败的直接原因。然而,除非揭示导致这些致命错误的根源,否则我们便不能吸取1927年的失败教训。如果共产国际领导人有真正的自我批评勇气,那么他们就会自行承担严重的责任,而他们现在却将这些责任推卸给陈独秀。他们应该赞同他在近期呈交中央委员会的一封信中所说的话:'1925至1927年中国革命失败的主要原因是我们整个党的机会主义策略。中国共产党前领导人的这番解释触及了隐秘的伤口。他将革命失败的责任推给了那些真正应该责备的人,即共产国际领导层。'"[2] 共产国际派驻中国的代表缺乏革命经验,也是其指导屡屡失误的重要因素。罗易说,共产国际当然得负起领导者的

---

[1] M. N. Roy, *My Experiences in China*, pp. 20–21.
[2] M. N. Roy, "The Colonial Question-China," Sibnarayan Ray, ed. *Selected Works of M. N. Roy (1927–1932)*, Vol. 3, Delhi: Oxford University Press, 1990, p. 399.

职责，必须指导全世界的共产党进行革命。对于东方国家的共产党来说，更是如此。问题的另一面在于："但是，不幸在于，实地指导中国共产党的伟大职责和复杂任务实实在在地落到了许多年轻的俄国共产党肩头，而他们在掌握权力以前，却没有革命斗争的经验。"[①] 虽然对共产国际领导层的遥控指挥和共产国际代表的实地指挥均持批评态度，并暗示中共领导人应该培养独立思考能力，但是，如前所述，罗易仍然没有完全放弃共产国际领导或指挥中国革命的初衷。

对于第一次国共合作破裂后中国革命的特色和共产党人的历史使命，罗易坚持认为："中国革命在完成自己的民主革命任务之前，已经具有了某种无产阶级和社会主义特色。为了履行历史赋予的角色，即彻底实行被资产阶级所出卖的民主革命，工人阶级需要自己的斗争机构。这便是中国共产党。"[②] 1928年6—7月，中国共产党六大在莫斯科召开。大会正确地肯定中国现阶段的革命尚未转变为社会主义革命，仍然是资产阶级民主革命。1928年10月，毛泽东为大革命失败后如何发展红色政权，开展"工农武装割据"进行了论证，从而形成了关于建立农村革命根据地、以农村包围城市、最后夺取城市的中国革命道路的"最初表述"。[③] 在此前提下，以红军的存在为武装割据的必要条件，中国红色政权的存在和发展便解决了理论上的必然性和可能性，红色根据地的存在也不证自明。这便是中国新民主主义革命理论的重要内容之一，也是马克思列宁主义中国化的重要理论结晶。关于红色政权的存在及其性质，罗易进行了分析。他说，苏维埃是无产阶级专政的机构，也是无产阶级革命的独特产物，红军是工人阶级掌权后所创造的。但是，在中国大革命失败后，无产阶级专政的前途已经被堵死了。中国共产党遭到破坏，这又决定了未来的革命发展特色。反革命的白色恐怖破坏了工人阶级的组织力，革命被迫转入乡村，但革命的社会基础产生了变化。他继续分析道："中国革命已经演变为一场纯粹的农民运动。1928年以来，中国的农民暴动几乎都是在共产党领导下进行斗争的。但是，他们确实不是为共产主义而战。1927年大革命的沉重失败甚

---

① M. N. Roy, *My Experiences in China*, p. 20.
② M. N. Roy, *Revolution and Counter-revolution in China*, p. 530.
③ 王桧林主编：《中国现代史》（上册），第247页。

至使革命退却到资产阶级革命以前的阶段。在内战年代,革命运动相当地类似于欧洲的农民战争。"[1] 写下这段文字的时候,罗易已经不在中国,他对中国革命实际情况的了解已经有限,这便使得他的观察和思考存在一些问题。究其实,这是因为罗易无法摆脱共产国际对中国革命所设计的斗争道路或模式的影响。罗易要求或建议中国执行的革命路线,其实便是典型的瞿秋白式"左"倾机会主义或盲动主义路线,它曾使中国革命遭到了很大的挫折。这说明,罗易离开中国后的中国观察有时是正误参半。这主要是他对大革命失败后中国必须实行工农武装割据、建立革命根据地和红色政权以促进土地革命等战略的必要性不了解造成的。因此,他的主张与瞿秋白和李立三等人的极"左"路线相似。他说:"革命的紧迫任务是以斗争推翻南京的军事独裁政府。在组织斗争的过程中,中共将重新恢复自己对革命的领导角色。"[2]

罗易虽然早早地离开了中国,但他一直关注中国。例如,他对抗日战争爆发后的第二次国共合作便有一些论述。他以自己的中国经历告诫中共注意国民党抗战的两面性:"然而,国民政府的抗战仍在持续。危险并不在于从长远来看必将崩溃的日本帝国主义势力;危险在于国民党统治集团和国民政府可能会再次背叛革命。"[3] 几年后发生在新四军身上的"皖南事变"充分地证明了罗易的准确判断。不过,真理过了一定界限就成了谬误。罗易身在中国以外,对于当时的中国局面并无多少了解,因此他无视中国当时复杂的抗战态势,轻率地将中共与蒋介石联手抗日的第二次国共合作方针视为错误。他将此视为中共的"新机会主义"和"新民族主义"思想。"中共的新民族主义思想只会使国民党恢复其威望,蒋介石成为众望所归的英雄,因此这会阻碍而非有助于民主革命运动的发展。"[4] 罗易将中国共产党贬称为"激进民主党"(Radical Democratic Party)。他说:"民主与民族主义大不相同。中共新民族主义的堕落(degeneration)使得它不

---

[1] M. N. Roy, *Revolution and Counter-revolution in China*, p. 639.
[2] M. N. Roy, "The Colonial Question-China II," Sibnarayan Ray, ed., *Selected Works of M. N. Roy* (1927–1932), Vol. 3, p. 408.
[3] M. N. Roy, *Revolution and Counter-revolution in China*, p. 658.
[4] M. N. Roy, *Revolution and Counter-revolution in China*, p. 662.

必以现实的眼光看待革命的任务。其实，为建立民主自由，他们必须打击民族主义，这种民族主义在目前必然会堕落为法西斯主义。1927年以来的中国一直如此。因此，支持中国的元首（Fuehrer，应指蒋介石——译者按）成为世界反法西斯战线的一位领袖，这是非常荒谬的事。"① 由此，罗易对中共坚决执行抗日民族统一战线的举措持批判态度。在《中国革命与反革命》一书的结尾处，罗易表达了对国共两党合作前途或中国未来命运大决战的悲观预测和展望。②

综上所述，与罗易对中国历史的论述一样，他对中国现实政治的诸多论述虽有一些真知灼见，但却存在很多缺陷。不过，若将他的相关论述放在中国革命的时代语境中进行打量，其所具有的历史文献价值仍值得肯定。

三、"五月指示泄密事件"：缠绕罗易的重重迷雾

1988年，华裔印度学者谭中在《中国述评》上发表《中国：M. N. 罗易的"失乐园"》一文，对20世纪20年代后期来华的罗易的是非功过进行评说。③ 不过，翻阅一些中国现代史著作可以发现，罗易的名字在其间只是蜻蜓点水地一带而过。例如："出席'五大'的正式代表80人，代表党员5.79万多人。共产国际代表罗易、威经斯基和苏联顾问鲍罗廷等参加了大会……大会听取了共产国际代表罗易关于共产国际执委第七次扩大全会对中国问题决议案的报告，通过了接受该决议案的决议。"④ 而一些研究罗易的学者则将中国大革命失败的某些责任推给了罗易。例如："1927年，蒋介石集团举行'四·一二'反革命政变以后，中国共产党面临着总结经验、调整策略的任务。当时中共'五大'应当解决以下几个基本问题……中共'五大'的'左'倾主要是共产国际进行错误指导的结果，准确地

---

① M. N. Roy, *Revolution and Counter-revolution in China*, p. 667.
② M. N. Roy, *Revolution and Counter-revolution in China*, pp. 671 – 672.
③ Tan Chung, "China：M. N. Roy's Paradise Lost," *China Report*, Vol. 24, No. 1, 1988.
④ 王桧林主编：《中国现代史》（上册），第211页。

讲，主要是共产国际代表罗易错误指导的结果。"① 这些论断无疑是对罗易的误解，也是对历史的误解。这说明，罗易的中国经历及其中国观都是值得中国学界关注的，但国内目前的研究现状还不尽如人意，对其误解亟需矫正。

　　一部作为高校教材的《中国现代史》这样评价罗易将共产国际紧急指示泄露给汪精卫的历史情节："（1927年）5月，共产国际给中国共产党发来紧急指示，提出如下挽救革命的措施……陈独秀等不加分析地认为这个指示所提出的各项任务全部无法执行，坚持主张党的'迫切任务是要纠正过火行为'。不仅如此，共产国际代表罗易为了表示对汪精卫的信任，竟把这个指示拿给了汪精卫。这个指示便成了汪精卫进行'分共'的一个主要借口。"② 再看一位中国学者的话："这时，罗易还想争取汪精卫回心转意，竭力想保持共产党和国民党'左'派的联盟。为此，六月二日，罗易将共产国际五月指示送给汪精卫看，于是汪精卫找到了公开反共的口实……罗易这一切都是充满幻想的，因而也是徒劳的。"③ 这些学者的叙述比较客观，但只言片语之间却无形中隐蔽或忽略了很多重要的历史信息，这不免使当代读者或史学研究者感到困惑。因此，有必要对罗易"五月指示泄密事件"进行历史透视，还罗易事件以真面目，还中国现代史以真貌。

　　关于"五月指示泄密事件"，罗易在《我的中国经历》中有过自辩。对于自己和汪精卫的"亲密接触"，他这样叙述道："已经从痛苦经历中开始产生怀疑后，汪精卫想看看莫斯科的指示。我不愿冒险主动舍弃他的信任，而在如此关键的时刻，他的信任非常必需。此外，他业已获悉这一计划。他表示同意这一计划。如果我能出示确切的证据表明必须立即提供帮助的话，他同意支持这一计划……我没有时间征求莫斯科的同意，我也觉得没必要如此。在那种严重的局势面前，共产国际代表应该有权按照自己

---

① 刘志强："共产国际代表罗易与中共'五大'的'左'倾"，《北京党史研究》1992年第6期，第19页。
② 王桧林主编：《中国现代史》（上册），第218页。
③ 向青：《共产国际与中国革命关系论文集》，上海：上海人民出版社，1985年版，第297页。

的意愿行事，只要他遵守此前大家一致认可的总方针。我给了汪精卫一份电报的副本，这上面就有原本要传达给他的指示。据说，汪精卫将电报内容透露给了业已与南京政府取得联系的同事……他将这份电报视为共产党阴谋的证据。但是，我的对手们说这份电报是汪精卫倒戈的决定性因素，这完全是一派胡言。这份电报到达以前的很多天里，武汉政府的反革命势力已经体现出明显的进攻态势。"① 罗易认为，鲍罗廷等人支持封建军阀势力的右倾机会主义路线已经将汪精卫推入"其反动同伴的怀抱中"。因此，罗易坚持认为，自己的行为是挽救革命于生死存亡之际的孤注一掷。他说："我只是孤注一掷，以预防迫在眉睫的灾难，而这些灾难来自于其他人的机会主义和愚蠢，也来自于那些在莫斯科发号施令者的失误。在我的请求下，那些发号施令的人草率决策，并给予明确的指示。"② 在另一处，罗易对自己处于决策无权的尴尬境地做了详细披露。其时，罗易与主张利用二次北伐和右倾政策拉住汪精卫等人的鲍罗廷矛盾激化。关于这一点，罗易回忆道："由于这些原因，我反对进行新的军事行动（二次北伐），建议中国采取其他的行动方案。这就是，在武汉政府控制下的省份开展农民革命，以深化武汉政府的社会基础……中共领导层不愿接受这个可供选择的行动方案。他们认为，拒绝支持二次北伐将会导致与国民党'左'派的决裂。鲍罗廷提出了一种失败主义理论。"③ 罗易提出的行动方案包括消灭农村的地主、乡绅等反动势力，向广东等南方省份积极地扩展势力，实际控制南方国民政府革命军的调动，以协助达成上述目的。在罗易看来，当时的中共还有机会力挽狂澜，但却在犹豫中失去了挽救革命的最后机会。因此，罗易与鲍罗廷在中共"五大"上发生了激烈的争执。"罗易与鲍罗廷的观点分歧在于这样的问题：是拓展还是深化革命。"④ 中国现代史学者们揭示了罗易执行共产国际指示的态度之坚决与鲍罗廷拒绝执行之坚决的激烈对决及其严重后果："参加大会的共产国际代表罗易和苏联顾问鲍罗廷彼此意见冲突，加重了会上的意见分歧。'五大'没有能担负起在紧急

---

① M. N. Roy, *My Experiences in China*, p. 52.
② M. N. Roy, *My Experiences in China*, p. 53.
③ M. N. Roy, *Revolution and Counter-revolution in China*, p. 548.
④ M. N. Roy, *M. N. Roy's Memoirs*, p. 578.

关头挽救革命的任务。"① 由于罗易与鲍罗廷的争执与严重分歧,"五大"虽然作出了部分有利于罗易构思的决定,但整体上看,并未反映出他挽救中国革命于危难之间的真实意图,也未能正确地回应当时极为严峻的革命现实和危险局势。在与鲍罗廷等发生争执后,罗易只得求助于莫斯科。他回忆道:"我将这些问题报告给莫斯科方面。答复却是模棱两可的。莫斯科支持同时进行两方面的工作,即执行军事方案,并在武汉政府的地盘内开展革命。这绝不可能办到。不久以后的经历证明了这一点。"② 这或许便是罗易在无奈之下,将共产国际的秘密指示给汪精卫过目的真实原因之一。有人指出,流行的看法是,罗易必须为泄密事件负责,但这种观点受到了蔡和森与汪精卫各自关于该事件记叙的影响,很不全面,值得商榷。"关于罗易和鲍罗廷之间的严重分歧,蔡和森和汪精卫都提供了历史证据……罗易改变了立场,和鲍罗廷、陈独秀遵循的妥协路线发生了激烈冲突。"③

罗易的泄密事件的确有书生意气之嫌,与共产国际代表的身份、职责似乎不太相符,但是换个角度看问题就会发现,他对汪精卫出示共产国际的秘密指示,与汪精卫等人坚决"分共"、从而彻底破坏国共合作、背叛革命的反动行为之间并无决定性的因果关联。况且,对于罗易之举的难言之隐和历史语境,迄今为止,通过罗易自己的著述及其他相关一手文献进行认真探索者尚属少数。试想,如无罗易泄密事件的不愉快插曲,汪精卫等国民党"左"派岂有永久维持国共合作之理?例如,有的学者指出:"由于共产国际'五月指示'泄密事件,罗易一直被认为是大革命失败的主要责任者之一,其实不然……共产国际'五月指示'泄密事件的发生有其背景:一、'五月指示'是共产国际应罗易之请求而作出的给汪精卫以全力支持的'保证';二、罗易之所以泄密是执行共产国际右倾指导思想的必然结果;三、汪精卫反共乃历史必然,罗易泄密只不过成为了汪氏推

---

① 王桧林主编:《中国现代史》(上册),第213页。
② M. N. Roy, *Revolution and Counter-revolution in China*, p. 549.
③ Huang I-shu, "Chinese Source Materials on M. N. Roy," Sibnarayan Ray, ed. *M. N. Roy: Philosopher-Revolutionary*, p. 94.

卸责任、委过于人的一个借口。"① 还有学者指出，罗易向汪精卫出示莫斯科给中共中央的指示的确是一个"重大失误"，最主要的原因在于，他同鲍罗廷之间分歧激化，对中共领导人极度失望："当一切表明罗易难以完成赴华使命、落实'五月指示'时，他只好孤注一掷，寻求与汪精卫的合作。罗易与鲍罗廷的争论，实际是莫斯科对华政策前后矛盾、自相矛盾的反映，然而争论的双方最终都成了替罪羊。这既是罗易和鲍罗廷的悲剧，也是国际共运的悲剧。"②

如此一来，历史上加诸罗易其身的各种指控便属可以商榷之说。例如，共产国际政治书记处第一书记布哈林认为，罗易将共产国际发给中国共产党的秘密指示"真诚地送给汪精卫看"，这种行为"完全是一种糊涂、愚蠢的做法"。③ 谭平山等共产党人对罗易此举很不舒服，纷纷予以谴责或批评。④ 时任中央宣传部长的蔡和森的看法是，罗易的主张是纸上谈兵，实际用处不大。1927年9月，他在题为《党的机会主义史》的长文中写道："鲁易（即罗易）在他所拟的最低限度的国民革命政纲中仍然提出土地革命、工农武装、惩罚反革命及讨伐广东。这些都是他与老鲍（即鲍罗廷）不同的……事后追论鲁易始终不失为一个书生；原则是在纸上维持着，实际问题一个也未见到。"⑤ 从大革命失败的教训来看，罗易的这些主张无疑都是非常正确的，因此蔡和森对"始终不失为一个书生"的罗易及其主张嗤之以鼻是欠妥的。蔡和森还将罗易的行为视为"严重的政治错误"，与他自己关于汪精卫的下述说法相比，很有自相矛盾之嫌。蔡和森说："鲁易（即罗易）亦犯了严重的政治错误，中了'汪毒'。他还想拉住这个唐生智的小老婆（汪精卫）来做'左'派的'中心'，来扩大'左'派的武力，他竟把国际来电和盘托出告知汪精卫……这个电报怎能

---

① 谭晓辉："罗易与共产国际'五月指示'新论"，《河南师范大学学报（哲学社会科学版）》2004年第1期，第121页。

② 苏杭："罗易向汪精卫出示'五月指示'原因新探"，《长白学刊》2004年第4期，第94页。

③ 向青：《共产国际与中国革命关系论文集》，第298页。

④ 上述关于罗易的各种评述，也可参见李恩侠："参加中共'五大'的共产国际代表罗易"，《党史文汇》2011年第10期，第62页。

⑤ 蔡和森：《蔡和森的十二篇文章》，北京：人民出版社，1980年版，第89页。

告知这个逆迹昭著的叛徒……在这个严重的错误之下,中央政治局全体反对鲁易,大约老鲍也有电致国际,所以国际调他回去。假'左'派叛逆的计划是早已确定了的,所犹疑的只是用什么口实来'分共',公然抛弃三大政策么?这个太傻……现在好了,谢谢鲁易先生,为他们解决这个难题,使他们于苦肉计外寻得一更好东西,便是所谓共产党破坏国民革命消灭国民党的阴谋。"①

  历史而客观地看,罗易的自我辩解在很大程度上道出了尘封的真相。他将中共早期的幼稚、共产国际的遥控失误、俄国代表的经验不足、鲍罗廷和罗易等共产国际代表的彼此掣肘及汪精卫等国民党反动势力的狡诈和盘托出,这至少有助于研究者们深入考察中国现代史的特殊一页和中印现代交流史的独特一章。毕竟,罗易在中国留下了深深的足迹。他虽然以失败的命运结束了惨淡的中国经历,但其长达一生的中国情结若能放在现代中印交流的大背景下进行观察,自会有其独特的学术价值和启示意义。

第四节 近现代印度眼中的中国历史与文化

  鸦片战争至1949年新中国成立的100多年中,中印人民虽然互相支持对方的反帝斗争,但由于西方殖民势力干扰等复杂因素,至泰戈尔20世纪20年代访华前后,与近现代西方汉学相比,印度的汉学基础几乎为零,加上中印近代文化交流的力度比之中西交流逊色得多,印度关注中国文化者较少,关注中国现实命运者较多,这便使得近现代印度出现大师级汉学家的概率大大降低。师觉月之类的著名汉学家毕竟是凤毛麟角而已。加之印度学者未曾脱离本土宗教氛围,具有较强的宗教意识,主要通过英语载体的翻译媒介,少数对中国文化感兴趣的印度学者自然更倾向带着宗教之眼看中国,在中国古代的宗教哲学中发现中国。这便使其聚焦中国戏剧、音

---

① 蔡和森:《蔡和森的十二篇文章》,第93页。

乐、绘画、古代文学的概率很低，K. P. S. 梅农和泰戈尔等关注中国文学、艺术的极少数人是例外。一些印度学者还由佛教之于中印关系的深刻影响入手，着力考察中印文明在古代世界的交流融合，从历史视角构建双向交流基础上的中印文化一体说。泰戈尔的中国文明观在这一时期的印度学者或作家中非常突出，代表着印度中国观的一些主要方面。

一、梅农笔下的中国古代文学

虽然说近代时期罕见关注中国古代文学、艺术的印度学者，但在梅农和泰戈尔等极少数人的笔下，后世学者仍能窥视一丝痕迹。他们主要是通过英译打量中国文学。例如，梅农就是如此。

梅农曾经于1943年9月来华，后于1944年8月从印度北部的喜马拉雅山区出发，经过125天的艰难跋涉，最后于12月12日到达当时国民政府所在地重庆。他在1947年8月出版《从德里到重庆的旅行日志》一书。在这本对中国地理、历史、现实政治、民俗风情和中印文化交流等进行多角度观察的旅行日志中，梅农好几次提到了中国古代文学，显示了他对中国古代诗歌的热爱。例如，他在新疆的喀什（Kashgar）怀古感伤时引用了辛弃疾的一首词："少年不识愁滋味，爱上层楼。爱上层楼，为赋新词强说愁。而今识尽愁滋味，欲说还休。欲说还休，却道天凉好个秋。"[①] 他还引用欧阳修的《秋声赋》表达同样的情绪。[②] 11月25日，梅农在乌鲁木齐写下了这样的句子，表示对李白的尊敬："因此，我早早上床，凌晨时分，记起了李白的一首诗：'床前明月光，疑是地上霜。举头望明月，低头思故乡。'"[③]

梅农还提到梵语诗人迦梨陀娑（Kalidasa）的《时令之环》（Ritusamhara）中对印度六季与热烈爱情的描述，然后转入中印文学比较："这些描述在中国诗歌中不可思议，因为爱情主题并非中国作家的首选，他们即使

---

① K. P. S. Menon, *Delhi-Chungking: A Travel Diary*, London: Oxford University Press, 1947, p. 131.
② K. P. S. Menon, *Delhi-Chungking: A Travel Diary*, p. 109.
③ K. P. S. Menon, *Delhi-Chungking: A Travel Diary*, p. 208.

认可这一主题，也会特别严谨地处理它。但在印度诗歌中，即使描述大自然的也属爱情诗。《时令之环》与其说是描述季节变化，不如说是六季在恋人心头激发的情绪。英语诗人将之称为 The Calendar of Love（爱情日志）而非 The Cycles of Seasons（时令之环）。"① 此处明显可见，借助英译，梅农无法全面地了解中国古代文学，因为中国自《诗经》开始的诗歌长河中掀起的热烈质朴的爱情浪花岂止一朵两朵？梅农的中印文学比较还在继续，例如："酒在中国文学中是一个备受关注的主题，如同爱情主题在梵语文学或英语文学中一样。"② 他还认为，中国诗歌少用隐喻，印度诗歌相反："印度人在中国诗歌发现的一个特色是，它相对地少用隐喻。印度的诗歌中大量使用隐喻。不用大量的明喻和隐喻，我们的古代作家似乎无法写诗。那是些多么令人难忘的隐喻啊！……不过，不使用任何修辞手法，中国诗人也会努力达到这一效果。"③ 上述说法有一定道理，但并不全面。中国古代诗歌的丰富并不止于文学意象的多姿和感情的多彩，还在于夸张、拟人乃至明喻、隐喻等各种修辞手法的大量运用。

梅农坚持认为，中印古代诗歌的另一差异在于爱情主题受重视程度的高低："人们发现，另一个差异是，中国诗歌相对缺乏爱情的描写。我指的是男女之爱，而非男人之间的友爱，友爱是中国诗歌中备受喜爱的主题。诗歌中不喜描写爱情有时是中国社会制度所限。在中国，爱情始于婚后而非先于结婚，那么爱情便不值一提。但是，这种解释经不起推敲，因为印度的爱情也在婚后开始酝酿，并且，在印度诗歌中，诗人们从身体、感觉到精神描写了爱情的各个层面、各种情怀及其微妙差异。如果爱情不是中国诗歌中的常见主题，友爱必定就是。友人间的分别、在遥远的地方思念朋友及流放在外的一腔愁绪都是常在中国诗歌中出现的主题。这里有一首小国君主李白（原文作 Li Po，应为李煜）的短诗，这也是唐代（应为南唐）最有名的一首诗：'雁来音信无凭，路遥归梦难成。离恨恰如春草，更行更远还生。'"④ 这里所谓的"友爱"的确是中国古代诗歌经常表

---

① K. P. S. Menon, *Delhi-Chungking: A Travel Diary*, p. 168.
② K. P. S. Menon, *Delhi-Chungking: A Travel Diary*, p. 204.
③ K. P. S. Menon, *Delhi-Chungking: A Travel Diary*, p. 216.
④ K. P. S. Menon, *Delhi-Chungking: A Travel Diary*, pp. 216–217.

现的主题，印度古代诗歌相对缺乏。

梅农还说到了中国诗歌的又一个特色，这便是战争主题。这一次，他使用的是中西文学比较方式。他写道："中国诗歌另一个特色是缺乏战争诗。在这方面，它明显不同于欧洲诗歌。吉卜林在一首歌谣中写道：'女人、马匹、权力和战争，这便是最伟大的四样东西。'中国诗人就像很少描写爱情一样，也很少涉猎战争主题。如果一定要描写战争，他们并不描述战争的辉煌和兴高采烈，而是描述战争的一切破坏、残酷和愚蠢。这里有一首典型的战争诗：'浊酒一杯家万里，燕然未勒归无计。羌管悠悠霜满地，人不寐，将军白发征夫泪。'"[1] 这是北宋词人范仲淹的《渔家傲·秋思》。梅农此处的观察和思考基本准确，这也反映了中国人自古热爱和平、反对无休止战争的思想传统。其实从另一侧面看，这也曲折地反映了梅农对中国古代文明的一种美好印象。除了中国诗歌，梅农还欣赏中国戏剧。例如，他在乌鲁木齐观看戏剧《贵妃醉酒》时，被杨贵妃的悲惨命运所打动。他这样记录下自己的观后感："杨贵妃是中国历史上最有传奇色彩的一个角色。"[2]

由上所述可以看出，梅农对中国古代文学、中国戏剧非常欣赏，虽然这种欣赏有时不可避免地以文化误读面世。换个角度看，作为政治家与外交家，如联系当今时代的东西方外交实践，梅农的个案发人深思。在常人看来，政治或外交与文学艺术完全是不搭界的两码事，但在梅农身上却结合得天衣无缝。这种匪夷所思的举止，只有放在近代以来中印两国人民互相同情的心理基础上，放在中印拥有千年传统友谊的历史前提下，才可得到完美的解释。正是这种千年文化友谊与和平友好的互动交流，促使印度学者与政治家带着中印文化一体或曰文明融合的眼光打量中国文明。

二、两大文明的融合：印度的中印交流观

对于历史悠久的中国文明，现代印度学者和政治家历来均持赞赏、崇

---

[1] K. P. S. Menon, *Delhi-Chungking: A Travel Diary*, p. 217.
[2] K. P. S. Menon, *Delhi-Chungking: A Travel Diary*, p. 210.

敬的心态。例如，尼赫鲁便是如此。他认为，印度具有悠久的文化传统。与此相应，"只有中国有这样的传统及文化生活的一脉相传"。①

与尼赫鲁对中国文明的赞赏相似，拉达克里希南认为："中国拥有三千多年已知的历史，这使她保持了一种文化的连续性。地理因素和社会规范使中国的生活观念明确，这种独特的文化模式深深地植根于社会各阶层。"② 拉氏还认为："中国文明本质上是非城市文明。中国人没有进行商业剥削的愿望，没有形成城邦制国家。中国人四分之三住在农村。中国文明本质上是农业文明。"③ 在拉氏看来，中华民族热爱和平、坚忍不拔、任劳任怨、不好玄思、讲求实际。中国的汉字非常美丽，培育了中国人高雅的审美情趣。"中国文化本质上是人本主义文化，它高度珍视人性。如果说机会均等是民主的本质特色的话，那么中国的民主已经存在很多个世纪了。中国没有种姓，没有僧侣，没有战士，甚至连贫富状态也是自然流动的。官员的选拔是通过公开考试，根据其知识能力高低来确定的。"④ 这种对中国社会的乌托邦描叙，表现了拉氏心目中的理想社会，或者说体现了他心目中未来的印度社会发展模式。

梅农回溯了中国历史上关于中心与蛮夷的二元对立观。他说："中国是'富丽堂皇的中央王国'（Flowery Middle Kingdom），是礼仪之邦（home of good manners），而其他国家则属'蛮夷'之地。"⑤ 1944 年 9 月 24 日，梅农在塔什库尔干踏上玄奘当年的朝圣之旅时，激动的心情溢于言表："在塔什库尔干，我面前有两条路线，一条是马可·波罗于 1256 年走过的路，另一条是玄奘于 642 年走过的路……我很高兴，自己选择的路是后面一条。想到马上要沿着玄奘的足迹（in the footsteps of Hsuan Tsang）行进时，我兴奋不已。"⑥ 这种心态将历史的中国与现实的中国整合在一起，以语言的魅力描摹了中印友好的历史场景与现实图景。

---

① ［印］贾瓦哈拉尔·尼赫鲁，齐文译：《印度的发现》，北京：世界知识社，1956 年版，第 51 页。
② S. Radhakrishnan, *India and China：Lectures Delivered in China in May 1944*, p. 25.
③ S. Radhakrishnan, *India and China：Lectures Delivered in China in May 1944*, p. 27.
④ S. Radhakrishnan, *India and China：Lectures Delivered in China in May 1944*, pp. 26 – 27.
⑤ K. P. S. Menon, *Delhi-Chungking：A Travel Diary*, p. 107.
⑥ K. P. S. Menon, *Delhi-Chungking：A Travel Diary*, p. 66.

第一章
印度中国观的美好与朦胧期（1840—1949 年） 83

　　历史上的中印交流以佛教传入中国为重要标志。就中印古代交流而言，西汉时期，其重点在物质文明的交流和交流渠道的探索上，东汉时期，中印之间开始了精神文明的交流，这便是佛教传入中国的中原地区。① 佛教的传入是以"和平的征服"而非武力强迫的方式进行的，这是被中印千年文化交流史证明的客观真理，也得到当代学者和普通大众的一致认可。师觉月在谈及佛教之于中国的关系时说："印度极大地帮助了中国文明的发展。"② 佛教进入中国后，对中印两国的文化交流起到了一种桥梁的作用，这便是印度文明对中国文明的极大帮助，自然也是中国文明对印度文明向外和平传播的极大帮助。"中国把佛教'中国化'了，佛教也把中国'佛教化'了；佛教对中国贡献很大，中国对佛教贡献也不小。"③ 因此，佛教被师觉月和当代印度学者谭中等人视为中印文明融合的催化剂不是无稽之谈或空穴来风。

　　很多现代印度政治家和学者也认识到这一点。例如，尼赫鲁说："中国与印度互相接近，并开展了很多接触，这是得力于佛教的。"④ 他认为，中印有着彼此间几千年来和平相处的自豪记录。它们已经有过许多交往，但这些交往是和平的文化互动而非武力征伐。这是举世无双的独特记录。这种以和平方式而非亚历山大暴力掠夺式进行的互动交流是值得珍重的美好回忆。这其实是指佛教对中国文化心灵的"和平征服"。这也正是印度学者的中印文明融合说产生的重要历史前提。

　　正是对佛教等嫁接中印两大文明的作用的清晰认识，使得一些印度学者和政治家站在全新的高度认识中国文明，从而得出中印文化一体说或曰中印文明融合说。所谓"文化一体"或"文明融合"说大体是指在中国文明与印度文明之间存在历史悠久的互动交流，这就造成了两种文明各自对对方文明有选择地积极吸纳和过滤接受，这便使中国文明成为一种非单质文明或曰非纯净文明，印度文明亦非单质的静止文明，它们都在历史互动

---

① 薛克翘：《中印文化交流史话》，第 21 页。
② Prabodh Chandra Bagchi, *Indological Studies: A Collection of Essays*, Santiniketan: Visva Bharati, 1982, p. 95.
③ ［印］谭中、耿引曾：《印度与中国——两大文明的交往与激荡》，北京：商务印书馆，2006 年版，第 338 页。
④ ［印］贾瓦哈拉尔·尼赫鲁，齐文译：《印度的发现》，第 238 页。

中演变为一种"化合文明"或"混合文明"。在形成这一化合文明或混合文明的漫长过程中，既包含了显而易见的物理变化或物理反应，也包含着悄然发生的化学变化或化学反应。在这方面，常为印度学者们引证的便是佛教传入中国与道教传入印度对中印两大文明的深刻影响。上述中印文明融合说以师觉月为典型代表，他是这一学说的创始人，而旅印学者谭云山也深受影响，并将之传播到谭中等后世学者的心田，从而深刻地影响了谭中对当代中印文明交往模式的全新探索。

可以说，印度现代汉学研究的最大亮点之一就是它的中印古代文化交流史研究。印度独立前对该领域进行研究的著名学者包括师觉月、华人学者谭云山、尼赫鲁等人。印度独立以后，K. M. 潘尼迦、K. P. S. 梅农、K. P. 古普塔、嘉玛希、谭中、玛妲玉、狄伯杰（B. R. Deepak）、S. 查克拉巴蒂（Srimati Chakrabarti）等学者是研究中国历史或中印关系史的热心者。在这些人中，师觉月可以视为印度汉学研究的奠基人之一，也可视为中印关系史研究的第一位印度大师。他能获此殊荣，自然与其对中国佛教和中印古代文化交流的卓越研究分不开，也与其独树一帜、首开先河的中印文明融合说分不开。这一学说对后世的影响至今可见。

与泰戈尔、谭云山一道，师觉月是对印度国际大学中国学院贡献最大的三人之一。师觉月曾随著名汉学家列维（Sylvain Levi，1863—1935 年）、伯希和等人学习中文和中国佛教，打下坚实的汉学研究基础，后回到国际大学中国学院任教。他是"印度第一个专门研究中国学的学者"。[①] 师觉月研究的重点首先在中国佛教。1923 年到 1926 年间，师觉月在法国攻读博士学位期间，撰写了博士论文《中国佛教圣典》》（Le Canon Bouddhique en Chine）。他为国际学术界所推崇的著述包括《印度——中国丛书》、《印度与中国的千年文化关系》（下简称《印度与中国》）等。就《印度与中国》这部被当作印度学生教科书的著作而言，其的确称得上"近代中印交流史上的标志性著作"。[②] 这本书从内容来看，主要涉及以佛教为沟通媒介的中印古代文化交流史。全书分八章，具体涉及到中印古代物质交流、人员往

[①] 邓兵："20 世纪印度的中国研究"，北京大学东方文学研究中心编：《东方研究》，北京：国际文化出版公司，2002 年版，第 544 页。

[②] 郁龙余等著：《梵典与华章：印度作家与中国文化》，第 486 页。

来概况、佛教在中国传播和影响的概况、印度接受中国文化影响与中印文明的共同点和差异处等重要方面。师觉月利用丰富的中文和梵文资料，围绕佛教这条文化"红线"，对中印古代文化交流进行了前所未有的仔细梳理。《印度与中国》是印度汉学研究发轫期里的巅峰之作。师觉月的这本书使印度的中印文化交流史研究站在一个理想的起点上，有的洞见对后世学者影响深远。

师觉月在《印度与中国》中对访印的几位高僧给予详细记叙和高度评价。例如，他对玄奘的评价是："不仅在唐朝，而且在所有时代的中印文化关系史上，都扮演了最重要角色的人是玄奘。"[①] 这个评价是正确的。师觉月还对玄奘译经和创立佛教宗派的情况做了介绍。对于研究中印古代文化关系最有史料价值的是回到东土大唐后的玄奘和两位印度高僧之间的三封通信，师觉月在书中对此做了介绍。这些信分别是公元652年5月两位僧人亦即玄奘的朋友智光（Jnanaprabha）和慧天（Prajnadeva）托人捎给玄奘的信（准确地说，是慧天代表他和智光写给玄奘的信），以及公元654年玄奘的回信。在印度高僧写给玄奘的信中，有这样一段充满深情厚谊的话，它暗含了"千里送鹅毛，礼轻情义重"的中国习俗："今共寄白氎一双，示不空心，路远莫怪其少。愿领。彼需经论，录名附来，当为抄送。"[②] 氎是古代的棉布。玄奘在印度赢得许多美名，如"大乘天"（Mahayanadeva）或"解脱天"（Moksadeva）等。这里的"解脱大师"（Moksacarya）也是其中之一。有意思的是，师觉月对于这段话非常欣赏，竟然将它放在扉页上为题词，以表示纪念玄奘和智光、慧天之间的友情往来。他还加了说明："To friends in China."译文如此："To show that we are not forgetful. The road is long, so do not mind the smallness of the present. We wish you may accept it."下面是原文："示不空心，路远莫怪其少。愿领。"师觉月的这种举动表达了对中印古代亲切往来的纪念，也定下了该书研究的基调：追寻中印友好交往的历史踪迹，为中印文明的亲切度把脉，为中印文明融合说进行实证。

---

① Prabodh Chandra Bagchi, *India and China: A Thousand Years of Cultural Relations*, p. 68.
② Prabodh Chandra Bagchi, *India and China: A Thousand Years of Cultural Relations*, p. 81. 中文参见：慧立、彦悰：《大慈恩寺三藏法师传》，第162页。

人们都知道，印度是个历史意识淡薄的国家，这导致研究印度古代史的困难极大。在这样的背景下，中国去印高僧们的著述显得非常珍贵。师觉月通过对佛教文献在中国的传播得出正确的结论："不求助中国如此热心保存给后代的文献，不仅是佛教历史，就连印度文明史的各个方面都不能进行恰当的研究。"① 师觉月在《印度与中国》中对印度支那半岛的两种文化源头做了分析："因此，印度支那自古以来就成了中国和印度两个世界的缓冲国。在那里，随着印度雅利安文化的缓慢发展，才开始有规律地吸收来自北方的中国文化。"② 师觉月上述两个结论都经受住了实践的检验。

就中印文明融合说的论证或曰中国形象的间接建构而言，《印度与中国》的第七章"两大文明的融合"和第八章"中国和印度"非常重要。在"两大文明的融合"一章的开头，师觉月提出了他的中印文明融合说："中印两个民族住在不同的气候带，说着不同的语言，拥有不同的文化和宗教传统。如果这样的两个民族可以在一个共同的平台（common platform）上对话，并为创造一个共同文明（common civilization）而齐心协力，它们这么做，或许有比我们平常想象的还要深刻得多的理由。中印人民的文化和社会理想存在许多共同之处。人们可能会发现，在许多不同的术语表达方面，中印之间存在一种心灵汇通。同样信仰某种神圣的秩序，依赖相同的传统力量和奉行相似的社会理念，这是中印两大文明的历史特征。"③ 这里所谓"共同的文明"，其实便是中印文明融合说的代名词。

关于"共同文明"的概念，师觉月继而举出一些例子加以说明。如中国的"天"和印度的伐楼那（Varuna，在吠陀文献中为天地创造者）都与天堂秩序有关："在古代印度教万神殿里，有一位如同中国的天那样的神，他就是吠陀中的伐楼那。"④ 中国的天子与印度的王（Rajan），中国的祖先崇拜和印度对祖先灵魂的祭祀（Pitriyajna）相似。中国的道与印度奥义书中的梵（Brahman）非常相似。孔子提倡的礼与印度法论（Dharmasastras）

---

① Prabodh Chandra Bagchi, *India and China: A Thousand Years of Cultural Relations*, p. 145.
② Prabodh Chandra Bagchi, *India and China: A Thousand Years of Cultural Relations*, p. 21.
③ Prabodh Chandra Bagchi, *India and China: A Thousand Years of Cultural Relations*, p. 174.
④ Prabodh Chandra Bagchi, *India and China: A Thousand Years of Cultural Relations*, p. 175.

中的某些论述相似。师觉月在论述佛教与中印文化交流的关系时认为,佛教对于缔造一个中印"共同文明"益处甚大:"佛教在中国确实是一种消亡的宗教,但是它对中国人各个生活领域的巨大影响仍然存在。对于中印这样两个重要的亚洲国家而言,这种影响一直是其努力建设共同文明的例证。"① "共同文明"概念的提出耐人寻味、发人深省。师觉月指出,佛教拥有大量文献,但这些文献只在印度之外保存完好。这些国家包括斯里兰卡、缅甸和泰国、中国等地。师觉月还认为,佛教艺术传入中国后,几个世纪以来给中国的民族艺术以潜移默化的影响。佛教艺术在中国不被视为外来的东西,而是已经被嫁接而最终产生一个崭新的艺术品种,它可以叫作"中印式艺术"(Sino-Indian art)。② 如果把师觉月创造的两个词即"共同文明"和"中印式艺术"放在"中印大同"的时代语境中考量,我们发现,他的思想格外具有启迪意义,他其实也是最早倡导中印大同的人。这便是师觉月中印文明融合说的历史价值或当代启示。

在印度汉学界,师觉月有一个开创性的理论建树即中印文化双向交流说。他认为,中印文化交流看起来完全是单向度的,因此没有谁试图去发现中国文化对印度生活思想的影响。很难寻觅外国思想对古代印度的影响痕迹。但是,师觉月深信这一点:"即使稍微留意一下,我们也能发现中国对印度生活思想的影响痕迹。"③ 为此,他在《印度与中国》的第八章探讨了中国对印度的文化影响。

师觉月同意玄奘在《大唐西域记》里的观点,即梨和桃来源于中国。他还补充说,朱砂(硫化汞)、瓷器、各种蚕丝(Cinamsuka)以及茶和荔枝的种植都应该来源于中国。他还认为,更重要的是,中国对于印度的某些文献编撰和神秘信仰也有影响。他写道:"严格地说,我们在古代从来没有形成书写历史和历史年代的传统。"在印度的《往世书》和类似著作中,都搜寻不到严格意义上的历史记载。有趣的是,中世纪时克什米尔和尼泊尔都开始安排官方编年史家记载朝廷统治者的历史。师觉月的推论是:"书写朝代编年史对于印度传统来说如此新异,以至于人们不禁把它

---

① Prabodh Chandra Bagchi, *India and China: A Thousand Years of Cultural Relations*, p. 119.
② Prabodh Chandra Bagchi, *India and China: A Thousand Years of Cultural Relations*, p. 154.
③ Prabodh Chandra Bagchi, *India and China: A Thousand Years of Cultural Relations*, p. 197.

归结为中国的影响。"① 师觉月还重点探索了中国哲学家老子的《道德经》对印度宗教哲学思想的深刻影响。尽管这些结论甚或探索本身也许还存在学术上的意见分歧，但它毕竟已为师觉月的中印文明融合说亦即"共同文明"说成功奠基。

师觉月的中印文明融合说在旅印华人学者谭云山那里得到回应，也对潘尼迦等人有所影响。谭云山的很多著述是印度学生的启蒙教材，他力求以浅显的语言将中国历史文化解说得条理清晰、通俗易懂。他在著述中认为，中国的孔子儒家思想有与佛陀三学、四摄相对应和一致的地方。在他看来，中印交往可以追溯到周朝时期。在 1960 年写的一篇文章中，他以《易经》、张载思想、曹植诗歌来解释印度现代哲学家奥罗宾多的"高级意识"（high consciousness）思想。他认为，《易经》近似于印度最古老的宗教哲学元典《犁俱吠陀》（Rigveda），而中国的普世主义包括自然宇宙观和人类社会生活两方面。最有意义的是，谭云山对中印文化关系的清理催生了他的"中印文化"思想。其核心是联合中印，发展一种以不杀生为特征、以互识互补为目的共同文化即"中印文化"，亦即中印一体、中印融合的新型文化，这非常近似于师觉月的"共同文明"说。谭云山说："'中印文化'这一新名称是 15 年以前杜撰的。"② 时间大约在 1934—1935 年中印两国建立中印文化学会期间。在提倡中印文化一体说的基础上，谭云山还提倡"中印学"。中印文化是一尊神，具有不同面孔，中国文化是其中国脸，印度文化是其印度脸。中印学就是研究中印两张脸之间的共鸣呼应。通过中印文化之间的互相认识，也就达到更好地认识自我文化之目的。中印学包孕了历史、哲学、文学、医学、政治学乃至理科各种学问，是一种综合性学科。③ "中印文化"或"中印学"思想实质与师觉月的两大文明融合说或曰"共同文明"说如出一辙，也是提倡一种中印大同的理念，对于谭云山的儿子谭中关于中印文化关系的思考和实践均有直接影响。谭云山与师觉月一样，也在中印文化的对比中寻找相似点，以证明中

---

① Prabodh Chandra Bagchi, *India and China: A Thousand Years of Cultural Relations*, p.199.
② Tan Yun-shan, *Ahimsa in Sino-Indian Culture*, Santiniketan: Visva-Bharati, 1949, p.2.
③ ［印］谭中：《谭云山与中印文化交流》，香港：香港中文大学出版社，1998 年版，第 96 页。

印文化的亲和力。

三、儒家佛教与"道奥义书"：印度的中国宗教哲学观

独立以前对中国宗教哲学进行系统研究的印度学者非著名宗教哲学家、比较宗教学家拉达克里希南（下简称拉氏）莫属。他曾于1962年到1967年担任印度总统。拉达克里希南关于中国宗教研究的重要著作是英文著作《印度与中国》，它是以作者首次访华讲学内容为基础写成的。有学者认为，由于不懂中文，拉氏的《印度与中国》"比较粗糙，完全依赖于第二手资料，舛误甚多，有主观臆造材料的嫌疑"。[①] 日本学者中村元认为，《印度与中国》一书虽然有杜撰之处，受到某些汉学家的批评，但是它的确是"世界上第一本对印度与中国思想进行比较研究的书。从这一意义上说，是值得注意的。他书中的引文都注明了出处"。[②] 在关于中国宗教哲学的论述中，拉氏的主要着眼点是儒、道、佛三家思想。值得注意的是，拉氏根据自己对中国宗教哲学的了解和短暂的在华经历得出印象，中国人的宗教情结淡薄，但不等于中国人不关心宗教。他认为，中国历史上并无宗教迫害，中国人的宗教意识并不浓厚。中国古人的宗教意识主要是一种简单朴实的祖先崇拜意识，他们信仰鬼神和自然力量，崇拜天子并举行相关的祭祀活动。他接着说："中国的神学研究和仪式崇拜很少……中国人或许对神学思考和个人解脱等问题兴趣不浓，但这并不意味他们没有宗教头脑。"[③] 可以说，拉氏的上述观察和观点，基本上代表了那一时期印度人对中国人宗教意识的普遍看法。同样值得注意的是，拉氏按照如下顺序编排《印度与中国》的英文目录：1. Introduction；2. China and India；3. Chinese Ideals of Education；4. Religion in China：Confucianism；5. Religion in China：Taoism；6. Gautam the Buddha and His Teaching；7. Buddhism in

---

① 张立文等主编：《中外儒学比较研究》，北京：东方出版社，1998年版，第260页。
② [日]中村元，方广锠译："论中国文化在亚洲的意义"，何兆武、柳卸林主编：《中国印象——世界名人论中国文化》（下册），第376页。
③ S. Radhakrishnan, *India and China：Lectures Delivered in China in May 1944*, p. 12.

China; 8. War and World Security。拉氏显然是将儒家思想视为宗教,但却以 Buddhism in China 这样的术语而非 Chinese Buddhism 来涵盖中国佛教。这似乎说明,他注重考察的是印度佛教向中国传播过程中的文化变异与文化同化现象,但其论述却又涉及禅宗、净土宗等典型的中国佛教,这的确耐人寻味。为尊重印度学者的视角,下边遵循拉氏的考察顺序,对现代印度的中国宗教哲学观进行简略的介绍。①

(一) 印度学者眼中的儒家思想

师觉月对中国宗教哲学思想有过较多的思考。关于孔子为代表的儒家思想,他认为:"一般来说,中国人的思想没有神秘主义倾向。孔子的实证主义哲学便是其最好说明,绝大多数中国人积极遵守儒家伦理……儒家伦理主要以传统的社会原则为基础……在儒家哲学中,并未给创世之神预留位置。事实上,孔子本人不止一次地拒绝对神是否存在的问题进行思考。"② 应该说,师觉月对儒家无神论的特色的把握比较准确。辩喜有时也将孔子与佛陀等相提并论:"我们必须接受感召我们心灵的东西。基督诞生500年以前,佛陀就曾这样教导我们,他的语言饱含慈祥福音,他一生从未有过诅咒之声,琐罗亚斯德与孔子也是如此。"③ 这说明,孔子在辩喜心目中享有崇高地位。辩喜还认为:"孔子曾经独自表述过一种永恒的道德伦理观。"④ 尽管存在一些认识的偏差,辩喜对孔子思想在中国历史上的深远影响仍看得非常清楚。他说:"在中国,由孔子天才思想而强固起来的威严国力一直控制和导引着宗教势力,中国社会这种绝对专制的局面延续了2500年。"⑤

梅农也对儒家思想有所了解,并对一些深受儒家思想影响的中国知识

---

① 此处介绍印度的中国宗教哲学观,参阅郁龙余等著:《梵典与华章:印度作家与中国文化》,第419—454页。
② Prabodh Chandra Bagchi, *Indological Studies: A Collection of Essays*, p.338.
③ Swami Vivekananda, *The Complete Works of Swami Vivekananda*, Vol.1, Calcutta: Advaita Ashrama, 1979, p.328.
④ Swami Vivekananda, *The Complete Works of Swami Vivekananda*, Vol.8, Calcutta: Advaita Ashrama, 1979, p.252.
⑤ Swami Vivekananda, *The Complete Works of Swami Vivekananda*, Vol.4, Calcutta: Advaita Ashrama, 1979, p.450.

分子与佛教思想的关系进行考察。在自己的中国游记中，梅农提到了孔子的"天下为公"对孙中山政治思想的影响。① 他还提到了唐代韩愈的《论佛骨表》和朱熹的宋代理学思想对佛教思想的排斥，这是对佛教在中国"衰落"的原因探析。梅农这样写道："想想佛教在中国遭遇的命运真是悲哀……最后，在12世纪，儒家思想在伟大的中国哲学家朱熹手中获得了复兴，这加速了佛教的衰落。对中国人讲求实际、崇尚物质、追求实用的思想来说，孔子思想的通俗易懂比起佛教来，具有更大的吸引力……不久以后，与印度思想相比而非常突出的儒家'现世性'（this-worldliness）卷土重来，中国又重新投入了孔子思想的温柔怀抱。"② 梅农的"悲哀"并无多大的理由，因为他的观察并不全面。事实上，佛教进入中国后，经历了一场中国化的洗礼，然后以禅宗、净土宗等中国佛教形式保存下来。这是中国化的佛教而非印度本土佛教。"总而言之，要看到佛教使中国文明推陈出新，在和中国文明结合的过程中，佛教本身也脱胎换骨，变成了浇灌文化结构的水泥。佛教在中国的影响远远超过寺庙的建筑、和尚尼姑的皈依、佛经的翻译制作等等，而是跨越了宗教的界限，销毁了宗教的标志，转化为文化、社会建设的巨大生命力。"③ 归根结底，朱熹并非排斥佛教，而是把"信佛与忠君爱国思想结合到一起"。应该说，佛教的影响促使中国文人"更积极地为社会建树，朱熹在这一点上超过白居易"。④ 梅农之所以"悲哀"，既是因为对佛教中国化的历史状况与现代效应不甚了解，也是因为对儒释道三家思想在中国长期处于和平竞争的状态比较陌生。与此相比，师觉月的观点更为合理。他对朱熹融合儒家思想与佛家思想的立场持赞赏态度："朱熹的成功在于，他使中国古典哲学观与通过佛教传入的印度新理念完美地融合在一起，这对一部分人来说，的确具有高度的吸引力，也更具理性价值。"⑤

关于儒家思想，拉氏认为，孔子的主要教义在于使个人适应社会秩

---

① K. P. S. Menon, *Delhi-Chungking: A Travel Diary*, London: Oxford University Press, 1947, p. 110.
② K. P. S. Menon, *Delhi-Chungking: A Travel Diary*, pp. 151–152.
③ ［印］谭中、耿引曾：《印度与中国——两大文明的交往与激荡》，第346页。
④ ［印］谭中、耿引曾：《印度与中国——两大文明的交往与激荡》，第432页。
⑤ Prabodh Chandra Bagchi, *India and China: A Thousand Years of Cultural Relations*, p. 196.

序。孔子教人孝道、家庭、爱情等伦常之理，也教人忠于国家、热爱邻里。如果所有社会成员都能履行其独特的社会职责，社会就会保持一种良好的秩序。而当每个人都履行其社会职责的时候，也就实现了天下大同的理想局面。拉氏认为，从孔子的语言里，"我们看到了一幅社会主义世界联邦的蓝图，一个以整个世界为其辖域的超国家组织，政府由人民群众选出并基于友情来管理。这里没有世袭的考虑，不得为一己私利而剥夺自然财富"。① 应该说，拉氏对孔子"大同"思想的精髓之把握基本上是准确的。与欧洲人重视个人权利的文化观相反，中国人一向把整体的利益放在个人之上，以为国家社会服务为荣。就家庭观念而言，强调个人对家庭的义务。中国人的政治观念便由此引申而来。中国人希望天下的人像一家人一样和睦相处，从而产生了天下一家的"大同"思想。如《论语》说："四海之内皆兄弟也。"这便接近于拉氏所说"社会主义世界联邦的蓝图"。当然，天下一家的大同思想既使中国人产生了整体大于个人的观念，又导致中国产生了以中央集权为特点的内敛性强的君主专制制度，这一点在拉氏那里没有得到揭示。

中国文化内核是强调个人对社会的义务而非权利，强调个人为社会服务，修身、齐家、治国、平天下。这一点深得拉氏的赞同。因为在强调个人义务而非个人权利的这一点上，印度文化与中国文化殊途同归，尽管中印"义务"内涵不尽相同。拉氏认为，孔子"确立了中国古代的社会与政治理想，其中不仅包括个人清白与社会职责的规则，而且包括宗教仪式、祭神典礼以及对于死者的崇拜。礼的宗教，犹如摩西法律与摩奴法典一样，在他人中间确立了孝与道德约束的必要性。这正是印度人称之为达摩的东西，是既关于个体也关于社会的"。② "达摩"（dhamma）是梵文（dharma）的巴利语形式。它有"存在规律、既定秩序、法则、道德、善行、责任和义务"等含义。它是一个非常独特的印度概念，既是哲学概念，又是宗教概念，也是伦理道德概念。"达摩"强调宽容与非暴力；强

---

① ［印］拉达克里希南，董平译："论孔子"，何兆武、柳卸林主编：《中国印象——世界名人论中国文化》（下册），第384页。

② ［印］拉达克里希南，董平译："论孔子"，何兆武、柳卸林主编：《中国印象——世界名人论中国文化》（下册），第384页。

调尊重那些权威人物如婆罗门（印度种姓制度里等级最高的种姓）和佛僧；强调对下人的体贴和仁慈；强调普遍接受对人类尊严有益的理念。①这说明，拉氏是以印度本土思想与孔子进行对话的。

关于孔子思想中的"神学"成分，拉氏的论述比较详尽。他认为："孔子对于神学问题的缄默，正如在佛陀那里一样，也许是出于他对于伦理的忧虑。"这种忧虑即是孔子担心超自然的信仰容易使人民发生分裂，因此不予强调。"他意识到了人的知识的局限。但是，我们并不能说孔子缺乏一种关于无限的神秘感。通过某种表述性的缄默，他暗示了人类精神的有限性以及神圣的神秘感觉。他确信从古代一直传到他那里的那个超验之天的实在性。天是世界万物的创造者、保存者、毁灭者，也是宇宙秩序的护卫者，它明察一切并判断一切。孔子回答了《梨俱吠陀》中伐楼那的问题，也回答了伊朗人阿胡拉·玛兹达的问题。"② 拉氏认为，秩序与世界的演进都是孔子心目中"天道"的证明。他断言孔子一生都是"祈祷者。最高等的祈祷者是尊奉天命。他生活在和永恒上帝的交流之中……当有人问他什么是智慧的时候，他答道：'务民之义，敬鬼神而远之，可谓知矣。'他虽然这么说，但还是说'祭如在，祭神如神在'"。③ 拉氏对孔子"神学观"或曰"天道观"的探索有其值得肯定的价值。他看到了孔子"神学观"即鬼神观念的矛盾之处。拉氏对于孔子思想矛盾的分析，尽管带有印度哲学思想的窠臼和模式，但也足以显出其正确的一面。

基于比较宗教学立场的拉氏对孔子注重社会和人性改造但却缺乏印度或西方式的宗教体系颇有微词。为此，拉氏引用了西方人的观点："儒学并没有对最深层的形而上学问题或者宗教渴望给出任何解答。"④ 这反映了拉氏对中国文化先入为主的"文化误读"。事实上，孔子是中国历史上划时代的人物和最有影响的思想家。孔子的仁说体现了人道精神，是他那个

---

① A. L. Basham, *A Cultural History of India*, Oxford: Oxford University Press, 1975, p. 42.
② ［印］拉达克里希南，董平译："论孔子"，何兆武、柳卸林主编：《中国印象——世界名人论中国文化》（下册），第 387 页。
③ ［印］拉达克里希南，董平译："论孔子"，何兆武、柳卸林主编：《中国印象——世界名人论中国文化》（下册），第 388 页。
④ ［印］拉达克里希南，董平译："中国的佛教"，何兆武、柳卸林主编：《中国印象——世界名人论中国文化》（下册），第 396—397 页。

时代的思想精华。拉氏断言孔子思想是"所有人本主义法则的根本缺陷",显示了他的文化误读。

(二) 印度学者眼中的道家思想

有的学者指出:"从古代到现代,老子与印度始终有着特殊的因缘……今天的印地文《道德经》会被意译作《道奥义书》。"① 据推测,老子与印度的关系发生于佛教在两汉之际传入中国内地之后。"老子与印度的关系首先是因为他被奉为道教的始祖,然后则是因为佛教传入中国。"② 两晋南北朝时,中国去印度取经的僧人很多,他们虽然是佛教徒,但不少人对中国文化十分了解。因此,他们在求法之余,把中国儒道思想介绍给印度人完全有可能。

尼赫鲁等印度智者对于老子思想的热爱可以在其著述中发现证据。在《印度的发现》中,尼赫鲁说,人类有不同的习性,有的积极入世,有的厌弃人生。"要调和这些矛盾倾向是困难的,有时占优势的是某种倾向,而有时又是另一种倾向。老子说:'故常无,欲以观其妙,常有,欲以观其徼。'"③

辩喜高度赞赏老子和孔子,并把他们的思想与世界各大宗教相提并论:"道家思想,孔子思想,佛陀教诲,印度教思想,犹太教经典,伊斯兰教义,基督教思想以及琐罗亚斯德(袄教)教义都用几乎相同的语言,传播一种宝贵的原则。"④ 这一法则是指人类一体的人道主义思想。辩喜还说:"在世界所有著名的伟大宗教导师中,只有老子、佛陀与耶稣三人超越了这一宝贵法则,他们说:'对敌示好','爱恨己者'。"⑤

师觉月将道家思想与儒家思想进行比较后得出结论:"儒家如此质朴的实证主义原则不可能产生神秘主义思想,但在很早的时期,中国仍然见证了一种非常复杂的神秘主义的产生和发展。如果我们回溯传统,这种被

---

① 薛克翘:《中国印度文化交流史》,北京:昆仑出版社,2008年版,第226页。此处叙述参见该书第222—230页对老子与印度关系的考证。
② 薛克翘:《中国与南亚文化交流志》,第244页。
③ [印] 贾瓦哈拉尔·尼赫鲁:《印度的发现》,第747页。
④ Swami Vivekananda, *The Complete Works of Swami Vivekananda*, Vol. 7, Calcutta: Advaita Ashrama, 1979, p. 96.
⑤ Swami Vivekananda, *The Complete Works of Swami Vivekananda*, Vol. 7, p. 96.

称为道家思想的神秘主义是由公元前6世纪的老子所创立的。"① 师觉月对老子哲学还采取了历史探索的路径。他探索了老子的《道德经》对印度宗教哲学的影响。他认为,要探索老子哲学对印度的影响很难获得实际的成效,但老子思想和古代印度哲学的明显相似使人不得不认为,那些到过中国的古代印度学者不可能不受其文化感染。那些印度僧人回印后,有可能利用老子思想建构自己的哲学观念。② 师觉月还认为,玄奘将"道"译为梵语词"marga"(磨羯,即道路)只是一种直译,不太准确,更贴切的译法是"Sahaja"(真实本质)。③ 他说,东印度的毗湿奴派(Vaisnavite sect)是晚期佛教一派的自然发展,但如果将它仅仅等同于毗湿奴派教义,则是非常"肤浅的",因为它已经吸收了佛教和老子思想的有机成分。④ 师觉月的结论是:"后来,道家思想因此闻名于印度,不管是佛教、婆罗门教还是毗湿奴派的印度神秘论者,都广泛地运用它来发展自己的教义。在中国和印度,这种实践都局限于秘密群体。"⑤ 师觉月此处自然是指道家思想对印度密教等的影响。⑥

梅农也对道家思想有所了解。他在论述中国的酒文化时,比较了儒家和道家看待饮酒的不同心态。他写道:"饮酒还是不饮,这是中国自古以来一直争论不休的问题。国王、诗人和哲学家都为此发表过自己的观点……道家学者们对于酒则有一种特殊的嗜好。公元前4世纪,道教创始人老子的原理的权威阐释者庄子写了如下的话。"⑦ 接下来,梅农便引用了《庄子·外篇》中《达声》的一段话:"夫醉者之坠车,虽疾不死。骨节与人同而犯害与人异,其神全也,乘亦不知也,坠亦不知也,死生惊惧不入乎其胸中,是故遻物而不慴。彼得全于酒而犹若是,而况得全于天乎?圣人藏于天,故莫之能伤也。复仇者不折镆干,虽有忮心者不怨飘瓦,是

---

① Prabodh Chandra Bagchi, *Indological Studies: A Collection of Essays*, p. 338.
② Prabodh Chandra Bagchi, *India and China: A Thousand Years of Cultural Relations*, p. 200.
③ Prabodh Chandra Bagchi, *India and China: A Thousand Years of Cultural Relations*, p. 201.
④ Prabodh Chandra Bagchi, *India and China: A Thousand Years of Cultural Relations*, p. 202.
⑤ Prabodh Chandra Bagchi, *India and China: A Thousand Years of Cultural Relations*, p. 202.
⑥ 关于道教对印度密教的影响概况,参见薛克翘:《中国印度文化交流史》,第226—228页。
⑦ K. P. S. Menon, *Delhi-Chungking: A Travel Diary*, p. 204.

以天下平均。"① 看来，庄子寓言中包含的摒弃种种物欲以达心神宁静、事事释然的养神之道，对于熟悉奥义书智慧的梅农来说，很有亲切感。

有趣的是，在见到当时的第八战区司令长官兼新疆省代理主席朱绍良时，梅农居然联想起中国人儒家与道家、佛家的关系来。他这样叙述当时的印象："当朱绍良将军接见我们时，他穿的是一条鲜艳长袍，而当他回访我们时，穿的却是他的军服。穿上长袍，他看起来像个和尚；穿上军服，他看起来完全像个战士。或许与大多数中国人一样，他的骨子里也是二者兼备。在中青年时期，所有中国人都是儒家信徒，深深沉浸于世俗事务之中，而孔子非但不加以嘲笑，还试图予以规范。在老年时期，中国人转而信奉道教或佛教。"② 梅农此处的描述似乎带有一些印度宗教文化的色彩。众所周知，对于印度的雅利安再生者而言，他的一生要经历四个阶段，也称四行期（Asrama），以履行合格的印度教徒所须履行的人生四要即法、利、欲、解脱。这四个阶段是梵行期（Brahmacarin）、家居期（Grihastha）、林栖期（Vanaprastha）和遁世期（Sannyasin）。其中，在家居期，教徒必须尽社会职责即娶妻生子，过一种典型的世俗生活，这类似于儒家提倡的世俗生活。林栖期从 50 岁到 75 岁，人们离开家庭与人间社会，住进森林，这是一个无家无火、无欲无望、潜修苦行以获自我控制力的时期，也是"谋求最后解脱的预备期"，这与道家或佛教的一些宗教规范相近。遁世期大约在 75 岁以后，它是"以实现梵我合一为目标的最后人生阶段"。③ 因此，梅农基本上是以印度教徒的生活模式来看待中国人的世俗一生的。这的确是一种匪夷所思但又尽在情理之中的跨文化视角。从这个意义上说，梅农基于文化误读的中国观其实就是一种变形的印度文化观。

对于中国道教及其思想鼻祖老子，拉氏的认同程度有限。他首先从道教在理论上的"缺陷"谈起，他认为："道教给中国一种超验的神秘主义，并试图实现那种在中国人心目中根深蒂固的、要从外部世界的羁绊中解放出来的渴望。但是，它没有发展出一种有可能满足人的'理性'要素的形

---

① 张耿光：《庄子全译》，贵州：贵州人民出版社，1992 年版，第 317 页。
② K. P. S. Menon, *Delhi-Chungking: A Travel Diary*, pp. 192–193.
③ 刘建、朱明忠、葛维钧：《印度文明》，北京：中国社会科学出版社，2004 年版，第 63—64 页。

而上学。绝对与现实世界之间关系的确切本质、这两者之间的中介力量，并没有通过任何系统性的阐发而引导出来。在宗教方面，它也不能给出一种令人满意的体系。"① 在这里，拉氏仍然以印度及西方的宗教哲学模式解读道教，从而得出结论，即道教并不具备"形而上学"的"令人满意的体系"。这和他认为儒家思想缺乏超越性的哲学思辨基本类似。

拉氏除了对道教进行"理论解剖"外，还对道教在实践层面的"主要缺陷"做了详尽说明。在拉氏看来，道家保持精神宁静的唯一途径就是不为事物的诱惑所动，不管这些诱惑是自然万物的刺激或是社会与政治的干预。如庄子则别开生面地提出人必须返回自然："绝圣弃智，大盗乃止。"拉氏认为，道教拒绝诉诸传统，并且，老子对于中国一贯提倡的"孝"持冷漠态度，因为所有的祖先"在道那里都一视同仁。道教的错误在于没有认识到社会方面对于人是与自然对于人一样的。此外它还助长了某种宿命论"。② 他还说："老子把社会与政治生活看作是一种错误发展的产物，并企图引导人类脱离这个变异的世界而导向形而上学之真实的世界。"③ 应该承认，拉氏对道教的消极面有所认识，但他对于道家思想之于个人修身养性的积极作用未见发挥。这是一种有意的悬置。循着上述思路，拉氏还说："在老子看来，社会的邪恶并不仅仅是社会的丑恶，而且也是灵魂的丑恶。驱除诸般邪恶的方法就是要超越理性而进入精神。但遗憾的是，道家却企图使人的法律服从于低于物理的与生物的法律。"④ 拉氏再次展示了印度学者对中国思想的文化误读。事实上，老子等人提倡的是一种无为而治的政治思想。他们所反对的东西，有的是当时社会的弊病或统治者的罪恶，有的却是社会发展、历史进步的结晶，但拉氏却一概否定，把婴儿与污水一齐倒掉了。

---

① [印]拉达克里希南，董平译："关于道教的一般评价"，何兆武、柳卸林主编：《中国印象——世界名人论中国文化》（下册），第392页。
② [印]拉达克里希南，董平译："关于道教的一般评价"，何兆武、柳卸林主编：《中国印象——世界名人论中国文化》（下册），第394页。
③ [印]拉达克里希南，董平译："关于道教的一般评价"，何兆武、柳卸林主编：《中国印象——世界名人论中国文化》（下册），第395页。
④ [印]拉达克里希南，董平译："关于道教的一般评价"，何兆武、柳卸林主编：《中国印象——世界名人论中国文化》（下册），第395页。

基于比较宗教学立场，拉氏还将道家与儒家、佛家思想进行比较，并辅以印度宗教视角。他说："老子这种对于另一个世界的强调，是和限定人的社会生活并使其适应于时代变化需要的儒家传统大相径庭的。"① 一褒一贬显示了拉氏对中国文化的判断取舍。在拉氏看来，道家的形而上学接近于奥义书思想，而其修炼方法则接近于瑜伽的方法。② 拉氏点出了儒家的社会伦理观与道家的超越趋势，并倡导将二者结合之，这是一种比较合理却也流于理想化的设计。当然，这也是对儒道二家思想精华的某种肯定。

由上所述可以看出，梅农和拉氏等人大多赞赏老子、庄子为代表的道家思想。他们有的欣赏道家思想的积极面，但对道教的实践模式则持某种保留态度。有的以印度本土文化模式解读道家思想或道教生活模式，将中国文化变为哈哈镜中的美丽"他者"。这当然体现了印度宗教哲学思想与老子、庄子为代表的道家思想对话的一种特殊魅力。

（三）印度学者眼中的中国佛教

相比儒家和道家而言，中国佛教是印度学者、政治家最关注的文化领域。原因很简单，佛教发源于印度，中国佛教也是印度宗教的产物，这从前边所引拉氏以 Buddhism in China 而非 Chinese Buddhism 来表述他心目中的中国佛教或曰佛教中国化、中国化佛教的微妙心态可以看出。虽然这两个英语短语均可近似地译为"中国佛教"，但其单词组合的差异暗示了作者心态的复杂变化。换句话说，他们考察的不完全是中国佛教的基本概貌，而是聚焦于印度佛教的中国化。

带着这样一种心态考察中国佛教思想，印度学者必然首先聚焦于印度佛教在中国的本土化过程及其效果。这便是尼赫鲁、师觉月和拉氏等人的自然之举。例如，师觉月认为："除了向中国传播某些有神论宗教思想外，佛教还向中国传播了再生的原理、人生无常观和业报轮回的信仰……佛教

---

① ［印］拉达克里希南，董平译："关于道教的一般评价"，何兆武、柳卸林主编：《中国印象——世界名人论中国文化》（下册），第395页。
② ［印］拉达克里希南，董平译："关于道教的一般评价"，何兆武、柳卸林主编：《中国印象——世界名人论中国文化》（下册），第395页。

也赠予中国人一种深厚的宗教情感和强烈的宗教信仰,这又给我们在中国的云冈、龙门、敦煌等地发现的艺术杰作以创作灵感。"① 事实也的确如此。在这一考察过程中,印度学者发现了中印文明的古代融合,于是便有了"共同文明"或"共享文明"说,② 也有了"中印式艺术"的称谓。③ 梅农在中国游记中对佛教的中国化历程做了简单的追溯。例如,他认为,佛教禅宗是菩提达摩(Bodhidharma)于公元 516 年至 534 年居住洛阳期间创立的。菩提达摩强调静心沉思,他所创立的禅宗是"佛教与道教的融合"。④ 梅农和拉氏一样,对藏传佛教的发展现状很感兴趣,并有相关论述。⑤

与尼赫鲁和师觉月对中国佛教的考察姿态相似,拉氏首先论及佛教中国化的特点:"当佛教进入中国人思想的时候,它与儒家和道家的思想相混合而发展形成了一种独特的中国样式。它既强调禅定的智慧,也强调对于社会的服务。通过其认知、情感以及意志等方面的统合,佛教思想深深地吸引了知识阶层以及富有精神者的兴趣。"⑥ 拉氏的论述基本上符合中国佛教产生和发展的历史事实。

拉氏还谈到佛教为中国人所接受的心理机制。他认为,当佛教在中国为人所知的时候,接受它的时代条件非常有利。在当时,道教唤起了人们宗教思考的欲望,有人甚至认为它来源于西天即印度。中国人"极为欣慕佛教的精神性及其所有壮观的祭拜礼仪。佛教把中国人对于已故双亲的诚敬,保留在对死者的祭仪之中。它也满足了人们那种自然的对于超越于死亡之生命的希冀"。⑦ 拉氏还探索了佛教中国化进程中的心理预设,这是其中国化成功的客观原因,它与前面提到的佛教主动适应中国国情的主观因素形成照应。

拉氏具体考察了天台宗、密教、喇嘛教、净土宗(莲宗)以及禅宗等

---

① Prabodh Chandra Bagchi, *Indological Studies: A Collection of Essays*, p. 95.
② Prabodh Chandra Bagchi, *India and China: A Thousand Years of Cultural Relations*, p. 174.
③ Prabodh Chandra Bagchi, *India and China: A Thousand Years of Cultural Relations*, p. 154.
④ K. P. S. Menon, *Delhi-Chungking: A Travel Diary*, p. 118.
⑤ K. P. S. Menon, *Delhi-Chungking: A Travel Diary*, p. 153.
⑥ [印]拉达克里希南,董平译:"中国的佛教",何兆武、柳卸林主编:《中国印象——世界名人论中国文化》(下册),第 396 页。
⑦ [印]拉达克里希南,董平译:"中国的佛教",何兆武、柳卸林主编:《中国印象——世界名人论中国文化》(下册),第 397 页。

中国佛教。关于净土宗，拉氏认为，该派的教义不考虑所有形而上学的精深微妙，只要信仰阿弥陀佛并诵其名号，就能导向解脱。净土宗是大乘佛教的一种发展。"一旦躬身参与其中，我们就必须过一种为苦难的人类而献身的生活。这一宗派强调以信仰达到解脱，强调能把我们引向西方乐土的伟大新生，而在那里，君临一切的伟大慈父已经降下最有力量的神灵以人的形式来到人间（观音），而他则正以其慈悲精神把人们引向他的身边。显然，这一大乘教派赋予了中国的宗教精神一种激发其心灵的信仰。"① 所谓净土宗，是指宣扬信仰阿弥陀佛，称念其名号以求死后往生其净土的佛教派别。它又叫念佛宗。净土宗有西方净土、唯心净土和东方净土等区分。净土即佛国，它在佛典中被描绘得非常美妙、快乐、幸福，是脱离了一切恶性、烦恼与垢染的处所。"出离秽土，往生净土，是印度大乘佛教的理想。这种净土信仰传入中国，令僧人们大为向往，成为净土宗的直接渊源。"② 可以说，近代以来，整个20世纪是净土宗对社会作出巨大贡献的时期。净土信仰在20世纪的中国相对盛行，这是因为，净土信仰的优势表现在，它以"往生"给转型社会里绝望无助的迷惘民众以一丝希望，以"他力"强化了信仰者的心理支撑，它极其强调伦理，可以填补转型期社会的道德断层。③ 因此，净土宗得到拉氏如此高的评价当之无愧。

在考察佛教之于中国现实社会的作用时，拉氏认为，中国佛教强调在祈祷中与神交流，并感受佛的喜悦，接受佛的道德垂训，体验佛的神圣伟大。但是，在他看来，中国佛教有一种"退化"的趋势，信徒只有形式的崇拜而没有内心的虔诚。拉氏发现，中国人缺乏浓烈宗教情感，因此中国的佛教亟须改革。他说，要实现宗教改革，最为根本的是返回历史上的佛陀。拉氏以一位宗教哲学家的思想姿态，希冀着用革新宗教的方法来革新当时被"实利主义"所统治的中国，这和泰戈尔1924年访华时的观感类似，体现了他们对中国国情的陌生和隔阂，因此他们的文化误读也就不可避免。

---

① [印] 拉达克里希南，董平译："中国的佛教"，何兆武、柳卸林主编：《中国印象——世界名人论中国文化》（下册），第401页。
② 参阅陈扬炯：《中国净土宗通史》，南京：江苏古籍出版社，2000年版，第1页。
③ 参阅陈兵、邓子美：《二十世纪中国佛教》，北京：民族出版社，2000年版，第319页。

第五节　从想象与崇敬到批评与展望：泰戈尔的中国观

泰戈尔是最受中国读者喜爱的现代印度作家。他的一生和中国、中国文化有着非常亲切而复杂的联系。在他漫长的60多年创作生涯中，中国成了他笔下不可或缺的重要元素。有的学者认为，泰戈尔笔下中国形象的生成和演变，可概括为想象中国、阅读中国、展望中国等几个渐进的流程。泰戈尔既对想象中"富丽的天朝"亦即古代中国热切向往，又对近代以来"含泪的中国"之凄苦命运寄予深切同情。1924年访华后，泰戈尔以所见所闻为基础，对中国进行了评述，其中既有对中国自然风物的客观描述，也有对中国的乌托邦式赞美，还有对处于现代转型期的中国的洞见与误读。在欣喜与落寞的双重心境下，泰戈尔对中国的未来进行展望。[①] 泰戈尔与中国有过两次复杂的"亲密接触"，其第一次访华之旅的成效和影响至今仍为世界各国学者争相评说。他对中国文明性质、中印合作、中国现状和前途等的观察、认识和评述，也是现代印度中国观的一个重要组成部分。[②]

一、关于中国文明的整体观察

泰戈尔对于中国文明的整体观察，既有理性思考的成分，也有感性顿悟的因子。总体上看，他对中国文明的评价很高，其原因在于，他对中国文化怀有深厚而浓烈的兴趣。他对中国的兴趣首先在于，他从几千年的中

[①] 参阅王汝良："泰戈尔笔下的中国形象"，《东方论坛》2009年第4期，第31页。亦可参见中国人民大学复印报刊资料《外国文学研究》2010年第1期，该文被该刊该期全文转载。

[②] 此节关于泰戈尔中国观的介绍和论述，参阅拙著：《世界文明视野中的泰戈尔》，成都：巴蜀书社，2003年版，第28—53页。

印文化交流史上看到，两国人民的友谊源远流长，两国文化交流硕果累累；他感到西方是压迫者，中印两国是东方被压迫者，因此对中国寄予无限同情甚至是偏爱；他在中国文化中的确发现了极可宝贵的东西，因此给予它最高的评价。①

泰戈尔对于中国文明的论述，集中体现在他1924年访华时的诸多演讲之中。他赞扬了中国文明之于世界文明的巨大贡献，如他这样告诉中国听众："你们在以往的时代中确实取得过惊人的进步。你们有过数种伟大的发明，有过被其他民族人民借用、仿效的文明。你们不曾无所作为、得过且过。所有这些进步还从未曾使你们的生活蒙上过无足轻重的阴影。"②

中国是古代世界上几个文明发源地之一。早在上古时期，在与埃及、巴比伦等文明古国相互隔绝的情况下，中国独创的成就在当时的世界上是先进的。四大发明中的造纸术出现在汉代，而火药、指南针和活字印刷等伟大发明则出现在宋朝时期。在上古时期，世界科学技术发展处在多中心时代，中国是其中的一个中心。中古时期，中国却高举着文明的火炬，走在了世界各民族的前列。美国学者认为，从6世纪隋朝重新统一中国到16世纪西方人开始由水路侵入中国，这1000年是中国的政治、社会和文化空前稳定的时期。"整整1000年，中国文明以其顽强的生命力和对人类遗产的巨大贡献，始终居世界领先地位。"③ 可是，中国在明朝末年时期，阻碍科技发展的各种隐患发作了。西方在科技发展方面把中国远远地抛在了后面。尽管如此，我国先进的科技成就和科学知识（包括四大发明）曾经向东传播到朝鲜和日本；向南传播到印度和越南等国；更重要的是通过丝绸之路和海路，向西传播到波斯、阿拉伯并扩散到欧洲，对世界科学技术发展作出了巨大贡献。④ 在中国的话语表述权尚处弱势的20世纪初，泰戈尔

---

① 参阅季羡林：《禅和文化与文学》，北京：商务印书馆国际有限公司，1998年版，第215页。
② [印] 泰戈尔，李南译：《在中国的演讲集》，刘安武、倪培耕、白开元主编：《泰戈尔全集》，第20卷，第46页。需要说明的是，凡是引自《泰戈尔全集》中的文集或成规模作品，其标题皆以书名号标示，否则以双引号标示具体篇名。下同。
③ [美] 斯塔夫里阿诺斯，吴象婴等译：《全球通史》（上），上海：上海社会科学院出版社，1999年版，第429页。
④ 申漳：《简明科学技术史话》，北京：中国青年出版社，1981年版，第111—112页。

极力称赞中国文明之于世界文明的巨大贡献，实在令人钦敬。

泰戈尔认为，中国文明之所以长盛不衰是因为她特别富于人性。他说，在中国这片土地上世世代代生长着数不清的树木，久而久之，形成了繁茂葱郁的古老森林。这片土地因为长年累月的落花落叶而肥沃丰饶。古老的中国文明"滋养了这片心灵的沃土。它那不断的富于人性的轻触，生气盎然地影响了一切附属于它的事物。假如这一文明不是特别地富于人性，假如它不是充满了精神的活力，它就不会延续得如此长久"。[①] 由中国文明特别富于人性的这个特点出发，泰戈尔认为中国文明存在着一种好客的天性。他充满深情地告诉中国听众："你们的文明，由于其深厚的土壤，培育出了伟大的生命之树，它产生了殷勤好客的树荫与果实，供远道而来的异邦游子享用。"中国文学艺术浸透着这种兼收并蓄的开放精神。泰戈尔说，他已经从中国文明的酒杯中饮到了甘露似的灵丹妙药，因此而深深陶醉："我们这些来自另一国度的人在这一具有古老文明的国土上才会有宾至如归的感觉……我感到你们特别富有人情味。"[②]

可以说，某种程度上，泰戈尔揭示了中国文明生生不息、源远流长的一个奥秘。他所谓的"人情味"和"富于人性"，大致是指中国社会的仁义道德。仁义道德是中国传统社会的胶合剂，如果没有它的存在，整个社会将无法运转。[③] 事实上，中国的人际关系就是建立在仁义道德的基础之上。中国文明中的伦理道德思想可追溯于古代，而仁义思想则与以孔子为代表的儒家学派有割不断的联系。孔子以后，儒学成为显学。儒家思想的基本范畴是仁与礼。以仁义道德思想为核心的儒家学说对于形成中华民族的凝聚力和向心力有着极大的促进作用。与"仁"关系密切的是"礼"。在孔子的思想体系中，礼与仁是互相结合的，仁是礼的内在精神，礼是仁的表现形式，仁是礼的最高境界，礼是实现仁的途径。仁反映了根源于血缘关系的人与人之间的仁爱关系，礼主要是规范阶级社会的政治秩序和等

---

① ［印］泰戈尔，李南译：《在中国的演讲集》，刘安武、倪培耕、白开元主编：《泰戈尔全集》，第 20 卷，第 12 页。

② ［印］泰戈尔，李南译：《在中国的演讲集》，刘安武、倪培耕、白开元主编：《泰戈尔全集》，第 20 卷，第 12 页。

③ 林仁川、徐晓望：《明末清初中西文化冲突》，上海：华东师范大学出版社，1999 年版，第 268 页。此处参考该书相关论述，特此说明。

级制度。孔子注重仁和礼的结合，实际上是注重了人道思想与政治统治的结合，也即思想层面的形而上规范和技术层面的形而下操作的有机统一。① 总之，儒家学派以仁和礼为核心的仁义道德思想体系，在中国文明发展史上起到了民族精神导向的作用。尽管经历时代变幻，儒家学说的精神灵魂仍以各种各样的表现形式（如诗歌、小说、戏剧、散文等）得以代代相传，中国文明作为礼仪之邦的形象在世人眼中非常突出。泰戈尔评价中国文明富有人情味，应该是其所获的当之无愧的褒奖。

由中国文明富于人情味这一点出发，泰戈尔还认为，中国社会不是利己主义占优的社会。"那些身为实利主义者的人要求其个人的享乐和积蓄、占有财产的权利。你们不是中国的个人主义者。你们的社会本身就是你们公有灵魂的创造品，而不是一个实利主义的、一个利己主义头脑的产物，不是一个无限竞争的大杂烩。因为这些都拒绝承认对他人应尽的职责。"② 与利己主义相联系的物质主义或曰实利主义，是泰戈尔着力批判的对象之一。在他看来，中国文明里很少物质崇拜成分，也不像有的国家穷兵黩武："我看到你们中国人中并未出现全球流行的通病，没有出现毫无意义地积累巨额财富的疯狂行为，没有产生那些被称作千万富翁的畸形儿……我游历了你们的国家。我看到，你们倾注了多么大的心血，才使得你们的大地丰饶，硕果累累；而你们又将日常所用物品安排得多么尽善尽美，简直令人惊异。倘若只是一味地贪恋于物欲，这一切又怎能成为可能？"③ 他认为，这表明中国人懂得怎样热爱生活。这些话具有对中国社会进行理想化描述的痕迹，具有明显的文化误读倾向，但也在一定程度上揭示了中国文明的某些特征。

中国人的价值取向与西方、印度不同。与中国的人欲观相适应，中国在与其他民族打交道时，注意的是一种互相协调的关系，而不是物质的占

---

① 朱日耀主编：《中国政治思想史》，北京：高等教育出版社，1992年版，第41页。此处参考该书相关叙述，特此说明。
② [印]泰戈尔，李南译：《在中国的演讲集》，刘安武、倪培耕、白开元主编：《泰戈尔全集》，第20卷，第44页。
③ [印]泰戈尔，李南译：《在中国的演讲集》，刘安武、倪培耕、白开元主编：《泰戈尔全集》，第20卷，第44页。

有。因为中国从来不是"一个以物质利益来衡量外交利益的国家"。① 正因如此,我们才能理解泰戈尔的同时代人、英国哲学家罗素的话:"中国人摸索出的生活方式已沿袭数千年,若能够被全世界采纳,地球上肯定会比现在有更多的欢乐祥和。"②

当然,泰戈尔对于中国文明并不是一味地唱赞歌。他批判中国传统"国粹"即封建男权社会造就的"小脚文化"就是一个例证。1924 年访华时,泰戈尔谈到自己的童年学习生活时说:"我的头脑也不得不接受学校所强加的紧绷绷的包装,它犹如中国妇女所穿的小鞋,无时无处不在夹紧、挫伤我的性格。值得庆幸的是,在我尚未变得麻木时,我便及时解脱了。"③ 一般说来,泰戈尔主要是借"小脚"论述妇女解放、民族特色、儿童教育及心灵自由等问题。泰戈尔心目中的中国"小脚"是畸形、自我封闭、自我折磨、机械模仿的代名词。除了对中国传统糟粕进行批判外,泰戈尔还对上海等地弥漫的所谓"物质主义"气息进行批判。看似明显的现实误读,其实是泰戈尔文化观念下的刻意误读。中国文明是泰戈尔文明观的投射对象。

二、关于中国命运与中印合作的思考

泰戈尔认为,中国文明是世界上最伟大、最具有生命力的文明之一。由此,他对中国的前途和命运表示乐观。1916 年,泰戈尔访问日本途经香港,一些正往码头卸货的中国船员吸引了他的目光。他充满诗情画意的文字叙述耐人寻味:"他们穿着蓝色的工作裤,赤裸着上身。如此强壮的身材我从来没有见过,如此沉重的活计我也从来没有见过。好健美的体魄,简直无可挑剔,伴随着工作的节奏,浑身的肌肉像波浪一样起起伏伏,还闪着古铜色的光泽。"④ 泰戈尔觉得这是一种全身运动着的美。他认为:

---

① 林仁川、徐晓望:《明末清初中西文化冲突》,第 245 页。
② [英] 贝特兰·罗素,秦悦译:《中国问题》,北京:学林出版社,1996 年版,第 7 页。
③ [印] 泰戈尔,李南译:《在中国的演讲集》,刘安武、倪培耕、白开元主编:《泰戈尔全集》,第 20 卷,第 97 页。
④ [印] 泰戈尔,黄慎译:《瀛洲纪行》,刘安武、倪培耕、白开元主编:《泰戈尔全集》,第 19 卷,第 314 页。

"千百年来，中国正是通过这种手段动员人民全身心地投入劳动和建设，把力量用在该用的地方，矢志以豁达的民族精神去追求自由与幸福，为未来描绘一张完美的蓝图……一个具备如此之大潜能的中国，当它一旦走上现代化的轨道，也就是说为现代科学技术所武装以后，那将是世界上任何力量也休想阻挡得了的。"① 但是，泰戈尔毕竟生活在现实世界中，中国与印度尚未获得民族独立的严酷现实使他无比清醒，为此他在1924年访华演讲时说："我有个信念，当你们的国家站立起来，能够表现自己的风貌时，你们，乃至整个亚洲都将会有一个远大的前景，一个会使我们共同欢欣鼓舞的前景。"② 既为中国文明的辉煌往昔而骄傲，也对其再度辉煌充满信心，这体现了泰戈尔对中国文明正能量和无限潜力的认同。泰戈尔对于中国前途的展望，充分体现了他的诗人气质，也反映出他和奥罗宾多、辩喜等人一样，希望借中国的正面形象鼓舞印度人民的反殖信心。

泰戈尔是公认的"世界公民"。他具有宝贵的世界意识和国际主义精神，但印度与中国等东方国家被殖民主义压迫和剥削的惨淡现实，使他在浪漫的乌托邦想象之余，也常常理智地思考这些不容回避的严峻问题。在这种思考的过程中，他逐渐形成了东方民族大联合以对抗西方殖民压迫的思路。自然，这仍是一条乌托邦之路而已。泰戈尔的东方民族联合，初期是中日印合作，后因日本军国主义意识日渐浓厚，他的思路便逐渐演变为中印合作。当然，与尼赫鲁等人的中印合作思想相比，泰戈尔的中印合作更强调文化合作的因素。

先看看泰戈尔的东方民族大联合思想。泰戈尔心目中的"东方"，在某种程度上指亚洲，有时专指以中日印三国为代表的东部亚洲和南部亚洲。客观地看，他对包括印度、中国、日本在内的整个东方世界有一种特别的亲切感。这是因为，东方文明的悠久历史和丰富文化底蕴让他倍感自豪。对于西方侵略和剥削亚洲的历史回顾，使得他与东方国家的心靠得更近。他认为，东方必须向西方学习，努力追赶西方。民族自尊心加上东方

---

① [印] 泰戈尔，黄慎译：《瀛洲纪行》，刘安武、倪培耕、白开元主编：《泰戈尔全集》，第19卷，第315页。

② [印] 泰戈尔，李南译：《在中国的演讲集》，刘安武、倪培耕、白开元主编：《泰戈尔全集》，第20卷，第26页。

情结使泰戈尔形成了一种区域连带意识,欲以文化上的亚洲大联合向西方展示自己的力量。由于各种复杂的历史与现实因素,他的东方民族大联合主张只能是纸上谈兵而已。

泰戈尔认为,亚洲文明内部的文化分散现象令人忧虑。1920年,他在美国对前来拜访他的中国哲学家冯友兰说:"我们亚洲文明可分两派:东亚洲中国、印度、日本为一派,西亚洲波斯、阿拉伯等为一派。"他认为,由于缺乏合作,亚洲文明已经被分割为古代史的不同篇章,没有形成统一的亚洲文化。这种分散的亚洲文化与欧洲文化对现代世界的巨大影响无法相提并论。"我们东方诸国,却如一盘散沙,不互相研究,不互相团结,所以东方文明,一天衰败一天了。"[①] 亚洲内部的文化分散现象,是不可否认的历史事实。泰戈尔在此解构了东方文化天然一体的神话。自然,这也是他的亚洲大联合思想无法实现的历史前提。

泰戈尔毕生致力于倡导中印联合,并倡导亚洲联合反殖,但日本演变为法西斯国家的残酷现实、亚洲的文化分散性与西方殖民势力的高压,这一切均使他陷入痛苦之中。逝世前,泰戈尔写下了《文明的危机》一文,其要旨是,世界文明的美好未来不在西方,而在东方。该文是他对自己世界文明观的总结与修正。他说:"西方国家的文明已没有慎重对待民愤民怨的耐心,它向我们显示的是武力而不是自由的本相。"他的结论是:"在人生的起点,我由衷地相信欧洲心中的宝藏是文明的贡献。可是在行将辞别人世之际,我的信念破产了。"他期待救世主"走出东方的地平线,携来文明的福音"。[②]

由于中印具有历史悠久的传统友谊,也由于中印同有饱受西方殖民之苦的沉痛经历,泰戈尔对中国非常关注。他不遗余力地倡导恢复中印文化交流,并身体力行地促进中印文化合作。

泰戈尔1924年访华时发表的演讲充满激情与智慧。他把自己的访华与恢复中印传统友谊的使命自觉地联系在一起。他说:"我想要赢得你们的

---

① 冯友兰:"与印度泰谷尔谈话",陈崧编:《五四前后东西文化问题论战文选》,北京:中国社会科学出版社,1985年版,第387页。

② [印]泰戈尔,白开元译:"文明的危机",刘安武、倪培耕、白开元主编:《泰戈尔全集》,第24卷,第507页。

心,因为我与你们亲密无间;因为我有个信念,当你们的国家站立起来,能够表现自己的精神风貌时,你们,乃至整个亚洲都将会有一个远大的前景……我回想起印度将你们称作兄弟,向你们致以爱意的那一天。我希望,这一关系依然存在,并深藏于我们大家,亦即东方人民的心底。"① 他转述了印度人民的美好心愿:"先生,请务必对中国人民说,我们永远不会忘记在那些遥远的时代中建立起来的关系。……以他们淳朴的心灵看来,我一个人单枪匹马,就能将两国的心连结起来。"②

在 21 世纪,中印面临许多相同的时代命题,为了泰戈尔憧憬的宏伟愿景,两国发展友好关系非常必要。1982 年,邓小平在接见印度客人时指出,中印都是发展中国家,但在世界上都不是无足轻重的国家。"我们两国又是近邻,不相互了解、不建立友谊是不行的。"他认为,中印之间的问题并不是很大。"在贸易、经济、文化等各个领域还可以做很多事情,发展往来,增进了解和友谊,双方合作仍然有广阔的前景。我们希望自己发达,也希望你们发达。"③ 1988 年,邓小平在接见印度总理拉吉夫·甘地时指出:"中印两国不发展起来就不是亚洲世纪。真正的亚太世纪或亚洲世纪,是要等到中国、印度和其他一些邻国发展起来,才算到来。"他还说:"中印两国如果发展起来了,那就可以说我们对人类作出了贡献。"④ 从邓小平的话里不难读出泰戈尔式的美好心愿。中印两位智者指出了当代中印关系发展的正确方向。

---

① [印]泰戈尔,李南译:《在中国的演讲集》,刘安武、倪培耕、白开元主编:《泰戈尔全集》,第 20 卷,第 26 页。
② [印]泰戈尔,李南译:《在中国的演讲集》,刘安武、倪培耕、白开元主编:《泰戈尔全集》,第 20 卷,第 54 页。
③ 邓小平:《邓小平文选》(第 3 卷),北京:人民出版社,1993 年版,第 19—20 页。
④ 邓小平:《邓小平文选》(第 3 卷),第 282 页。

第二章

印度中国观的升华与转型期（1949—1988年）

20世纪50年代可谓"印度中国是兄弟"（Hindi-Cheeni Bhai Bhai）的"蜜月期"，印度的中国形象迅速升华。然后，中印关系便因边界问题和西藏问题等急转直下，1962年的边界冲突更使中印关系跌入历史的最低谷或曰冰点。"从1962年11月21日中国单方面宣布停火和随后将部队从其占领的地区撤走至1976年，印度与中国的官方外交关系处于停滞状态。人们非常恰当地将这一时期称为'不是冷战的冷和平'时期（the period of 'cold peace if not cold war'）。"① 边界冲突前后，印度以积极美好为主色调的升华型中国观开始了历史性转折。时至1988年印度总理访华的"破冰之旅"，印度中国观的主流基本仍以负面、甚至是极端的负面色彩为主。"（中印边界的）危机和冲突产生的短期威胁感，常常被应对长期威胁的行为所取代。"② 事实上，1949年后的一段时期，印度的中国认知既有对近现代印度中国观积极因素的自觉继承，也有因地缘政治冲突而产生的消极支流或暗流，这种暗流一直潜藏着，但终于在中印边界冲突前后汇聚成汹涌的黑色潮流，它与那一时期西方的"中国威胁论"有着剪不断、理还乱的复杂联系。

第一节 "蜜月期"印度中国观的
主流（1949—1959年）

从1949年新中国成立到1959年，大致可以视为中印关系的"蜜月

---

① Gautam Das, *China-Tibet-India: The 1962 War and the Strategic Military Future*, New Delhi: Har-Anand Publications, 2009, p. 209.
② Steven A. Hoffmann, *India and the China Crisis*, Delhi: Oxford University Press, 1990, p. 223.

期"。这是因为，1959年是中印关系多云转阴的关键一年。1959年3月31日，达赖喇嘛越过"麦克马洪线"，进入印度控制区，印度总理尼赫鲁当天在人民院宣布"印度政府给予达赖喇嘛避难"的决定。① 曾经担任过印度外交部长（2004—2005年）并有长期驻华经历的K·纳塔沃尔·辛格（K. Natwar Singh）认为："自从达赖喇嘛于1959年3月底进入印度那天起，中印关系的性质与内容急剧恶化。到周恩来于1960年4月访印时，中印关系已经到了没有回旋余地的关头。"② 因此，将1959年作为当代印度中国观早期阶段的一个年代标志，似无不妥。接下来，本节将简略地考察中印关系"蜜月期"的印度人士对新中国社会面貌、政治制度、经济发展等的观察和认识。

一、概述

在长达10年的中印关系"蜜月期"中，印度中国观继续保持泰戈尔和师觉月时代的正面形象或美好色调，虽然也有一些不和谐的音调偶尔传出，也存在一些抹黑中国形象的行为，但总体说来，"印度中国是兄弟"的声音压过了一切杂音。这一声音成为"蜜月期"里印度中国观主流的底色，也成了这10年中印度认识中国的强劲动力。尼赫鲁时期的一位印度外交官曾经这样回忆起20世纪50年代印度的中国印象，文字间带有一种美好而怅然的感觉："所有访华的印度人回国后都对他们的中国见闻印象极深：全中国人民为自己国家的发展而奉献的热情，他们的诚实厚道，他们的简朴生活。印度外交部收到了我们驻华大使馆关于中国政府开展工业与社会进步新实践的热情洋溢的报告，无论这种实践是涉及后院火炉的炼钢还是全国性地组织成立人民公社。印度派去了一批批专业代表团，研究这些工程。与德里、加尔各答和印度其他城市一样，北京和其他城市的街道上回荡着'印度中国是兄弟'的欢呼声。印度的总体印象是，没有什么能

---

① 王宏纬：《当代中印关系述评》，第131页。
② K. Natwar Singh, *My China Diary: 1956-1988*, New Delhi: Rupa & Co., 2011, p. 86.

够阻挡中印两国友谊的发展。"①

事实上，新中国成立初期，在如何认识中国的问题上，以印度共产党为代表的"左"派与一些印度右派分子的立场保持着尖锐对立的状态。"就印度的中国观（India's China images）而言，右派的批评和左派的赞美代表了两种极端的看法。在右派那里视为本质上邪恶的东西，在左派眼中却成了固有的美德。"② 在 K. P. 古普塔看来，随着时间的推移，随着对中国了解的日渐增多，"左"派与右派均不是当时印度中国观的主流。他说："印度的主流中国观避免了这样的两个极端。中国是否真正马列主义国家的问题，从来没有影响到大多数印度人的思想意识……在印度的中国形象与中国的现实之间，既然有尼赫鲁和潘尼迦作为关键的联系人，希望、夸张和幻想的舞台早已搭好。"③ 为此，古普塔不无揶揄地继续写道："潘尼迦不无道理地赢得一个'中国人的传声筒'的诨名。不过，正如前边暗示的那样，他明显地超越了中国方面的宣传报道，向人们呈现了一个魅力十足的印度化中国形象（Indianized image of China）。潘尼迦心中的中国就是毛泽东和甘地的形象融合。"④ 事实上，潘尼迦在 1955 年出版的中国回忆录所记载的新中国印象也基本符合这一说法。例如，他这样写道："我的脑海中清晰地浮现出关于新中国的三种印象。第一，新中国成立无疑是亚洲复兴的最重要事件……第二，于我而言，中国的新政府显然是 100 年来一种运动发展的完美实现，这种运动就是晚清时期朝廷官员们主张建立一个强有力的中央政府的运动……使我印象很深的第三个特点是，中国希望保持生活与文化的连续发展，但又无情地摧毁了被新思想的领导人视为封建的反动的冗余。"⑤ 这说明，潘尼迦的中国印象比之古普塔的概括还要复杂，因为古普塔忽视了潘尼迦对中国"消极面"的认识。大体而言，潘尼

---

① Subimal Dutt, *With Nehru in the Foreign Office*, Calcutta: The Minerva Associates, 1977, p. 107.

② Krishna Prakash Gupta, "Indian Approaches to Modern China-II: A Social-Historical Analysis," *China Report*, Vol. 8, No. 5, p. 42.

③ Krishna Prakash Gupta, "Indian Approaches to Modern China-II: A Social-Historical Analysis," p. 42.

④ Krishna Prakash Gupta, "Indian Approaches to Modern China-II: A Social-Historical Analysis", p. 43.

⑤ K. M. Panikkar, *In Two Chinas: Memoirs of a Diplomat*, pp. 176 – 178.

迦对新中国的认识以肯定为主，否定为辅，这也是"蜜月期"里印度中国观的一种典型代表。

在"蜜月期"的大部分时间里，由于中印双方频繁进行公共外交，两国组织的各种友好代表团不断访问对方国家，这使得更多的印度政治家、外交家、学者、记者、作家和民间人士实地勘察中国、思考中国。他们回到印度后纷纷拿起手中的笔，写下了自己的中国观感，这便是印度中国观的重要组成部分。下边这些出版于20世纪50年代的英文著作或发表的论文就是其中有代表性的部分，它们基本以赞美新中国的变化为主题：

1. Sundarlal, *China Today: An Account of the Indian Goodwill Mission to China, September-October 1951*, Allahabad: Hindustani Culture Society, 1952.

2. R. K. Karanjia, *China Stands Up and Wolves of the Wild West*, Bombay: People's Publishing House, 1952.

3. K. A. Abbas, *China Can Make It*, Bombay: People's Publishing House, 1952.

4. J. C. Kumarappa, *People's China: What I Saw and Learnt There*, Wardha: All Indian Village Industries Association, 1952.

5. K. A. Abbas, *In the Image of Mao Tse-tung*, Bombay: People's Publishing House, 1953.

6. B. N. Ganguli, *Land Reforms in New China*, Delhi: Ranjit Printers and Publishers, 1953.

7. K. T. Shah, *The Promise That is New China*, Bombay: Vora and Co., 1953.

8. P. K. Gupta, *Economic Development in India and China, 1950 – 53*, Delhi: People's Publishing House, 1954.

9. Dhirendranath Das Gupta, *With Nehru in China*, Calcutta: National Book Agency, 1955.

10. B. N. Ganguli, *Economic Development in New China*, Bombay: Oxfrod University Press, 1955.

11. Saila Kumar Mukherjee, *A Visit to New China*, Calcutta: A. Mukherjee and Co., 1956.

12. *Report of the Indian Delegation to China on Agricultural Planning and Techniques*, New Delhi: Ministry of Food and Agriculture, Government of India Planning Commission, 1956.

13. R. K. Patil, B. J. Patel and F. N. Rana, *Report of the Indian Delegation to China on Agrarian Co-operatives*, New Delhi: Government of India Planning Commission, 1957.

14. Gyan Chand, *The New Economy in China*, Bombay: Vora and Co., 1958.

15. Mohammed Mujeeb, *A Glimpse of New China*, New Delhi: Maktaba Jamia Ltd., n. d.

16. V. K. R. V. Rao, "Some Impressions of New China," *India Quarterly*, VIII, January-February 1952. [1]

在阅读上述文本的基础上，K. P. 古普塔写道："返回印度后，这些访问者组成了崇拜中国（sinophilia）的舆论先驱。他们关于中国各方面成就的报道似乎有一种权威的标志，因为这些报道来自作者的实地考察和分析。异议声被搁置、被忽略。对大多数印度人而言，现代中国成为在传统内部酝酿革命的令人心向往之的圣地（Mecca）。与此相对，中国的印度形象一直保持着同样的历史特色，它早就拒绝了东西方融合的理念，也否认印度模式的发展潜力。"[2] 这里的中国观察自然带有时代痕迹和意识形态偏见，但对那一时期印度访华者将中国视为令人向往的"圣地"的断言却不无道理。这种倾向显示，这一时期的印度与西方在中国观察、甚或中国形象的自我构建方面找到了某些思想的契合点。有的学者认为，在西方世界，乌托邦化中国形象的话语谱系出现了三种类型："孔教理想国"、"中国情调"与"红色圣地"，经历过18至19世纪与20世纪中叶的两次转型。[3] 美国的社会主义者尼尔伦夫妇于1958年初来到中国，正赶上大跃进

---

[1] 参见 Krishna Prakash Gupta, "Indian Approaches to Modern China-II: A Social-Historical Analysis," *China Report*, Vol. 8, No. 5, pp. 43 – 44. 此处提及的15种与中国有关的资料，除第1、2、13种外，笔者迄今均未搜集到，但为学者们参考起见，现特录在此。

[2] Krishna Prakash Gupta, "Indian Approaches to Modern China-II: A Social-Historical Analysis," p. 45.

[3] 周宁：《天朝遥远：西方的中国形象研究》（上卷），第256页。

时代,他们遂将自己的游记命名为《美好新世界》(Brave New World),这也是英国作家 A. 赫胥黎的乌托邦小说的标题。这些西方知识分子在中国这个"美好新世界"按照同一线路、以同一种方式旅行,再以几乎相似的乐观笔调介绍中国。此时,中国形象在这些朝圣者的眼中,变成了历史进步的标志。"此时中国已远不是一个满足某种异国情调想象的美学化的乌托邦,它明确地出现在西方社会政治期待中,甚至成为西方社会需要学习的具有严肃意义的榜样,一个'现实的乌托邦'……什么是中国启示? 最重要的一点就是:'人完全有能力解决自己的问题,建设完善的社会。'红色中国是一个'美好新世界',它的意义不在自身,而在对西方人的启示。"① 事实上,20 世纪 50 年代,百废待兴中的印度也处于焦急寻找"美好新世界"以为国家建设之最佳参照或完美启示的关键时期,他们到处搜寻的目光自然不会错过中国这个历史伴侣。

二、中国社会面面观

先看看"蜜月期"的印度人士对新中国社会面貌的各种认识。这里主要涉及访华人士、在华外交官等的中国认知。

这一时期,由于很多印度代表团访华,他们自然有了亲自感受新中国的宝贵机会。于是,新中国纷繁万千的面貌在其笔下不断地得以呈现。不过,在 K. P. 古普塔看来,印度代表团成员们的中国观察没有人们想象的那么简单,因为其中蕴含着复杂的文化反省和自我反思。他评价说:"当印度访问者到达中国时,正是潘尼迦那让人困惑的中国形象鼓励他们接受中国……这种魅力似乎不可抗拒,它很容易渗透进大多数不同阶层的印度人心田里。相当一部分印度人歪曲了自己的中国经历,以适应主流的中国认知。所有被视为在印度缺席的各种美德,突然间在中国得到了发现。"② 由于时代的局限,古普塔的这些观察和论述同样带有偏见,但也在一定程度上证实了这一点,即印度代表团借中国社会翻天覆

---

① 周宁:《天朝遥远:西方的中国形象研究》(上卷),第 262 页。
② Krishna Prakash Gupta, "Indian Approaches to Modern China-II: A Social-Historical Analysis", p. 43.

地的新变化来"浇自己的块垒",即反思印度的不足,催生印度人民重建国家的主人翁意识。

1951年9月1日,中国和平理事会、中国劳工协会、中国青年民主联合会、中国妇女民主联合会和中国文艺界联合会等机构联合向以下三个印度机构发出访华并参加中国国庆大典的邀请:位于孟买的印中友好协会(会长为时任《闪电》编辑的卡兰吉亚即 R. K. Karanjia)和全印和平理事会,位于加尔各答的印中友好协会(会长是 Hannah Sen 女士)。印方迅速作出了热烈回应,组成了由印度斯坦文化协会秘书、《新印度》编辑森德拉尔(Pandit Sundarlal)为团长的印度友好代表团,其中包括著名英语作家、记者、时任全印和平理事会副会长的安纳德(Mulk Raj Anand)等15人。这15人中包括了安纳德在内的三名印度记者。1951年9月21日,印度友好代表团到达香港九龙,22日到达广东。至10月30日启程回国,代表团在中国访问达40日之久。他们除了参加中国国庆大典外,还依次访问了广州、北京、沈阳、天津、南京、上海、杭州等多个重要城市和一些农村,并参观了鲁迅在上海的故居,感触很深。在华期间,代表团受到了毛泽东、周恩来等领导人的亲切接见。森德拉尔、安纳德与中国作家郭沫若等人亲切合影。回到印度后,森德拉尔和卡兰吉亚分别撰写了中国游记,并于次年即1952年在古吉拉特邦的艾哈迈达巴德和马哈拉斯特拉邦的孟买同时出版。他们的中国游记在印度公众心目中激起了热烈反响。

森德拉尔和卡兰吉亚等人通过在华40日的耳闻目睹,加深了对中国政治、经济、社会现实与民俗文化等各方面的了解,并对中印历史友谊有了更为直观的感受。他们在自己的书中分别详细描述了中国印象。

在森德拉尔等人笔下,新中国的一切令人欣喜,使人振奋。广州人热情好客,城市街道整洁,不见乞丐。上海今昔相比变化很大,因为旧上海的电影院上映的电影中,百分之八十是美国的好莱坞影片。森德拉尔等人发现,有一些印度商人在上海娶了中国女子为妻,过着幸福的生活。但他们也发现,中国内地人的穿着比较单调,男女衣着并无太大区别。中国大陆与香港相比,差异很大。"在新中国……所有人都穿同样的服装,同样的布料，同样的风格。在香港和九龙，服装的差异非常明显。"① 即使在首都北京，打领带的中国人也是千里挑一，而香港受过教育的大多数人都追随欧洲殖民主子，领带鲜艳，服装很酷。大陆和香港的女性穿着差异之大也是如此。由此，他们还为生活在香港的一些印度人感到羞耻。"印度政府应该管教一下印度侨民，要求他们在任何国家赚钱时不要损害当地人利益，也不应该作出任何有损母邦尊严的事。同时，印度政府也应该帮助、引导和保护他们。"② 中国大陆的人民虽然生活有些单调，但却摆脱了殖民与封建势力的剥削压迫，翻身做了主人，这一切景象对森德拉尔等人冲击很大，他们由此想到，印度侨民也应该以此为榜样，努力做一个有尊严的印度人。与森德拉尔同行的卡兰吉亚也对新中国翻天覆地的变化感到振奋。在他对中国社会面貌新变化大加赞赏的声音中，自然不乏一些诗意浪漫的语言。例如，卡兰吉亚使用"乌托邦"和"梦幻"等词语描绘自己的中国印象。他在引用一首赞美新中国的歌曲后写道："因此，梦想成真，生活与理想持平，这个奇妙的新世界蕴含着乌托邦（Utopia）。不过，我在想，自己是否真在梦中？在我的中国之旅中，数不清的小插曲、印象和情感无形中潜入脑海，它们是否已经形成在中国人民面前产生的巨大事物的一个象征？叫它解脱、解放、再生，复活、复兴或什么都行。"③ 卡兰吉亚说："我们已经将旧中国与新中国亦即人民的中国进行比较。旧中国是被20年国民党腐败统治和整整一个世纪的西方帝国主义所摧残的'亚洲病夫'（Sick Man of Asia），而新中国如同亚洲的力士参孙（Asian Samson），她打碎了本国封建主义和外国帝国主义的锁链，挑战了一切障碍，打败了一切敌人。这种新旧对比对我来说是一种天启，一种启迪。在认可这一切之前，我们必须亲眼看看。"④ 与卡兰吉亚等人一同访华的加尔各答大学中

---

① Sundarlal, *China Today: An Account of the Indian Goodwill Mission to China*, September-October 1951, Allahabad: Hindustani Culture Society, 1952, p. 399.

② Sundarlal, *China Today: An Account of the Indian Goodwill Mission to China*, September-October 1951, pp. 403 – 404.

③ R. K. Karanjia, *China Stands Up and Wolves of the Wild West*, Bombay: People's Publishing House, 1952, p. 249.

④ Sundarlal, *China Today: An Account of the Indian Goodwill Mission to China*, September-October 1951, p. 405.

国历史讲师、加尔各答印中友好协会秘书长 T. 查克拉沃蒂（Tripurari Chakravarti）则以极度夸张的语言写道："无论我走到哪里，我发现中国都洋溢着新的生命气息。我看到，一个有着丰富传统的古老国度正在走向辉煌的新生和快速的变迁。或许可以正确地说，过去两年中所产生的变化，要比以前四千年中的变化还要多。"① 1956年访华考察农业合作运动的印度代表团在回国后撰写的官方报告中也对中国社会的巨大变化大加赞赏："对我们来说，中国社会在经济方面似乎更为均平，在社会团结方面好于我们。中国的贫富差异比印度小得多。这里没有种姓差别。妇女们得到了解放，并在国家发展中与男人们一起找到了适合自己的工作岗位。事实上，妇女解放和进步是中国革命的一个非常显著的特色。乡村里的农民尽管衣着简朴，但却有足够的粮食可吃。"②

中国历史上是传统的农业大国，印度同样如此。因此，印度来华访问的人士几乎都对中国农村现状表示关切。1951年随团访华的卡兰吉亚发现，中国人不仅养活了自己，消除了旧中国农村和城市中常见的饥荒现象，还有余粮出口。卡兰吉亚以自己的耳闻目睹答复一些亲美的印度人对新中国的怀疑。他将新中国成立以来短短三年时间就取得的成就称为"中国的奇迹"。③ 卡兰吉亚从亿万中国农民身上"发现"了甘地理想的实现："在中华人民共和国，我明白了甘地先生曾经想对我说的话，因为我在自己周围发现，他所指的一切以热情似火、实实在在和人道主义的方式实现了……我们在自己的非暴力运动中忘记了甘地。通过其革命暴力与活力，中国人民使之复活。"④ 考察中国农业合作社的印度代表团在报告中写道："对我们这样一个早已习惯了个人耕种的印度访问团来说，中国所取得的成就显然不亚于一个奇迹。"⑤

---

① Sundarlal, *China Today: An Account of the Indian Goodwill Mission to China, September-October 1951*, pp. 439 – 440.

② R. K. Patil, B. J. Patel and F. N. Rana, *Report of the Indian Delegation to China on Agrarian Co-operatives*, New Delhi: Government of India Planning Commission, 1957, p. 19.

③ Sundarlal, *China Today: An Account of the Indian Goodwill Mission to China, September-October 1951*, p. 406.

④ R. K. Karanjia, *China Stands Up and Wolves of the Wild West*, p. 254.

⑤ R. K. Patil, B. J. Patel and F. N. Rana, *Report of the Indian Delegation to China on Agrarian Co-operatives*, p. 86.

在森德拉尔等人看来，中国妇女得到了解放，女性地位大大提高，中国城市罕见西方妓女在城市大街上招徕客人的丑恶现象。"在中国的街道上，绝对没有我们很多人在欧美国家见到的那种不道德的迹象，然而，今天的中国妇女比起西方妇女来，享受的自由更多。"① 这种对中国女性地位提高的赞美，与前边对在港印度侨民的批评，无疑是一种自我反省。正如K. P. 古普塔所言："对他们大多数人而言，中国成了评价印度的理想'参照系'。他们对中国不遗余力的赞美常常混杂着对印度的悲观评价，新中国的发展和变化模式催生了他们无尽的热情。"②

卡兰吉亚对中国人民的团结一致印象很深，对中国人的集体主义意识十分赞赏。他还将新中国万众一心的集体主义形象进行放大，以回答一些人对中国的质疑，这自然含有几许亲切的"文化误读"："要说个人主义在中国已被摧毁，那是误解。她的人性已经得到复苏。男人已经当家作主。女人、青年甚至是孩子们也是如此。现在，他们站起来了，敢于说话，因为他们比单个的人更为坚强。在他们的背后，是自己的团体或自己的群众组织。"③ 曾经于20世纪50年代来北京大学东方语言文学系任教的一位印度专家观察到，中国的大学生们热爱祖国，勇于报国，勤奋刻苦，珍惜时间。尽管他们所穿的蓝色制服并不时髦鲜艳，但他们身上体现出一种青春焕发的时代气息，还有一种宝贵的集体主义精神。"有了这样一批学生，中国的未来无疑是光明的。"④

由于印度访华代表团基本都是虔诚的宗教信徒，他们对中国的宗教政策和宗教现状非常感兴趣。在其中一位成员看来，中国有宗教自由，她实行了宗教宽容政策。"新中国完全实行宗教自由。我们在不同地方见到了清真寺、谒师所（gurudwaras，即印度锡克教徒的敬神场所）和寺庙。人

---

① Sundarlal, *China Today: An Account of the Indian Goodwill Mission to China*, September-October 1951, p. 25.
② Krishna Prakash Gupta, "Indian Approaches to Modern China-II: A Social-Historical Analysis," *China Report*, Vol. 8, No. 5, p. 43.
③ R. K. Karanjia, *China Stands Up and Wolves of the Wild West*, p. 250.
④ Jagdish Chandra Jain, *Amidst the Chinese People*, Delhi: Atma Ram & Sons, 1955, p. 28.

们各自按照自己的信仰自由地祈祷和敬拜。"① 印度来华专家也以自己的见闻证实，新中国实行的是宗教宽容政策："中国现政府对于宗教持宽容和理解的态度，处理的方式恰当合理。即使今天，人们在汉口、上海、南京、北京和其他地方也能见到许多的寺庙和佛塔。"②

冷战初期，美国等西方势力敌视中国、苏联等社会主义国家，他们的中国观以极度负面为基调。令人意外却也在情理之中的是，在朝鲜战争期间访华的一位印度人认为："中国没有好战分子（China has no war-mongers）。新中国及其领导人想与世界上任何国家和平相处。"③ 这和印度朝野绝大多数人的对华立场一致，这既是中印关系"蜜月期"对印度中国观的深刻影响，也是印度人民对中印历史友好的亲切回忆。他们对毛泽东等中国领导人的印象也基本上是正面的。例如，潘尼迦在其中国回忆录中写道："1951年1月26日，我们首次庆祝印度国庆节。我在北京饭店举办了一次宴会，当毛泽东亲自出席宴会时，所有人都感到惊喜……在宴会交谈时，毛泽东对发展与印度的友好关系表现出浓厚的兴趣。他以热烈的语气谈起尼赫鲁，说他希望不久能在北京见到他。他谈到学生和教授之间的交流，谈到互相学习语言的事情，谈到他想看看描写普通人生活的印度影片。事实上，与毛泽东的这次谈话，使我对他的人类关怀意识有了深刻的印象。"④

一些印度人士对毛泽东领导的中国革命的暴力模式持肯定态度。这是因为，在他们看来，在毛泽东领导的暴力革命中，印度可以发现甘地对真理的追求和对贫苦大众的关怀。中国的新民主主义革命值得赞扬。例如，卡兰吉亚在书中以自己的亲身经历驳斥某些西方和印度记者对所谓中国"缺乏民主"等的歪曲报道或恶意诋毁。在卡兰吉亚看来，中国的"专制政体"比起印度的民主政体更为优越。他说："我们的'民主'与中国的'专政'之间唯一的区别在于，后者组织有序，积极高效，而前者非常混

---

① Sundarlal, *China Today: An Account of the Indian Goodwill Mission to China*, September-October 1951, p. 593.
② Jagdish Chandra Jain, *Amidst the Chinese People*, p. 100.
③ Sundarlal, *China Today: An Account of the Indian Goodwill Mission to China*, September-October 1951, p. 595.
④ K. M. Panikkar, *In Two Chinas: Memoirs of a Diplomat*, p. 125.

乱无序，效率低下。"① 卡兰吉亚还呼吁从西方民主中寻求治国灵感的印度总理尼赫鲁将眼光转向中国，因为中国已经向印度乃至世界展示了如何解决亚洲问题的方法。尽管卡兰吉亚的中国观察存在美化之处，但其在书中描叙的中国形象对印度公众从正面认识中国不无益处。

三、中国政治与经济发展观

关于中国的意识形态或政治体制问题，这是绝大多数外国来华者非常关注的问题。卡兰吉亚将意识形态问题和社会发展模式分开处理。他说："真正的问题在于，我们印度和亚洲其他地方都还完全生活在沉寂的过去，而中华人民共和国却已经大步流星地越过了那将过去和现在分割开来的停滞和失败的裂痕，从而进入辉煌的未来。我们尽管占有卓越的先机，但处于停滞状态，中国却正处于巨大的创造革新阶段。"② 与卡兰吉亚等人一同访华的一位印度人士认为，中国的政体不是共产党的一党专政，因为中国实行的是多党合作制。来华任教的印度专家则肯定了中共对中国革命的伟大历史贡献："在过去32年的持续不停的战争中，千千万万的共产党人奉献了自己的生命，结果是，共产党赢得了中国人民热爱。毫不夸张地说，没有纪律严明的中国共产党，中国人民就不可能有机会享受新式民主(New Democracy)。"③

"蜜月期"的访华人士还有一种值得注意的动向，即代替中国人驳斥西方对中国的污蔑或贬低，帮助中国维护其美好而正面的国家形象。例如，卡兰吉亚说："就中国的工业化而言，美国人坚持宣扬他们过时的迷信说法，即一个农业国不能单独依靠自己的力量完成工业化。但是，在工业化这一点上，正如在其他许多方面一样，中国已经向世界证明，它有能力办好无法办好的事情。"④

在印度人士看来，新中国实行的土地改革使中国亿万农民翻身做了主

---

① R. K. Karanjia, *China Stands Up and Wolves of the Wild West*, p. 217.
② R. K. Karanjia, *China Stands Up and Wolves of the Wild West*, p. 8.
③ Jagdish Chandra Jain, *Amidst the Chinese People*, p. 128.
④ R. K. Karanjia, *China Stands Up and Wolves of the Wild West*, p. 4.

人。这对同样属于农业大国的印度不无启示。按照 K. P. 古普塔的观察，中国经验对于当时的印度显然具有示范的价值。他说："关于中国的这种极为美好的形象自然产生了一种不断的诉求，即在印度模仿中国的实践。最重要的模仿领域是中国的经济发展。许多印度经济学家比较了中国和印度的相似之处，建议在印度采取一种混合型发展模式，即中国经济发展的某些方法适用于印度的经济结构。"① 关于中国土地改革对印度的启迪意义，森德拉尔认为："对于身为西方经济剥削和欺诈的牺牲品的中国和印度等国而言，国家内部必须建立市场。这是我们从中国土地改革中得到的重要教益。"② 至此，森德拉尔顺理成章地发出了印度学习中国的号召。总之，对于森德拉尔来说，新中国的诞生是对亚洲乃至世界的一个福音。他在书的最后写道："新中国给了我们足够的精神食粮，有助于我们把握自己的未来，以创造一个幸福、强大和自由的亚洲，并确保世界人民的和平与繁荣。"③ 正因如此，卡兰吉亚说出了自己写作中国回忆录的目的："我想阐释中国如何解决她的问题，在此过程中，也为我们的一些重要问题寻求方便实用的解决方案。"④ 从这些话中，我们自然可以读出印度中国观背后的复杂内涵，这便是印度学者经世致用的意图。中国这个印度的东方邻居，不再是当代后殖民理论意义上的意识形态化的"文化他者"或"政治他者"，而是新独立的印度的美好之镜。印度人民从中可以仔细地观察自己百废待兴时期的"落后"与"停滞"，发现医治自身"痼疾沉疴"的"中国疗法"。

正因如此，K. P. 古普塔的下述观察有些道理："在所有这些关于中国经济发展模式的评价中，中国方面的材料和解释都未加批评地照单接受下来……在这种情况下，中国经济体制中控制和强制性因素一直被轻描淡写

---

① Krishna Prakash Gupta, "Indian Approaches to Modern China-II: A Social-Historical Analysis," *China Report*, Vol. 8, No. 5, p. 44.

② Sundarlal, *China Today: An Account of the Indian Goodwill Mission to China, September-October 1951*, p. 422.

③ Sundarlal, *China Today: An Account of the Indian Goodwill Mission to China, September-October 1951*, p. 596.

④ R. K. Karanjia, *China Stands Up and Wolves of the Wild West*, p. 5.

地未加细察。"① 因此，并非所有"蜜月期"的印度访华人士都以积极的态度认识中国的农业合作化运动。有的人囿于"民主之眼"，以"民主"的有色眼镜看待新中国的一切新生事物，得出的印象与森德拉尔和卡兰吉亚等人明显不同。略举一例。1956年7月至9月，印度政府派遣了一个考察中国农业合作社的代表团，在中国进行了为期两个月的实地考察。回国后，他们合作出版了一本给印度政府参考的调研报告。考察团的部分成员认为，中国的农业合作社具有"不民主"的迹象，违背了农民自愿参与的原则，因此不适合印度农村效法。② 其实，中国农业合作化发展后期的某些挫折说明，印度方面的观察似乎有一定的道理。

"蜜月期"里的印度中国观基本以正面、乐观、积极、肯定为主流姿态。绝大多数印度知识分子、外交家、政治家和民间人士都有意无意地超越了社会主义或共产主义与资本主义制度之间的意识形态纠葛。但是，这一时期的大多数中国人虽然也以同样真诚而友好的心态认识印度、看待印度，但和印度方面的复杂情况一样，也有某些中国知识分子或政治家没有跳出意识形态对立的窠臼，对印度的某些观察和思考出现了偏差和误读。正是基于这一点，K. P. 古普塔得出了如下不失偏颇的结论："当印度人思考中国时，他们认可不同政治体制的文化合法性；而当中国人思考印度时，他们认为，印度社会最终必然会按照自己设计的形象进行变化……只有在这样的思想语境中，人们才必然理解印度建构中国形象的文化自主性（cultural spontaneity）和中国建构印度形象的文化外交意识。印度的中国形象是由符号所指的交换（signifie exchanges）而构成的，它表明对中国的实质性接纳。即使在中印双边关系之外，中国也变得意义重大。另一方面，中国的印度形象是由象征姿态而构成的，它只暗示一种对印度的理论分析式认同。印度只在中印双边关系的框架内才显得重要。"③ 应该说，古普塔的观察和分析有一定的道理，但他忽略了部分印度人士、特别是部分印度

---

① Krishna Prakash Gupta, "Indian Approaches to Modern China-II: A Social-Historical Analysis," *China Report*, Vol. 8, No. 5, p. 44.

② R. K. Patil, B. J. Patel and F. N. Rana, *Report of the Indian Delegation to China on Agrarian Co-operatives*, p. 219.

③ Krishna Prakash Gupta, "Indian Approaches to Modern China-II: A Social-Historical Analysis," *China Report*, Vol. 8, No. 5, p. 45.

政治家对中国政治体制等方面的各种猜疑或非议。这是一种意识形态作祟的结果,它便构成了下边将要考察的"蜜月期"里印度中国观的支流。

第二节 "蜜月期"印度中国观的支流(1949—1959年)

一般而言,可以将 20 世纪 50 年代的印度中国观或印度对华认知大致分为主流与支流两派。前边简要地介绍了这一时期印度中国观的主流,此处对印度中国观的支流进行简介。

在印度汉学家 K. P. 古普塔看来,印度中国观的支流并非突然出现在 20 世纪 50 年代,而是出现在 30—40 年代,具体人物涉及到共产国际驻中国代表 M. N. 罗易等人。"在其后马克思主义时期,罗易将亚洲共产主义的本质描述为'被鲜血染红的民族主义'。但是,他对'红色民族主义'的失望使他后来发现,中国具有专制、排外、残忍和暴力的特质。"[1] 由于罗易的《中国革命与反革命》涉及到印度在华人士的亲身体验,他的中国观对于一些印度知识分子和政治家有吸引力。

整个 20 世纪 50 年代,印度国内至少存在三种互不相关但内核一致的消极中国观。这三派声音组成了印度中国观的支流。第一派是反共的右翼分子,第二派是反感中国社会主义的人,第三派包括印度中国观主流派中的不同政见者。"在理论基础上,每一派都和罗易存在本质的差异,但他们对中国的实质性判断似乎在一些重要方面得到统一。每一派都在中国身上发现了异乎寻常的暴力制度,他们以此'制度差异'作为价值判断的一种标准。中国并不仅仅只是共产主义或民族主义国家,而是与印度众所周知的理想观念截然不同的一类国家。因此,中国便是一种邪恶(evil)、一

---

[1] Krishna Prakash Gupta, "Indian Approaches to Modern China-II: A Social-Historical Analysis," *China Report*, Vol. 8, No. 5, p. 39.

种威胁（threat）和一个敌手（rival）。"① 下边便是体现这一时期印度中国观支流的一些出版物：

1. Sita Ram Goel, *Mind-murder in Mao Land*, Calcutta: Society for Defence of Freedom in Asia, 1953.

2. Sita Ram Goel, *China is Red with Peasnt's Blood*, Calcutta: Society for Defence of Freedom in Asia, 1953.

3. Sita Ram Goel, *Red Brother of Yellow Slave*, Calcutta: Society for Defence of Freedom in Asia, 1953.

4. Sita Ram Goel, *Communist Party of China: A Study in Treason*, Calcutta: Society for Defence of Freedom in Asia, 1953.

5. Sita Ram Goel, *The China Debate: Whom Shall We Believe?* Calcutta: Society for Defence of Freedom in Asia, 1953.

6. Raja Hutheesing, *The Great Peace: An Asian Candid Report on Red China*, New York: Harper, 1953.

7. Frank Moraes, *Report on Mao's China*, New York: Macmillan, 1953.

8. Brajkishore Shastri, *From My China Diary*, Delhi: Siddhartha Publications, 1953.

9. Raj Krishna, *et la.*, *Cooperative Farming: Some Critical Reflections*, New Delhi: Indian Cooperative Union, 1956.

10. S. Chandrasekhar, *A Decade of Mao's China: A Survey of Life and Thought in China Today*, Bombay: The Perennial Press, 1960.

11. S. Chandrasekhar, *Communist China Today*, Bombay: The Asia Publishing House, 1961.

12. Om Prakash, *Mao Ke Desh Me Panch Saal (Five Years in Mao's Land)*, New Delhi: Perspective Publications, 1965.②

---

① Krishna Prakash Gupta, "Indian Approaches to Modern China-II: A Social-Historical Analysis," p. 39.

② 参见 Krishna Prakash Gupta, "Indian Approaches to Modern China-II: A Social-Historical Analysis," pp. 39-41. 此处提及的12种与中国有关的书籍，除第10、11种外，笔者均未搜集到，但为学者们参考起见，特录在此。

一、印度中国观的第一、二派支流

就印度中国观的三派支流而言,第一派即反共色彩浓厚的右翼人士引人注目。该派人士受西方所谓"民主"、"自由"思想的影响很深,他们以意识形态在中印政治制度之间划界,很自然地把中国归入"自由世界"或"民主国家"之外的另类"邪恶"势力,这种力量对资本主义世界是一种无形的"威胁"。在印度,持这一观点的人往往借中印边界问题、西藏问题来考量中国的"邪恶"一面,并鼓吹、散布中国对印度的"潜在威胁"或"严重威胁"。在此基础上,中国便成为印度安全的"潜在敌人"。"这便意味着,从印度的立场来看,中国是潜在的敌人(potential enemy),很可能在边境、在印度的邻国,甚至在印度内部支持共产主义分子和第五纵队制造麻烦。"[1] 在这方面,时任印度副总理、内政部长 S. V. 帕特尔是一位"先驱",他也是最早对中国进行妖魔化处理的典型代表,是印度版"中国威胁论"的始作俑者。因此,K. P. 古普塔对于印度中国观支流的探索,也是从帕特尔有关中国的言论开始的。古普塔说:"在(20 世纪 50 年代)的最初,印度中国观的支流在萨达尔·帕特尔对中国的态度中得到了充分的体现。早在 1950 年,帕特尔就明白无误地确认,中国与印度的相互认知是基本失衡的。"[2] 这里所谓"基本失衡"的涵义之一,是指帕特尔写给尼赫鲁的信中说过的一句"经典名言":"即使我们自己认为是中国的朋友,中国人也不会将我们视为他们的朋友。"[3]

事实上,帕特尔的中国认知没有脱离当时的地缘政治现实,这就是至今悬而未决的中印边界问题,而这又与西藏问题息息相关。帕特尔的中国认知自然与西藏问题有关。印度独立以前,统治印度的英国殖民者在西藏攫取了许多特权。1947 年印度独立后,英国将它在西藏的特权移交给新成

---

[1] Krishna Prakash Gupta, "Indian Approaches to Modern China-II: A Social-Historical Analysis", p. 38.

[2] Krishna Prakash Gupta, "Indian Approaches to Modern China-II: A Social-Historical Analysis," p. 38.

[3] J. P. Dalvi, *Himalayan Blunder: The Curtain-raiser to the Sino-Indian War of 1962*, Bombay: Thacker & Company Limited, 1969, p. 490.

立的印度政府。1950年10月，中国政府正式声明，为了解放西藏，中国人民解放军奉命进军西藏。印度政府发出抗议，对"中国侵略西藏的军事行动"表示震惊和遗憾。中方态度鲜明，西藏问题是中国内政，不容外国干涉，但表示可以通过正常外交途径解决中印与西藏关系问题。印度学者C.拉贾·莫汉认为："对抽象的中国怀有浪漫情感是一回事，对一个巨大的邻居保持冷静完全是另一回事。20世纪初期，当印度民族主义者成熟起来时，中国还不是邻居。1950年，共产主义中国占领西藏，将大约3600公里平静的印藏边境（frontier）变为接下来几十年里争论不休的边界（border）。"① 而这种错误论调的荒诞前提便是，西藏是一个"独立国家"。面对中国在西藏恢复主权的既成事实，印度政府作出了现实而明智的反应。对中国友好，一直是尼赫鲁政府外交政策的中心思想。尼赫鲁政府对西藏的政策，引起了以帕特尔为首的印度右翼政客的猛烈攻击。1950年11月7日，帕特尔写信给尼赫鲁，详细阐述他对西藏问题、中印关系等问题的看法。他说："悲剧在于，西藏人信任我们，他们选择我们领导他们，但我们却无法把他们从中国外交的天罗地网和残暴中拯救出来。从最近情势来看，我们不太可能营救达赖喇嘛。"② 这封信便是帕特尔中国观的集中体现，也是印度右翼政客早期中国观的一个缩影。顺便指出，尼赫鲁不为帕特尔等人的高压所动，继续坚持对华友好的现实主义政策，他的政府也没有作出武力干涉西藏事务的决定。1954年4月29日，中印签订了《关于中国西藏地方和印度之间的通商和交通协定》，印度放弃它所继承的英国在西藏的特权，但这不代表所有的印度人士在西藏问题上统一立场。西藏问题与中印边界问题密切相关。当时的某些印度军方人士指出："中国人是我们的朋友，唯一可能会带来麻烦的问题是印度与西藏的边界尚未划定。"③ 由此可见，即使在"印度中国是兄弟"的"蜜月期"里，中印关系也是暗潮汹涌，这自然会影响到一些人的对华认知。这便是印度中国观的黑色暗流形成的主要因素之一。

---

① Alyssa Ayres and C. Raja Mohan, eds. *Power Realignments in Asia*: *China*, *India and the United States*, New Delhi: Sage Publications India Pvt Ltd., 2009, p. 273.
② J. P. Dalvi, *Himalayan Blunder*: *The Curtain-raiser to the Sino-Indian War of 1962*, p. 489.
③ J. P. Dalvi, *Himalayan Blunder*: *The Curtain-raiser to the Sino-Indian War of 1962*, p. 2.

帕特尔在信中除了向尼赫鲁提出具体的对华外交策略外，还阐述了最早的印度版"中国威胁论"。他的"中国威胁论"对当代印度"鹰派"学者影响深刻。

在古普塔看来，印度中国观支流中的第一派即反共的右翼人士批评中国的内政外交，批评的缘由与中国的社会主义制度和共产主义思想有关。从世界范围看，印度右翼人士的消极中国观与当时西方世界的中国形象转型不无关联。换句话说，印度与西方在以意识形态划界并据此抨击中国社会现实和政治体制等方面达成了共识。

20世纪50年代以来，西方世界对新中国的敌视与恐惧，主要体现在对所谓共产主义"集权暴政"的敌视与恐惧。20世纪30、40年代西方由《大地》和《消失的地平线》等英语经典作品塑造的那种让人遐想羡慕的中国形象，突然在50年代出现大转折。田园牧歌的东方中国在刹那间成为血腥动荡的地狱。反面的中国形象由各种灾难与迫害的恐怖故事组成。故事的主要元素包括中国共产党的"独裁暴政"和"精神专政"，其次是经济崩溃，再次是对传统中国文化的"破坏"，如人民公社强行拆散家庭，共产主义的"洗脑"政策扼杀了文化发展必需的自由精神。最后是红色而恐怖的中国，一个野心勃勃、侵略成性的"东方霸权国家"。在西方人的想象中，共产党已经将中国从一个和平、宽容、宁静的东方国家，变成一个斗争、仇恨、暴乱的国家，甚至比苏联、东欧更加"可怕"。[①] 这样一种令人恐怖的中国形象，不难在20世纪50年代的印度发现相似的痕迹。

这些右翼人士中，有的人还到过中国。他们以自己的在华经历，绘声绘色地描摹中国形象的"黑暗面"或消极面。20世纪50年代初，对中国形象进行消极刻画和政治抨击的代表人物还有S. R. 戈尔（Sita Ram Goel）和R. 斯瓦鲁普（Ram Swarup）等人。戈尔在1953年连续出版了抨击中国的多种读物，如《毛之国度的思想扼杀》（Mind-murder in Mao Land）、《被农民鲜血染红的中国》（China is Red with Peasnt's Blood）、《黄种奴隶的红色兄弟》（Red Brother of Yellow Slave）、《中共的背信弃义》（Communist Party of China：A Study in Treason）和《关于中国的辩论：我们将信任谁》

---

① 参阅周宁：《天朝遥远：西方的中国形象研究》（上卷），第383—384页。

(The China Debate: Whom Shall We Believe)等。上述政治出版物一看标题便知其写作意图和出版目的。除此之外,戈尔还在一些右翼刊物上发表文章,对共产党领导下的中国人民所取得的伟大成就表示质疑。斯瓦鲁普对中国的抨击更有"火药味"。在他看来,中国是共产党国家的"完美典范"(perfect prototype),它致力于"国内压迫"和"对外欺骗"。①

这些人的观察视角和结论表明,他们显然是带着意识形态的"有色眼镜"或西方之眼看中国的,这值得深思。不过,将他们的中国观放在帕特尔等人妖魔化中国的政治话语谱系和历史语境中进行解读,可以发现他们之间的心灵感应。同时,这也是印度右翼人士对西方中国观的自觉吸纳。"20世纪50年代初西方的中国形象,进入历史上最黑暗的时期,这种黑暗远远超过早期帝国主义时代黑格尔那一代人对中国的诅咒。此时的中国形象让西方人直接联想到的是某种警察监狱国家或法西斯集中营。"② 这说明,作为资本主义自由世界的一员,印度知识精英、政治精英长期接受西方意识形态的自然影响不能忽视。

再看看"蜜月期"印度中国观支流的第二类人如何认识中国。与前述戈尔、斯瓦鲁普、帕特尔等人对中国形象的抹黑姿态相似,一些印度的社会主义者也对中国持批评立场。古普塔观察到这样一种现象:"与戈尔等人相似的判断也来自社会主义团体的立场,他们将中国的体制视为一种危险和一种敌对力量。不过,社会主义者的批评与其说是针对中国的最高目标,不如说是针对其所走的相关道路。他们之所以否定中国的体制,并不因为它是'好的'或'坏的'共产主义,而只是因为它偏离了社会主义道路。"③

古普塔认为:"在印度,罗西亚是以社会主义者的眼光构造中国形象的主要建筑师。"④ 早在1949年即新中国成立之时,罗西亚就否认以"宗

---

① Krishna Prakash Gupta, "Indian Approaches to Modern China-II: A Social-Historical Analysis," p. 40.
② 周宁:《天朝遥远:西方的中国形象研究》(上卷),第384—385页。
③ Krishna Prakash Gupta, "Indian Approaches to Modern China-II: A Social-Historical Analysis," p. 40.
④ Krishna Prakash Gupta, "Indian Approaches to Modern China-II: A Social-Historical Analysis," p. 40.

主权"（suzerainty）和"主权"（sovereignty）等两个英语词汇来界定中国对西藏的宗主权或主权的可能性，他鼓吹西藏应具有"独立国家"的地位。[1] 1951 年，R. 罗西亚（Rammanohar Lohia）劝告印度不要压制中国信奉暴力革命的"不愉快真相"，以保持与中国的"不稳定的友谊"。[2] 1953 年 12 月 31 日，周恩来总理在同印度政府代表团的谈话中，首次提出了"互相尊重领土主权、互不侵犯、互不干涉内政、平等互惠与和平共处"的五项原则，这为印度方面所接受。罗西亚对中印两国赞赏的和平共处理念持保留态度。他认为，除了短暂的和平间隙期外，两个政治体制完全不同的国家，要想做到长期和平相处不大可能。[3] 1959 年，西藏发生叛乱事件，中国政府和军队迅速平叛，但罗西亚却对中国在西藏的这种"气焰嚣张的政治统治"表示强烈谴责。[4] 1960 年，罗西亚对印度政府于当年 4 月邀请周恩来总理访问印度表示不满，污蔑周恩来为"侵略者"。[5] 1962 年，中印边界冲突爆发。罗西亚声称，他比任何印度人都早早地做好了应对中国"背叛"印度的心理准备。令人不解的是，罗西亚早年曾经赞扬过中国独立自主、勤劳刻苦基础上的经济发展和巨大的社会进步。罗西亚将中国描述为"野心勃勃"且"信奉暴力"的"刽子手"、"战争狂人"和"人类公敌"。[6] 在边界冲突这样严重的危机关头，罗西亚的中国观及其潜在的情绪，突然就与帕特尔等反共人士对中共天生的反感、后天的幻灭和苦涩的疑惧保持了一致。

罗西亚和帕特尔等人这种"殊途同归"的中国观说明了一个严酷的事实："在他们每个人那里，对中国的认知都与亚洲团结的观念无关。人们不再以亚洲复兴的总体观念来考察中国的思想和行为方式，而是将其视为与印度截然对立的价值观和制度体系。中国的'非理性'被视为与其政治体制直接相关。超越中印双边关系语境的考察视角后，这种中国观对中国

---

[1] Rammanohar Lohia, *India, China and Northern Frontiers*, Hyderabad: Navahind, 1963, p. 132.
[2] Rammanohar Lohia, *India, China and Northern Frontiers*, p. 139.
[3] Rammanohar Lohia, *India, China and Northern Frontiers*, p. 144.
[4] Rammanohar Lohia, *India, China and Northern Frontiers*, p. 150.
[5] Rammanohar Lohia, *India, China and Northern Frontiers*, p. 177.
[6] Rammanohar Lohia, *India, China and Northern Frontiers*, pp. 195 – 198.

之于印度发展模式的相关意义明显地表示质疑。这在一些关于中国的支流派报道中表现得很明显。"① 这里所谓的"支流派报道"便又涉及到印度中国观的第三派支流如何看待中国发展的问题。

二、印度中国观的第三派支流

第三派支流观察中国很有特色，它大体上也认可或赞赏中国的某些方面，但却难以达到森德拉尔和卡兰吉亚等人对中国社会、政治、经济和文化各个方面的全面认同。可以说，这派人的中国观察在一定程度上接近了中国社会本貌，但又囿于意识形态的局限，无法进一步分析中国、思考中国。

20世纪50年代初，按照项目计划进行的中印文化交流如期展开。前边已经提到，很多来华人士对中国社会翻天覆地的变化倍感钦敬、异常兴奋，他们常常将之视为印度社会进步和经济发展的学习典范。但是，也有部分访华的印度人士对中国表示失望。这些消极的中国印象说明了一个事实："所有这些人都从一种立场看待中国，这种立场与那种区分共产主义方法和目的的模式截然不同。这种批评立场甚至持续到后来。1955年，9个贸易联合代表团缩短了访问中国的行程，回到印度，因为他们对传闻的中国工人的可怜境况表示同情。1956年，印度合作联盟批评中国在农业合作化运动中使用强制手段。"②

1956年访华考察农业合作运动的印度代表团在回国后撰写的官方报告中对中国社会的变化大加赞赏，但同时也在书中加进了一节文字即"异议备忘录"（Minute of Dissent）。它是对部分代表团成员不认可中国作为印度社会经济发展模式的观点进行历史记载。这一观点并置、公开论辩的方式成了该报告的特色。这些与主流派赞美中国社会不同的异议声即是支流派的观点。例如："我们觉得有责任呈交这份备忘录，因为在如何评估中国

---

① Krishna Prakash Gupta, "Indian Approaches to Modern China-II: A Social-Historical Analysis," pp. 40 – 41.
② Krishna Prakash Gupta, "Indian Approaches to Modern China-II: A Social-Historical Analysis," p. 41.

的农业合作化方面，我们和自己的同僚们存在分歧……如果我们将共产主义意识形态与中国政府执行的农业政策分开来看，我们就会得出一种错误的印象，即我们的国家不用采取他们的方法也可实行同样的政策。我们觉得，执行基于共产主义意识形态的政策完全取决于他们所采取的方法，而这两者事实上不可分离。"① 这里的话体现了一种意识形态的观察视角。

20世纪50年代，一位印度人口学家和两位印度外交官曾经先后来华，并有长期的中国体验。下边看看他们如何补充和丰富第三派支流的中国观察。

印度人口学家、社会学家S. 钱德拉色卡拉（S. Chandrasekhar）曾于1940年和1958年两度访华。1960年，S. 钱德拉色卡拉与西方学者的合著出版。该书带有明显的意识形态色彩，审视新中国的政治、社会面貌。该书认为，中国希望步苏联后尘，将整个国家变成一个公社，后果将极为不幸。"当这一天到来时，中国将不再是人类世界的文明国家。它将是乔治·奥威尔笔下'动物农庄'的真实再现。"②

1959年11月，S. 钱德拉色卡拉独立撰写了《今日之共产党中国》一书。该书于1961年在孟买出版。该书主体分为"引言"、"中国的农业"、"公社"、"中国工业化"、"新中国妇女"、"新式教育"、"家庭变化"和"中国人口问题"等八个部分。在书中，他除了对蒋介石政府的腐败专制进行叙述外，还对新中国进行描述。例如，他对中国妇女地位大大提高、中国政府取缔娼妓、中国家庭允许离婚等积极现象表示赞赏。他还发现，新中国不见乞丐和土匪，社会治安状况良好。中国人诚实，捡拾到的东西必定归还失主。中国人不要小费，认为接受小费是对自己人格的侮辱。中国罕见懒惰的人。通观全书，作者还花了大量篇幅，对中国20世纪50年代末的社会状况、政治宣传、国民性格、"大跃进"和人民公社等进行质疑、批评。

客观地看，钱德拉色卡拉的中国印象也有部分的真实"颗粒"。

---

① R. K. Patil, B. J. Patel and F. N. Rana, *Report of the Indian Delegation to China on Agrarian Co-operatives*, p. 193.

② S. Chandrasekhar, *A Decade of Mao's China: A Survey of Life and Thought in China Today*, Bombay: The Perennial Press, 1960, p. 32.

1957—1958年是中国社会发生严重"左"倾错误的时期。例如,一味追求发展速度的"大跃进"以及人民公社化运动先后展开,这给当时的中国社会经济发展带来了严重的负面影响。"'大跃进'和人民公社化运动,是不顾客观可能、急于求成的'左'倾思想的产物。"① 钱德拉色卡拉在书中对"大跃进"运动进行质疑,这无疑是准确的。

钱德拉色卡拉在书中提到的马寅初却是一个特例,他由此引申的中国人口爆炸可能危及人类生存空间的"人口威胁论"值得关注。

经过多年的社会实践,马寅初"新人口论"被证明是正确的,许多主张是可行的,然而在20世纪50年代特定的历史条件下,《新人口论》受到极不公正的谴责。钱德拉色卡拉在分析马寅初的理论遭到批判的原因和相关争论后得出结论,从这场关于人口问题的争论中,人们应该获得一些教训。② 钱德拉色卡拉还将中国可能面对的人口问题与未来的"生存空间"联系起来。他说:"到1980年时,中国是否会达到10亿人口?有可能?可以?预测这一点太过欠妥……中国能否为自己的亿万人口提供衣食住行,并全面地照顾好他们?她是否会倾销自己的货物、服务人员或人口?她有没有移民的路子?俄罗斯和自由世界能否给她提供任何出路?如果答案是否定的话,那么中国是否会成为人口危险的所在,是否会在寻求'生存空间'(Lebensraum)的过程中爆炸?她是否会步东条英机的日本和希特勒德国的后尘?"③ "生存空间"一词不禁使人联想到二战前的德国法西斯。钱德拉色卡拉将社会主义中国与法西斯日本、希特勒德国强行"捆绑"后,继续思考中国会给世界和平带来的所谓"人口威胁"。④ 至此,钱德拉色卡拉对马寅初的关切,已经从正常的学术探究演变为意识形态考量。

综上所述,钱德拉色卡拉虽在一定程度上揭示了20世纪50年代中国的复杂现实,但他的观察视角和结论表明,他显然是带着意识形态的"有色眼镜"看中国的。这说明,印度知识精英、政治精英自觉地接受了西方

---

① 张模超等主编:《新编中华人民共和国史》,成都:成都科技大学出版社,1994年版,第170页。

② S. Chandrasekhar, *Communist China Today*, Bombay: The Asia Publishing House, 1961, p. 143.

③ S. Chandrasekhar, *Communist China Today*, p. 150.

④ S. Chandrasekhar, *Communist China Today*, p. 152.

意识形态的影响。

K. M. 潘尼迦对1951年底至1952年初中国进行的"三反"运动（反贪污、反浪费、反官僚主义）颇为不解，直至对其采用的公开批判和悔过等方式产生怀疑。他在其中国回忆录中写道："我可以将自己对新中国的印象大致归纳为：巨大变化。这种巨变将本处高度文明状态但人民群众却缺乏组织的国家转变为一个伟大的现代国家。这一巨变焕发出巨大的力量，给中国人民以新的希望和认识事物的新眼光。这种巨变产生了巨大的热情和势不可挡的前进动力，但在很多情况下，这种为达预期目标而采用的方式违背了思想自由的原则。与国家相比，个人的一切价值已经丧失。这是中国的一种怪象。一般来说，即使人们赞赏和崇拜革命为中国和亚洲作出的贡献，个人价值的丧失也会增添一丝伤感。"[1] 潘尼迦的心态恰与支流派存在某些思想契合。

在描摹20世纪50年代中国形象的印度外交官中，前述的K·纳塔沃尔·辛格也可归入印度中国观支流的第三派之列。根据辛格的自述，他来华前就读过斯诺的英文著作《红星照耀中国》，对毛泽东和红军长征非常钦佩。在与毛泽东的个人接触中，他对这位中国领袖充满好感。他这样记录了自己的毛泽东印象："毛泽东是无与伦比的人……他是卓越的人，是有智慧的原创性思想家，是严肃认真且实事求是的好听众……毛显然对印度和印度政治有过很好的了解。"[2] 辛格也对中国的妇女地位提高等积极面表示赞赏。但是，他也忠实于自己的内心，对在华期间耳闻目睹的一切毫不隐晦地进行记录。从1951年到1958年，从潘尼迦到辛格，两位印度外交官的中国印象概括了印度中国观第三派支流的很多内容。

以上便是"蜜月期"里印度中国观支流的大致概况。不过，正如古普塔所言，这些关于中国的观察和思考在中印关系友好的20世纪50年代，并未成为引人注目的文化现象。这是因为："所有这些关于中国的报道，只是代表了印度中国观的支流。他们的不同观点孤立无援，只能在帕特尔那种被边缘化的怀疑综合征中寻求心理慰藉。罗易所预见的意识形态冲

---

[1] K. M. Panikkar, *In Two Chinas: Memoirs of a Diplomat*, p.179.
[2] K. Natwar Singh, *My China Diary: 1956–1988*, New Delhi: Rupa & Co., 2011, p.29.

突、反共分子对中国'解放'亚洲的威胁的认识、对社会主义国家的竞争意识,这些也是他们寻求的心理慰藉。一般来说,绝大多数印度知识分子将这类中国观要么视为无意识偏见的产物,要么视为蓄意破坏中印和睦友好的企图。有时,关于中国的负面报道甚至被压制,或有选择性地进行加工,以报道中国令人愉快的一面。无论如何,印度中国观的支流几乎一直被有关中国的极为美好的描述所压制,那种最高级评价代表了印度中国观的主流。"[1]

第三节 敬慕、警觉、"惊醒":尼赫鲁的中国观演变

在现代印度政治家中,尼赫鲁无疑是与中国文化、中国政治现实联系最紧密的人之一。他不仅有过几次中国体验,还对中国文化、中国社会现实与中印关系有过诸多深入思考。作为印度开国总理和中印关系发展的见证人,尼赫鲁的中国观无疑是变化最大、内涵最丰富的一种,代表了当代印度中国观转型的一种潮流。K. P. 古普塔认为:"从个案研究层面来看,尼赫鲁代表了印度对中国的认知。他的中国观体现了西化印度人思想在行动中遇到的两难困境,内部需求和外部现实首先通过其中国认知的变化产生剧烈冲突。从一个长的时段来看,尼赫鲁的中国形象和印度的中国形象一样,仅仅只是印证了一种精神的需求,因为它似乎只是契合了己方关于公平正义的主观需求。"[2] 在尼赫鲁的中国观中,可以发现中印关系如何从殖民主义时期的亲切友好走向后殖民时代的波涛浪涌。

按照古普塔的观点,尼赫鲁的中国观可以大致分为1927—1949年、1949—1959年和1959—1963年这三个时段进行研究:"人们可以在尼赫鲁

---

[1] Krishna Prakash Gupta, "Indian Approaches to Modern China-II: A Social-Historical Analysis," pp. 41–42.

[2] Krishna Prakash Gupta, "Indian Approaches to Modern China-II: A Social-Historical Analysis," p. 44.

的中国观中确认三个时段。他以狂热崇拜的心态开始认识中国，成熟期则在警觉中寄望于中国，然后在震惊中对中国产生幻灭感。这三个时期各自代表不同的内容：先是精神与政治联合的自由梦想，再是和平共处的审慎理念，再是勉为其难地公开承认中国的敌意重重。"① 换句话说，古普塔使用的"崇拜"、"警觉"和"震惊"等词语，可以大致概括尼赫鲁中国观演变的曲折轨迹。

一、语带敬慕看中国

尼赫鲁对中国文化的赞美与对中国革命的理解不可截然分开。这是尼赫鲁此一阶段中国观的一体两面，即对文化中国和政治中国的双重认知。总体看来，相对于文化中国的认知思考，尼赫鲁对政治中国的认知占压倒性优势。换句话说，尼赫鲁对中国文化的敬慕和认同，有助于他以乐观心态对中国政治进行正面认识和积极思考。

就尼赫鲁来说，与泰戈尔、辩喜、奥罗宾多等人一样，他的中国文化观也是积极的一类。对于历史悠久的中国文明，现代印度学者和政治家历来均持赞赏、崇敬的心态。尼赫鲁便是如此。熟悉尼赫鲁的人都知道并常常引用他于1944年在《印度的发现》里写下的名言："印度以它现在所处的地位，是不能在世界上扮演二等角色的。要么就做一个有声有色的大国，要么就销声匿迹。"② 难能可贵的是，他能在这种不凡的气度中将中国文明与印度文明并列之，这体现了他对中国文明的高度赞赏。尼赫鲁说过："印度文化和中国文化已经显示出一种特殊的持久力和适应性。不管经历了多少变迁和危机，它们在非常悠久的岁月中还能够成功地保持住它们的基本个性。若不是它们和人生与大自然保持谐和，它们是不可能做到这样的。"③

在《印度的发现》中，尼赫鲁充分显示了他对中国古代宗教哲学思想

---

① Krishna Prakash Gupta, "Indian Approaches to Modern China-II: A Social-Historical Analysis," p. 44.
② [印] 贾瓦哈拉尔·尼赫鲁，齐文译：《印度的发现》，第57页。
③ [印] 贾瓦哈拉尔·尼赫鲁，齐文译：《印度的发现》，第171页。

的赞赏。他与泰戈尔一样，常常引用老子、孔子等人的思想理念言说自己的观点。"中国曾向印度学到了许多东西，可是由于中国人经常有充分的坚强性格和自信心，能以自己的方式吸取所学，并把它运用到自己的生活体验中去。甚至佛教和佛教的高深哲学在中国也染有孔子和老子的色彩。佛教哲学的消极看法未能改变或是抑制中国人对于人生的爱好和愉快的情怀。"①

尼赫鲁在把孔子、老子及佛陀等与西方名人进行并列时，他已经达到了一个新的认识高度："佛陀降生时，正是印度有着一个惊人的精神激动和哲学探索的时代。不仅仅在印度有这种情形，因为那也是老子、孔子、琐罗亚斯德、毕达哥拉斯的时代。"② 尼赫鲁所说的这些伟大智者，正是1949年德国哲学家雅斯贝尔斯在他的《历史的起源与目标》一书里提出"轴心期文明"理论所涉及到的人物。雅氏认为，公元前800年到前200年间，以前500年为中心，地球上各地区发生了精神运动，这标志"轴心期文明"的诞生。人类的精神基础正是在这一期里同时独立地在中国、印度、波斯、巴勒斯坦和希腊开始奠定。雅氏指出："这个轴心位于对人性的形成而言最卓有成效的历史之点，自它以后，历史产生了人类所能达到的一切……直至今日，人类一直靠轴心期所产生、思考和创造的一切而生存。"③ 从这个意义上说，尼赫鲁对于中国文化的敬慕和认同，帮助他达到了一个视野开阔的哲学家应该达到的智慧高度。

再看看尼赫鲁对中国形象的正面利用。当他发现中国文明的某些优越性时，便毫不犹豫地拿来反省印度文明的某些"缺憾"："不像希腊人，也不像中国人和阿拉伯人，印度人在过去不是历史学家。这是很不幸的，因为这就使我们难于确定历史中的时代和制定精确的年表。史迹互相穿插交错而呈现极度的紊乱。现代耐心的学者们只能一点一点地来寻找印度历史哑谜的线索。"④ 他还认为："印度若是得了中国人的健全常识，用之来制

---

① [印] 贾瓦哈拉尔·尼赫鲁，齐文译：《印度的发现》，第246页。
② [印] 贾瓦哈拉尔·尼赫鲁，齐文译：《印度的发现》，第207页。
③ 转引自许启贤主编：《世界文明论研究》，济南：山东人民出版社，2001年版，第158页。
④ [印] 贾瓦哈拉尔·尼赫鲁，齐文译：《印度的发现》，第117页。

止自己过分的幻想是对自己很有益的。"① 尼赫鲁还利用中国的榜样激发印度人民抵抗外侮的斗志。1942 年 2 月 20 日,他在加尔各答演讲时说:"我们必须学习中国的兄弟姐妹,拿出勇气,直面任何妄想征服印度的侵略和侵略者。"②

从尼赫鲁对中国的政治观察来看,这一阶段,他受到了马克思主义和社会主义思想的影响,将整个世界划分为帝国主义列强与受压迫、受剥削的民族这两大阵营。中国和印度所在的亚洲自然便属于受同情的后者。因此,尼赫鲁中国观的政治含义还在于,他由敬慕中国文化,进而发展到同情中国,从道义和行动上支持中国抗日战争等正义事业,并主张中印等亚洲国家进行政治联合,抵抗西方的殖民强权,追求各自的民族独立和解放。

1940 年 10 月 4 日,在对新闻媒体的谈话中,尼赫鲁强烈谴责日本对中国重庆的空袭事件:"对平民进行空袭是恶劣的行为,不管它发生在伦敦、柏林还是重庆。在这三个城市中,重庆可能伤亡最为惨重。"尼赫鲁坚信中国人民不会屈服于日本的轰炸,同时他呼吁印度人民一道反对日本对中国野蛮残忍的轰炸行动。③ 这充分表明了尼赫鲁对中国的同情和对抗日战争的支持。

不仅对中国文化抱有亲切好感,尼赫鲁还对中国的未来抱有坚定的信心。1940 年,尼赫鲁在自传中写道:"我跟蒋介石元帅和蒋夫人见面多次,讨论我们两个国家的现状和未来。回到印度后,我比以前更加尊敬中国和中国人民,我想不到还有什么不幸的命运能够摧毁这个历史古老而目前年轻的民族的精神。"④ 1946 年 9 月 7 日,尼赫鲁在新德里的广播讲话中,对处于困境中的中国寄予期望:"我们的邻国中国是一个伟大的国家,具有悠久的历史。无数个世纪以来,中国都是我们的朋友,这种友谊将万古长青。我们热切地期望,她目前的困难不久会消逝,而一个统一的民主中国

---

① [印] 贾瓦哈拉尔·尼赫鲁,齐文译:《印度的发现》,第 246 页。
② Jawaharlal Nehru, *Selected Works of Jawaharlal Nehru*, Vol. 12, New Delhi: Orient Longman, 1978, p. 478.
③ Jawaharlal Nehru, *Selected Works of Jawaharlal Nehru*, Vol. 11, New Delhi: Orient Longman, 1978, p. 345.
④ [印] 贾瓦哈拉尔·尼赫鲁,张宝芳译:《尼赫鲁自传》,第 698 页。此处译文略有改动。

会崛起，在促进世界和平与进步方面发挥重要作用。"① 泰戈尔当年曾把美国和苏联并列为西方文明未来的"主要发展中心"。尼赫鲁更进一步，他把当时还处于积贫积弱境地的"东亚病夫"中国与美国、苏联相提并论："现在世界上各民族之中我觉得拥有这种活泼的潜在力的民族主要是三个——美国人、俄国人和中国人……中国人的生活力使我感到惊奇。我不能想像这样一个赋有基本力量的民族还会没落下去的。"② 他对中国文明的巨大活力及其灿烂明天笃信不疑。

尼赫鲁不仅对中国寄予厚望，还以超乎寻常的政治敏感对中印合作进行战略规划。他对中国革命在世界反殖斗争中的重要地位有着充分的认识。尼赫鲁说："中国发生的事情对世界、对亚洲、对印度至关重要。中国是世界上处于关键地位的国家之一……无论在任何情况下，它和它的未来对亚洲、对我们印度都具有头等重要的意义。"③ 尼赫鲁不仅认识到中国革命之于世界反帝反殖战线的重要意义，还将它与印度的命运联系起来："中国的问题决定了欧洲和亚洲的未来，中国将极大地影响印度。"④ 1942年2月20日，尼赫鲁指出："长期以来，我梦想印度和中国在目前和未来会并肩前进……我深信，印度和中国的问题不解决，就谈不上世界问题的和平解决。"⑤ 尼赫鲁的理由是，中印人口占当时总人口的一半，不解决中印问题就能解决世界政治、经济问题的想法是荒诞的。此刻，中印历史和文化亲缘关系对其中印政治联合观发挥了积极的效力。尼赫鲁对中国的认识其实也是他思考印度现实困境的一种反映。

1942年2月22日，尼赫鲁在题为《俄罗斯、中国与战争》的讲话中，非常有远见地提出了中印俄战略合作的方针："世界正变得互相依赖起来……我深信未来岁月里，会有一种共同纽带将印度、中国、俄罗斯这三

---

① Jawaharlal Nehru, *India's Foreign Policy: Selected Speeches, September 1946 – April 1961*, New Delhi: Publications Division, Ministry of Information and Broadcasting, Government of India, 1961, p. 3.
② [印] 贾瓦哈拉尔·尼赫鲁，齐文译：《印度的发现》，第56页。
③ Jawaharlal Nehru, *Selected Works of Jawaharlal Nehru*, Vol. 9, New Delhi: Orient Longman, 1976, p. 266.
④ Jawaharlal Nehru, *Selected Works of Jawaharlal Nehru*, Vol. 2, New Delhi: Orient Longman, 1972, p. 326.
⑤ Jawaharlal Nehru, *Selected Works of Jawaharlal Nehru*, Vol. 12, p. 476.

个国家联结起来。三国互相为邻,且均为大国。尽管它们之间意识形态不同,然而它们面临相同的问题。"末了他再次重申:"我预见到,中国、俄罗斯与印度不久将紧密地互相联系在一起。"① 虽然尼赫鲁的预言没有马上成为现实,但半个多世纪过后的 1998 年,俄罗斯领导人提出了中印俄三方合作的战略构想,回应了尼赫鲁的战略设想。

关于尼赫鲁的中印合作构想,有必要结合史实和尼赫鲁的外交思想,从印度的文化视角和政治视角继续思考。这就涉及到尼赫鲁基于反帝反殖的中印联盟构想。谭中认为:"毋庸置疑,在倡议建立东方联盟或泛亚联盟时,尼赫鲁将印度和中国视为它的两大支柱。"② 1942 年,尼赫鲁给妹妹的信中的话证明了这一点:"我所梦想的未来,是同印中两国团结友好并结成某种接近于联盟的关系的前景密切联系在一起的。"③ 1945 年 12 月 23 日,在接见印度《甘露市场报》记者时,他说:"一旦政府改换了,印度自会与中国实践紧密联系和理解,可能还会为各种目的而建立联盟。"④

1947 年 3 月,尼赫鲁在新德里主持召开了泛亚洲大会即"亚洲关系会议"(Asian Relations Conference),计划将他的中印联盟、亚洲一体的思想付诸实践。在这次大会上,尼赫鲁热烈欢迎中国代表团的参加:"我们欢迎来自中国的代表团及其成员,中国是伟大的国家,亚洲对她怀有深厚的感情,也对她寄予厚望。"⑤ 关于此次亚洲关系会议的目的及动因,尼赫鲁这样阐述道:"在世界历史的危急关头,亚洲必然要扮演重要的角色。亚洲国家不再被当作其他国家的工具,他们在世界事务中必然要制定自己的政策方针……当今许多国家存在冲突,我们亚洲国家都有自己的难题。然而,整个亚洲的精神灵魂和思想理念是和平的,亚洲在世界事务中崛起将对世界和平产生重要的影响。"⑥ 这里的叙述显示出尼赫鲁高瞻远瞩的政治

---

① Jawaharlal Nehru, *Selected Works of Jawaharlal Nehru*, Vol. 12, pp. 142 – 143.
② Tan Chung, "Nehru's Dreams of an Eastern Federation," Surjit Mansingh, ed. *Nehru's Foreign Policy, Fifty Years On*, New Delhi: Mosaic Books, 1998, p. 101.
③ 转引自王宏纬:《当代中印关系述评》,第 72 页。
④ 转引自王宏纬:《当代中印关系述评》,第 72 页。
⑤ Jawaharlal Nehru, *India's Foreign Policy: Selected Speeches, September 1946 – April 1961*, p. 249.
⑥ Jawaharlal Nehru, *India's Foreign Policy: Selected Speeches, September 1946 – April 1961*, p. 251.

家气质，也反映了他试图联合亚洲的理想主义色彩。在论述亚洲联合的具体方略时，措辞非常优雅得体的尼赫鲁却委婉而巧妙地地暗示，印度在其中将要扮演核心角色："在共同的任务和事业面前，所有亚洲国家必须在平等基础上联合起来。印度应该在亚洲发展新阶段中发挥自己的作用，这一点是合情合理的。印度以自由与独立的姿态站了起来，除了这一事实外，她自然还是亚洲许多行动力量的中心和焦点。"① 从这些话来看，尼赫鲁是为印度在构想中的"亚洲联盟"扮演主角争分。

尼赫鲁建立中印联盟乃至亚洲联盟的构想，其初衷是美好的，中印国情的某些相似也是一种保障，但在现实的国际政治实践中，这种联盟的最终成型却异常艰难。因为单就中印联盟而言，尼赫鲁的政策一开始便存在悖论。"尼赫鲁却对中国这个天然同盟军一开始便采取了两面性的政策和策略。他一方面主张早日同中国建交，发展对华友好关系，一方面想千方百计地维护和保持印度从英国人那里继承下来的遗产和种种特权，并抓紧一切机会扩张和强占中国的领土。"② 正是这种近似于"两面下注"的冒险政策或机会主义行为，使得尼赫鲁建立中印联盟或亚洲联盟的"宏伟愿景"无异于痴人说梦。

古普塔对尼赫鲁计划由中印联盟牵头而组成亚洲联盟的构想最终流产的解释是："早些时候，由于没有中国方面的对等回应，泰戈尔悄悄地收回了他加强东方精神团结力量的呼吁。与此相应，尼赫鲁也取消了他与中国一道构筑亚洲联盟的宝贵计划。和泰戈尔一样，他的同化理想被痛苦地转化为调和目标。这标志着尼赫鲁中国观的第一次重大转型。"③ 这里所谓"调和目标"暗示的是周恩来于 1953 年 12 月 31 日最先提出、尼赫鲁等人一致认可的"和平共处五项原则"。换句话说，1949 年中华人民共和国成立后，中印关系进入一个新阶段，尼赫鲁的中国观也将迎来新的变化。

---

① Jawaharlal Nehru, *India's Foreign Policy: Selected Speeches, September 1946 – April 1961*, p. 250.
② 王宏纬：《当代中印关系述评》，第 73 页。
③ Krishna Prakash Gupta, "Indian Approaches to Modern China-II: A Social-Historical Analysis," p. 46.

二、心生警觉看中国

1947年印度独立和1949年新中国成立是亚洲乃至世界现代史上的重大事件。作为两个民族独立国家，中印两国在后殖民时期的政治互动具有鲜明的时代特色。新时期中印政治互动的潮起潮落对于尼赫鲁中国观的演变影响深刻。1949—1959年是尼赫鲁中国观承上启下的阶段。他没有完全脱离此前观察中国文明的理想主义视角，但在20世纪50年代国际风云变幻和中印地缘政治问题逐渐清晰的复杂背景下，他的中国观开始变得扑朔迷离。他仍然对中国参与国际事务寄予美好期望，并身体力行地支持中国，但同时也在警觉中开始偏离以往认识中国的理想主义视角。

尼赫鲁中国观变化的一个要素是，他对中国的认识从以往的双焦透视转向单一视角。换句话说，印度独立前，尼赫鲁心目中存在一个亲切美好的文化中国形象和一个在反帝斗争中可以引为援助的政治中国形象。独立以后，尼赫鲁逐渐从文化中国的视域转向对政治中国的关切。视角的变化必然引起认知心态的变化，中国形象也必然会发生变迁。

独立以前，尼赫鲁眼中的中国是一个可以与之同甘共苦的东方邻居，一个值得印度竭尽全力去帮助的好兄弟。20世纪50年代里，尼赫鲁对快速发展的新中国产生了一种说不情、道不明的复杂情绪。例如，在一次关于外交问题的辩论时，尼赫鲁说，他并不畏惧或屈从于中国。他认为，中国可能会强大，成为世界第三个大国。"但是，你如展望未来，只要没有发生战争之类的灾难，很明显，第四个世界大国就是印度。"[①] 看得出，他开始把中印国际地位的竞争纳入考察视野。他认为，如果说有来自中国的威胁，很可能是它的"民族主义"。他似乎"发现"了中国蜕变为"民族主义"或"军事扩张主义化身"的痕迹。这便体现了尼赫鲁中国观从文化与国际政治的双重视角变为单一视角后的最新变化。

新中国成立初期，尼赫鲁对共产主义思想或社会主义制度并无太多

---

① Jawaharlal Nehru, *Jawaharlal Nehru's Speeches*, Vol. 3, New Delhi: Publications Division, Ministry of Information and Broadcasting Government of India, 1983, p. 264.

的防范与警惕。他深信，中国"民族主义"意识远比共产主义思想浓厚，中国共产党将改造马克思主义，以适合中国传统与现实需要。这说明，梅农等长期在华的外交官传回印度的一手信息对尼赫鲁的中国观产生了影响。

尼赫鲁还意识到，印度面临的问题与中国相似，那便是如何在农业社会里尽快地实行工业化的问题。为此，尼赫鲁曾经要求在华的梅农考察共产党解放区的经济政策。梅农反馈的信息是，共产党领导的土地革命触及了中国社会的核心问题，中国农民获得了新生。梅农还对共产党的工业化纲领进行了分析。这些信息使尼赫鲁兴趣大增。根据当时印度英文报纸《国民先驱报》（National Herald）登载的一位"左"派独立撰稿人的报道，尼赫鲁坚信"许多人都认可共产主义的经济原则"。他将中国的经济发展模式视为"非纯正的共产主义模式"，这是一种"共产党控制下的混合经济"。① 该报编辑显然对中共领导人的近期目标和尼赫鲁的赞赏缺乏足够的理解。尼赫鲁认为，中国实行的并非是真正的社会主义经济。这一时期，一些印度右翼人士要求印度政府将印度共产主义的威胁扼杀在萌芽状态，并采取进步性质的社会经济政策，以抵御共产主义思想在印度的流行。"尼赫鲁自己也意识到这一点，在印度的发展中采纳了社会主义模式。"②

尼赫鲁欣赏中共领导人的个人品质和赢得民心的能力。共产党人组织的人民政府充满活力，高效运转，能够有效地解决人民群众的难题，这和国民党政府的低效和涣散形成鲜明对比。当时很多印度观察家们相信，"自由主义的失败"往往意味着共产党人的胜利。正是因为国民党完全失去了民心，共产党人才容易获得广大人民的支持。尼赫鲁认可国民党的腐败无能导致共产党胜利的这种说法。1949年4月1日，他在写给一位印度首席部长的信中表明了这一思想。

1949年10月1日，新中国成立。在印度是否承认新中国的问题上，尼赫鲁的立场至关重要。尼赫鲁的传记作者 M. 布莱切（Michael Brecher）评价他道："与许多西方的、特别是美国官员不同的是，尼赫鲁将北京政

---

① Shalini Saksena, *India, China and the Revolution*, p. 95.
② Shalini Saksena, *India, China and the Revolution*, p. 233.

权的建立视为一个世纪的革命进程的完美结局，也视其为亚洲政治复兴的体现……对大多数印度人而言，1948年至1949年间发生的历史事件代表着长期混乱后一个统一中国的重生，这也可愉快地视为西方对整个亚洲殖民影响走向衰落的一部分。亚洲团结意识超越了不同的意识形态、社会、经济和政治体制。"[1] 在这样的民意基础上，1950年3月17日，尼赫鲁虽然面临反对派的压力，但仍然在人民院的辩论会上主张承认共产党建立的新中国政府。他说："这不是一个赞成不赞成的问题。这是一个对一项重大的历史事件的承认、鉴别和对待的问题。"几个月后，在勒克瑙的一次会议上，尼赫鲁进一步阐述自己愿意尽快承认新中国的立场："不承认这一现实，远东的任何问题都无法解决；如果无视这个明显的事实，这个地区的麻烦便会没完没了。"[2] 尼赫鲁政府在尽快承认新中国这一点上的作为完全符合历史发展规律。

1954年至1958年是中印关系"蜜月期"里的"黄金期"。中印双方在这一段时间内互动频繁，显示了后殖民时期新独立的东方国家独立发展外交关系的积极趋势。1954年4月29日，中印签订了《中华人民共和国和印度共和国关于中国西藏地方和印度之间的通商和交通协定》，倡导了"和平共处五项原则"，中印关系日益友好。1955年4月举行的万隆会议，尼赫鲁力排众议，主张中国参会。中印在万隆会议上与各国求同存异，大会圆满成功。中印国际合作如此顺利，自然是与尼赫鲁积极、合理的中国观分不开的。例如，尼赫鲁及其政府对中国加入联合国的问题的坚定支持，便充分地体现了这一点。这既是尼赫鲁对中国大陆在那一特殊时期奋力争取国际话语权的宝贵支持，也是为印度自身在亚洲、在世界事务中谋求更大话语权的一种迂回战略。不过，从此可以看出，尼赫鲁的中国观尽管是积极正面的，但它已基本脱离了文化认知的视野，转入国际关系或国际政治的认知范畴。这一时期，尼赫鲁不再提及 Asian Federation（亚洲联盟）的概念，而是更多地谈论 Asian sentiment（亚洲情感）。"尽管这种新的情感首先表明一种新的精神灵魂，但它仍然扎根于早期的地缘政治考

---

[1] Shalini Saksena, *India, China and the Revolution*, p. 232.
[2] 转引自王宏纬：《当代中印关系述评》，第68页。

量。在任何一种均势中,中国仍旧是无比重要的因素。这就导致一个结果:不能从中国的政治体制出发,在理论上将其视为军事威胁。"① 但是,这种中国认知并不能保证尼赫鲁心目中文化中国形象的必然回归。

1954年10月,尼赫鲁第二次访问中国,这也是他最后一次访问中国。尼赫鲁在离开加尔各答前往中国访问时说:"我到中国去没有什么预设目标,主要是对那个伟大的国家进行一次友好的回访,同时和周恩来先生就在德里期间开启的旨在促进相互理解的议题继续交流。"② 他在中国受到了热情欢迎。这次访问中,尼赫鲁亲眼见到中国共产党人给新中国带来的许多变化。这些变化都是在短时间内发生的,这使他大为惊异:"这个古老的国家已穿上新衣,到处洋溢着青春的活力,我对此尤其难忘。中国男女青年充满生气,蓬勃向上,孩子们欢歌笑语。这些记忆特别让我难以忘怀。"③ 在这次访问中,尼赫鲁与毛泽东的见面非常重要。此前,尼赫鲁早已对毛泽东的游击战术和长征有很高的评价。这是他俩第一次也是最后一次见面。他们进行了长谈。尼赫鲁很注意这位领导建立了社会主义新中国、让整个世界刮目相看的伟人。尼赫鲁后来与人谈起这段经历时说,毛泽东与他见面时不停地抽烟,谈起话来慢条斯理。毛泽东跟他谈起中印合作、中国经济发展计划、中国不惧怕美国人的核武器讹诈等。毛泽东的毅力和决心使尼赫鲁印象特别深刻。④

尼赫鲁访华在中印公众和媒体那里掀起一阵热浪。这次访问留给尼赫鲁的基本印象是中国正在稳步发展。当然,尼赫鲁赞赏在中国看到的一切,并不说明他心服口服、甘拜下风。他后来对印度内阁说:"我对中国印象至深。但我也要告诉你们,即使访华时,我也为我自己的印度深受鼓舞。中国没有什么能让我感到印度低人一等。"⑤ 尼赫鲁这里的话大有深

---

① Krishna Prakash Gupta, "Indian Approaches to Modern China-II: A Social-Historical Analysis," *China Report*, Vol. 8, No. 5, p. 47.
② P. V. Rajgopal, ed., *I Was Nehru's Shadow*, New Delhi: Wisdom Tree, 2006, pp. 165 – 166.
③ 转引自张力:《印度总理尼赫鲁》,成都:四川人民出版社,1997年版,第212页。本书关于尼赫鲁的介绍和论述,多处参考该书相关内容。
④ T. N. Kaul, *Diplomacy in Peace and War: Recollections and Reflections*, New Delhi: Vikas Publishing House, 1979, pp. 69 – 70.
⑤ 转引自张力:《印度总理尼赫鲁》,第218页。

意。他明显意识到，中国需要印度，印度的存在和支持对这个时期的中国来说意义重大。他认为，中国不一定会在经济发展方面超过印度，因为印度在起步上有优势，但中国发展的步伐可能比印度更快，因此他认为印度必须保持高度清醒。他说："那里有些东西始终在告诫我，我们不能落后，我们任何时候都必须保持一定的发展水平。"① 这些话说明，尼赫鲁已经隐约意识到中国发展的巨大潜力，而这无形中在他心理上投下了阴影，这似乎可视为一种警觉。

关于印度的发展道路，尼赫鲁应该从中国的社会主义发展模式那里得到了某些启发。按照他的设计，印度的最终发展目标是建立社会主义经济。换言之，尼赫鲁为中国版社会主义道路所吸引，而欲引进之，进行印度版民主社会主义试验。当然，尼赫鲁政府引进社会主义的发展模式，自然也有对他们所担忧的共产主义制度"以子之矛攻子之盾"的防御意图。尼赫鲁的这种矛盾心态，似乎是20世纪50年代印度访华代表团对中国的认识出现"分裂"的情境再现。尼赫鲁对中国经济发展模式的学习姿态，夹杂了诸多的谨慎观望、警惕狐疑，它是尼赫鲁中国观微妙变化的一个例子，也是20世纪50年代印度中国观总体趋变的一个注脚。

在对尼赫鲁对华外交政策的相关论述进行解读后，古普塔对尼赫鲁中国观转型做了这样的分析："当周恩来于1954年访问德里时，尼赫鲁赞美了中国'独特的文化传统'和'他们按照自己的才干进行发展'的模式。与他以前强调 both India and China（中印双方）形成鲜明对照的是，在访问新中国以后，一对新词 us and them（我们和他们）开始更加频繁地出现在他的演讲和声明中……很明显，不同的政治体制允许存在不同的发展速度，尼赫鲁似乎对印度自己的议会民主制抱有坚定的信心。对尼赫鲁来说，和平共处的这么一种政策方针，既是友好合作的一种工具（instrument），也是国际关系的一种固有理念（intrinsic ideal）。"② 尼赫鲁对"和平共处"原则的这种复杂认识，即是他的中国观发生微妙变化的一个征兆。这种变化的实质在于，尼赫鲁心目中的文化中国已经让位于政治中

---

① 转引自张力：《印度总理尼赫鲁》，第218页。
② Krishna Prakash Gupta, "Indian Approaches to Modern China-Ⅱ: A Social-Historical Analysis," p. 47.

国，师觉月等人的中印文化融合说或曰共同文明观在地缘政治考量中逐渐退场，以至于在很长一段时期内在印度销声匿迹。

尼赫鲁中国观逐渐转型还有许多重要因素，其中之一便是冷战时期美苏两国对印度的拉拢，这种动作从中印关系的"蜜月期"便已显露端倪。根据王宏纬考证，1956年尼赫鲁再次访美期间，他与时任美国总统艾森豪威尔会见后，双方之间"产生了某种信任感……1959年12月艾森豪威尔访印使美印关系的缓和臻于顶点。在会谈中，美国还答应向印度提供可观的经济援助……双方当然也谈到中国问题，但未做任何公开披露。不过从其后艾森豪威尔在两院和其他场合的讲话中可以看出这方面内容的主体轮廓。艾森豪威尔在讲话中使用了'我们不受约束的双方必须互相支持'这样的词句，并说明在需要时美国准备援助印度"。这便是中印关系越紧张、印度获得美援就更多的原因。[1] 美印领导人之间的"信任感"无疑是其面对共产主义"威胁"的自然反应。这似乎说明，处于冷战语境中的尼赫鲁，虽为不结盟运动的重要领袖之一，在思考中印关系时，也无法彻底摆脱意识形态和地缘政治的观察视角。这自然说明，他在中印关系"蜜月期"里仍对中国保持戒备。[2]

在地缘政治考量占据尼赫鲁对华认知或对华外交决策核心地位的状态下，尼赫鲁第三阶段的中国观呼之欲出。西藏问题和中印边界争端是触发尼赫鲁中国观走向彻底负面、极端消极的诱因。

三、"惊醒"以后看中国

古普塔认为，1959年左右，中印媒体围绕达赖叛逃等问题而展开的争执，标志着"尼赫鲁中国观的第二次重要转变"。[3] 在古普塔看来，中国媒体和官方对尼赫鲁政府的西藏政策进行严厉批评，这使尼赫鲁压力陡增，

---

[1] 王宏纬：《当代中印关系述评》，第268页。
[2] 中国社会科学院亚太所的刘建先生和华南师范大学外国语言文化学院的尚劝余教授在接受笔者电话咨询时，也强调了这一点。此处采纳他俩的观点，并向刘先生和尚教授致谢！
[3] Krishna Prakash Gupta, "Indian Approaches to Modern China-II: A Social-Historical Analysis," p. 49.

他对中国的幻想开始破灭。"事实上,尼赫鲁并非敌意重重,而是痛苦不堪。当他越怀疑中国抨击他的动机时,他就越怀疑自己心目中的中国形象。彷佛他越认定中国的敌意,他就越否定自己……充分意识到中国方面的敌意越来越近时,他仍不相信,直到这种敌意真正来临。不曾有过任何幻想(illusions),但他仍然有一种幻想破灭感(disillusioned)。"① 这自然是促使其中国认知走向极端负面化的主要因素之一。

1962年爆发的中印边界冲突对尼赫鲁本人而言,的确是一个灾难性事件。1964年,尼赫鲁与世长辞。"对尼赫鲁生命的致命打击来自中国事件。他从未想过中国会进攻我们。他的错误在于,他无法接受或意识不到我们的'前进政策'是怎样被中国方面所解读的……对于一位旨在制定'印中是兄弟'政策以维持印中和平岁月的人来说,这是一种痛苦的打击,那种政策本可为印度和中国都带来诸多利益和福祉。"② 事实上,这种说法貌似有理,但却在很大程度上遮蔽了事实真相。因为尼赫鲁对于西藏问题的恶化,对于中印边界冲突的爆发,负有不可推卸的责任。

1959年9月26日,在致周恩来的信中,尼赫鲁这样申明印度政府的立场:"印度政府自愿放弃1947年以前英国在西藏相应的所有特殊权利,在条约中承认西藏是中国的一个地区。"③ 表面上看,这似乎意味着西藏问题在中印两国之间不存在什么悬而未决的议题。其实不然。20世纪50年代初,即中华人民共和国成立之后,尼赫鲁的中国认知开始出现地缘政治或地缘战略的考量,这便是他对西藏地位与中国解放西藏等问题的认识。1950年12月6日,他在议会发表了题为《西藏的解放》的演讲。他以绵里藏针、含沙射影的外交辞令表明自己对西藏问题的严重担忧:"我们表达了自己真诚的希望,中国和西藏应该和平地解决问题。我们也清楚地表明,就西藏而言,我们没有任何领土与政治野心,我们与西藏的关系纯属文化和商业性质……我们曾经相信,西藏问题会通过谈判得到和平的解

---

① Krishna Prakash Gupta, "Indian Approaches to Modern China-II: A Social-Historical Analysis," p. 50.

② P. V. Rajgopal, ed., *I Was Nehru's Shadow*, p. 215.

③ *Notes, Memoranda and Letters Exchanged between the Governments of India and China, September-November 1959 and a Note on the Historical Background of the Himalayan Frontier of India*, White Paper No. 2, New Delhi: Ministry of External Affairs, Government of India, 1959, p34.

决。当听说中国军队正在向西藏进军时,我们很震惊。事实上,人们几乎不会讨论中国与西藏发生战争的事。西藏没有采取战争的姿态,很明显,西藏不是中国的威胁。据说,别的国家可能会与西藏合谋串通。因为我一无所知,对此我无可奉告。"① 尼赫鲁对西藏地位的认识典型地体现在下面这段话中:"我谈到了中国,还更多地谈到了西藏。对我偶尔提到中国对西藏的宗主权(suzerainty)这一点,兰迦教授似乎有些不快。请注意,我使用的是宗主权而非主权(sovereignty)这个词……这是历史事实。在这种情况下,千真万确,我们已经不止一次承认过中国对西藏的宗主权,正如我们强调西藏的自治(autonomy)一样……我认为,应该大大方方地对中国政府说明这一点,确实,无论是按照他们坚持的原则还是我们坚持的原则,无论他们对西藏拥有宗主权还是主权,西藏最后的发言权(the last voice)应该属于西藏人民,而非别人。"② 1959 年 9 月 4 日,在人民院论及西藏问题时,尼赫鲁说:"从国际上来看,西藏不被视为一个独立的国家。西藏被视为在中国的宗主权或主权之下的一个自治国家(autonomous country)。"③ 尼赫鲁相隔九年的这样两段公开发言,表达了印度政府对于西藏问题既模糊而又顽固的立场。印度对西藏的宗教情结、印度欲建立中印之间"缓冲区"的意图,在此隐约可见。这便是中印关系变得越来越复杂的原因之一,也是尼赫鲁对中国的态度越来越强硬的动因之一。

　　1914 年召开的"西姆拉会议",是帝国主义对中国主权的蓄意侵犯。"因此,作为一项条约,西姆拉会议的法律文件是有缺陷的,它曾被视为缺乏国际法效力。"④ 换句话说,《西姆拉协定》和"麦克马洪线"是欧洲殖民者强加给中国的屈辱,历届中国政府从未承认过它们的合法性。尼赫鲁等印度政治精英却继承了英国人的历史遗产,坚持其合法性。例如,

---

① Jawaharlal Nehru, *India's Foreign Policy: Selected Speeches*, September 1946 – April 1961, p. 302.

② Jawaharlal Nehru, *India's Foreign Policy: Selected Speeches*, September 1946 – April 1961, pp. 302–303.

③ Jawaharlal Nehru, *India's Foreign Policy: Selected Speeches*, September 1946 – April 1961, p. 341.

④ Alastair Lamb, *British India and Tibet: 1766–1910*, London and New York: Routledge & Kegan Paul, 1986, pp. 331–332.

1950年11月20日，尼赫鲁在人民院当众表示，麦克马洪线就是印度的边界。他说："我们的地图显示，麦克马洪线是我们的边界。不管有没有地图，它就是我们的边界。这一事实不会改变。我们坚持这条边界。我们绝不允许任何人跨越这条边界。"① 1962年11月8日，尼赫鲁在人民院的演讲中仍然坚持自己对麦克马洪线的立场："48年前的1914年，中国人称之为非法的麦克马洪线已经划定。这是对我们所坚信的历史的一种确认。不管合法还是非法，许多年来，麦克马洪线已经成为印度的一部分。"② 正是这种历史认知的不对称和对中国外交政策的误判等因素，导致了尼赫鲁等人对中国的认知产生了重大转折。1963年，尼赫鲁在议会辩论时认为："从根本上来说，印度与中国的冲突是印度的生活方式与中共意识形态之间的冲突。"③ 在这种非比寻常的措辞面前，尼赫鲁的中国观已经走向了穷途末路。尼赫鲁为印度中国观的大转型拉开了序幕。

透过尼赫鲁为首的印度政府的西藏情结和地缘战略考量，检视他们对中印边界问题的顽固立场，人们不难发现，印度朝野某些人士将中印边界冲突的责任全部推卸给中国方面，这是一种不顾历史事实的极不负责的态度。一定程度上，尼赫鲁的中国认知代表了20世纪50年代印度知识界、政治家对中国的一般印象。50年代的中国，既是尼赫鲁等人心目中的友好邻居，也是印度可以学习模仿的对象，当然还是印度的地缘政治威胁和长期的竞争对手。尼赫鲁中国观的这种复杂变化值得思考。

不过，尼赫鲁毕竟对中国文化的伟大有过深刻的印象。因此，他在中印边界冲突结束后不久，便以一番意味深长的讲话表明了自己对文化中国的亲切回望。1962年12月24日，尼赫鲁在国际大学年会上发表演讲时，当着旅印学者谭云山的面说了这样一番话："例如，在这儿的国际大学，你们有不同的系。你们有中国学院（Cheena Bhavan），这也是非常不错的，它的领导人是一位杰出的中国学者（指谭云山——译者按）。这是一件好

---

① Nancy Jetly, *India China Relations 1947 – 1977*: *A Study of Parliament's Role in the Making of Foreign Policy*, New Delhi: Radiant Publishers, 1979, p. 19.
② Jawaharlal Nehru, *Prime Minister on Chinese Aggression*, New Delhi: Publications Division, Ministry of Information and Broadcasting Government of India, p. 42. 无出版年代。
③ *The Sino-Indian Dispute*: *Questions and Answers*, New Delhi: Publications Division, Ministry of Information and Broadcasting Government of India, 1963, p. 51.

事，提醒你们一直要记住，你们不是在与中国文化交战，也不是与今昔中国的伟大交战。你们也不要对中国人民充满敌意……因为英帝国主义剥削我们，统治我们，我们与之战斗，我们将他们赶出印度。但是，我们竭尽全力，不在心里仇视普通英国人。我们接受了他们的文学，我们学习他们的语言，我们至今还因此受益……这就是为何我如此高兴，因为如果你们希望在中国学院建立印中之间的国际合作的话，你们就获得了与之合作的一种象征。我希望，尽管我们打击侵略者，我们也不会打击文化，我们也不会打击对我们友好的人民。我们期盼有朝一日，能再与中国人民建立友好的关系。"① 这番话出现在 1962 年这个特殊的时期，反映出尼赫鲁早年对华友好的思想"积淀"。因此，有的学者在 1965 年评价说："1962 年 12 月，中国的侵略刚过几个星期，在这种巨大背叛（great betrayal）的压力之下，只有尼赫鲁这样的重要人物，才可说出这样的话：不应该憎恨中国人民。"②

第四节 印度主流中国观的大转型（1959—1988 年）

整个 20 世纪 50 年代，印度国内至少存在三种互不相关但内核一致的消极中国观。与之相比，50 年代的绝大部分时间里，积极的中国观在气势上完全压倒了消极的中国观。对华友好仍是印度主流中国观的基础。"在印度的中国形象与中国的现实之间，既然有尼赫鲁和潘尼迦作为关键的联系人，希望、夸张和幻想的舞台早已搭好。"③ 这说明，围绕着 20 世纪 50 年代的中国认知，以尼赫鲁和潘尼迦为代表的印度政治精英和许多印度民

---

① Jawaharlal Nehru, *Prime Minister on Chinese Aggression*, pp. 116 – 117. 无出版年代。
② Nagarjun, *Peking's World Network: Survey of China Lobby in Five Continents*, New Delhi: Perspective Publications, 1965, p. 6.
③ Krishna Prakash Gupta, "Indian Approaches to Modern China-II: A Social-Historical Analysis," p. 42.

间人士，以美好的希望和乐观的赞赏，甚至以不切实际的幻念或文化误读寄托着独立后印度的复兴之梦。

不过，随着时间的推移，西藏问题、中印边界问题等逐渐浮出水面，印度主流中国观开始了剧烈、彻底而影响深远的重大转型。这次转型的时间在20世纪50年代末。关于印度中国观的大转型，K. P. 古普塔认为："总体来看，印度主流中国观避免了两种极端的认知。对大多数印度人而言，中国坚持社会主义道路只是一种纸上谈兵。同样的道理，右派批评者的粗暴无耻证明它的中国观与大多数印度人的认识相抵触……从更多人的观点来看，中国对印边界冲突只是迫使人们痛苦地纠正早年关于中国的乐观和欣赏姿态。这场冲突确实动摇了所有早期关于中印之间存在着必然融合与兄弟情谊的认识。但是，即便是对中国观进行调整修正，其间也有早年的认知失衡在发挥作用，和当初一样，它潜藏在人们的心里。"[1] 由于边界冲突是导致印度中国观大转型的主要因素，这里先对此进行简介，再就边界冲突前后至1988年间印度主流中国观的大致面貌进行简述。

一、中印边界相关问题

1959年左右开始恶化的中印关系，在1962年降至冰点。当年10月20日，中国对印自卫反击战开始，11月21日中国单方面宣布停火，并后撤20公里。这是一场震惊世界的武装冲突，更是震撼印度民族心灵的历史性事件。关于中印边界冲突，有的印度学者断章取义地认为："马克斯维尔认为，是中国方面首先进攻了印度。这便表明，的确是中国'发动了战争'，因此对马克斯维尔的书（即India's China War—译者按）来说，最合适的标题应该是China's India War（中国对印战争）。"[2] 这场边界冲突对印度此后对华外交政策产生了极为深刻的影响，也是印度主流中国观出现重

---

[1] Krishna Prakash Gupta, "Indian Approaches to Modern China-II: A Social-Historical Analysis," p. 49.

[2] R. S. Chavan, *Chinese Foreign Policy: The Chou En-lai Era*, New Delhi: Sterling Publishers, 1979, p. 79.

大转型的直接诱因。

先说说中印边界冲突的起源。1999年4月，曾于1970年出版《印度对华战争》的英国记者内维尔·马克斯韦尔发表新作《中印边界争端反思》。他认为，印度遭到中国"未受挑衅的侵略"是一种自我安慰的神话，中印边界一直没有解决是尼赫鲁政策的结果。他还提出一个重要观点："印度共和国和中华人民共和国在其于本世纪中叶开始存在时，即面临着一项共同任务：将它们的边疆转化为边界。这在事实上是它们作为现代国家这一新身份的一种基本的正式表现，因为它们开始模仿和追赶那些在前三个世纪里由于民族主义的出现和民族国家的兴起而提倡推广一种新的政治机制的欧洲国家；这种新的政治机制即是边界：经过外交谈判同意的一条线……前现代国家可以存在于边疆之内，边疆不是线而是国家之间的过渡地区、区域；现代国家需要边界。"①

华裔印度学者谭中在分析中印边界冲突起因时说："1962年边界冲突爆发，基本原因是两方面没有接到彼此的正确信号，本来是不应该发生的……正确地说，没有一个领土之争，不是两个国家寸土必争，没有这个意图……总而言之，首先是一个误解，没有接到正确的信息，把对方的形象歪曲，对对方的了解歪曲了，所以总的形象就歪曲了，呈现出一个两国在争领土的形象。"② 谭中认为，这对中印双方而言都是一个深刻教训。他说，如果要"秋后算账"的话，那只能算冷战、地缘政治和英国殖民主义扩张的账。"上面说的这三个邪恶因素（冷战、地缘政治和英殖民主义遗毒）都在背后作祟，使得中印边界纠纷无法解决以至发生冲突。"③ 客观而历史地看，谭中和马克斯韦尔的上述论述均不同程度地涉及中印边界问题的实质和起因。

要了解中印边界冲突的真实起因，必须回到历史深处。在这里，中国西藏地区扮演了其中一个举足轻重的角色。"1912年至1950年间，中国西藏的存在或许没有保障现今中印关系的友好状态，然而它的确使中印关系

---

① [英]内维尔·马克斯韦尔，郑经言译："中印边界争端反思（上）"，《南亚研究》2000年第1期，第26页。
② 刘朝华整理："中印边界问题座谈会纪实（上）"，《南亚研究》2007年第1期，第44页。
③ 刘朝华整理："中印边界问题座谈会纪实（上）"，第45页。

史呈现出另一种相当不同的面貌。"① 还有学者指出："中印关系的钥匙（key）潜藏于西藏的土壤之中。"② 远在中国元朝时期（1271—1368年），西藏就已经纳入中国版图。元朝在中央设立管理全国政务的中书府，在地方则设行中书省。而当时尚称"吐蕃"的西藏则由元朝中央政府设立的宣政院专门管辖。这充分说明，西藏自古以来就已经成为中国不可分割的一部分。到了明朝时期（1368—1644年），具体说是洪武九年（1376年），中央政府设立乌斯藏都指挥使司于西藏，并以藏族上层僧侣充任宣慰使、安抚使等职，这加强了中央政府对西藏的管辖和统治，同时在统治方式上体现了一定的灵活性。清朝时期（1644—1911年），雍正五年即1727年，清朝决定在西藏设置驻藏大臣，直接监督西藏地方政务。乾隆五十八年即1793年，为加强控制，清朝中央政府颁布《钦定西藏章程》，规定驻藏大臣与当地宗教首脑的平等地位，规定他有监督政务、赏罚官吏、稽查财务和对外交涉等权力。这样，清朝中央政府加强了对西藏地方的管辖，减少了西藏的内政混乱和纷争，巩固了西部边防。晚清时期即1840年鸦片战争以后，中国向半殖民地地位不断滑落，各个殖民主义国家争相蚕食中国利益，中国的海防、边防不断告急。20世纪初，在沙皇俄国图谋分裂中国新疆、蒙古的同时，英国人则紧锣密鼓地策划分裂中国西藏。1909年前后，包括英印总督在内的英属印度当局不断地参与进这场阴谋之中，这为独立后中印关系恶化埋下了祸根。一些西藏上层宗教人士受到英国殖民当局和英军的支持，掀起分裂活动，广大西藏人民则坚决反对破坏祖国的统一。当时的北京政府曾经派兵进入西藏平定叛乱，但在帝国主义压力下，无果而终。西藏问题开始变得危机重重。

  1913年10月至1914年7月，英国操纵的所谓中英藏会议在印度北部的避暑胜地西姆拉召开。会上，英国唆使西藏"代表"提出西藏"自治"的五项要求。英国代表麦克马洪也提议"中国承认西藏独立"，他的六项

---

① Alastair Lamb, *The Mcmahon Line*: *A Study in the Relations between India*, *China and Tibet*, *1904-1914*, Vol. 1: Morley, Minto and Non-interference in Tibet, London: Routledge & Kegan Paul, 1966, p. 234.

② P. C. Chakravarti, *India-China Relations*, "Introduction," Calcutta: Firma K. L. Mukhopadhyay, 1961.

提案具体如英国与西藏单独订约等为中国代表所拒绝。之后,麦克马洪提出一个所谓"折衷方案",将西藏、青海、西康、四川、云南、甘肃的藏区统称为西藏,其中金沙江以西为完全独立的"外藏",以东为"中藏共管"的"内藏"。1914 年 4 月 27 日,英国提出一个条约草案,包括"承认外藏自治",其内政"暂由印度政府监督";中央政府在"内藏"保留已有之权力;中国不得驻兵藏境;中国政府与西藏有争议时,由印度政府"判决之"。中国政府拒绝接受这个条约草案。7 月 3 日,英国勾结西藏地方代表私行签订了非法的"西姆拉条约"。中国政府代表拒绝签字,并正式声明,凡英国同西藏地方当局本日或以后所签订的条约或类似文件,中国政府一概不予承认。会议宣告破裂。西方学者认为,西姆拉会议抛出的所谓"条约"缺乏国际法效力。在西姆拉会议期间,从来没有讨论过中国和印度的边界问题。麦克马洪背着中国中央政府而同西藏地方代表在会外秘密换文中提到的所谓划定中印东段边界的"麦克马洪线",把 9 万平方公里的中国领土划归英属印度。当时的中国政府不承认非法的"西姆拉条约"和"麦克马洪线",以后的历届中国政府也从未承认过。① 不幸的是,这非法的"西姆拉条约"和"麦克马洪线",竟然成为 20 世纪中期中印两国走向武装冲突的致命"导火线"。

正因如此,马克斯韦尔在《印度对华战争》一书的开头写道:"按照强权政治的逻辑,处于扩张时期的帝国,总是要向外扩张它们的边疆,直至遇到强大邻国的抵抗,或天险的阻挡、或是向前推进的动力消耗竭尽时,才会停顿下来。在 18 和 19 世纪,英国在印度就是这样地不断扩张它在这个半岛形的次大陆上的统治,一直扩张到喜马拉雅山这个大弧形。在那里,它接触到另一个帝国——中国……在西北和东北段,由于没有可以充当缓冲的独立小国,英国当局就寻求同中国建立安宁的边界。但当时它没有能够做到这一点,这就导致了 20 世纪中叶的印度和中国之间的边境战争。"② 根据马克斯韦尔的逻辑进行推论,中印两国在独立解放以前,享受

---

① 李侃等著:《中国近代史》,第 464—465 页。此处对历史事实的介绍多参考该书内容,特此说明。

② [英] 内维尔·马克斯韦尔,陆仁译:《印度对华战争》,北京:世界知识出版社,1981 年版,第 9 页。

的是共同的、未明确划定的边界。当中印均作为"现代国家"的新身份出现在冷战后的当代世界时,即面临一项共同的任务:"将它们的边疆转化为边界",其理由是:"现代国家需要边界。"可以说,中印边界问题的历史维度在于,它是英国和俄国等西方殖民帝国主义所进行的"大游戏"(Great Game,或译"大博弈"、"大角逐")的产物。① 问题的复杂性在于,作为"现代国家"且"需要边界"的印度欲接受大英帝国"馈赠"的殖民主义遗产,"麦克马洪线"就顺理成章地进入他们的视线中。这就埋下了中印边界冲突的种子。

事实上,中印边界冲突与帕特尔等印度人士一意孤行的历史认知有关。中印边界全长约 2000 公里,有争议的边界线达 1700 多公里,它们从未正式划定。但是,按照双方行政管辖所及范围,存在着一条传统习惯边界线。中印边界分东西中三段,每一条都存在争议。其中,东段争议最大,涉及面积达 9 万平方公里。印度政府根据所谓"国际协定"即"西姆拉条约"和"麦克马洪线",声称习惯线以北大片中国领土是印度的。他们将这些殖民政策的产物视为具有国际法效力的东西。这种强硬而违反历史事实的官方立场自然影响到当时及此后的印度学者对中印边界问题的态度,例如:"无数世纪以来,处于争议中的边界业已形成并得到认可,它与国际法标准和实践相符合……中国声称,印中之间并不存在合法的边界协定,这是缺乏根据的……总而言之,无论是从单条或是整体的当代国际法相关原则来看,显然,它们都确认印度对那些地区的主权,而中国人现在却对此地区提出了领土要求。"②

印度政府对中国的领土要求首先反映在它制定的地图上,然后逐渐落实在地面上。中印两国政府和领导人在中印之间是否存在争端、如何妥善解决这些争端等方面存在严重分歧。双方在 20 世纪 50 年代后期就这些问题展开了外交文字战。自 1959 年夏季开始,在印度,缘于边界争端的反华情绪日渐强烈。这种舆论和情绪首先来自印度议会与上层,后来逐渐影响到公众。印度公众自觉不自觉地把目光投向被政界和媒体恣意炒作的边境

---

① Alastair Lamb, *British India and Tibet: 1766 – 1910*, "Preface," Ⅶ.
② Surya P. Sharma, *India's Boundary and Territorial Disputes*, New Delhi: Vikas Publications, 1971, pp. 36 – 37.

紧张状态。直到这时，尼赫鲁对处理中印关系的态度依然比较冷静，并未把边界争端的事态告诉议会。不幸的是，1959年8月25日发生的朗久武装冲突拉开了中印边界冲突的序幕，当年10月21日发生在中印边界西段的空喀山流血事件表明中印边界全线处于危险边缘。尼赫鲁政府向中国方面提出了大片领土要求。中国政府为挽救危局，多次提出谈判解决危机。当年11月27日，受到国内各种反华势力的高压，尼赫鲁在人民院辩论中认为，一旦中印开战，中印两国都不会屈服于对方。①

1960年2月16日，尽量想挽回危局的尼赫鲁复信中国方面，正式邀请周恩来访问印度。这在印度议会引起了激烈的争论。面临几重压力的尼赫鲁和周恩来的谈判没有取得任何实质性进展，谈判归于失败。尼赫鲁也就注定成为一个悲剧人物。

至此，中印边界冲突的缘起和相关问题已经基本清楚。下边简述这一事件影响下的印度主流中国观的演变趋势。

二、"中国的背叛"：中国观转型的心理前提

20世纪50年代末到60年代初中印关系的急转直下，给印度对华认知以巨大冲击。印度官方和民间的中国认知开始出现转型，印度出版物中连篇累牍的中国评论充满了意识形态的偏见，对中国的攻击和谩骂司空见惯。印度中国观最大的变化是对中国形象的极端妖魔化。这与同时期某些西方人对"红色"的"中国龙"的妖魔化书写姿态形成呼应。

按照比较文学形象学的界定，他者文化形象是"对一个文化现实的描述，通过这种描述，制造了（或赞同、宣传）这个形象的个人或群体，显示或表达出他们乐于置身其间的那个社会的、文化的、意识形态的、虚构的空间……毫无疑义，异国形象事实上同样能够说出对本土文化（审视者文化）有时难于感受、表述、想象到的某些东西……异国形象属于社会总

---

① Jawaharlal Nehru, *India-China Relations: Speeches Delivered in Lok Sabha on November 27, 1959*, New Delhi: Ministry of Information and Broadcasting, Government of India, 1959, p. 5.

体想象物的范畴"。① 从这个角度出发,形象学的任务就是系统而历史地研究"形形色色的形象如何构成了某一历史时期对异国的特定描述;研究那些支配了一个社会及其文学体系、社会总体想象物的动力线"。② 在形象学的研究中,对于"套话"的研究尤其重要。所谓套话是指具有意义生成能力的语言,它包含一种具体的带有意识形态色彩的形象。"所以更准确、也更简单地说,套话释放出的,实际上是一个'基本的'信息。这个具像传播了一个基本的、第一和最后的、原始的'形象'。"③ 依据形象学上述基本原理,我们来简单探索一下印度中国观大转型时期,他们所塑造的中国形象怎么通过对中国现实的负面描绘,表达印度"意识形态的、虚构的空间",从而挖掘出印度的"社会总体想象物"背后存在什么性质的"动力线"。

从套话探索的角度来看,历经边界冲突的印度人士惯常喜用的"背叛"(betray, betrayal, 或译"背信弃义"、"出卖"或"辜负"等)、"中国的背叛"(Chinese betrayal)、"背叛"(treachery)、"背信弃义的侵略"(treacherous aggression)或"令人震惊的背叛"(shocking perfidy)等词汇格外惹眼。除了S. V. 帕特尔等极少数右翼政客外,这一基本的、"原始的"套话是此前印度知识界、政界和民间人士罕见使用的,它的出现带有历史误读的深刻内涵和意识形态偏见,它是20世纪中期印度中国观大转型的心理基础,是不断生成其他意识形态或地缘政治语汇的"母语",更是中印关系转向长期阴冷状态的重要标志。中印边界冲突爆发前夕,S. 钱德拉色卡拉认为:"尼赫鲁对中共领导人的信任被出卖了……该是印度改变对华外交政策的时候了。"④ 事实上,由于边界冲突的发生,以往由右翼政治家帕特尔等所建构的关于中国的系列套话,如"久旱逢甘霖"似的从地下状态转入公开言说,从"窃窃私语"变为"甚嚣尘上"。因此,"中国

---

① [法]达尼埃尔·亨利·巴柔,孟华译:"形象",孟华主编:《比较文学形象学》,第156页。
② [法]达尼埃尔·亨利·巴柔,孟华译:"形象",孟华主编:《比较文学形象学》,第156页。
③ [法]达尼埃尔·亨利·巴柔,孟华译:"形象",孟华主编:《比较文学形象学》,第159页。
④ S. Chandrasekhar, *Communist China Today*, p.194.

很难构成或很难解释印度的中国观。印度对中国的新认知大体上基于这种情境的心理前提……通过回顾可以看出，中国的对印战争（China's India war）是中国长期以来不施回报的行为合乎逻辑的登峰造极。"①

由于找到了适合繁衍生长的政治气候与精神土壤，"中国背叛"一时间甚嚣尘上，成为20世纪60年代印度向中国发难的流行词，也成为70年代和80年代印度挥之不去的对华政治思维，这是一种彻头彻尾的"政治套话"。例如，B. S. 孙代尔认为，中国"侵略"了印度。"这是一种疯狂的冒险行为。一个欺骗了朋友的朋友就是真正的敌人。"② H. D. 马拉维亚说："中国侵略印度是在印度和非常亲华的尼赫鲁背上捅了一刀（a stab in the back of India and Nehru）。"③ 马拉维亚还认为："对于印度所有慷慨的友谊，中国在1962年公然以侵略进行回报。这对尼赫鲁敏感的神经是巨大的震惊……所有人都同意这种说法：中国对印度背信弃义的侵略（treacherous aggression）使尼赫鲁辉煌的生命提前终止。" D. K. 班纳吉认为："我们视为朋友的中国背叛了我们，破坏了印度的统一，损害了对我们来说关系重大的国家利益。"④

将中国的伦理道德形象设计为"背叛者"、"不仁不义者"或"忘恩负义者"之后，部分人并未就此停步，他们还将中国的形象设计为"落井下石者"、"趁火打劫者"等，意思是中国羡慕印度的国际威望，遂趁印度危难之际，"羞辱"印度的民族心理，"打压"其优越的国际地位，"抹黑"印度的国际形象，以达到提升中国形象的"卑劣"目的。例如："中国在极短时间内便使印度处于深重的灾难浩劫之中。给她带来了奇耻大辱后，中国并未让印度从惊慌中缓过神来再蹒跚着进行反击。11月20至21日夜里，北京宣布单方面'停火'。"⑤ 究其实，这些形象设计的背后，蕴

---

① Krishna Prakash Gupta, "Indian Approaches to Modern China-II: A Social-Historical Analysis," p. 47.

② B. Shyam Sunder, *The Menace of the Dragon*, Maharashtra: Citizens' Defence Committee, 1963, p. 9.

③ H. D. Malaviya, *Peking Leadership Treachery and Betrayal*, Delhi: New Literature, 1979, p. 75.

④ D. K. Banerjee, *Sino-Indian Border Dispute*, New Delhi: Intellectual Publishing House, 1985, p. 74.

⑤ D. R. Mankekar, *The Guilty Men of 1962*, Bombay: The Tulsi Shan Enterprises, 1968, p. 72.

涵着那一时期里某些印度人对于自身国际地位的担忧，这是一种政治焦虑和民族忧郁的"异邦投射"。

三、中国观转型的逻辑展开

前边说过，最早抛出"中国威胁论"的印度右翼政治家非 1950 年的 S. V. 帕特尔莫属，他也是最早以"背叛"等带有消极色彩的词汇来刻画中国形象的人。在写给尼赫鲁的信中，他不仅指责中国人的"背信弃义"，还通过歪曲历史的方式，对中国解放西藏、统一全国等重大问题进行责难。帕特尔对中国方面关于印度就西藏问题提出建议的反应大为不满。他循着自己的思路进行逻辑推演："中国的扩张几乎已经逼近了我们的大门……我们曾经有一个友好的西藏，它没给我们增添什么麻烦。"[1] 这样，"潜在的敌人"在与"友好的西藏"发生联系并解放西藏后，自然就演变为帕特尔心目中的"扩张者"。帕特尔接着将中国形象顺理成章地演变为"帝国主义者"。他说："近一段时期以来的苦涩经历（bitter history）也告诉我们，共产主义不是抵抗帝国主义的盾牌，共产党人与帝国主义分子并无差别。"[2] 国家利益和意识形态的冲突成了帕特尔中国观的基本生长点。帕特尔在印度史无前例地构建了冷战后最早的一种亚洲版"中国威胁论"，虽然他尚未正式提出 China threat（中国威胁）这一短语。"背信弃义者"、"怀疑论者"、"潜在的敌人"、"扩张主义者"、"帝国主义者"和"中国的领土收复主义"等成了印度 1950 版"中国威胁论"的一组关键词。

1959 年达赖喇嘛逃往印度引发中印外交危机，再加上 1962 年中印边界冲突的爆发，印度主流中国观进入全面而彻底的转型期。印度政界、学界和民间人士的敏感神经都被一种所谓"背信弃义"或"忘恩负义"的情感偏见所"俘虏"，他们自动而迅速地删除了此前存储的对华友好记忆，代之以极端负面的中国认知。"对许多的中国崇拜狂来说，他们早年中国

---

[1] J. P. Dalvi, *Himalayan Blunder: The Curtain-raiser to the Sino-Indian War of 1962*, p. 491.

[2] J. P. Dalvi, *Himalayan Blunder: The Curtain-raiser to the Sino-Indian War of 1962*, p. 491.

之旅的光彩已经黯淡下来……在公开演讲中，帕特尔给尼赫鲁的那封著名的信被反复引用。"① 因此，整个20世纪60、70和80年代，流行于印度政界、学界、媒体和民间的中国印象是"侵略者"、"潜在的敌人"、"扩张主义者"、"沙文主义者"、"帝国主义者"、"霸权国家"、"中美合谋称霸"、"法西斯国家"、"中国威胁"、"潜在威胁"、"敌意共处"和"颠覆者"等饱含意识形态偏见的政治套话与陈词滥调。② 这个时期还可发现，在紧跟政界和学界的消极中国观方面，印度英语媒体始终保持着积极高效的特色。③

1960年至20世纪80年代，在印度对华认知中，"侵略者"、"潜在的敌人"、"扩张主义者"、"沙文主义者"、"法西斯国家"和"帝国主义者"等政治套话相互联系、彼此纠缠，成为一个巨大的话语网络，一切关于中国的负面形象都在这一空间衍生成型。这些政治套话指向的是"中国威胁"或"潜在威胁"的终极标靶。它反映出边界冲突后的印度对自身国际地位急剧下滑的焦虑和担忧。印度版"中国威胁论"还存在一些变异，例如20世纪60年代开始萌芽的"中国核威胁"便是其明显的变种。

边界冲突这种适合极端话语蔓延生长的时代气候，使印度政界、学界、媒体和民间得出一致的印象：中国是"侵略者"，进而会成为危及印

---

① Krishna Prakash Gupta, "Indian Approaches to Modern China-II: A Social-Historical Analysis," p. 48.

② 例如，这一时期里印度各种关于中国的出版物的标题便反映了这一趋势：Do Vang Ly, *Aggressions by China*, Delhi: Siddhartha Publications, 1959; Satyanarayan Sinha, *The Chinese Aggression: A First Hand Account from Central-Asia, Tibet and the High Himalayas*, New Delhi: Rama Krishna & Sons, 1961; Jawaharlal Nehru, *Chinese Aggression in War and Peace: Letters of the Prime Minister of India*, Publications Division, Ministry of Information and Broadcasting, Government of India, 1962; K. M. Munshi & R. R. Diwakar, *Chinese Aggression and Its Implications*, Bombay: Bharatiya Vidya Bhavan, 1963; B. Shyam Sunder, *The Menace of the Dragon*, Maharashtra: Citizens' Defence Committee, 1963; *The Chinese Threat*, New Delhi: Publications Division, Ministry of Information and Broadcasting, Government of India, 1964; B. N. Mullik, *The Chinese Betrayal: My Years with Nehru*, Bombay: Allied Publishers, 1971; Shashi Bhushan, *China on the Way to Fascism*, New Delhi: Peoples Sector Publications, 1975; H. D. Malaviya, *Peking Leadership Treachery and Betrayal*, Delhi: New Literature, 1979; Sailen Chaudhuri, *Maoist Betrayal, India: A Case Study*, New Delhi: Sterling Publishers, 1980.

③ 例如，印度学者所撰并涉及中国的两本学术著作便引用了很多当时的印度英语报纸的论调：Girish Mathur, *New Delhi-Peking: A Study in Relationship*, New Delhi: Kalamkar Prakashan, 1978, pp. 26, 31, 86, 87, 88; Shyam Bhatia, *India's Nuclear Bomb*, Ghaziabad: Vikas Publishing House Pvt. Ltd., 1979, pp. 112–116.

度、亚洲乃至世界安全的"扩张主义者"、"沙文主义者"和"霸权主义者"。这便是妖魔化中国的历史轨迹和持"中国威胁论"者的心理逻辑。"中印边界争端是20世纪中叶国际关系史上富于戏剧性的一段……这一争端以及作为它的高潮的边境冲突,加强了一般认为中国是一个好战的、沙文主义的、扩张主义的国家的那种看法。"①

  1961年,一位印度学者将本来友好的中印关系在20世纪50年代末突然恶化视为一个"谜"(puzzle)。他认为,这个"谜"包含了诸多的问题:"人们曾经纳闷,中国为何要抛弃她此前对印度明显的友好政策,转而采取公开的敌对政策?她的侵略和领土要求背后的真正意图是什么?北京的侵略立场背后隐藏着什么理由?"②仿佛是围绕这些问题的答案,印度学者们提供了各式各样的解说。

  1961年,S.辛哈出版了《中国的侵略:来自中亚、西藏和喜马拉雅的一手报道》。与尼赫鲁1950年在议会就西藏问题发表演讲的主旨相呼应,作者在书中也刻意使用两个词即"宗主权"(suzerainty)和"主权"(sovereignty)来否认或解构中国对西藏的主权。他说:"看看印度地图就可发现,部署在喜马拉雅山的中国军队仿佛是活生生的龙。"这条"龙"又仿佛一条"毒蛇"。③在西方语境中,成吉思汗等于"黄祸",而龙(dragon)在西方神话传说中,是一只巨大的蜥蜴,能从嘴中喷火。在中世纪欧洲,龙是罪恶的象征。这来自于圣经的故事。与上帝作对的魔鬼撒旦就被称为"巨龙"。因此,在基督教里,龙总是代表邪恶。龙在中国历史上是一个图腾形象。它还是皇帝的象征。汉语语境的"龙"总是用于好的褒义场合。④西方意义上的两个文化符号携带着冷战年代的政治气息,但却被辛哈驾轻就熟地用来塑造印度版"中国威胁论"。

  1963年,K.M.曼西等主编并出版的《中国侵略及其影响》认为,中国是一个"战争贩子",它对印度的"侵略"使印度从沉睡中醒来。中印

---

  ①　[英]内维尔·马克斯韦尔:《印度对华战争》,第1页。
  ②　P. C. Chakravarti, *India-China Relations*, p. 153.
  ③　Satyanarayan Sinha, *The Chinese Aggression: A First Hand Account from Central-Asia, Tibet and the High Himalayas*, New Delhi: Rama Krishna & Sons, 1961, p. 57.
  ④　参阅胡文仲主编:《英美文化辞典》,北京:外语教学与研究出版社,1995年版,第203—204页。

之战对于印度来说是"正法之战"(Dharma Yuddha),印度应该根据吠陀经典中的战争精神,根据大史诗《摩诃婆罗多》里黑天对阿周那的正法训诫即《薄伽梵歌》的要旨对中国开战:"我们在印度边境上进行的不是一场平常的战争,而是一场正法之战,一场维护正义的战争。"[1] 因此,中国一方便属于"非法"。

沙西·普桑(Shashi Bhushan)曾经担任印度国会议员,也是1962年中印边界冲突后第一位访华的议员。他在1975和1976年分别推出两本反华色彩极为浓厚的政治读物,这两本书可以视为那一时期印度中国观的集中体现。这两本书的标题引人注目,分别是《走在法西斯路上的中国》(China on the Way to Fascism)和《中国的超级大国神话》(China: The Myth of a Super Power)。沙西·普桑认为,中国的"扩张主义"使其偏离和平道路,走上了一条"反革命道路"。[2] 他将中国称为"法西斯国家"。[3] 沙西·普桑还蓄意诋毁中国。他认为,中国已经背离了"和平共处五项原则",与和平发展"背道而驰"。[4]

20世纪50年代里,印度中国观的主流心态是,忽略社会主义或共产主义制度与资本主义制度之间的意识形态差别。边界冲突爆发前后,这种积极而乐观的心态彻底转向承认并蓄意放大政治体制差异。这与20世纪50年代印度中国观的支流心态颇为相似。

早在1959年,S. 钱德拉色卡拉便断言:"亚洲摆脱了帝国主义,但又将成为共产主义的牺牲品……这些地图和边界上的争端只是表面现象而已。共产主义意识形态才是真正的病根。亚洲未来的真正斗争将不在中印之间,而在民主自由一方与共产主义及其独裁的另一方之间展开。"[5] 1963年,尼赫鲁在议会辩论时认为:"基本上可以这么说,印度与中国的冲突

---

[1] K. M. Munshi & R. R. Diwakar, *Chinese Aggression and Its Implications*, Bombay: Bharatiya Vidya Bhavan, 1963, p. 16.

[2] Shashi Bhushan, *China on the Way to Fascism*, New Delhi: Peoples Sector Publications, 1975, p. 2.

[3] Shashi Bhushan, *China on the Way to Fascism*, pp. 3-4.

[4] Shashi Bhushan, *China: The Myth of a Super Power*, New Delhi: Progressive People's Sector Publications, 1976, p. 14.

[5] S. Chandrasekhar, *Communist China Today*, p. 194.

是印度生活道路与中国的共产主义意识形态之间的冲突。"①

1973年，M. 拉姆出版了《中印冲突的政治》，对中印边界冲突进行评述："中印关系的恶化及随后的1962年军事冲突本质上是一场更大规模的意识形态冲突在起作用。两位亚洲巨人未能解决边界争端是意识形态冲突的症候表现，而非其原因。"② 以意识形态冲突来解析中印边界冲突，显然是失效的。

在制造印度版"中国威胁论"的道路上，尼赫鲁是始作俑者之一。1962年12月10日，尼赫鲁在人民院讲话时说："中国对印度来说是一个长期的威胁。"③ 1963年3月26日，尼赫鲁在对印度的全国广播讲话中说："我们正面临来自中国的威胁。"④ 尼赫鲁的"中国威胁论"仿佛成为那个时代印度人的口头禅。K. P. 古普塔认为："这些对中国的形象刻画在知名广播节目'印度与龙'（India and the Dragon）等政府宣传中已经成为约定俗成的认知。中国被表述为邪恶的化身，它与印度的友谊只是一种包藏祸心的伎俩，中国执意复活大汉族帝国主义（Han imperialism）。"⑤ 和"中国龙"、"成吉思汗"、"生存空间"等一样，这里的"中国威胁"可视为西方套话在印度的又一个运用范例。形象学原理认为，有的语汇"一旦成为套话，就会渗透进一个民族的深层心理结构中，并不断释放出能量，潜移默化地影响着后人对他者的看法"。⑥

1964年10月16日，中国第一颗原子弹爆炸成功。印度版"中国威胁论"遂迅速演化为"中国核威胁"（Chinese nuclear threat），这又直接影响到印度的核战略发展。"在那封送给国际领导人以解释印度核试验缘由的

---

① *The Sino-Indian Dispute*: *Questions and Answers*, New Delhi: Publications Division, Ministry of Information and Broadcasting, Government of India, 1963, pp. 50–51.

② Mohan Ram, *Politics of Sino-Indian Confrontation*, New Delhi: Vikas Publishing House, 1973, p. 2.

③ Jawaharlal Nehru, *Prime Minister on Sino-Indian Relations*, Vol. 1: Indian Parliament: Part 2, New Delhi: External Publicity Division, Ministry of External Affairs Government of India, 1963, p. 204.

④ Jawaharlal Nehru, *Jawaharlal Nehru's Speeches*, Vol. 5, New Delhi: Publications Division, Ministry of Information and Broadcasting, Government of India, 1983, p. 10.

⑤ Krishna Prakash Gupta, "Indian Approaches to Modern China-II: A Social-Historical Analysis," p. 48.

⑥ 孟华："试论他者'套话'的时间性"，孟华主编：《比较文学形象学》，第190页。

信中（指 1998 年印度总理瓦杰帕伊致美国总统克林顿的私人信——译者按），印度提到 1962 年战争这件事表明，印度的政治心理中留下了多么深的精神创伤（scar）。"① 事实上，正是这种"精神创伤"使得印度的核政策借助于"中国威胁"这把"保护伞"而逐渐成熟。

值得注意的是，K. P. 古普塔在论及 1962 年中印边界冲突时，也考察了中印双方在冲突效应或后果方面的认知失衡："尽管印度因为战争恐慌而震惊，体现了惊醒后的幻灭感（shocked disillusion），中国将印度的行为仅仅视为一种无关紧要的边界冲突。从中国的立场来看，1962 年 10 月中旬的事件几乎不值得对印度进行重新评价……对绝大多数印度人而言，这种认知失衡的复杂内涵一直未得破解。这只是印度主流中国观的一个方面而已，它清楚地表明，印度长期忽视对中国的文化考察。"② 在古普塔看来，正是这种"文化考察"的缺席，才使边界冲突产生了一个意想不到的结果，那便是印度中国学或曰印度中国研究的正式兴起。"对中国重新进行审视显得自然而必要。正是在这种氛围中，在印度兴起了建立专业学科的中国学（Chinese studies）的念头。"③ 当然，这种以"重新审视"中国为要旨的中国学是完全借鉴了美国区域研究模式的中国学，它重现实政治、轻人文历史的模式，自一开始便留下了"隐患"。这给 20 世纪末、21 世纪初印度中国观的面貌或印度中国学的自身发展都带来了不利的影响，且这种消极影响至今可见。

说到 K. P. 古普塔，不能不提到他在印度学界所做的开创性贡献，即他于 1972 年发表于《中国述评》（China Report）1972 年第 4 期和第 5 期的长篇论文《从社会历史视角分析印度的现代中国观》。该文对印度如何认识中国以及中印相互认知错位的情况进行探索。该文某些结论带有明显的意识形态偏见或时代局限。全文要旨在于，中国与印度自近代以来的相互认知一直保持着不对称的状态。"考虑到中印认知失衡的这种核心思想

---

① C. Raja Mohan, *Crossing the Rubicon: The Shaping of India's New Foreign Policy*, Hampshire: Palgrave Macmillan, 2004, p. 142.
② Krishna Prakash Gupta, "Indian Approaches to Modern China-II: A Social-Historical Analysis," p. 50.
③ Krishna Prakash Gupta, "Indian Approaches to Modern China-II: A Social-Historical Analysis," p. 50.

结构，许多历史之谜开始显山露水了……在这些抽象概念的最深层，似乎自辩喜和康有为时代以来，任何东西都未发生变化。"①

虽然说康有为与辩喜对视的个案深受时代背景的制约，但新中国成立以后，中印双向认知即使存在错位，主要原因还在于中印文化交流仍很薄弱、国际政治格局变化等复杂因素。正是意识形态的束缚，使古普塔还得出一个看似有理、实则荒唐的结论："印度仍然认可中国政治体制的有效性，有时甚至还建议与之展开竞赛……相反，中国依然否定印度政治体制的道德合法性。在某些特殊场合，中国宣传网络详细报道印度方面的腐败、黑市交易、走私和饥饿死亡等等。中国人普遍认为，印度仍然是一个半殖民社会，被封建资产阶级和地主所统治和压迫，必然受到各种冲突和矛盾的撕扯，它最后会无情地走向崩溃和革命的危机状态。"② 古普塔的结论明显受到中印关系恶化和国际格局变化的深刻影响，其局限、肤浅亦在所难免。

第五节　印度非主流中国观的形象反拨（1959—1988 年）

严格说来，并非20世纪60年代到80年代的所有印度人都对中国取妖魔化的观察姿态。事实上，他们中的某些人在一定程度上超越了这一消极立场。如印度前外交秘书T. N. 考尔认为，虽然中印两位亚洲巨人在历史上没有什么重大的正面冲突，但没有谁能预测未来的中印关系究竟会怎样发展。无论如何，印度必须设法与中国进行友好合作。他说："如果印度与中国发展友谊与保持合作，这将巩固亚洲和平。亚洲乃至世界的和平未

---

① Krishna Prakash Gupta, "Indian Approaches to Modern China-II: A Social-Historical Analysis," p. 57.

② Krishna Prakash Gupta, "Indian Approaches to Modern China-II: A Social-Historical Analysis," p. 56.

来，很大程度上取决于中印关系的发展。"① 这说明，作为亲历中国的印度外交家，考尔开始超越妖魔化姿态，对中印关系的未来进行谨慎的展望。令人欣慰的是，这一时期，像考尔这样自觉进行谨慎反思的印度人士不止一位。他们或以真正政治家的眼光与胸怀考察关乎印度自身前途命运的中印关系，或以严谨的学术研究揭秘边界争端真相和分析"中国威胁论"的深意，自觉抵制当时印度的主流话语对中国形象的妖魔化趋势，或以对中国文明的亲身体验阐释真正的中国精神，掀开其"神秘面纱"，如此等等，不一而足。尽管这些人笔下的中国形象在很长一段时期仍属非主流话语，但却无形中对处于主流的消极中国观起到了某种反拨、抵抗、瓦解的作用。

一、中印关系低潮中的谨慎展望

整个20世纪60年代，中印双方在政治、经济和文化方面几乎断绝了往来。1967年9月，中印双方还发生了互相驱逐对方外交官的不愉快事件。但是，在这些事件发生不久，印度总理英迪拉·甘地于1969年两次在记者招待会上称，应当设法寻求解决中印边界争端的途径。她说："印度准备同中国进行有意义的会谈，以便寻求中印争端的解决。"② 这说明，印度政府准备与中国进行无先决条件的谈判。它标志着印度政府在边界问题上开始考虑采取一种比以往灵活的态度。这种态度的转变与中美建交等一系列重大事件不无关联。经过反复，1976年下半年，中印两国终于恢复了大使级外交关系。"尽管中印两国于1976年下半年恢复了中断14年之久的大使级外交关系，两国间的对抗气氛稍有缓和，但并没有消除。"③ 这种并未完全消除的"对抗气氛"一直延续到1988年左右。但正如前述，即使在这段不算太短的中印关系低潮期，仍有少数非主流中国观对印度的消极中国话语起着某种反拨、补充或矫正的作用。

---

① T. N. Kaul, *India, China and Indochina: Reflections of a "Liberated" Diplomat*, New Delhi: Allied Publishers Private Limited, 1980, p. 2.
② 转引自王宏纬:《当代中印关系述评》，第287页。
③ 王宏纬:《当代中印关系述评》，第288页。

1966年11月24—26日，即中印边界冲突后第四年，K. P. S. 梅农在加尔各答发表三次系列演讲。在此基础上，他出版了《中国的过去与现在》。梅农在书中以一定的篇幅向印度读者介绍了中国概况。在书中，梅农受当时国际反华大气候和中印交恶小气候的影响，开始对中国形象取负面建构姿态。他认为，中国已经一刀斩断历史，为的是恢复往昔的辉煌。"现在中国正在为自身复仇：它试图强行闯入这个世界，其装备是强权的意识形态，强大的军队和一些原子弹。"① 与此逻辑相适应，梅农认为，中国不能容忍对手。"这就是中国敌视它的伟大邻邦苏联和潜在大国印度的基本原因。"他认为，多少个世纪里，中国一直在这个世界中孤芳自赏，它不介意今天仍旧孤独存在。"现代中国继承了古典中国的许多信仰或幻觉。"② 在梅农的心目中，中国已经不是他过去亲眼见到的贫穷落后但不失山清水秀的文明古国，不是当初他笔下的那个诗意朦胧的文化梦乡，而是一个"野心勃勃"的"强权国家"。时代语境对他的中国形象建构产生了不可忽视的作用。

梅农清醒地意识到，中印联合将极大地保证亚洲与世界的和平稳定。"将我们之间的友谊提升到'印度中国是兄弟'的水平不太可能，但将中印友谊保持在一个不太热乎的水平上应该是我们的目标。"他坚信，中印和苏联等国的友谊是"亚洲稳定与世界和平的最好保障"。③ 将中国负面化，但又重视中印友谊，这体现了梅农的尴尬，也反映了他作为外交家的睿智和现实主义心态。

一位印度学者在论述中印关系时发表了谨慎的观点："许多人常常从双边关系的范围来谈论印中关系。但是，印度与尼泊尔、斯里兰卡或孟加拉国的关系无法与中国和他们之间的关系相提并论。事实上，中国是一个世界大国，正在发挥全球性作用，这就排除了印度与中国在与其邻国关系上进行比较的任何可能。必须在全球和地区的两个框架基础上建立中印关系。中印之间的一些相似性必须得到培育，中印关系必须在某些方法道路的共性上得到发展，而不是在历史、文化、意识形态的神秘性或经济发展

---

① K. P. S. Menon, *China: Past & Present*, Bombay: Asian Publishing House, 1968, p. 7.
② K. P. S. Menon, *China: Past & Present*, pp. 62 – 63.
③ K. P. S. Menon, *China: Past & Present*, pp. 70 – 71.

的层面上发展中印关系。"①

1964年即1962年中印冲突两年后，印度女士K. 纳果卡拉在陪同丈夫对当时敏感的"东北边境特区"（North-East Frontier Area）进行为期半年的考察后，于次年出版了报告文学性质的《中国突袭的追踪》。该书透露了作者的心思：她想越过中印边界，去会会中国人，因为她正在学习中文。纳果卡拉认为，中印迟早会面对彼此的。她认为，尽管中印关系充满苦涩艰辛，但它们都是伟大的邻居国家，都是不发达国家。"如果中印不想给它们的人民带来灾难，除了马上建立热忱的关系外，它们将别无选择。"②

印度国际问题研究专家、新德里国防研究与分析所负责人K. 苏布拉马尼亚（K. Subrahmanyam）曾在1974年指出，20世纪50年代末中印关系恶化前，存在一种非常明显的认识中国的印度中心观（Indocentric view on China），尽管这一时期印度并未刻意努力收集和了解中国方面的足够信息和资料。"然而，1959年以后，出现了一种强烈的趋势，即日益依赖于美国的中国观察家们对中国的评价。"③ 但是，这种基于反共的、服务于美国国家利益且带有偏见的美国中国观不利于印度人形成正确的中国观。这自然会造成印度朝野关于中国认知的消极后果："我们不仅受害于保守歪曲的中国观，也在激进的中国形象上存在着意味深长的误解。"④ 该学者认为："因此，从我们的政策制定和国家安全来说，独立的以印度为中心的中国认知是必要的。"⑤

"第三世界"这个概念是西方人首先提出的，但它在毛泽东那里得到了中国化改造。1964年1月，毛泽东第一次使用了"第三世界"这个概念。1974年，毛泽东全面阐述了他的"第三世界"理论："我看美国、苏联是第一世界。中间派，日本、欧洲、澳大利亚、加拿大是第二世界……

---

① V. P. Dutt, ed., *China: The Post-Mao View*, New Delhi: Allied Publishers, 1981, p. 42.
② Kusum Nargolkar, *In the Wake of the Chinese Thrust*, Bombay: Popular Prakashan, 1965, p. 270.
③ S. K. Ghosh & Sreedhar, eds., *China's Nuclear and Political Strategy*, New Delhi: Young Asia Publications, 1975, p. 8.
④ S. K. Ghosh & Sreedhar, eds., *China's Nuclear and Political Strategy*, p. 11.
⑤ S. K. Ghosh & Sreedhar, eds., *China's Nuclear and Political Strategy*, p. 13.

亚洲除了日本，都是第三世界。"① 几乎同一时期，莫汉·拉姆开始了与毛泽东的思想并轨，显示出印度部分学者开始以现实的眼光看待中印问题。他说："重建南亚次大陆国家与中国之间的关系是一个基本的问题。南亚次大陆属于'第三世界'的一部分，而中国则是目前第三世界最强大的国家。"② 还有一位印度学者从中美关系对中印关系的启示，谈到了第三世界的概念，这似乎也可视为对毛泽东思想的积极回应。就中美建交后的中印关系而言，这位印度学者大胆建言："因此，新德里应该采取其他的策略，以迎接急剧变化的国际局势所蕴涵的挑战，而所有合情合理的努力都应该用来促进印度和中国之间的理解和合作，因为只有实行这种政策，才能最终带来双边互惠，并惠及整个第三世界的更大利益。"③ 上述言论既体现了中印关系低潮期的谨慎展望，也反映了印度学者对毛泽东思想为代表的中国话语的积极接纳。这不能不说是中印关系严寒期里一丝温暖的春风。它使人回忆起殖民主义时期中印两国志士仁人心心相印的兄弟情谊。这是否暗示中印关系一定能走过严冬，来到人心所向的春天？

二、历史研究领域的中国形象反拨

1970年，印度著名马克思主义史学家高善必（D. D. Kosambi）的代表作《印度古代文化与文明史纲》出版。季羡林评价该书说："印度真正用马克思主义观点研究印度历史的，高善必应该说是第一人，看了他的这本书，给人很多启发，使人知道了许多新东西，很值得我们认真一读。"④ 在这本专论印度古代文明史的著作中，高善必非常睿智地将中国文明作为印度的绝佳参照，以增强论述的说服力。首先，他对中国文明给予高度评

---

① 毛泽东：《毛泽东外交文选》，北京：中央文献出版社，1994年版，第600—601页。
② Mohan Ram, *Politics of Sino-Indian Confrontation*, p. 18.
③ R. S. Arora, *Ambassadors Exchanged after Thirty Years: Sino-American Relations, 1949 – 1979*, New Delhi: The Institute for the Study of International Relations, 1980, p. 207.
④ 转引自［印］D. D. 高善必，王树英：《印度古代文化与文明史纲》，"译序"，北京：商务印书馆，1998年版，第1页。

价："亚洲文化和文明的两个主要源泉，就是中国和印度。"① 其次，高善必不仅在书中大量引用玄奘、义净等人的著述或相关事迹，以陈述或佐证自己的观点，还以中国古代史学著述丰富来说明印度古代史学欠发达的事实："我们一开始就碰到了一个看来是难以克服的困难，那就是印度实际上没有历史记载值得提及。在中国则有帝王的编年史、各县县志、古代历史学家如司马迁等人的著作、墓碑以及卜骨等等，能有把握地把中国历史追溯到大约是公元前1400年。"② 他据此认为，描述古代印度的地理和居民，发掘印度古代的遗迹，必须求助于希腊地理学家、阿拉伯商人和中国旅行家的历史记载。③ 对于中国史料的高度重视，使高善必得出许多站得住脚的结论。例如："中国的史料表明，大众部的寺院对中国内地的和平发展作出了重要贡献；佛教为这些地区传达了和平和非暴力的信息。"④ 高善必还以毛泽东在《湖南农民运动考察报告》中关于农会禁止杀牛等的记载为依据，得出了自己的结论："中国农民不食用牛奶、黄油、干酪或凝乳，大体说明了他们与印度农民见解的区别。"⑤ 高善必此处是以中国农民的做法来印证佛陀宣扬不杀牛的正确性和吃牛肉禁忌的经济因素。这种借中国视角而解说印度历史的立场显而易见。再如，高善必认为，中国自秦朝开始，商贾阶层便可通过定期考试等途径而分享政府的部分权力，而印度古代的商人阶级没有这种机会。⑥ 不过，由于高善必对中国文明的了解有限，他的某些论断不免失之偏颇。不管怎样，经历过1962年中印边境冲突这一不幸事件的高善必，能够在历史著述中信手拈来地引用中国史料，并对中国文明表示高度赞赏，这是在那一特殊时期里对中国形象的正面刻画。

谭中是研究中国历史且成果最为丰富的印度学者之一。谭中在印度桃李满天下，他的很多弟子都热爱中国文化，积极投身中印友好事业，并能

---

① ［印］D. D. 高善必，王树英、王维、练性乾、刘建、陈宗荣译：《印度古代文化与文明史纲》，北京：商务印书馆，1998年版，第10页。
② ［印］D. D. 高善必：《印度古代文化与文明史纲》，第11页。
③ ［印］D. D. 高善必：《印度古代文化与文明史纲》，第197页。
④ ［印］D. D. 高善必：《印度古代文化与文明史纲》，第206页。
⑤ ［印］D. D. 高善必：《印度古代文化与文明史纲》，第115页。
⑥ ［印］D. D. 高善必：《印度古代文化与文明史纲》，第162页。

理性地看待中印关系的波澜起伏,这与谭中的中国观对他们潜移默化的影响分不开。就谭中本人而言,他的历史研究别具一格,因为他是借中国历史研究积极维护正面的中国形象。

1978年,谭中出版了基于博士论文修改而成的史学著作《中国与美好的新世界:鸦片战争起源研究(1840—1842)》。八年以后,他又推出一部长达640页的鸿篇巨制《人鱼海神和龙:19世纪中国与帝国主义》。他在《中国与美好的新世界》一书开头即引出西方学者J. Q. 亚当斯的观点。亚当斯认为,鸦片战争的起因是傲慢自负的中国皇帝坚持主张来华西人必须磕头觐见,是一场文化战争。谭中通过研究得出结论:"鸦片战争既非文化战争也非贸易战争。战争是国家之间不可调和的社会经济利益冲突的最终解决方式。"[1] 他还认为,英国在鸦片贸易中利用牺牲中国的方式来填补印度的亏空,中印是英国的"殖民双胞胎"(colonial twins)。英国在华的所作所为有力地驳斥了"文化战争"理论的荒唐。幸运的是,当年鸦片战争中林则徐的遗恨由毛泽东在天安门上庄严的宣告得到弥补:"中国人民从此站起来了!"谭中认为,这一举动"结束了中国和'美好新世界'之间长期的激烈冲突"。[2] 在书中,谭中还批驳了美国汉学家费正清关于"中国中心主义"的中国形象建构。谭中在书的结尾大有深意地说:"只是在最近的岁月里,我们才看到这个新崛起的中央王国(中国)作为光荣的一员,渐渐融入国际大家庭,与其他国家平起平坐。我们企盼历史不会重复,也不要再去争论中国与外部世界的战争不可避免的问题。"[3] 谭中的论断恰好是在1972年美国尼克松总统访华、中美关系改善之际,又适逢印度国内很多人因为1962年中印边界冲突而妖魔化中国形象,因此其中国形象建构隐含着他的善意。

在1986年出版的《人鱼海神和龙》里,谭中对英国历史学家汤因比和费正清的中国历史观给予犀利的解构。两位西方学者认为,近代以来中

---

[1] Tan Chung, *China and the Brave New World:A Study of The Origins of The Opium War (1840 - 1842)*, New Delhi:Allied Publishers, 1978, p. 222.

[2] Tan Chung, *China and the Brave New World:A Study of The Origins of The Opium War (1840 - 1842)*, p. 221.

[3] Tan Chung, *China and the Brave New World:A Study of The Origins of The Opium War (1840 - 1842)*, p. 230.

国与西方的接触可以用"挑战与反应"的模式来解释。谭中认为，不能否认西方给予中国的重要影响。问题的关键在于，我们是将中国视为人类发展进程不可分割的一部分，还是将其视为现代世界里迥异于西方文明的一条支流。事实上，不能将中国与西方视为停滞与发展的对立双方。停滞与发展互相依存，影响与给予是相互的。尽管 19 世纪的中国处于接受外来影响的地位，但她也在改变着西方的发展进程。因此，谭中断言："费正清学派的最大缺陷是将中国装进一个与世界发展相隔绝的密封舱里……中国同样受到影响其他国家发展的内外动力的影响。将中国视为完全的异类是反历史的。"[①] 谭中认为，应该与那种将中国与西方历史分为古典传统和现代转型期的"费正清模式"决裂。谭中在中国内部发现历史，从而挑战了阐释中国历史的西方模式。他还对 1793 年马加尔尼来华事件进行阐释。在他看来，乾隆皇帝的表现证明："从来没有哪个中国皇帝对一个外国使节如此重视。"乾隆对英国人已尽义务和地主之谊，但西方人却用西方文化模式来理解东方文化，而非适应东方礼仪。谭中还说："中国人也许已成为欺骗的牺牲品。但是他们从未像其他人那样，满世界担负起'白人的负担'。"[②] 这是对中国形象的正面维护。

20 世纪 80 年代中期，印度学界推出了其他一些中国历史著作，这包括 A. K. 辛哈的《中国现代史》和 S. 库马尔等人合著的《中国现代史：1838—1980》。辛哈在书中认为，中国的共产主义是马克思主义的东方变种。辛哈还对毛泽东的新民主主义革命道路进行分析。他指出："和马克思主义、列宁主义一样，毛泽东思想教导中国人民如何改变和学习，如何正确地、辩证科学地思考问题。"[③] 库马尔等在书中认为，和越南共产党领导人胡志明（Ho Chi Minh）一样，毛泽东也属于亚洲最伟大的革命家。二人的贡献在于他们将马克思主义看作是达成民族解放的工具和发动广大民众投身民族自由斗争的手段。"毛泽东的天才之处是使马克思主义适合于

---

① Tan Chung, *Triton and Dragon*: *Studies on Nineteenth-Century China and Imperialism*, "Introduction," New Delhi: Gian Publishing House, 1986.

② Tan Chung, *Triton and Dragon*: *Studies on Nineteenth-Century China and Imperialism*, p. 108.

③ A. K. Singh, *A History of China in Modern Times*, New Delhi: Surjeet Publications, 1984, p. 150.

中国实际,或是将马克思主义中国化(Sinifying Marxism)。这是他改变中国命运和中国绝大多数人民观念的最大贡献。"除了给马克思主义"穿上中国外衣"外,毛泽东贡献之二是"坚信农民是革命力量"。① 从这两本历史著作来看,印度部分史学家对现当代中国的历史评价有了新的起色,如他们对毛泽东的评价开始变得客观,摆脱了妖魔化的浅薄姿态。但是,由于中印关系正处于解冻期,印度史学家关于中国的正确评价还有一个曲折的过程。辛哈和库马尔等人在总结中印不幸互动的历史时,仍然没有新的突破,他们对于中国的偏见和成见还没有消除,如辛哈在书中认为,1962年中印冲突是中国对印度的"侵略行为"。② 库马尔等人在书中说:"1962年以来,中国一直不失时机地令印度难堪,使劲进行反印宣传。"③

关于毛泽东及其领导的中国革命,印度学者认为:"历史地看问题,1949年的中国共产主义革命是20世纪最正统的革命之一。"④ 这也是毛泽东对20世纪的历史贡献。他还认为,毛泽东对马列主义的接纳是一种调适和改造的姿态,这是中国革命之所以取得成功的基本前提。他说:"某种程度上可以说,正是毛泽东的灵活性、他的革新和原创能力,才使1949年中国革命取得成功。"⑤ 这位学者的思考包含了真理的"颗粒",这反映出印度学界开始走向理性观察和严肃思考中国的道路。20世纪末至21世纪初,更多的学者将沿着这一方向,在中国学领域不断取得新的成就。

三、边界争端起源和"中国威胁论"揭秘

在20世纪60年代,一位印度学者以自己特立独行的研究风格和著述震惊了印度的中印关系研究界。这便是研究中印边界争端"神秘"缘起的K. 古普塔(Karunakar Gupta,1916—1987年)。他的代表作是《中印边界

---

① A. K. Singh, *A History of China in Modern Times*, pp. 129 – 130.
② A. K. Singh, *A History of China in Modern Times*, p. 148.
③ Shive Kumar & S. Jain, *History of Modern China(1839 – 1980)*, New Delhi: S. Chand & Company Ltd., 1985, p. 159.
④ K. R. Sharma, *China: Revolution to Revolution*, New Delhi: Mittal Publications, 1989, p. 5.
⑤ K. R. Sharma, *China: Revolution to Revolution*, p. 9.

秘史》。① 他还著有《1914—1945 年的麦克马洪线：英国的遗产》（1971年）、《边界争端中的一则神话》（1978 年）和《1948—1952 年间的中印关系：K. M. 潘尼迦的作用》（1985 年）等。1980 年，K. 古普塔曾经应邀来华访问，他与中国同行们建立了较为密切的联系。自然，他对边界问题的直言不讳使他生前在印度受到了很多不公正的待遇。事实上，他的研究揭开了缠绕在中印边界争端上的很多迷雾。

自 1962 年中印边界冲突以来，中外学者十分关注中印边界问题的缘起。这方面的论文和著作可谓是数不胜数。西方学者的相关成果很多，但有价值者并不是很多。由印度学者撰写的相关成果非常多，但由于受到印度政界和学界不负责任的人士故意歪曲历史真相的影响，它们大多带有强烈的民族情绪和充满偏见，因而学术价值非常有限。但是，也有极少数印度有识之士勇于探索真理，力求揭示中印边界冲突的起源和内幕。K. 古普塔便是其中的一位。他的研究成果、特别是《中印边界秘史》虽然还存在一些局限或缺憾，但大体上揭示了中印边界问题的真相，对于澄清中印关系史的迷雾大有裨益。②

具体说来，该书具有下述一些拨乱反正的特点。首先，该书认为，中印边界冲突之所以发生，是与历史上统治印度的大英帝国密切相关的。大英帝国的殖民遗产又是印度政府对华立场强硬的主要前提之一。作者对中印边界东段的历史做了较为详尽的论述，最后得出的结论是："英国统治时代印度东北边境变化多端的历史表明，独立的印度在 1947 年继承了一项难办的遗产，她提出的麦克马洪线要求在国际法上缺乏牢靠的根据。"③ 这份"历史遗产"之所以难办，"麦克马洪线"之所以缺乏国际法效力，是大英帝国的代表人物在 1914 年西姆拉会议期间的一些卑劣手段所致。悲剧的是，尼赫鲁等印度政治精英开头并未意识到这一点，或许他们刻意忽略了这一点，以顺理成章地接受大英帝国的历史遗产。K. 古普塔的叙述是：

---

① Karunakar Gupta, *The Hidden History of the Sino-Indian Frontier*, Calcutta: Minerva Associates Publications, 1974.
② ［印］卡·古普塔，王宏纬译：《中印边界秘史》，北京：中国藏学出版社，1990 年版。此处介绍参考该书的"译者前言"，特此说明。
③ ［印］卡·古普塔，王宏纬译：《中印边界秘史》，第 130 页。

"从尼赫鲁1958年至1959年在议会的讲话以及他给周恩来总理的信件看，他对麦克马洪线的主张依据的似乎完全是英属印度政府的官方出版物——即由外交和政治部授权出版的《契约、条约和证书集》，此书第14卷以其第一任编者名字被更广泛地称为与西藏有关的《艾奇逊条约集》——所提供的情报材料。"① 通过仔细分析和研究，K.古普塔发现，所谓的《艾奇逊条约集》存在着很多致命的问题，同样缺乏法理依据，由此揭开了英国殖民者为当代中印关系迅速恶化而预先打下的险恶"楔子"。关于非法的"麦克马洪线"，K.古普塔认为："然而仔细阅读一下印度事务部图书馆中的文件，我们便发现，在确定麦克马洪线一事上，亨利·麦克马洪爵士超出了英国政府的指示。麦克马洪线是英国与西藏代表于1914年3月24日至25日秘密商定的，后来（于1914年4月27日）作为表明拟议中的中国和西藏边界的红线的延长线被画上了西姆拉条约的地图。"② 这便在很大程度上揭开了覆盖着中印边界问题的历史"尘封"，让印度政府和极右人士们的一些极端判断失去了理论和事实的支撑。K.古普塔的结论是："现在印度政府应当明白，印度对阿克赛钦的要求无论在条约、习惯或地理上——如分水岭原则——都是没有根据的。印度对麦克马洪线的要求虽在地理和习惯上有着牢靠的根据，但它没有有效的国际条约为依据。"③

其次，K.古普塔对印度政府和印度外交部的"秘密外交"等方式进行了猛烈的批评。他陈述了一个常常为人忽视的事实："印度各阶层的广大公众对英国遗留下来的北部边界真相一直毫无所知。"④ 之所以造成如此被动的局面，起因还在于印度当时的外交部历史司。该司向印度政府提供了很多与大英帝国殖民遗产相关的"错误的材料"。该司还对相关历史资料故意做了很多错误的解释。这种做法自然带来了非常严重的恶果，这便是印度各界人士对华认知的极端负面化。K.古普塔对边界冲突爆发10年以后中印对话仍旧存在重大障碍的现象进行了解释，他说："长期以来，印度公众听到的一直是官方或非官方宣传中所说的中国背叛了印度的真正

---

① ［印］卡·古普塔：《中印边界秘史》，第46页。
② ［印］卡·古普塔：《中印边界秘史》，第94页。此处译文依据英文有改动。
③ ［印］卡·古普塔：《中印边界秘史》，第76页。
④ ［印］卡·古普塔：《中印边界秘史》，第15页。

友谊,在1962年对我国进行了'无端侵略'……中印僵局在印度政府作出认真努力,就中印争端的根源对公众进行再教育前,不可能得到满意的解决。"① K. 古普塔的声音在当时乃至当下的印度都不可能成为一种主流话语,但它至少表明,印度有识之士对于历史真理的孜孜以求具有大无畏的勇气。

K. 古普塔还坦言道:"在印度有一种思想认为,印度应当谋求重新将西藏变成印度和中国之间的缓冲国。这种思想现在仍很流行。"② 为此,他还举出了当时的印度情报局长 B. N. 穆立克的话作为证据。穆立克认为,中国历史上对西藏的"宗主权"没有国际法效力。印度和全世界需要重新审视西藏的地位和现状。穆立克给了印度政府这样的一种建议:"就重新审视西藏的地位问题来说,印度必须走在前面。印度比其他任何国家更了解西藏。与其他国家相比,印度与这个国家(指西藏——译者按)的宗教、文化和语言联系也更为亲密。即使在政治方面,印度在西藏的利益也比其他国家更为重要。从印度自身的安全角度来看,西藏的独立地位必不可少。因此,印度必须保护西藏。"③ 这里的话的确隐含了印度部分右翼政客欲将西藏变为中印之间"缓冲国"的企图。此外,K. 古普塔还对美国等西方势力在1950年前后助长西藏叛乱集团的分裂气焰做了说明:"我的论点之一是,西藏领导人自50年代以来在损害中印关系方面起了重大作用——当然是在他们从西方的各种机构、特别是中央情报局的秘密支持下进行的。"④

K. 古普塔的上述研究和言论为当代学者探索中印边界问题、特别是边界冲突的起源问题提供了很好的范例,自然也矫正了某些人在特殊时期所表达的消极中国观。

与 K. 古普塔面向过去探寻中印关系恶化之"历史病毒"不同的是,当代印度著名中国问题专家、2000年11月2日仙逝的迪香卡(Giri Desh-

---

① [印] 卡·古普塔,王宏纬译:《中印边界秘史》,第81页。
② [印] 卡·古普塔,王宏纬译:《中印边界秘史》,第82页。
③ B. N. Mullik, *The Chinese Betrayal*: *My Years with Nehru*, Bombay: Allied Publishers, 1971, p. 613.
④ [印] 卡·古普塔,王宏纬译:《中印边界秘史》,第5页。

ingkar）则从现实问题的考察入手，以期发现恶化中印关系的"当代病毒"。

迪香卡首先诊断的便是迄今为止仍未熄灭的"中国威胁论"。为此，他在 1979 年第 13 卷第 2 期的《中国述评》上发表了一篇论文《印度与中国的安全问题》进行分析。他在开头写道："我们同中国的问题肇始于对中国威胁我们国家安全的认知。即使今天，这种认知继续掺杂在我们对中国的立场中。"① 然后，他说："形象很少与现实完全脱节。关于中国扩张主义者的形象，也有一种真实的成分在内。"② 他认为，这种真实成分与 20 世纪 60 年代左右中印之间的西藏问题、中共与印度农民运动之间的复杂联系有关。据此，迪香卡承认，中国"扩张主义者"的形象只是一种人为的建构而已。他继续推演着自己的逻辑："印度在 1962 年战争中的创伤性惨败，中印在 1965 年印巴战争和 1971 年孟加拉战争期间的剑拔弩张，造成了一种紧张气氛，使得关于中国行为的任何其他解释都无法令人接受。"③ 这种关于"中国威胁"的认知在很大程度上左右了印度的外交政策，甚至影响到印度在中印边界地区的军力部署。印方在边界地区部署的军力要比中国方面部署的多得多。迪香卡并不认可这种"中国威胁论"的合理性，也质疑 1964 年 10 月后印度朝野和军方蔓延的"中国核威胁"的合理性与真实性。迪香卡通过一番全面而深入的分析得出结论："不过，'中国的威胁'继续影响着我们的政策。部分原因在于，只有在回应这种'威胁'的基础上，印度规模业已庞大的武装力量才可继续存在和发展。那些鼓吹印度应掌握核武器的人也发现，'中国威胁'给了他们处理这一问题的轻松借口。但是，这种对威胁的认知却造成了依赖这个或那个超级大国以确保抵抗'中国威胁'的局面，这反过来又促使中国方面作出反应，进一步强化了印度当初的威胁认知。政治家的才干在于，防止关于过去形势的认知成为自我实现的预言（self-fulfilling prophecies）。"④ 这里点出的"自我实

---

① Giri Deshingkar, *Security and Science in China and India* (*Selected Essays*), New Delhi: Samskriti, 2005, p. 24.
② Giri Deshingkar, *Security and Science in China and India* (*Selected Essays*), p. 24.
③ Giri Deshingkar, *Security and Science in China and India* (*Selected Essays*), p. 25.
④ Giri Deshingkar, *Security and Science in China and India* (*Selected Essays*), p. 33.

现的预言"一词，蕴涵了迪香卡对印度国内当时的"中国威胁论"的善意忠告和警示，也是对消极中国观的一种"拨乱反正"。

在此之前即 1969 年，迪香卡发表过一篇文章《都是纸老虎?》，对于讹传的"中国核威胁"进行澄清。他认为，中国在亚洲的友好国家都认为，中国对别国没有构成核威胁。自从爆炸了第一颗原子弹后，中国没有对任何邻国进行过"核讹诈"。中国的核武器只是防御性质的武器。由于道德、政治、军事和均势等各种因素的考量，中国不可能首先使用核武器。[1] 为此，迪香卡告诫持"中国威胁论"的国家，中国没有威胁。"那些具有政治稳定而自信的政府的国家，不必害怕中国的核威胁或其他什么威胁。"[2]

迪香卡在 1970 年第 6 卷第 3 期的《中国述评》上发表了一篇论文《中国的人造地球卫星与印度的原子弹》，对印度部分人士的"中国核威胁"继续进行分析。他认为，中国卫星出现后，不会增加中国的"核威胁"。迪香卡还引用了印度国防部长斯瓦兰·辛格于 1970 年 4 月 30 日在印度上议院（Rajya Sabha）发言时所说的话作为证明："如果中国以核武器攻击印度，那么这种冲突必将引起世界大战。"[3]

迪香卡还在 1970 年第 6 卷第 6 期的《中国述评》上发表文章，对如何改善中印关系提出了一些建议。他认为，印度政府不应该鼓励藏人在印度从事反华活动，也不要与台湾当局发生官方联系，还应该适度地控制印度国内媒体等的反华浪潮。[4] 迪香卡的这些建议，其实是为中印关系正常化进程的"添砖加瓦"，具有宝贵的时代意义。即使放在今天来看，他的这些建议的价值仍未过时。

一定程度上，尼赫鲁的中国认知代表了 20 世纪 50 年代印度知识界、政治家对中国的一般印象。50 年代的中国，既是尼赫鲁等人心目中的友好邻居，也是印度可以学习模仿的对象，当然还是印度的地缘政治威胁和长期的竞争对手。关于尼赫鲁中国观的这种复杂变化，迪香卡分析说，尽管

---

[1] Giri Deshingkar, *Security and Science in China and India* (*Selected Essays*), pp. 178–179.
[2] Giri Deshingkar, *Security and Science in China and India* (*Selected Essays*), p. 183.
[3] Giri Deshingkar, *Security and Science in China and India* (*Selected Essays*), p. 190.
[4] Giri Deshingkar, *Security and Science in China and India* (*Selected Essays*), pp. 54–55.

喊过很多口号，但尼赫鲁等人的外交中心还在西方。尼赫鲁对亚洲的现实问题关注不够，只是关注"亚洲性"等一系列抽象的概念。尼赫鲁等人的目标是，在西方的帮助下获得世界的重视，从而为其在亚洲称雄打下基础。中国的重要性只是其地缘战略的凸显罢了，印度并未真正全方位地重视中国。因此，中印之间的友谊基础并不牢固。这就使20世纪50年代末的中印关系急转直下。"这便是为何在万隆会议上，中国利用自身实力在地区和世界事务中作为政治实体崛起时，它却被视为一个暴发户。这也是为何中印关系一旦开始变坏，就会迅速地恶化。就在三年时间里，印度与中国便刀兵相向。在印中关系的政治维度以外，再也没有什么东西能够阻止他们双方迎头相撞（headlong crash）。（作为战争的恶果，凡有中国血统的人，无论其国籍为何，都被视为敌对的外国人。）缺乏积极的文化兴趣，印度对亚洲的忽视仍将持续下去。"① 对于当代中印关系的健康发展，迪香卡的此番分析可谓一阵见血的金玉良言。迪香卡早年的研究兴趣在中国历史文化，但中印关系恶化的现实情况不允许他继续痴迷于自己的研究兴趣，他别无选择地走上了中国军事和中印关系研究之路。但是，他对中国历史文化的兴趣却使他的政治和军事研究充满了人文关怀的气息。这在印度算是一个特例。正因如此，迪香卡的中国述评才会在20世纪60至70、80年代那段特殊时期放射出异样的光彩。

不仅如此，迪香卡还对印度中国学研究的畸形现状进行分析。事实上，印度学者对中国历史、中国宗教哲学乃至中国文学等进行了很多或深或浅的研究，但相对于他们的中国现实问题研究（如政治、军事、国防、外交、经济、社会、妇女等方面）还显得不够理想。印度的汉学研究比起西方或日本的汉学研究来，也是有明显差距的。当然，这种状况有其历史成因。1986年，迪香卡发表文章对此进行探索。在他看来，从20世纪50年代开始，印度对新中国的兴趣基本上被她的政治、社会、经济等国情方面的问题吸引过去。很多人想了解中国，但并非是她文化的一面，而是她现实的一面。1962年中印边界战争爆发后，印度把中国视为一个"最危险

---

① Giri Deshingkar, *Security and Science in China and India* (*Selected Essays*), p. 44.

的敌人"。① 印度很多人、包括印度外交部都认为,印度缺少了解中国现实的专家。因为很多人想的是:"了解敌人非常重要。"在这种前提下,德里大学建立了中国研究系(后来发展为中日研究系乃至现在的东亚研究系)。关于中国的这一"区域研究"(Area Studies),它是采纳了美国在第二次世界大战期间为了解敌对国而设立的区域研究模式。美国当时是研究对手苏联,后来又扩展到对中国的研究。在印度,初步设想是对"共产党中国"进行人类学、社会学、历史学、经济学、政治学、外交关系等各个角度和领域的研究。但对"共产党中国"的研究一开始,当局就默认了对中国的政治研究优先挂帅的原则,还常常打着中国历史研究的幌子。结果,印度的中国研究出现了畸形的情况:"甚至在开始阶段,关于中国哲学、人类学、地理、语言、历史和宗教方面的研究全部出局。因为这些意图和目的,中国研究也就缩水为'中国观察'(China watching)。"② 迪香卡承认,他自己是那时中国研究系的一位教师,也错误地将"中国观察"当作自己的主要任务。日本研究则逃脱了这一不幸命运,因为它不是印度的敌对国。迪香卡认为:"'中国观察'不再是中国研究,因为大家一心思考中国而使作为一大文明的中国消失了……这种'中国观察'不需要熟悉中国的地理、朝代历史、文学、哲学、艺术、音乐或智慧演变。……毛泽东继承的列宁主义遗产比起儒道佛法各家文化遗产来重要得多!"③ 至此,迪香卡的深刻反思已经显出浓厚的现实意义。他的反思也部分地揭示了印度中国观在那个特殊时期变得极为消极的一大原因。

四、亲历中国者的中国印象

随着20世纪70年代中后期中印关系逐渐开始"解冻",为数不算太多的印度人士终于通过各种渠道踏上中国大陆的领土,零距离地感受中国文化的魅力,观察中国社会日新月异的变化。他们中有的回国后以游记或学术探索的形式,记录了自己的中国印象或相关思考。此处便以几位当时

---

① Giri Deshingkar, "Sinology or Area Studies?" *China Report*, Vol. 22, No. 1, 1986, p. 79.
② Giri Deshingkar, "Sinology or Area Studies?" *China Report*, Vol. 22, No. 1, 1986, p. 79.
③ Giri Deshingkar, "Sinology or Area Studies?" p. 80.

短期访华的印度学者为例,对此进行简要说明。

1977 年底,迈索尔大学副校长乌尔斯(D. V. Urs)和迈索尔大学发展研究所主任米什拉(R. P. Misra)等人访问中国,他们是边界冲突后最早访问中国的一批印度学者。从他们的相关文字报道或记述来看,他们对中国社会充满巨大活力表示赞赏,对中国农业发展取得的"成就"印象颇深。他们认为,印度应该学习中国人守时的好习惯和解决农村贫困问题的方法。对于 15 年前发生的中印边界冲突,印度学者们没有回避。在此问题上,他们与当时印度主流看法的态度差异值得注意。他们说:"在印度与中国悠久的文化合作史中,1962 年战争只不过是具有重大潜在冲突性的小小不快而已……正是 15 年前的 1962 年,印度与中国开了历史的倒车,打了一仗。有足够的证据表明,这一仗是双方误判的结果。它来自双方对殖民历史恰恰相反的解释……在 20 世纪的第三个 25 年中,不光是喜马拉雅山从地理距离上分开了印度与中国,它们各自的思想立场也同样为此负责。不幸的是,它们既非中国亦非印度的思想。"①尽管这种说法有给中印双方各打 50 大板的嫌疑,但是比起当时铺天盖地的"中国侵略论"来,这可视为一种进步。他们还认为:"现代中国扎根于历史。不了解中国的历史、特别是 20 世纪中国史,我们就不能理解中国。"②

1978 年 10 月至 11 月间,印度经济学家拉姆·K. 韦帕(Ram K. Vepa)随联合国观察小组到达中国,造访了广东、南京、上海和北京等地,并参观了很多乡村企业。他说:"我还特别想看看并评估中国工业、特别是小型工业(small industry)的发展,人们读到了很多相关的报道。"③回国后,韦帕出版了《毛泽东中国的变迁》。在该书的"序言"中,韦帕说:"许多年来,我一直对中国很感兴趣。正是尼赫鲁使得我们这一代人对中国充满尊敬,他让我们明白,中印关系必须友好,这是亚洲和平的基础……我们不可能希望中国这个邻居消失,它是一个真实的存

---

① Bruce Johnson, R. P. Misra, D. V. Urs, R. Dwarakinath, *People's China Today*: *Eye-Witness Report*, Mysore: People's Book House, 1979, p. 90.

② Bruce Johnson, R. P. Misra, D. V. Urs, R. Dwarakinath, *People's China Today*: *Eye-Witness Report*, p. 105.

③ Ram K. Vepa, *Mao's China*: *A Nation in Transition*, New Delhi: Abhinav Publications, 1979, p. 13.

在，有时还有些严厉，人们必须甘心忍受它。多年来，我对中国依靠自己的力量、特别是在50年代末苏联撤走援助后努力发展自己经济这一点表示钦佩。"① 韦帕还强调，他之所以将自己的书取名为《毛泽东中国的变迁》，是因为毛泽东虽然在他访华前两年已经逝世，但其精神灵魂仍然到处可见。他所见到的中国，也是毛泽东梦想的中国。不论西方媒体如何报道毛泽东，但中国人民对他感情深厚，仍然深深地怀念他，当今中国也深深地打上了毛泽东个人魅力的印迹。在后边，韦帕还提到，他参观了毛主席纪念堂，瞻仰了毛泽东的遗容。他这样叙述自己的观感："无论如何，这是我们这次旅行最激动人心的时刻，我很高兴，向这位以自己的方式改变了世界历史进程的伟人致敬。无论如何，他必须被纳入中国的五到六位伟人之列。"②

在该书"引言"中，韦帕自谦地说，尽管自己不能称作专业的"中国观察家"（China Watcher），但他也曾在过去10年中关注中国政治风云的复杂变化。他曾经在自己于1975年出版的著作《甘地的新技术观》中，对中国的经济发展模式表示关注。他想弄到一本毛泽东的"红宝书"，但几经周折，在尼泊尔的加德满都才如愿以偿。他对"红宝书"中的毛泽东智慧非常钦佩。韦帕坦率地谈到了中印边界冲突对包括他在内的印度人的心理冲击，因为那是一种来自"我们邻居的大背叛"（great betrayal）。这说明，印度人在20世纪60年代关于"中国背叛"的集体无意识还深深地刻在韦帕的脑海中。接着，他话锋一转，对不可追忆的往事进行反思："回顾那些智慧滞后的岁月，人们可以发现，如果没有形成那种'沟通障碍'（communication gap）的话，边界战争或许是可以避免的。那种'沟通障碍'使得两边的人更难理解对方。"③ 在"引言"的最后，韦帕这样写道："印度和中国代表了世界的一半，他们能否形成一种合作关系（partnership），指示一种新的生活方式？或许，80年代的世界历史将依赖于这两个古老国度所达成的谅解（understanding），它们现正在追求新的不同道

---

① Ram K. Vepa, *Mao's China: A Nation in Transition*, p. 7.
② Ram K. Vepa, *Mao's China: A Nation in Transition*, p. 81.
③ Ram K. Vepa, *Mao's China: A Nation in Transition*, p. 12.

路，以更多地造福于两国人民。"①

通过"序言"和"引言"的叙述，韦帕向我们展示了类似于 20 世纪 50 年代访华的印度友好代表团的中国印象，虽然时间已经过去了 20 多年。虽然韦帕也点到了所谓"中国背叛"的刺人字眼，但从他对毛泽东的认识、对中印关系历史的回顾和前景的展望来看，他已经站到了一个不落俗套的中国观察"制高点"，这使他在一定程度上超越了 20 世纪 60—70 年代印度主流中国观的消极色彩。

韦帕观察到，当时中国正在进行的"四个现代化"建设旨在 2000 年左右将中国打造成一个强国，这是中国的一场新"长征"。他注意到，虽然中国和印度发展国民经济、发展工业和农业的方式和政策不同，但中国经验仍然有益。他说："对印度来说，中国工业发展模式、特别是乡村地区工业基地发展模式的经验，究竟意味着什么呢？既然印度也忙于相同的工业发展要务，我们是否可以从中国的榜样中获得什么经验教训？"② 在韦帕看来，中国的民主集中制、自力更生精神、乐观主义思想、社会人力资源的最佳利用等是印度应该学习的东西。

关于中国的未来和中印关系，韦帕认为："中国与世界的未来如何？这个问题很难回答，但有一点很清楚：在接下来的一些年月里，中国将步入世界舞台，在人类事务中扮演领导者角色。在亚洲，中国确实会试图以超级大国的姿态行事，日本和印度会以不同的方式遏制她。"③ 他还说，中国已经以自己的行动证明，只要有足够的自信，亚洲国家也能赶上世界上的大国。韦帕认为，印度应该以自己的方式追赶中国。就具体的工业发展和乡村发展而言，韦帕还提出了印度需要向中国学习的一些具体方面。他说："中国无可争辩的成功证明，她应该是印度学习的榜样：在依照西方模式努力建设现代城市文明之前，应该发展自己的乡村基础建设。"④ 他在书的最后写道："无论未来怎样，毛泽东领导下的伟大中国实践将是 20 世纪历史中鼓舞人心的篇章，对于许多正在努力走向进步与现代化的第三世

---

① Ram K. Vepa, *Mao's China: A Nation in Transition*, p. 14.
② Ram K. Vepa, *Mao's China: A Nation in Transition*, pp. 172–173.
③ Ram K. Vepa, *Mao's China: A Nation in Transition*, p. 210.
④ Ram K. Vepa, *Mao's China: A Nation in Transition*, p. 212.

第二章
印度中国观的升华与转型期（1949—1988 年）

界国家而言，这也是一种灵感之源。"①

从以上介绍来看，韦帕的中国印象大体上以玫瑰色调为主，他的观察思路与 20 世纪 50 年代访华的印度代表团的大多数人士一样，也是以赞美中国和学习中国的调子为主。这是值得注意的一点。虽然他的中国观察不一定全部准确，但他对中国未来的美好祝愿，有的已经在 21 世纪变成了现实。这说明，韦帕在某种程度上超越了以意识形态看中国的刻板模式。

T. K. 穆力克（T. K. Moulik）是 20 世纪 80 年代初访华的印度专家，也是位于印度西部古吉拉特邦首府艾哈迈达巴德的印度管理学院的教授。1980 年 9 月 11 日至 10 月 6 日，作为印德联合组织的中国乡村能源研究组一员，穆力克随团访问中国。在不到一个月的时间内，穆力克和民主德国的同僚们参观了北京、上海、浙江、江苏、四川、辽宁和河北等地的乡村。回国后，穆力克撰写并于 1982 年出版了《毛泽东中国的困境》一书。这个书名便显示出他与前述韦帕观察和思考中国的微妙差异。

在书的开头部分，穆力克写道："说到访问中国，印度人会怎么想呢？他很可能既高兴又狂喜。高兴的是有关'紫禁城'的神话……欣喜若狂是因为他将要成为探索神秘事物的极少数幸运者。这是一种独一无二的感觉。"② 当他访问中国各地并让当地人猜测他的国籍时，他却得到了非常尴尬的答复，因为人家说他是美国人。穆力克有些恼怒，但面对中印交往稀少的畸形现实也无可奈何："中国人怎么区分不了印度人和美国人呢？我发现，中国人并不缺乏对印度的了解，特别是，他们还读过佛陀（他以释迦牟尼而知名）和柯棣华大夫的故事。"③ 四川一位中年医生告诉他，他是第一次在医院里见到印度人。穆立克发现，中国人对外国人却很热情。让他印象很深的是，一位局长因为他的发言对其有利，竟然跑到车站来为他送行。他总结道："对我们印度人而言，中国的确是一个热情友好的、宾至如归的地方。"④ 但是，在这些热情友好的中国人面前，穆立克遇到了另一件让自己尴尬的事情："我对中国人常常对印度人所说的话感到好笑。

---

① Ram K. Vepa, *Mao's China: A Nation in Transition*, p. 214.
② T. K. Moulik, *Mao's China: The Dilemma*, Bombay: Somaiya Publications, 1982, p. 1.
③ T. K. Moulik, *Mao's China: The Dilemma*, p. 4.
④ T. K. Moulik, *Mao's China: The Dilemma*, p. 14.

任何时候，只要我一介绍自己是印度人，他们就会说：'印度人民勇敢而勤劳。'一开头，我感到他们是在耍恶作剧，讥笑我们在中印边界战争中的拙劣表演。这或者是中国人广为人知的礼貌客气？"①

和两年前来华的韦帕一样，穆立克在成都发现，中国的年轻人学习英语几乎达到了非常痴迷的地步。一些人寻机与他攀谈，以操练口语。穆立克认为，中国人对英语突然爆发的热情，与当时中美关系好转以及中国的改革开放紧密相连。成都一位大学生告诉他："美国是富裕的国家，美国人是我们的朋友。"穆立克的反应是："从享有文化革命声誉的一位中国年轻大学生口中说出这样的话，这真是令人惊讶。"② 穆立克发现，中国人对政治不感兴趣，对印度的事情和中印关系也缺乏热情。

穆立克还观察到，从十年"文革"走过来的中国人，对于那场浩劫记忆犹新。他们非常担忧黑色的记忆会在未来回归现实。穆立克以一位西方人士的感叹结束了该书的最后一句："华盛顿的一位中国专家评价说：'只有未来能告诉我们，'中国天空的红星'（Red Star over China）究竟是否并以什么样的代价变成'粉红色'（pink）'？"③ 这里的"中国天空的红星"语义双关，它暗指当年美国记者埃德加·斯诺的著名中国游记，也象征了执政的中国共产党，还象征着中国的社会主义制度，而"粉红色"则象征着以所谓民主、自由为核心的资本主义制度。穆立克以两种政治体制的未来"博弈"结束了他的中国著述，结束了他的中国观察和思考，但留给印度读者的印象却没有韦帕的那般乐观。这说明了穆立克紧抱意识形态观察中国社会现实的特点。

1983年7月，印度记者夏尔马（KVS Rama Sarma）访问中国。他在《中国的二次解放》一书中认为，中国这样一个重要的邻国需要引起印度方面的特别重视。"就印度而言，了解中国尤为必要，因为历史已经赋予两国非常相似的难题。"④ 夏尔马对邓小平领导的改革开放尤为关注。他写道："邓小平寄望于这支'科学大军'而非'红色革命家'来建设二次解

---

① T. K. Moulik, *Mao's China: The Dilemma*, p. 7.
② T. K. Moulik, *Mao's China: The Dilemma*, p. 129.
③ T. K. Moulik, *Mao's China: The Dilemma*, p. 190.
④ KVS Rama Sarma, *China: Second Liberation*, "Preface," New Delhi: Lancers Books, 1985.

放后的一个新的强大中国。"①

总体来看,穆立克、韦帕和夏尔马等人的中国报道在不同程度上向印度读者介绍了20世纪70年代末、80年代初中国社会的真实状况,这为很少有机会到中国来看一看的印度人提供了了解中国的宝贵机会。从这一点上讲,他们的书的价值还是值得肯定的,其中国观也值得放在历史语境中进行思考。

---

① KVS Rama Sarma, *China: Second Liberation*, p. 157.

第三章

印度中国观的混杂与激荡期（1988年至今）

本章主要研究1988年至今20余年间印度中国观的复杂变化。20世纪80年代末至90年代初,东欧剧变拉开了世界政治格局巨变的序幕。随着苏联解体,美苏为首的两大军事集团的冷战对抗成为历史。这一巨大变化对于中印关系的影响至深至远。在后冷战时代,中印两国领导人顺应民意和时代潮流,开始进一步调整双边关系。1988年以来,随着中印关系的大幅改善和短期波动,印度看待中国的态度在逐渐发生变化,这使印度中国观呈现出非常微妙而复杂的格局。C·拉贾·莫汉指出:"1990年以来的印中关系发展特别重要而复杂。许多人认为两个崛起中的亚洲大国必然会有激烈的冲突。但是,自从1980年来新德里采取了对华积极接触的政策,两国之间自20世纪50年代末至70年代典型的紧张关系已成为逐渐远去的记忆。"① 他还认为:"20世纪90年代里,印度似乎慢慢地治愈了1962年对华战争的心理创伤(trauma),尝试双边关系正常化。这10年也暴露了中印关系正常化途中的脆弱和潜在的相互戒备……尽管如此,印度无法绕开中国。"② 换句话说,1988年至今的20余年也是各种不同认识态度相互碰撞的混杂局面,即印度中国观的混杂与激荡期。这便是印度中国观正在经历第二次重大转型的基本内容。

---

① C. Raja Mohan, *India and the Balance of Power*, Foreign Affairs, Vol. 85, No. 4, 2006, p. 24.
② C. Raja Mohan, *Crossing the Rubicon: The Shaping of India's New Foreign Policy*, p. 142.

第一节　印度如何看待中国崛起

中国和印度都是"转型中的巨型社会和崛起中的亚洲大国"。[①] 过去30年来，中印两国的综合国力得到了迅速提升，国际社会普遍关注"崛起的中国"和"崛起的印度"。中国经济发展速度迅猛，成为世界瞩目的经济奇迹。近年来，中国政府提倡"和平崛起"、"文化强国"、"文化走出去"战略，增强国家的文化软实力，并历史性地提出"中国梦"的口号，以尽快实现中华民族伟大复兴的时代之梦。这些迹象显示，中国崛起必然并已经成为世界瞩目的焦点。由于中印关系正常化的积极效应，更由于全球化速度的加快，很多印度人士的中国观开始摆脱历史的负担，代之以独立、理性、积极的姿态。然而，一些印度人尚未完全甩掉沉重的历史包袱，又在一定程度上受到西方中国观的消极影响，他们的中国观依然保持冷战时期的消极色彩。因此，"崛起的印度"对"崛起的中国"的全面认知产生了严重的分歧，此即印度中国观"众声喧哗"似的混杂与激荡。印度政界、学界、媒体和民众在认识中国崛起的问题上，自然出现了不同的声音。

一、定位中国形象的不同声音

德里大学东亚研究系的谈玉妮（Ravni Thakur）认为，印度舆论界对中国有三种看法，彼此还有重叠之处。第一种是主流，是折衷的，把中国看成印度的对手而不是威胁。第二种看法认为，中国是友邦。第三种看法认为，中国对印度安全构成最大威胁，这主要是因为"中国和巴基斯坦之

[①] 张贵洪："印度对中国崛起的看法和反应"，《南亚研究》2005年第1期，第27页。此处论述多参考该文相关内容，特此说明。

间的军事合作,人们因此认为中国坚决要把印度限制在南亚,不让她成为全球性的强国"。①

印度学者苏米特·甘古利认为,印度的中国认知有三种:一是"友好派",他们对中国的看法主要建立在对中国的敬畏上;二是"战略性接触派",要求印度通过发展自身的经济和军事力量来应对中国的挑战;三是"对抗派",对华持敌视态度。而莫汉·马力克对于印度中国观的分类则持比较相似的立场。他指出,印度的中国认知可分三派:理智派认为中国是一个长远的威胁,中国与巴基斯坦在核和导弹方面的合作是他们最大和最直接的担忧,因此主张"接触—制衡"的政策;超现实主义者视中国为"明确的和眼前的威胁",因此建议"就像中国对付印度那样对付中国",也就是"遏制加包围";亲善派则认为中国过去、现在和将来都不会对印度构成威胁。

那么这三派分别是由哪些人组成的呢?莫汉·马力克认为,印度中国观的"友好派"即亲华派主要包括共产党、左倾的学者和记者、和平主义者、反核和反美分子,以及理想主义者。甘古利则认为,对华友好派应包括国大党、印度外交部主要成员和反美派。事实上,"友好派"还应该包括大量经济界人士、"左"派政党和对中国越来越了解的年轻人。他们或从经济考虑,或由于政治与意识形态的因素,欢迎中国的崛起,认为这符合印度的国家利益。而"对抗派"或"超现实主义派"主要是少数强烈民族主义者。他们局限于部分军队、智库和一些对中国不了解的教育机构,对中国存在许多误解。他们心目中的中国主要还是20世纪50年代"侵占"西藏的中国,60年代"侵略"印度的中国,70到80年代向巴基斯坦"出售"核武器和导弹的中国,90年代"武装"印度邻国和"支持"印度少数民族地区叛乱的中国。此外,一些人抱怨中国没有明确支持印度成为联合国安理会常任理事国。因此,他们担心中国的崛起,认为这是对印度

---

① [印]谈玉妮:"'CHINDIA/中印大同'为了深化共识",[印]谭中主编:《中印大同:理想与实现》,第80页。

的严重挑战。① 那些坚持认为中国本质上是侵略成性的国家",并认为中国一旦成为"超级大国"就会以武力相向的人,主要来自军队和政界。"没有中国这个潜在敌人,军队就失去了重要的使命。"② 不过,仔细分析会发现,大多数印度人还是处于这两种极端看法之间。"制衡—接触派"包括大多数政府官员、媒体、学界和商界人士。他们的看法部分地建立在中国对印度的政策和态度上。这些人一方面认识到中国的经济改革和发展对印度和亚洲总体上有积极意义,另一方面也高度关注中国国防现代化和中国与印度邻国不断增强的军事关系。因此,他们的看法可以概括为:"经济上欢迎,安全上担忧。"并且,从整体来看,在中国崛起的背景下,印度的中国认知可以用一句话来概括,那就是:"对中国的崛起,印度并没有一种统一的看法。"③ 这也是前文所谓印度中国观"众声喧哗"状态下的混杂与激荡。

在另一位印度学者看来,印度存在三种不同的中国形象,它们反映了印度社会各界的复杂中国观,也表现了相互对立的印度中国观之间的混杂与激荡。"一些人的极端看法是,中国是无可救药的侵略者和扩张主义者,对印度构成了长期威胁(perennial threat)。另外一些持极端看法的人将中国视为温和友善的邻居(benign neighbour),是古代印度的姊妹文明,中国在现代时期受到了更多的伤害而非加害于人。但是,绝大部分印度人的脑海中似乎有一种混杂的印象,其中既有积极也有消极的成分,依据最新局势发展而决定哪种成分更为占优。有一点是清楚的:1962年给印度的心灵留下了永久的伤痕(lasting scar)。"④

关注当代印度中国观的不只是印度学者,还有部分西方学者。美国威尔逊国际学者中心和亚洲协会曾经联合组织了一个项目,对此问题进行探

---

① 张贵洪:"印度对中国崛起的看法和反应",《南亚研究》2005年第1期,第27—28页。此处关于苏米特·甘古利和莫汉·马力克等二人对印度中国观的分类介绍,参考该文相关内容,特此说明。

② Waheguru Pal Singh Sidhu & Jing-dong Yuan, *China and India: Cooperation or Conflict*, London: Lyner Rienner Publishers, 2003, p. 145.

③ 张贵洪:"印度对中国崛起的看法和反应",《南亚研究》2005年第1期,第28页。

④ S. Singh, ed., *India and China: Mutual Reflections*, New Delhi: Anmol Publications Pvt. Ltd., 2006, p. 371.

讨。他们在研究成果中指出，1998年至2003年间，印度对华认知的立场可以大致分为三种，即印度的对华战略思维存在三种明确的看法：大多数人的观点属于主流看法，认为近期中国不会构成军事威胁，但从长远看这种威胁是不确定的，因此印度需要防备中国未来在南亚地区的力量渗透。它的要旨之一是："这类核心中国观的一支认为，在近期，中国不会对印度构成明确而直接的军事威胁，但从远期来看则存在不确定性。从这种观点来看，中国被视为在未来将成为印度利益的潜在威胁或挑战，因为印度必须预见将会出现一个更加自信的中国。"[1] 第二种观点属于非主流看法，以中国问题专家迪香卡为典型代表，他们的立场是："中国并无敌意（China is not hostile）。"[2] 第三种观点也属非主流观点，即认为："中国充满敌意（China is hostile）。"[3] 这种观点以著名的印度对华"鹰派"学者布拉马·切兰尼（Brahma Chellaney）为代表。该研究项目的结论之一是："印度认识中国的主流心态与可称为'温和现实主义'（moderate-realist，这是杜撰的一个词）的大战略观相联系。可以回味前边说过的话，印度中国观主流的要旨在于，不存在短期内的中国威胁，但长远来看，中国威胁却是一个不确定的因素……印度和中国将成为合作或冲突的大国，这要取决于未来的局势发展。"[4] 仔细分析，西方学者或西方智库的观察，与印度政界人士形成了思想逻辑的前后呼应。例如，印度前外长曾经在21世纪初说过："由于中国的崛起存在积极和消极两种前景，大多数印度人似乎处于两个极端之间——现实主义者把崛起的中国视为亚洲的一个潜在霸权，而自由主义者视崛起的中国为亚洲的积极力量。"[5]

和上述学者的研究相比，印度学者阿米塔巴·马托的分类似乎较为合

---

[1] Francine R. Frankel and Harry Harding, eds., *The India-China Relationship: What the United States Needs to Know*, New York: Columbia University Press, 2004, pp. 39–40.

[2] Francine R. Frankel and Harry Harding, eds., *The India-China Relationship: What the United States Needs to Know*, pp. 44–46.

[3] Francine R. Frankel and Harry Harding, eds., *The India-China Relationship: What the United States Needs to Know*, pp. 47–49.

[4] Francine R. Frankel and Harry Harding, eds., *The India-China Relationship: What the United States Needs to Know*, p. 50.

[5] 转引自张贵洪："印度对中国崛起的看法和反应"，《南亚研究》2005年第1期，第28页。

理。他全面分析了印度各阶层人士的中国认知，归纳了印度四种主要的中国形象：或视中国为印度古代的朋友和当前国际政治体系中可以借重的盟友，或视中国为印度在政治、经济和军事诸方面学习的榜样，或视中国为印度不可预测的潜在竞争对手，而一些普通民众则视中国为充满神秘色彩的国家，给人一丝阴森狡诈的感觉。① 这最后一种中国形象仿佛20世纪初西方作家萨克斯·罗默和西方电影共同塑造的、饱含东方主义色彩的"著名"角色傅满洲（Fu Manchu）那样不可捉摸，充满隐喻。② 就第一种中国认知而言，它将中国和印度视为有着悠久文化联系的现代国家。它在本质上是一种地道的理想主义观念，希望印度和中国以此为契机，在当代国际体系中成为坚强的联盟。毋庸置疑，在马托看来，这种观点有些夸大了历史的联系和当代国际合作的空间，是21世纪的一种陈旧过时的理想而已。"这一观点似乎相信，所谓古代辉煌的印中友好关系将继续影响它们之间的当代关系……因此，从这一观点看，1962年边界战争和中巴之间的核合作应该被视为一种失误，而不应该让这些失误影响当代中印关系。"③ 第一种观点以过去的尼赫鲁、健在的前任驻华大使如任嘉德（C. V Raganathan）和康维诺（Vino C. Khanna）等人的中国观察为代表。④ 第二种观点即视中国为全面学习榜样的人主要有印度共产党、"左"派人士、中产阶级极端派人士及纳萨尔巴里分子等。第三种观点即视中国为神秘对手或危险敌人的人，以印度的一些战略分析家和军界人士为主。"这种中国观得到军界内部的广泛赞赏，也是因为印度在1962年对华战争中遭受了一场耻辱的、令人痛心的失败。"⑤ 而大部分没有旅华经历的普通印度人士则将中国视为恐怖莫测的神秘地带，他们的中国认识构成了第四种观点。他们有的痴迷

---

① Kanti Bajpai & Amitabh Mattoo, eds. *The Peacock and the Dragon: India China in the 21*st *Century*, New Delhi: Har-Anand Publications, 2000, pp. 13 – 25.

② 关于傅满洲，参见姜智芹：《傅满洲与陈查理：美国大众文化中的中国形象》，南京：南京大学出版社，2007年版。

③ Kanti Bajpai & Amitabh Mattoo, eds. *The Peacock and the Dragon: India China in the 21*st *Century*, p. 18.

④ C. V Raganathan and Vino C. Khanna, *India and China: The Wat Ahead after "Mao's India War',"* New Delhi: Har-Anand, 2000, p. 180.

⑤ Kanti Bajpai & Amitabh Mattoo, eds. *The Peacock and the Dragon: India China in the 21*st *Century*, p. 24.

于赛珍珠在《大地》中描写的"苦行僧"似的中国人形象,有的则无法探析"李文和案"的详细内幕,遂认为中国人都有间谍行为。"总之,20世纪的印度人以复杂的方式对中国作出反应:或者将其视为古老的一位朋友,或是视为值得模仿的一个榜样,或是视为一个潜在的敌人。但在20世纪末,印度人仍旧不知道,究竟该如何认识中国和中国人民。"① 虽然说这些话是对20世纪末印度中国观的一种检视和回顾,但是它在一定程度上也可用于考察21世纪初印度中国观的基本概貌。

某种程度上,上述印度学界所分析的中国认知也折射了印度政界、尤其是印度高层领导的中国观。从过去20多年来印度政治高层的对华认知来看,他们也有过很多反复和曲折。印度总理1988年访华的"破冰之旅"是在印度政坛"带着镣铐的跳舞",这里的"镣铐"就是1962年边界冲突失败给印度投下的浓重的心理阴影。自那以后,印度高层对华外交政策显示出灵活务实的特性。但好景不常。1998年3月,印度人民党上台执政。部分印度高层领导一再鼓吹"中国威胁论"。5月11日和13日,印度进行了五次地下核试验。印度总理瓦杰帕伊在当年5月11日给美国总统克林顿的信中说:"我一直对印度过去一些年来所面临的不断恶化的安全环境、特别是不断恶化的核安全环境深感不安。我们有一个公开的核武器国家与我们接壤,这个国家1962年对印度发动了武装侵略。"② 这封解释核试验缘由的信代表了部分印度政治精英的"集体无意识"。值得欣慰的是,印度政府总体上仍然愿意与中国维持睦邻友好关系。1999年6月,印度外交部长贾斯万特·辛格访华。他在中国表示,印度不认为中国对印度构成威胁。这显示,印度政府在逐步修复"中国威胁论"带给中国的伤害。中印关系经过一个乍暖还寒、阴晴不定的阶段又回到了比较正常的气候中。

人类历史进入21世纪以来,中印关系虽然有过一些"不和谐"的声音存在,但总体趋势仍令人乐观。这与印度高层领导大多能够审时度势,把握全球化时代赋予中印各自的历史机遇不无关联。例如,近年来,中印两国领导人喜欢强调创造和维护共同发展空间的"双赢"思路便是明显的

---

① Kanti Bajpai & Amitabh Mattoo, eds. *The Peacock and the Dragon: India China in the 21st Century*, p. 25.

② 转引自张敏秋主编:《中印关系研究(1947—2003)》,第25页。

例子。2013年5月20日，访问印度的李克强总理与印度总理辛格等政要人物达成广泛共识，并在此基础上发表联合声明，其中的第三条再次强调近年来双方已有的共识："中印面临经济社会发展的历史机遇，实现两国的发展将促进亚洲乃至世界的和平与繁荣。双方欢迎对方的和平发展，认为这是一个相互促进的过程。世界有足够空间供中印共同发展，世界也需要中印实现共同发展。作为世界上两个最大的发展中国家，中印关系超越双边范畴，具有地区、全球和战略意义。双方视对方为互利伙伴，而非竞争对手。"① 从这种立场看，印度政府显然已经超越了"非敌即友"的中国观，也超越了意识形态的认知立场，从而在国家利益、地区稳定、世界共赢等层面重新认识中国之于印度的重大意义。很大程度上，这种政府层面的中国观或中印合作观必将对印度朝野形成理性客观的中国观发挥示范作用。

当前印度各界对中国经济增长、军事现代化和地区影响力等重要方面的看法各异。于是，当代印度纷纭复杂的中国形象若隐若现。人们不难发现，在左右大多数印度人士的主流中国观难以定型的同时，两种极端的中国观仍然存在。一个极端是把中国看作具有"侵略性"和"扩张性"的"威胁"力量，另一个"极端"则视中国为印度一如既往的"文明伙伴"。后一种思想主要是指当代印度的"中印大同"观。这一点将在后边谈到。这里再对目前印度学界和智库中虽非主流、但却非常惹人关注的"中国威胁论"进行说明。

在"中国威胁论"的诸多心理前提中，1962年边界冲突的结果是一个非常关键的因素。2006年，一位印度政府官员在自己有关尼赫鲁的回忆录中认为，中国在1962年发动的对印"进攻"和"侵略"，不仅出乎当时的印度人意料，而且也是印度人的"一场耻辱的惨败"。② 而一位印度学者在2006年出版的中印关系研究著作中认为，1962年印中边界冲突使印度人相信，中国在亚洲的"霸权"心态驱使其对印取敌对态势。"1962年，中国使印度暴露出军事弱势被视为在亚洲的权力角逐中，蓄意削弱印度的国际

---

① "中华人民共和国和印度共和国联合声明"，2013年5月20日。中国驻印度大使馆网站：http://www.fmprc.gov.cn/ce/cein/chn/zywl/t1041929.htm。

② P. V. Rajgopal, ed., *I Was Nehru's Shadow*, p. 215.

地位和声望。连官方也声明支持的这种流行中国观，是印度受到羞辱和背叛的部分症状，它几乎淹没了印度所有政治团体与公共群体的认知意识。"① 再联系此后不久另一位印度学者对中国的评价，他们的消极中国观包含的历史因素隐约可见："对印度而言，中国的崛起已经造成了令人胆寒的理论和策略方面的挑战。"② 在这种"历史包袱"难以抛弃也不愿抛弃、现实认知过于敏感的前提下，当代印度学者的"中国威胁论"就此出笼。这方面，印度国内的战略分析家布拉马·切兰尼（下简称切兰尼）和印度海外学者莫汉·马力克（Mohan Malik，下简称马力克）的中国认知具有代表性。

切兰尼是新德里"政策研究中心"（Centre for Policy Research）的研究员和国立图书基金会的理事，也是受印度外交部领导的政策咨询小组成员之一，还是印度国家安全委员会的顾问。此外，切兰尼还在美国哈佛大学、布鲁金斯学会、约翰·霍普金斯大学、澳大利亚国立大学兼职。近年来，切兰尼将研究的焦点对准了近年来常常隐含变数的中印关系，近几年印度报刊上出现的很多反华言论几乎都和他有关。他也常在美国《华盛顿时报》、《国际先驱论坛报》和英国《金融时报》、《卫报》等报刊上撰文宣扬"中国威胁论"。无疑，切兰尼是印度"鹰派"学者的代表。通过分析切兰尼的对华言论，可将他的中国观总结为民族主义言说、"中国威胁论"、意识形态偏见等三个方面。③

马力克是位于美国夏威夷火奴鲁鲁亚太安全研究中心的海外印度学者。他曾于 2002 年出版《巨龙论恐怖主义》。近年来由西方学者主编出版的一本研究中国崛起与世界关系的书中，收录了马力克的一篇文章：《印度对中国崛起的反应》。该文系统地阐述了印度对中国崛起的各种认识，并涉及中印双向认知的问题。

在《印度对中国崛起的反应》这篇文章中，马力克首先断言，21 世纪

---

① S. Singh, ed., *India and China: Mutual Reflections*, p. 266.
② Mohanan B. Pillai, ed., *Foreign Policy of India: Continuity and Change*, New Delhi: New Century Publications, 2010, p. 108.
③ 张金翠："印度'鹰派'学者的中国观——对布拉马·切拉尼教授的个案研究"，《世界经济与政治论坛》2012 年第 2 期，第 67—68 页。此处的相关介绍，多参考该文内容。

初,人们正在目睹50年至100年间才能一遇的国际体系中的权力转移。这便是中国的迅速崛起和对美国经济、军事、文化优势的全面挑战。在亚洲,中国试图恢复古代的朝贡体系,逼迫弱小邻国就范。"然而,除了少数的例外,大多数亚洲国家不愿意生活在中国所领导或中国所统治的一种亚洲世界。"① 为了应对中国崛起所产生的"压力",亚洲各国采取了应对措施,美国在亚洲采取维持均势的策略。一个正在日益变得自信的印度应该采取一种全面的战略,从不结盟转向与外部世界多重形式的多重联盟,以"迎接日益严峻的中国挑战,并加快自己作为一个大国崛起的速度"。② 在21世纪初,中印对于世界形势发展存在相似的认识,但也有不少的认知差异。就双向认知而言,马力克认为,中国向来"轻视"印度,视其为南亚地区性大国,《环球时报》和《人民日报》等"抨击"印度的大国梦。"对于扩大联合国安理会和印度核研究工程,北京的立场表明,中国不希望在亚洲出现一个竞争对手。"③ 在分析印度的中国认知时,马力克认为,当代印度受到20世纪50年代中印"蜜月期"的亲切认知、1962年边界冲突的结果的痛苦记忆和当代虚构中印一体的幻想等因素的影响。这些复杂因素最终构成了当代印度消极的中国形象,即"气焰嚣张而图谋不轨的中国龙"(rampant Chinese dragon on the prowl):"中国的策略姿态大体上基于扩张主义者的一种幻念。气焰嚣张而图谋不轨的中国龙挡住了印度大象走向辉煌的道路。"④ 马力克还注意到,印度国内智库和某些对华"鹰派"人物非常反感中国方面将印度称为怀抱"大国梦想"的"地区性玩家而非全球性玩家"(regional player rather than a global player),他们坚称:"印度的身份将由它自己来界定,不是由中国进行阐释。"⑤ 这是由印度的国土面

---

① Kevin J. Cooney and Yoichiro Sato, eds., *The Rise of China and International Security: America and Asia Respond*, London and New York: Routledge, 2009, pp. 178 – 179.
② Kevin J. Cooney and Yoichiro Sato, eds., *The Rise of China and International Security: America and Asia Respond*, London and New York: Routledge, 2009, p. 180.
③ Kevin J. Cooney and Yoichiro Sato, eds., *The Rise of China and International Security: America and Asia Respond*, London and New York: Routledge, 2009, p. 181.
④ Kevin J. Cooney and Yoichiro Sato, eds., *The Rise of China and International Security: America and Asia Respond*, London and New York: Routledge, 2009, p. 185.
⑤ Kevin J. Cooney and Yoichiro Sato, eds., *The Rise of China and International Security: America and Asia Respond*, London and New York: Routledge, 2009, p. 186.

积、资源规模、与中国不相上下的人口、迅速接近中国的经济水平及不断上升的国际地位等因素决定的。马力克还认为,中印正处于一种"经典的安全困境"之中。中印之间的双向认知处于非常糟糕的境况,印度对中国的"敌意"认识得非常清楚。① 在马力克看来,历史上一直存在中国"削弱"印度实力的企图。中印之间长期在南亚地区进行"零和博弈"。中印之间还存在一种"软实力外交"和在亚洲的"软实力"竞争。马力克还考察了一直困扰中印关系的领土争端、西藏问题、核竞赛、能源安全、石油和水资源竞争、海上竞争等问题。基于国际关系的"零和博弈"思维,马力克对中印关系的未来是非常悲观的。他的结论是:"领土争端的冲突蓄势待发。西藏问题、能源问题和敌对联盟关系使得印度总理'两国共同发展有足够空间'的主张至多只是一种'希望',而不是一种坚定的信念。事实上,不能完全排除中印爆发冲突的可能性。"② 由上所述可以看出,马力克受到 20 世纪 60 至 80 年代印度中国观的负面影响非常之深,他基本上全盘继承了此前部分印度人士的"中国威胁论"。

马力克在该文中体现出的中国观与印度国内学者的中国观基本保持了一致。换句话说,"中国威胁论"贯穿了马力克的该文始终。他还在文章中引用了切兰尼的观点。后者于 2007 年 7 月 3 日发文鼓吹印度与日本、澳大利亚和美国建立基于民主价值观的反华联盟的观点便受到他的欣赏:"如果印度能在欧亚战略三角中与中国、俄罗斯公开地携手合作,以促进全球力量平衡,那么它为何不能另起炉灶,而与其他国家建立伙伴关系,以寻求亚洲的民主和平与稳定? 当中国采取明显的意在遏制印度的行动时,它是否能'解释'一下它针对新德里的行为?"③ 马力克在文章中还大量引用印度其他学者的中国述评,并从《印度时报》和《印度快报》等印度英文报纸上大量引用反华言论。从这种带有明显倾向的引用中不难发现,马力克为代表的海外印度学者与印度国内的反华舆论形成了相互唱和

---

① Kevin J. Cooney and Yoichiro Sato, eds., *The Rise of China and International Security: America and Asia Respond*, pp. 189–190.
② Kevin J. Cooney and Yoichiro Sato, eds., *The Rise of China and International Security: America and Asia Respond*, p. 208.
③ Kevin J. Cooney and Yoichiro Sato, eds., *The Rise of China and International Security: America and Asia Respond*, p. 187.

之势。更令人担忧的是，马力克所撰文章是由西方学者主编的英文书，这对于印度版"中国威胁论"的传播更加有利。这样一种印度国内学者、海外印度学者和西方本土学者的"连锁倾销"或"学术接力"，使得印度与西方在反华言论、特别是传播印度版"中国威胁论"方面保持了一致。总之，如何突破印度与西方中国观的"舆论合谋"，缓解"中国威胁论"在海外的"市场压力"，将是学界必须思考的重要问题。

二、中国经济发展观

过去30年来，中国的综合国力迅速提升，中国崛起已经成为一种世界瞩目的事实。事实上，到2010年为止，经过30年的快速发展，中国国民生产总值（GDP）超过日本，成为仅次于美国的世界第二大经济体。业内人士表示，对中国成为全球第二大经济体的评估非常复杂，因为中国的人均财富依旧排在世界百名之后，中国经济实力也依然处于发展中国家水平。世界第二大经济体并不等于第二大经济强国。[1] 但无论如何，中国综合国力的迅速上升已经是不可置疑的事实。

另一方面，在中国崛起的同时，印度也悄然崛起，并吸引了世界的目光。自从1991年开始经济改革以来，印度经济增长明显。2006年前后，印度顺利进入"东亚增长速度"（8%以上），它在2007年的经济增速更是一度达到9.5%，仅落后于中国。[2] 在此前后，印度学者开始预测印度何时赶上或超过中国经济的发展速度或经济规模。近20年来，印度日益关注中国经济迅猛发展的态势及其对印度经济发展、国家安全等方面的影响。美国著名南亚问题专家斯蒂芬·科亨认为，在印度，"如有任何疑虑存在，那就来源于中国比印度速度更快的经济增长和中国在联合国安理会的常任理事国席位"。[3]

---

[1] "二季度中国GDP超过日本成全球第二大经济体"，2010年8月16日。参见http://money.163.com/10/0816/14/6E7DQCLA00252G50.html。

[2] 郝娜："有关中印经济增长的几个误区"，《21世纪国际评论》2011年第1期，第40页。

[3] 转引自韩华："友好邻邦还是安全威胁——中印如何看待对方"，《南亚研究》2002年第2期，第12页。

早在20世纪80年代初,随着中印文化交流的恢复,中印社会科学家之间的交流便随即拉开序幕。1982年10月,由印度社会科学研究理事会(ICSSR)主席带队的高级代表团访问中国。1984年,中国社会科学院院长马洪带领的中国社会科学家高级代表团访问印度。在此基础上,1985年1月7日至9日,中印双方在新德里联合举行学术研讨会。中方由当时的中国社会科学院世界经济与政治研究所所长带领11名专家参会,印方19人参会。这次会议分为七个议题,涉及中印双方的农业问题、城乡平衡、技术自主战略、能源开发与管理、第三世界对世界经济的近期影响趋势和近期经济改革趋势等等。这些议题充分显示,中印学者对对方经济发展和中印经济比较保持着浓厚的兴趣,这为以后的中印学者研究相关学术问题创造了良好的氛围。这次国际学术研讨会的相关论文于1988年结集出版。[1]

1986年,两位隶属于印度国际经济关系研究理事会(ICRIER)的年轻经济学家出版了一本薄薄的小册子,但书名却十分惹眼:《中国的挑战》。他们主要研究中国的能源出口战略对印度出口产业的挑战。这表明,印度学者对于中国改革开放取得的成就十分关注。两位作者在书的"序言"中写道:"30多年来,特别是在政治和军事领域里,中国的挑战已经成为一种争论和关注的对象。本文是一篇小论文,聚焦于另外一种挑战,它起源于经济改革赋予中国的新能力……坦率的结论是,1985年的中国构成了严重的威胁。本文试图从中国的实践中获得经验教训。"[2] 从这样的叙述中,读者不难品出尚未结束的冷战气息,其中也微妙地反映出印度学术界对中国经济改革的高度重视。这预示着1988年中印关系正常化以后的印度经济学家将继续关注中国经济改革和中印经济发展比较的相关议题。进入21世纪以来,随着中国崛起的速度加快,印度学界的关注程度空前提

---

[1] Indian Council of Social Science Research, *Economic Development of India and China: A Comparative Study*, New Delhi: Lancer International, 1988.

[2] Sanjay Kathurja and Nisha Taneja, *The Challenge from China*, "Preface," New Delhi: Indian Council for Research on International Economic Relations, 1986.

高，相关学术著作也日渐增多。①

在对中国经济发展进行观察和思考的过程中，部分印度学者表示了担忧，这既是此前的"中国威胁论"余毒未尽之故，也是他们期望印度经济快速发展的曲折反映。例如，1992年印度前外交秘书J.S.梅塔以龟兔赛跑的著名寓言来描绘中印在国际经济舞台上的竞争性"表演"，以此表示自己的担忧，他说："眼下，中国看上去是只兔子，它在经济方面跑到印度的前头，世界可能会错误地将印度这个民主乌龟不放在眼里。"② 20世纪末，在对中国经济发展进行分析和预测的印度学者中，也不乏一些"悲观者"或曰"唱衰中国者"。如有人认为："另外一个虚构的神话是，一些中国问题观察家认为，未来20年里，中国有可能成为经济超级大国……中国在未来20年里成为经济超级大国的说法，最好被当成那些中国崇拜者俱乐部成员的一厢情愿。"③ 而在前述的马力克看来，印度保持高速的经济增长应该被视为印度的一种"战略需求"，因为印度经济发展停滞或低增长将使自己更为忧虑中国的实力上升。他说："对亚洲第三大经济体而言，保持强劲的经济增长也将确保亚洲的安全体系不会偏向于中国方面。"④ 这种冷战思维是其看待中国经济发展的特色。

20世纪末至21世纪初，印度学者对中国经济增长及其前景进行分析和预测，并延伸到中印经济发展比较的层面。与此前一些学者相比，他们的心态更趋理性。这使得他们的观察更为接近中国经济发展的真实状况。

---

① 例如，这方面的著作包括：Subramanian Swamy, *Economic Growth in China and India: A Perspective by Comparison*, New Delhi: Vikas Publishing House, 1989; Subramanian Swamy, *Financial Architecture and Economic Development in China and India: A Comparative Perspective*, Delhi: Konark Publishers, 2006; Piya Mahtaney, *India, China and Globalization: The Emerging Superpowers and the Future of Economic Development*, New York: Palgrave Macmillan, 2007; Bimal Kumar Sikdar and Amitabh Sidkar, *India & China: Strategic Energy Management and Security*, New Delhi: Manas Publications, 2009; N. S. Siddharthan and K. Narayanan, eds., *Indian and Chinese Enterprises: Global Trade, Technology and Investment Regimes*, London, New York and New Delhi: Routledge, 2010; Tapati Mukhopadhyay, *Yangtze to Ganga: Impact of Economic Reform on Space in China and India*, New Delhi: Manak Publications, 2010; Gurudas Das and C. Joshua Thomas, eds., *India-China Trade and Strategy for Frontier Development*, New Delhi: Bookwell, 2010.

② Surjit Mansingh, ed., *Indian and Chinese Foreign Policies in Comparative Perspective*, p. 482.

③ Tan Chung, ed., *Across the Himalayan Gap: An Indian Quest for Understanding China*, p. 539.

④ Kevin J. Cooney and Yoichiro Sato, eds., *The Rise of China and International Security: America and Asia Respond*, p. 201.

或许，这与更多的印度学者有机会实地考察中国经济发展现状有关。部分印度学者认为，导致中国经济快速增长的主要因素包括改革开放、稳定的国际环境、大规模开发、出口导向战略、国家团结和国民支持等。在他们看来，中国经济发展也存在一些制约因素，并且，相对于中国的"快速增长"模式，印度的"渐进增长"模式具有潜在的优势：更加健康的银行体系，更优越的制度框架，更强大的私营企业，较高的资本效率，更年轻的人力资源，印度由信息产业带来的"世界办公室"效应。① 一位印度学者的结论是："在未来的国际经济舞台上，印度和中国都将扮演重要的角色，但是它们也将面临许多相似的短期和长期的经济问题。目前的中国经济处于'过热'状态，需要控制通货膨胀和物价增长……印度也存在通胀的问题，但相比于中国的'增长过速'问题，印度的问题却是'增长过慢'……从长远来看，中国面临最大的挑战问题是，如何在改革策略、政治结构和经济体制之间求得和谐一致。幸运的是，在这方面，印度的政治体制与其民主市场体制非常协调。"② 通过这样的比较，中国和印度经济增长在世界经济发展的坐标谱系上的位置得到重新标识。当然，该文作者对中印政治体制之于各自经济体制的作用分析，暴露了意识形态的偏见，这是部分印度学者看待中国时的集体无意识。另一位印度学者说："预测中国的政治发展要比预测中国经济发展更为困难。在我关于中国经济的预测中，对于其政治稳定的假设最为关键。"③

印度前商业部长、国会议员 S. 斯瓦米曾经先后出版过两部研究中印经济比较的著作。他注重中印经济发展有异于其他国家经济发展模式的特殊性研究。例如，他在1989年出版的著作中认为："中国、印度与其他发展中国家在经济实践和资金方面的差异，使得传统经济史学家们关于国家'落后'的解释部分地显得不完美，部分地显得不合适。"④ 在2006年出版的新著中，斯瓦米提出了自己的中印经济比较分期法："中印经济发展比

---

① 此处论述参考张贵洪："印度对中国崛起的看法和反应"，《南亚研究》2005年第1期，第29页。

② Tan Chung, ed., *Across the Himalayan Gap: An Indian Quest for Understanding China*, p. 267.

③ Naunihal Singh, *China in the 21st Century*, New Delhi: Mittal Publications, 2006, p. 144.

④ Subramanian Swamy, *Economic Growth in China and India: A Perspective by Comparison*, New Delhi: Vikas Publishing House, 1989, p. 2.

较最好是按照下述时间分段进行：1870年至1950年的反抗帝国主义时期，1950年至1980年的采纳苏联计划经济模式期，1978年至今向市场经济转变的经济改革期。"① 斯瓦米的比较研究值得学界关注。

2001年，印度智库"印度政策研究中心"研究员尼米·库莉安出版了《崛起的中国与印度的政策选择》一书，其中大量论及中国崛起背景下的经济发展现状和前景。库莉安的观点是，中国提高了西方经济强国在华经济利益，而中国自身也成为一个巨大的经济市场，充满了经济活力，给予外商更多的投资机会。对于中国面临的内部问题，库莉安认为："中国庞大的人口将持续成为主要的政策挑战。"中国还将应付能源短缺、水、土地、能源和矿物方面的压力，甚至包括收入不均等，随着经济发展，这些压力还会加大。"因此，中国必须保持一定的经济增长水平，以吸纳那些失业者。这些与其他国内挑战将使中国关注于此。"② 自然，应对这些挑战的方式将对中国现代化的成功与否起决定性作用。近年来中国经济发展出现了许多问题，这与库莉安的观察基本吻合。这说明了她对中国国情的了解比其他印度学者要更深入一些。

一位印度经济学家指出，对印度来说，中国的经济发展不是威胁，而是机遇。该学者在考察某些西方经济学家关于中国经济发展的判断的基础上认为："按购买力计算，到2020年时，中国有可能成为世界上最大的经济体……到2020年，中国也极有可能成为亚洲最大的经济体（既按购买力也按官方汇率计算）。因此，对于世界其他国家而言，中国提供了一种十分难得的机遇。"③ 该学者还认为，中国所提供的这种最佳机遇应该用来创造全球治理的一种框架。中国的发展有助于创造一种新的国际秩序，但中美两国均不在这一体系中占据或谋求霸权位置。这样，全世界将形成"人类历史上前所未有的共同繁荣局面"。④ 该学者的结论或预测是，即使

---

① Subramanian Swamy, *Financial Architecture and Economic Development in China and India: A Comparative Perspective*, Delhi: Konark Publishers, 2006, p. 21.

② Nimmi Kurian, *Emerging China and India's Policy Options*, New Delhi: Lancer Publishers, 2001, pp. 80–81.

③ Ramgopal Agarwala, *The Rise of China: Threat or Opportunity?* "Preface," New Delhi: Bookwell, 2002, XII.

④ Ramgopal Agarwala, *The Rise of China: Threat or Opportunity?* "Preface," XV.

到了2020年，高速发展的中国仍将是"对世界其他国家的一种机遇而非威胁"。[①]

在对中印经济发展进行比较的基础上，部分印度学者提出，印度应该学习中国发展经济的成功经验，以促进印度经济的快速发展。

2003年3月27日至28日，德里大学东亚研究系组织了有中国学者文富德和陈继东等人参加的题为"印度与东亚：相互学习"的国际学术研讨会。在会上，德里大学东亚研究系的中国问题研究专家S. 查克拉巴蒂教授在题为"从激进政治到自由经济：中国是榜样"的发言中认为，印度应该抛弃一切成见，勇敢而果断地学习中国的经济发展模式。她说："独立以后的这段时期，印度不能提高印度人民的生活质量，这便使社会各界从社会和政治层面渴求外部的学习榜样。在激进政治时期，中国是印度的学习榜样；在自由经济时期，中国依然还是印度的学习榜样。"[②]

印度地理学家和经济学家T. 穆卡帕迪耶曾经先后三次来华考察中国经济特区的发展历史和现状。2001年，她出版了《孟买与上海：全球化世界中可持续发展的比较研究》一书。2010年，她出版新著《从长江到恒河：中印经济改革对地理空间的影响》，对中印经济特区的发展进行比较。在她看来，中国的土地市场和相关法规有利于国内外投资者对土地进行投资开发。这又进一步促进了中国经济体系的许多转变。这种模式影响了印度："印度的经济特区其实是硬生生地套取了中国的特区模式。"[③] 穆卡帕迪耶介绍说，至2010年为止，印度政府已经批准设立26个经济特区，已经有8个经济特区开始运转。在穆卡帕迪耶看来，中国当初实行经济特区的最终目的是，消除地区间贫富差距，达到沿海与内地之间的共同富裕。中国的土地制度比印度更为灵活，由国家统一制定，而印度的土地制度僵化，各个邦并无统一的土地使用政策，呈现混乱无序的局面，不利于开办特区和吸引外国投资。中国的特区政策等因素导致了一种"市场导向型社

---

① Ramgopal Agarwala, *The Rise of China: Threat or Opportunity?* "Preface," XVII.
② Sushila Narsimha and G. Balatchandirane, eds. *India and East Asia: Learning from Each Other*, Delhi: Department of East Asian Studies, University of Delhi, 2004, p. 519.
③ Tapati Mukhopadhyay, *Yangtze to Ganga: Impact of Economic Reform on Space in China and India*, New Delhi: Manak Publications, 2010, p. 260.

会主义",其目标是共同富裕、社会和谐。印度应该努力学习中国的成功经验,争取迎头赶上。[1]

另外两位印度经济学家与穆卡帕迪耶强调印度学习中国成功经验的立场略有差异。他们认为,从中印经济发展的历史比较来看,过去20年来,因为中国具有更为优越的地缘政治环境和独特的历史遗产,印度不可能赶上中国的经济发展速度。但是,印度的三大优势使它未来的经济发展更为稳定和强劲有力。这三大优势是:印度的民主体制、资本市场和银行体制、二次或三次受教育的机会。[2] 从上述三位学者的不同态度来看,他们在中印经济发展比较中体现出的差异,主要还与意识形态因素发挥作用与否有关。

阿马蒂亚·森(Amartya Sen, 1933—)是享誉世界的印度经济学家。他于1998年获得诺贝尔经济学奖,1998—2004年任剑桥大学三一学院院长。他有英美印三地求学任教的丰富经历。他的专业是经济学,但著述范围很广,涉及社会文化诸方面。森在2005年出版的名作《惯于争鸣的印度人》中,专列一章《中国与印度》谈论中印文化交流,同时涉及到他的中国观。与泰戈尔对中国文明的高度赞赏相似,森认为:"例如,一零零零年时世界上的高技术,包括造纸与印刷术、弩弓与火药、独轮车与旋转扇、钟与铁索吊桥、风筝与磁罗盘。在一个千纪之前的世界上,这些'高技术'领域中的每一个均已确立于中国,而在同一时间实际上却不为其他地方所知。是全球化将它们传遍世界,包括欧洲。"[3] 中国经济的快速发展使身为经济学家的森不无欣喜。在他看来,印度早先闭门造车的经济发展战略需要及时调整,而中国的经验极其重要。他写道:"中国以令人震惊的成功加入世界经济并成为世界经济的一个领跑者,而印度,就像其他许多国家一样,尤其是在最近几年,一直从中学习了大量东西……然而,另

---

[1] Tapati Mukhopadhyay, *Yangtze to Ganga: Impact of Economic Reform on Space in China and India*, pp. 285 – 289.

[2] Bimal Kumar Sikdar and Amitabh Sidkar, *India & China: Strategic Energy Management and Security*, New Delhi: Manas Publications, 2009, pp. 130 – 131.

[3] [印]阿马蒂亚·森,刘建译:《惯于争鸣的印度人》,上海:上海三联书店,2007年版,第259页。

一方面，民主参与在印度的作用表明，中国亦可有所学习和有所了解。"①森的意思是，印度和中国在古代相互学习了许多东西，到了21世纪，两国互相学习也远未过时。

关于印度追赶中国经济发展速度的问题，有的印度学者认为，中国已经是一个高速工业化的国家，印度滞后，因此追赶的难度很大。印度需要加快基础设施的投资和建设。"摆在我们面前的挑战不是追赶中国的发展速度，尽管这种速度必然会放慢的。"② 他们还认为，印度和中国都目标明确，那就是成为两大经济强国。两国在能源、市场和影响力方面存在竞争日益加剧的趋势。它们之间不太可能发生战争，也不太可能成为"不共戴天的敌人"（mortal enemies）。然而，两国的经济环境将使它们成为竞争对手。"但是，要确保印中竞争不会演变为另一场冷战的话，印度必须确保缩短与中国之间的经济差距。这也将在很大程度上缩小两国间的战略差距。"③ 既强调不追赶中国的经济发展速度，又强调印度必须尽快缩短与中国经济发展之间的差距，这显示出印度学者在中国经济迅猛发展面前的焦虑心理和矛盾心态。事实上，根据中国学者的研究，如果印度经济不是出现奇迹，它还不大可能成为像西方发达国家一样的发达国家。"当然，在21世纪前半期，印度成为世界经济大国还是可能的，但不一定能够成为世界经济强国。"④ 或许，印度学者对于印度复杂的社会问题、政治问题和不太理想的外部发展环境之于印度崛起的制约非常清楚，这便加剧了他们对中国经济崛起的担忧。

在中印经济发展比较的过程中，一些印度学者认识到了印度与中国合作发展以求共赢互惠的必要性。例如，有的学者认为："不过，两国间的竞争并不意味冲突或冲撞。印度与中国已经变得更少情绪化，更为成熟，更加讲求实际。近年来，比起传统的地缘政治和安全关切来，地缘经济（Geo-economics）变得更加重要。因此，印度和中国必须学会和平相处，

---

① [印] 阿马蒂亚·森：《惯于争鸣的印度人》，第143页。
② Mohan Guruswamy, ed., *Emerging Trends in India-China Relations*, New Delhi: Hope India Publications, 2006, p. 197.
③ Mohan Guruswamy, ed., *Emerging Trends in India-China Relations*, p. 200.
④ 文富德：《印度经济：发展、改革与前景》，成都：巴蜀书社，2003年版，第262页。

相互合作。这就正如有人所说的那样：'你可换朋友，但你不可换邻居'（You can change friends but you can't change neighbours）。"① 还有一位印度学者说："亚洲的命运取决于印度与中国的合作……从比较的角度看，印度与中国的产品具有互补性而非竞争性。中印之间的经济合作对于世界上很多处于社会边缘的人口来说，将会带来巨大的利益。除了促进国民经济增长外，中印合作还能加快两国边疆地区的发展。中国正面临着发展西南部的艰巨重任，而印度也面临着相似的来自东北地区的挑战。这两个地区都与中印的中心地带相距很远。"② 这种从中国西部开发与印度东北部地区开发的机会中寻求合作的思路是切实可行的，但也面临一些非经济因素的制约，如印度的安全关切。为此，2007年3月5日至6日，中印学者于印度锡金邦的甘托克举行题为"印中边界贸易：边疆地区的发展战略"的学术研讨会。有的学者在会上指出，印度发展与中国的关系还受到"1962年震惊"（the shock of 1962）的困扰而成为非常敏感的事情，印度方面很难忘记1962年边界冲突及其后果。中印似乎很难回到以前的"印度中国是兄弟"的"蜜月"时代。不过，两国人民正在试图遗忘1962年冲突带来的心理挫伤，以构建新型建设性关系，努力恢复中印2000多年历史友谊。"在新的全球语境下，这一点显然可以办到。中国和印度都在谈论发展战略伙伴关系，这是中国国家主席胡锦涛去年访问印度时提出的一项建议。"③ 不过，这位学者仍然认为，印度的民主体制比中国的"单一体制"在协调政治、经济和社会发展方面，具有更大的优势。这会使印度避免更大规模的社会动乱和社会暴力。"不过，印中两国都都已步入发展轨道，并且，自从实行经济自由化以来，两国都取得了非常的成就。"④

有的印度学者还具体指出了中印两国的合作领域，如能源领域的合

---

① Bhawna Pokharna, *India-China Relations: Dimensions and Perspectives*, New Delhi: New Century Publications, 2009, pp. 304–305.

② Gurudas Das and C. Joshua Thomas, eds., *India-China Trade and Strategy for Frontier Development*, "Preface," New Delhi: Bookwell, 2010.

③ Gurudas Das and C. Joshua Thomas, eds., *India-China Trade and Strategy for Frontier Development*, p. 214.

④ Gurudas Das and C. Joshua Thomas, eds., *India-China Trade and Strategy for Frontier Development*, p. 210.

作:"中国已经具有在亚洲进行区域合作的良好记录。印度也是如此。走到一起来的话,他们会为亚洲能源合作制定好议事日程。"① 还有学者认为,中印两国可以扩大合作的范围。"因此,当我们说印度和中国必须合作并互相学习对方时,赞赏这一点非常重要。这可不是什么外交术语。两个亚洲巨人之间协调合作的重要问题的名单非常之长,如食品和农业、就业和教育、环境和可持续发展、技术和能源,等等。"② 应该说,这些学者的思路是不错的,因为他们意识到一个问题,在全球化时代,各个国家的经济发展离不开国际合作,近邻国家更是如此。看看当今中印经济合作正在有序展开的事实,不难发现,印度学界和政界人士已经非常明智地看出了问题的端倪,确定了正确的合作方向和方针。这种顺应时代潮流的趋势对加强中印经贸合作乃至能源等非传统安全领域的合作,无疑是非常重要的。

三、中国军事发展观

印度前总理首席秘书 P. N. 哈卡萨曾经忧虑中国崛起对印度和世界的影响:"中国有望成为 21 世纪的强国。我感到困惑的是,她的力量将如何使用?"③ 某种程度上可以说,哈卡萨的担忧代表了部分印度人对中国这个昔日地缘政治"对手"、当代军事强国的微妙心态。这既是 1962 年边界冲突"综合征"的表现,又反映了世纪之交部分印度人士对中国军事发展和国防力量的观察思考,还反映了他们对自己发展现状的忧虑困惑。

20 世纪末,一位印度学者在《中国正成为超级大国与印度的选择》一文中说:"与毛泽东一样,邓小平也想利用中国人民解放军的军事力量解决边境问题,但却没有成功。随着邓小平时期临近结束,他的继任者将如何行动只能成为一种揣测。他们也许会、也许不会继续采取使用武力的方针去解决'中央王国'的边界问题。"④ 这里的话其实隐含了对中国军事现

---

① Mohan Guruswamy, ed., *Emerging Trends in India-China Relations*, p. 24.
② S. Singh, ed., *India and China: Mutual Reflections*, pp. 402 – 403.
③ Surjit Mansingh, ed., *Indian and Chinese Foreign Policies in Comparative Perspective*, p. 505.
④ Tan Chung, ed., *Across the Himalayan Gap: An Indian Quest for Understanding China*, p. 538.

代化步伐加快的担忧，同时又与悬而未决的中印边界问题挂钩。历史负担和现实忧虑使部分印度观察家对中国军事力量的解读出现了偏差，他们将中国视为"超级大国"便反映了这一点。从少数人解构中国的"经济超级大国"形象到建构中国的"军事超级大国"形象，这是一个十分有趣的现象。从这种反差强烈的解读背后可以发现，印度学者和政治家们十分在意自己在当代世界的经济坐标和军事坐标，借以界定自己的国家身份。不难明白的是，印度的中国形象建构其实反映了它在全球化时代的大国战略梦想。

如果说印度对中国经济高速增长的理解还算客观而理性的话，那它对中国军事现代化则多持消极的看法。这与尼赫鲁时期就已经发轫的"中国威胁论"有些关系。自从1950年中国军队进入西藏，1962年边界冲突，1964年中国核试验，1965年中国与巴基斯坦形成战略关系，直到1998年印度核试验，"中国威胁"一直困扰着某些印度战略家。印度对中国军事现代化的负面看法在1998年印度核试验前后特别突出，当时一些显赫的印度高层人士公开声称"中国威胁"。但此后，印度对中国的这种极端消极的看法已有很大改变。在印度学者看来，这主要是由于中国亚洲外交的变化、中印关系改善和中国对亚洲事务更加敏感。印度对中国军事方面的关注主要包括：认为中国在西藏高原和其他地区部署导弹可能针对印度；中国与巴基斯坦长期和不断深入的军事关系，特别是核合作；中国不断扩大和深化与印度其他邻国的军事合作关系；此外，中国国防开支和国防预算外的军事项目等等。其实，印度的威胁感主要建立在中国的力量而不是意图上，这在一定程度上"反映了印度的历史负担"。[1] 这种"历史负担"又非常现实地与当代印度的国际地位考量、民族国家身份焦虑等紧密相关。

毋庸讳言，在印度，持"中国威胁论"者多属军界人士和战略分析家。自然，对于中国军事力量的强大表示担忧的也是这类人士。例如，一直关注中国空军发展的印度空军准将R. V. 库马尔认为："从军事方面来

---

[1] 张贵洪："印度对中国崛起的看法和反应"，《南亚研究》2005年第1期，第29—30页。此处论述参考该文相关内容，特此说明。

看，在印度，中国人民解放军的现代化及其与印度邻国的合作努力要么被视为对印度进行'战略包围'的一部分，要么被视为将印度'边缘化'……在这种情况下，印度军队采取的是一种'威慑巴基斯坦和劝阻中国'的战略。随着中国导弹威胁印度和中国逐渐向巴基斯坦转移导弹，印度似乎正在从上述的战略逐渐转向'威慑巴基斯坦和威慑中国'的战略……所有这些举措也表明，印度的国防预算有望增加，以应对中国的挑战。这显示，在未来的时间中，中印两国将展开军备竞赛。"[1] 与谢钢的论调相应的是，收录他的这篇文章的书名叫作《中国崛起对印度的影响》，封面正上方是中国人民解放军三军仪仗队的威武英姿，左下方是一张张象征中国经济繁荣的红色人民币（100元面值），其背景则是上海东方明珠塔等景观，右下方则是中国城市的摩天大楼。这样一种封面设计再配以上述抓人眼球的标题，非常形象地表明了中国崛起之于印度朝野民众的"巨大影响"，不过，这其实是印度印刷业和学术界、智库人士联合运作的、旨在表达"中国威胁"令人恐怖的形象图解。

　　对有的印度战略分析家来说，中国军事现代化对印度的"威胁"还上升到了卫星与空间技术领域。他说："对印度来说，印度一直关注中国的反卫星武器和空间技术，因为这些东西可以威胁印度的摄像卫星和侦察卫星。它们还具有跟踪和摧毁潜在的卫星技术的优势。"[2]

　　关于中国崛起中的军事现代化问题，印度政界和学术界也有比较客观的看法，如印度前任驻华大使任嘉德坦率地认为："那种坚持说中国想要把印度遏制在南亚地区的论词，忽略了一个基本点。印度是否成为全球角色完全取决于印度自己。这要求印度具备包括政治上的和谐、经济上的繁荣、社会公正、足够的军事能力以及聪明的外交等综合条件。这不是任何国家，即使是中国，所能剥夺印度的。"他还认为，地理、文化、民族和经济利益等，已经把南亚国家的前途和印度，而非和中国紧密联系在一起了。"有人担心中国会从喜马拉雅山区王国长驱直入占领南亚平原，那种

---

[1] Harsh V. Pant, ed., *The Rise of China: Implications for India*, New Delhi: Cambridge University Press India Pvt. Ltd., 2012, p. 103.

[2] Jagannath P. Panda, *China's Path to Power: Power, Military and the Politics of State Transition*, New Delhi: Pentagon Security International, 2010, p. 119.

想法完完全全是夸大其词的。"任嘉德对印中关系做如是思考：印中关系问题是好坏参半的。就中印在更大的国际舞台上发挥作用而言，将来印度与中国的利益不一定不可避免地要发生冲突。作为世界上两个人口大国，印中之间应该有可能在一个更大的合作框架内追求各自利益。"印度需要的是自信心而不是狂想，印度是个太大的国家，不可能向任何国家低头屈服；但它也必须像一个成熟的大国那样行事，即使利益并不吻合，我们也应该能够以平衡而合理的姿态去同国际社会来往。"① 有的印度观察家还注意到，1999年以来，中国已经改变它在克什米尔问题上支持巴基斯坦的立场，转而强调通过印巴之间冷静克制的双边谈判来和平解决克什米尔争端。② 这反映了印度对中国战略动向和地区影响的新认识。有的中国问题专家则对中国成为印度的"地缘政治对手"的原因作出了客观而令人信服的分析。在他们看来，1962年边界冲突的结果带给印度的是民族自信心的丧失。中国遂成为"自然而命定的地缘政治对手"。"如果不像1954年那样打'中国牌'，印度就不能迎接新的挑战和抓住新机会。"③

毋庸讳言的是，中国经济的快速增长和军事力量的增长使得印度看中国出现了新的动向。"在国防和外交事务领域，许多有影响的印度分析家制造一幅肌肉发达的中国形象（an image of a muscular China），它尊崇权力胜于其他任何因素，印度只有同样强大才可顺利地与之协调谈判。随着中国经济快速增长和随即获得加强自己军事实力的更多资源，一幅独断专行的中国形象（the image of an assertive China）被人为地进一步放大。这种形象对印度的安全、对印度在邻国和印度洋地区的利益构成了严重的威胁。"④ 从这种分析来看，印度部分战略分析家是按图索骥，按需造像。他们虽然构建的是中国形象"肌肉发达"、"过于自信的独断专行"或"张牙舞爪"的一面，但其实是想表达印度自身的安全关切。这种潜在的战略关切又深深植根于印度的大国梦想和1962年边界冲突"综合征"之类的

---

① 叶正佳译："印度前驻华大使任嘉德等论印中关系的前途"，《南亚研究》2000年第1期。
② Surjit Mansingh, ed., *Indian and Chinese Foreign Policies in Comparative Perspective*, p. 498.
③ Mira Sinha Bhattacharjea, "India-China-Pakistan: Beyond Kargil-Changing Equations," *China Report*, Vol. 35, No. 4, 1999.
④ S. Singh, ed., *India and China: Mutual Reflections*, p. 371.

历史负担。前述该学者认为，没有必要在印度渲染中国军事对印度国家安全的"威胁"。他说："至于所谓'中国威胁'的本质，印度的战略思想家们也可尝试一种新的观察视角。他们可以考察一个基本的事实，即过去37年来，除了包括核武优势在内的确切无疑的军事能力优势外，中国没有对印度方面采取过什么重要的军事行动。在设想最糟糕情况的基础上制定策略并不总是符合现实主义的态度。它可能会获得事与愿违的的结果。当然，以印度这么一个国家的规模和抱负，它必须拥有某种最低限度的可靠能力。但这并不需要尝试与中国展开军事竞赛，因为那可能会将印度拖入一种压垮苏联的灾难性进程。"① 该学者的思路存在着一定的客观性和理性，这说明，印度国内对于中国军事力量发展或军事现代化的看法，并不存在铁板一块的状态。

前述的哈卡萨指出了某些印度人士借中国军事现代化而散布"中国威胁论"的一大"隐秘"："事实上，我们印度人是通过西方眼光和西方以英语为媒介进行的研究来看待中国的。我们接受了中央王国等诸如此类的关于中国形象的老生常谈。我敢确信，中国人也是以这样的方式来看待印度的。"② 哈卡萨的这些话表明了某些印度人士通过"西方之眼"建构中国形象的历史传统。实际上，世纪之交，即使是一些客观的美国战略分析家也说得非常明白："新德里现在视北京为国家安全'清楚和现实的威胁'。但事实并非如此……这些指责通常要么根据西方有关北京帮助巴基斯坦发展核与导弹项目和在缅甸活动的报道，要么是对快速崛起的中国一种远期的担心……一个没有受到充分认识的事实是，在基本的安全方面，印度实际上还相对强于中国。"③ 这说明，印度部分战略分析家和学者观察中国的视角有问题，而这与他们蓄意借用西方视角有关。

1971年，印度引进再版了西方人约翰·罗兰于1967年在西方出版的著作《中印关系史：充满敌意的共处》。该书持反华基调，甚得印度欢心。无独有偶。与罗兰看待中国的姿态相似，美国学者高龙江（Johan

---

① S. Singh, ed., *India and China: Mutual Reflections*, p. 377.
② Surjit Mansingh, ed., *Indian and Chinese Foreign Policies in Comparative Perspective*, p. 509.
③ 转引自韩华："友好邻邦还是安全威胁——中印如何看待对方，"载《南亚研究》，2002年，第2期，第11—12页。

W. Garver)将他于 2001 年出版的著作命名为《长期的竞争：20 世纪的印中对峙》。这个题目鲜明地体现了西方看待印中关系的不健康心态。高龙江在书的开头告诉读者，他的著作是专门研究"中印间深刻持久的地缘政治竞争"。① 高龙江武断地认为："迄今为止，地缘政治冲突已经左右了印度和中国。"② 他的依据是，冷战时期的苏美争霸模式极大地影响了中印外交决策。中印地缘政治冲突的两大原因是，民族主义叙事和国家安全与传统安全困境。中印冲突还来源与两国在地理、气候和人种方面的差异。历史上中印共同反对西方帝国主义的经历不能导致中印联合，因为它们间的冲突太过于严重。它们对帝国主义的仇恨和重建昔日辉煌的抱负都促使二者走向对立而非团结。高龙江认为，中国的强大会使中印走近，但印度会逐渐感到压抑，从而寻求抗衡中国的道路，这就会恶化中印关系。"除非印度在即将形成的世界秩序里甘心情愿地充当中国的小伙伴，否则亚洲和世界就可能看到 21 世纪初中印间更深的敌对状态。"③ 在书的最后部分，高龙江说，在中国的强大面前，印度只能听天由命，无法抗衡。但他还是给印度人开了一付老"药方"：除非印度在南亚次大陆大幅提高自身实力，否则它保持安全的最审慎的方式是"充当中国这个崛起的超级大国的小伙伴"。④ 可以说，某些借用西方意识形态"有色眼镜"看中国的印度人士，在与高龙江蓄意塑造一幅"扩张、侵略"的中国形象方面，达成了心灵默契。

四、中国政治和社会发展观

对于中国政治体制和社会发展道路的观察思考，印度学界也有不同的观点碰撞。这表明，印度的中国观存在一种复杂多元的学术生态。这里略举几例加以说明。

---

① John W. Garver, *Protracted Contest: Sino-Indian Rivalry in the Twentieth Century*, London: Oxford University Press, 2001, p. 4.
② John W. Garver, *Protracted Contest: Sino-Indian Rivalry in the Twentieth Century*, p. 5.
③ John W. Garver, *Protracted Contest: Sino-Indian Rivalry in the Twentieth Century*, p. 11.
④ John W. Garver, *Protracted Contest: Sino-Indian Rivalry in the Twentieth Century*, p. 389.

关于中国社会发展道路及前景，有的印度学者认为，从尼赫鲁时期开始，印度的姿态是向中国学习。近20年来，中国的改革开放和善于学习的能力使中国走在了印度的前头。印度需要继续学习中国的成功经验。还有学者认为，中国与印度都对西方式民主做了东方式嫁接。一位中国问题专家对中国的前景抱有谨慎的乐观。他认为，中国不会选择美国式民主，但中国及世界历史已经扩展了民主自由的概念。"与其他所有国家一样，中国必须迎接新的挑战。中国不会分崩离析，但中国如何面对发展民主意识的挑战，这是属于未来的故事。"[1] 另一位中国问题专家则将中国发展作为印度的参照系来观察，以警醒印度。他认为，在中国、印度、俄罗斯三国中，中国发展最快。中国人成功秘诀之一是，对全球化和开放市场没有争议和质疑，中国关心的是如何获取最大经济利益。"印度的争论就是围绕全球化而展开。在印度，怀疑的声音比中国或俄罗斯要多得多……中国很显然不是这样。"[2]

关于中国改革开放的理论方针，一些中国问题专家如德里中国研究所主席M. 莫汉迪认为，后毛泽东时代的改革理论已经确定，那就是邓小平确定的建设有中国特色的社会主义理论。莫汉迪认为，邓小平理论是"当代中国的马克思主义"。邓小平理论是全面的理论探索，可以与民主革命时期的毛泽东思想相比拟。它的核心是改革开放，向外资技术开放。总之，毛泽东思想将新民主主义革命理论定型，而邓小平理论则是社会主义经济发展理论的定型。[3] 有的中国问题专家则将探索发现的触角伸得更远。在迪香卡看来，20世纪20年代，中国将民主和科学当作二位可以拯救中国的先生（即"德先生"和"赛先生"），江泽民则"相信'市场先生'和'高科技先生'（Mr. Market and Mr. High-tech）在当代中国同样奏

---

[1] Manoranjan Mohanty, "Forces of Unity in Contemporary China: A Response to Mori Kazuko," *China Report*, Vol. 34, No. 3, 1998.

[2] G. P. Deshpande, "Globalisation, Regionalism, and Nationalism," *China Report*, Vol. 38, No. 2, 2002.

[3] Manoranjan Mohanty, "The New Ideological Banner: Deng Xiaoping Theory," *China Report*, Vol. 34, No. 1, 1998.

效"。①

与莫汉迪和迪香卡分析与评价中国特色社会主义道路的客观姿态不同，也与切兰尼和马力克着力阐述中国政治体制之于"中国威胁"的关系或之于资本主义制度的"缺憾"不同，曾经参与激进政治运动的"左"派学者、德里大学东亚研究系中文教授 R. 夏尔马着力挖掘中国特色社会主义的"内在悖论"或"本质缺憾"。他的中国观察显示，印度的中国观确乎是"众声喧哗"的杂语共生态。夏尔马可以视为 20 世纪 50—60 年代印度"左"派在 21 世纪的化身。

2005 年 3 月，夏尔马以题为"后毛泽东时代共产党中国的政治思想"的论文获得博士学位。2007 年，该论文以《中国社会主义的反论》为题出版。夏尔马在书的"序言"中认为，民主观念和社会主义思想在中国花了将近一个世纪才得以扎根。中国的社会主义见证了三个经济发展模式，即毛泽东、刘少奇和邓小平的经济发展模式。随着邓小平经济发展模式的实践运用，中国的面貌迅速得以改变。夏尔马显然是以"左"派思想之"镜"观察中国特色的社会主义理论与实践。他在一定程度上看出了中国社会存在某种程度的贫富不均等隐患，但由于其观察中国现实的指导思想是"左"倾的，再加上他没有对中国当代社会主义建设进行深入的实地考察，只以书斋思考代替田野调查，因此其中国观之偏激、其结论之"令人惊叹"，便不难理解。例如，他在书的结尾处引用《远东经济评论》等西方媒体的观点，认为中国领导人提倡建设社会主义新农村的做法于事无补，因为中国贫富不均的农村"显然已经是深陷困境"。② 其实，只要对近年来中国西部大开发的实绩有所了解，便不难发现，夏尔马的这些观察和结论根本经不住推敲。只要对中国农村、特别是西部地区的农村发展状况做一番田野调查就会发现，近年来困扰农民的主要问题并非贫富不均或温饱问题，而是"留守儿童"的教育问题或"空巢老人"的赡养问题等现实的复杂问题。这说明，对中国社会的观察论述，必须以基本的田野调查和

---

① Giri Deshingkar, "A Special Look on Jiang Zemin's Political Report," *China Report*, Vol. 34, No. 1, 1998.

② Ravindra Sharma, *Paradoxes of Chinese Socialism*, New Delhi: Manak Publications, 2007, p. 408.

理性思考为前提。夏尔马的个案说明,部分印度学者的中国观察亟需方法论的改进。

和夏尔马观察中国社会的"左"派立场不同,在北京大学政治系获得博士学位的印度青年学者万可达(G. Venkat Raman)力图在中国内部"发现中国"。他在中国撰写了博士学位论文,该论文后来出版,这便是英文著作《国家、权力和分权:毛泽东和邓小平发展战略思想的比较研究》。该学者在书的末尾以中文写了一篇"内容总结"。他在其中认为,中共高层曾经在发展战略选择问题上有过分歧。他试图探索新中国成立后从1956年至1992年之间的政治、经济和社会发展经验,并重点探讨中国领导人关于国家政权及各种权力关系的思想理论,尤其是关于分权问题的思考。之所以选择1956年至1992年这一时段作为研究对象,是因为1956年是中国发展的重要转折点。毛泽东在当年4月发表了《论十大关系》的著名讲话。这一年,中国领导人也对苏联领导人赫鲁晓夫的"非斯大林化"言论表示了不满。"毛泽东的讲话标志着中国新的发展战略的开始,既不同于资本主义,也不同于社会主义,而是与众不同的'第三条道路'。这最终导致了一种完全是毛主义的发展战略。同样的,之所以将研究限定在1992年截止,是因为该年度邓小平进行了南方讲话,开启了'社会主义市场经济'的新时代,标志着中央'改革派'领导人对'保守派'的最终胜利。"① 万可达认为,邓小平的发展战略与毛泽东存在很多的思想差异,这与二人的"不同发展理念"有关。邓小平是中国改革开放政策的"总设计师"。尽管邓小平和毛泽东的发展战略存在很多差异,但其间也存在一些思想联系。例如,毛泽东时代和邓小平时代都坚持共产党的领导,都将"分权化"亦即权力下放视为发展战略的重要组成部分。"当然,在两个时代中,分权的本质、内容以及分权的方式是不同的。毛泽东时代的特点是行政分权,邓小平时代的特点是'市场驱动型分权'。"② 综上所述,万可

---

① G. Venkat Raman, *State Authority and Decentralization: A Comparative Study of Mao Zedong and Deng Xiaoping's Thoughts on Development Strategy*, Gurgaon: Hope India Publications, 2008, pp. 305 - 306.

② G. Venkat Raman, *State Authority and Decentralization: A Comparative Study of Mao Zedong and Deng Xiaoping's Thoughts on Development Strategy*, p. 306.

达对于中国特色社会主义道路的探索还存在肤浅之处,但是他力图摒弃意识形态偏见和西方中国观的消极影响,从毛泽东和邓小平的思想本身和中国特殊的时代语境出发,探索中国发展道路和发展战略,这一点是难能可贵的。这说明,随着与中国社会现实的接触增多,印度学者的中国观必将发生质的改变。

第二节　近年来印度英文媒体的对华报道

由于中国迅速崛起,印度英文媒体的对华报道近年来逐渐增多,这成为分析印度中国观的极佳平台。限于篇幅等因素,这里仅以2004年以来印度英文媒体对华报道为对象,对此问题进行简介。

在印度,受教育者和政治人物、外交精英都讲英语,因此印度英文媒体对外交决策具有很重要的舆论影响力。虽然大量存在印地语、孟加拉语、泰米尔语等各种印度语言报刊或网站,且英文日报的读者不足3200万,但英文媒体对印度政治精英的影响绝对不可小觑。印度政治精英非常重视英文媒体的作用,他们的思维常常为为数不多的几家主流英文媒体(包括英文新闻频道和英文报刊)所左右。"关于中国的最有代表性的观点均出自英文主流报刊和新闻门户网站的言论版以及电视台的辩论节目。"[1]因此,了解印度媒体的对华报道及其折射的印度对华认知,必须注意观察和剖析有代表性的印度英文主流媒体、特别是几家发行量较大的英文报纸及其相应的门户网站。此处主要以最有代表性且对华报道的立场心态略有区别的两份印度英文报纸《印度时报》(The Times of India)和《印度教徒报》(The Hindu)为例,兼容《印度快报》(The Indian Express)等涉华报道,先大致考察2004年至2010年间印度英文媒体涉华报道的基本脉络,

---

[1] 唐璐:"印度主流英文媒体报道与公众舆论对华认知,"《南亚研究》2010年第1期,第2页。本节介绍多参考该文,特此说明。

再探讨2011年来印度媒体对华报道的基本动向、主要特征及形成原因，并对印度涉华报道之于中印关系的负面影响、中国的对策进行初步探索。

一、2004—2010年印度对华报道的基本脉络

2003年，时任印度总理瓦杰帕伊访华掀开了中印关系的崭新一页。随着中印政治、经济等层面的互动增强和中印迅速崛起，印度媒体的对华报道日渐增多，报道的主题和内容也不断发生着变化。根据某些学者的研究，2009年印度英文主流媒体关于中国的负面报道强度超过以往。然而，其对中国报道的基调开始发生明显变化却是在2006年前后。[1]

2004年至2005年间，印度主流英文媒体在中国报道上呈现出多色调的特点。印度媒体以很高的热情对发生在中国的新闻给予及时报道。除了对中国发生的新闻事件进行平面报道外，印度媒体有时还对中国崛起和中印关系进行分析。有的媒体倾心于中印比较以发现中印各自的优劣，有的人甚至强调学习中国以追赶中国的发展速度。有的印度学者还在媒体上提出"Chindia"即中印大同的口号。印度媒体有时还展开激烈辩论，争论中国是敌是友亦即是合作伙伴还是安全威胁、竞争对手的问题。

在印度英文媒体中，有关中国的新闻一般都会得到及时的报道。例如，《印度时报》2004年11月27日报道了河南省几个高中生深夜被歹徒杀害的消息。加尔各答《电讯报》2005年2月19日发表沙米塔·巴迪亚的报道《中国的伟大召唤》。该文配以中国拔地而起的高楼大厦、民族风情、万里长城等精美图片，营造了中国良好的旅游形象。巴迪亚呼吁印度人到美丽的北京和上海去旅游，认识地道而丰富的中国文化遗产。《经济时报》2005年3月5日发表文章：《观察家说，中国走在印度前边》，以一系列详细的统计数据显示中国经济在哪些地方、在什么程度上领先于印度。《印度时报》2005年8月21日刊登了参加在中国举行的"亚洲小姐"选美赛的各国美女合影图。《印度时报》和其他印度报纸还对中国的计划

---

[1] 唐璐："印度主流英文媒体报道与公众舆论对华认知，"《南亚研究》2010年第1期，第4页。

美国总统奥巴马和法国总统萨科齐,加上早前访印的英国首相卡梅伦和不久后访印的俄总统梅德韦杰夫,安理会五个常任理事国的领导人在一年中先后访印度,这大大激发了印度跻身"全球贵宾席"的自豪感。一些印度媒体不失时机地提出,如果中国总理想提升政治互信,应学奥巴马和萨科齐,公开支持印度"入常"。

虽然印度媒体对华报道在 2010 年初有了某些积极的变化,但多数观察人士表示,只能认为印度媒体的攻击性姿态在一个时期内有所收敛。囿于市场争夺因素以及印度精英对华心态在短期内并不会改变,并不排除个别印度媒体在对华报道上继续出现歇斯底里的可能性。果然,当年 4 月 7 日的印度各大报纸几乎都头版报道了所谓"中国黑客攻击印度政府"的消息,印度媒体似乎又在故技重施。不过,整体来看,2010 年印度主流英文媒体对华报道的咄咄逼人姿态有所缓和。①

二、近期印度媒体对华报道的基本动向

进入 2011 年后,印度英文媒体的对华报道和此前、特别是 2005 年有些相似。它们对于中国风土人情、社会生活等给予了某些客观而全面的报道,展现了中国客观而真实的一面,为印度媒体受众了解中国搭建了一座必不可少的桥梁。例如,《印度教徒报》2011 年 12 月 5 日刊发了印度记者的中国纪行,标题说明是:"新鲜而壮观的世界自然遗产所在,石刻和古老的城镇,重庆远不止是一个消磨时间的城市。"② 作者在文中生动地描写了大足石刻、担担面等重庆风物,还配发了一幅大足石刻的彩照。2011 年 12 月 22 日,长驻北京的印度记者阿南塔·克里希纳(Ananth Krishnan)发表题为《中国官员答应村民们的要求》的文章,对广东省村民与当地政府发生土地纠纷一事进行报道。当年 12 月 27 日,《印度教徒报》对中国推出第一台时速高达 500 公里的高速列车进行报道,并配以列车照片。紧挨着这则简短报道的是克里希纳的报道《在毛泽东诞辰 118 周年之际,中

---

① 参阅唐璐:"印度主流英文媒体报道与公众舆论对华认知",《南亚研究》2010 年第 1 期。
② Madhu Shetty, "The China Less Trodden," *The Hindu*, December 5, 2011.

了顶峰。《印度时报》2012年1月7日报道，由于中国方面拒绝给一位来自"阿鲁纳恰尔邦"的官员发放签证，印度方面取消了一个30人组成的代表团的访华计划。《印度时报》2012年1月13日报道，1月11日下午，来自印度"阿鲁纳恰尔邦"（即中国藏南地区）的两名印度人准备在新德里机场登机前往中国时，被印度海关拦下，称这两人的签证是"另纸签证"，是"无效的"，被禁止离境。当年1月13日，所谓"中国刺痛印度，向阿鲁纳恰尔邦居民发'另纸签证'"的消息成为印度各大主流媒体的报道热点。印度各方对此反应激烈。印度外交部发言人普拉卡什1月13日称"希望中方向印度公民发放签证时实行统一标准"。这说明，印度媒体对华报道既是印度学界中国观察的某种折射，也是印度政界对华声调的一种调谐。正如印度《经济时报》1月13日报道中所说的那样，签证问题归根结底还是领土问题。

由于存在领土争端等历史问题，印度媒体表达了对中国在中印边界地区投放军力的疑虑，还对中国在西藏等地进行基础设施建设表示担忧。这可视为长期以来存在于印度朝野的"中国威胁论"的具体表现。《印度时报》2011年12月28日报道中国的题目相当吸引媒体受众：China to Build World's Highest Airport in 2012（中国将在2012年建造世界最高的机场），文中包含三个英文单词即6th in Tibet（在西藏的第六个）。就连对华报道立场温和的阿南塔·克里希纳也在2012年1月19日发行的《印度教徒报》上撰文探讨中印边界地区基础设施建设的不平衡现象。他的文章标题是China's Rail Network to Touch India's Border（中国铁路网触及印度边界）。这无疑带给印度读者一种急迫感。

作为一种常态化的双边机制，中印边界问题第十五轮谈判原定在2011年12月初举行。由于涉及达赖喇嘛等问题，这一轮边界谈判被推迟。当年11月26日，《印度时报》报道这一新闻时的标题是India Abruptly Puts Off Border Talks with China（印度突然推迟与中国的边界谈判），并配发一幅夸张的彩色漫画，它暗示着一场紧张的"龙虎斗"：一只绘着五星红旗的巨大龙爪与绘着印度国旗的虎爪紧抓地球，进行角力。同日发行的《印度教徒报》报道这一新闻的标题是India-China Border Talks Put Off at Last Minute（印中边界谈判在最后一刻推迟）。比较而言，前者更为强调印度方面的主动意识，这可能与《印度时报》想表达印度方面的断然拒绝姿态有关。《印度时报》12 月 10 日刊发署名文章《印度和中国同意采取措施缓和边界紧张局势》，并配发中国人民解放军副总参谋长马晓天与印度国防部长安东尼握手的彩照。这释放了一种缓和局势的信号。《印度时报》2012 年 1 月 9 日刊发因德拉尼·巴克奇的报道《就达赖问题争吵后，印度和中国准备再度谈判》。1 月 17 日，《印度教徒报》刊发报道《戴秉国说，站在战略高度，边界谈判会取得一些成果》，并配发戴秉国与印度国家安全顾问梅农交谈的彩照。1 月 19 日，《印度教徒报》刊发特别通讯员文章《印度和中国在边界管理上建立了工作机制》，认为这一机制将会探索在双方同意的地区进行合作的可行性。

由于近年来中国与某些东南亚国家在南中国海领域产生了诸多分歧，也由于印度的东向政策旨在联络东南亚国家，部分印度媒体开始鼓吹支持印度政府插手南海问题，以求自己的利益最大化。《印度时报》2011 年 11 月 22 日以《北京在南中国海问题上警告德里》为题，对中国政府在南海问题上的立场和辛格总理的表态做了报道。2012 年 7 月 25 日，《印度快报》以略带讽刺却又蕴涵深意的标题即 Newest city of China, Sansha, has just 613 residents（中国最新城市三沙只有 613 位居民）对中国政府建立三沙市以捍卫领土主权的举措进行报道。这显示了印度媒体对南海问题的持续关注。[1] 一时间，南海问题成了印度媒体的关注焦点之一。

西藏问题历来是印度政府、民众和媒体最为关注的问题，近年来他们还加入了关于所谓新疆问题的思考。2011 年以来的印度英文主流媒体不断报道藏人（主要是佛教信徒）自焚的事件，并以此为契机，攻击中国的宗教政策和少数民族政策，以向中国政府的西藏政策施压。2011 年 11 月至 12 月，围绕印度政府是否允许达赖喇嘛参加在新德里举行的世界佛教大会并发表主旨演讲，中印两国政府进行了外交"博弈"。结果是，印度政府拒绝了中国方面阻止达赖参会并发表演说的请求，允许达赖参会。为此，中印边界谈判被推迟。围绕这一事件，印度主流英文媒体纷纷发表文章或

---

[1] Sutirtho Patranobis, "Newest city of China, Sansha, has just 613 residents," Hindustan Times, July 25, 2012.

中国大使张炎会晤后迅速解救两位商人。克里希纳先生对张先生表示，这个事件微不足道，不会影响双边关系。他认为，既然法庭已就此事立案，印度驻上海领事馆也介入此事，中国当局应确保商人们的安全。"① 阿南塔·克里希纳还在该日《印度教徒报》第12版发表题为《在中国的贸易城镇里，争议和压力加剧了对印度的猜疑》的报道。他客观报道了义乌事件给义乌人的心理冲击和他们对印度商人的态度转变。《印度教徒报》1月7日发表未署名的社论：《从义乌获得的教训》。该文认为，中国当局决定将两位印度商人从义乌的尴尬处境中解救出来是非常及时的。这一事件对中印双方都是一次教训。"它强调必须尽快建立一种非政府机制，以协调处理类似事件。"② 该文以呼吁加强中印民间往来和公共外交的一段话结束。似乎与此报道相对应，《印度教徒报》1月7日还报道了另外一些印度商人被拘后回到孟买的情境。该报道的标题是：《十二位珠宝商在华被拘后回国》，标题解说是："我们得到的最大教训是，必须确信自己懂得法规。"一位印度商人告诉记者，他们在中国因不懂法规被拘期间受到了很好的待遇。他们没有进入监狱，是媒体错报了信息。他在中国期间还学会了阅读中文，并能写汉字。他还说："见面那一刻，我们只想与家人消度时光。我们不想与媒体交流。"③

进入2012年下半年以来，以1962年中印边界冲突50周年为契机，《印度时报》和《印度教徒报》等各大英文媒体纷纷对印度各界的反应展开报道，这些报道呈现出与上述对华报道相似的斑驳陆离的色彩。此后，喜马拉雅一带边境线发生中印军队"帐篷对峙"事件，印度英文媒体相关报道赚足了媒体受众的眼球。

由上所述可以看出，在近期对华报道方面，印度主流英文媒体内部还存在一些差异。如《印度时报》侧重于商业噱头和经济利润，常常以蕴涵贬义的中国字眼吸引受众，因此在报道中常常取戏谑性的不严谨姿态，故一般不计对华负面报道的内容情节是否属实。而《印度教徒报》与此相

---

① Sandeep Dikshit, "China Thanked for Swift Action," *The Hindu*, January 5, 2012.
② "Lessons from Yiwu," *The Hindu*, January 7, 2012.
③ Staff Reporter, "12 Diamond Traders Return after Detention in China," *The Hindu*, January 7, 2012.

反，由于它所雇用的记者如阿南塔·克里希纳常驻北京，能全面接触中国现实，在近距离看中国多方面占有无可比拟的优势，因此其对华报道更为真实可信。《印度教徒报》（The Hindu）之所以被印度某博客网站称为"《中国的印度教徒报》：以钦奈为基地的中国国民报（The Chindu：Chennai-based Chinese National Newspaper）"，① 与它的主编及编辑人员的思想倾向亦即中国观似乎有着某些微妙联系。当然，某些印度人士并不赞同《印度教徒报》的对华报道姿态，认为它无助于形成"一种公正的印度立场"（a balanced Indian approach），并称它是"中国的辩护士"（an apologist for China）。②

三、印度媒体对华负面报道的原因和中国的对策

整体来看，近年来，印度主流英文媒体的对华报道开始呈现出多元化色彩，这在前边提到的关于义乌印度商人事件的报道中便可看出。但是，如全面考察印度的主流英文媒体，便会发现其对华报道的主流仍以负面为主。

那么，印度主流英文媒体对华负面报道的起因究竟有哪些呢？

首先，中印两国的历史宿怨和现实竞争相互交织，这使得印度主流英文媒体对华报道难以显出积极的色彩。某些印度媒体看待中国时带有一种忌恨愤懑和猜疑忧虑的情绪，这势必影响其对华报道的立场和心态。例如，印度《商业标准报》2011年11月19日刊发印度国家安全顾问普勒姆维尔·达斯的文章《重新思考中国强威》。达斯认为，几个月来的新闻报道和电视讨论，关注的焦点在于"中国潜在的军事威胁和印度的应对无力"。达斯说："千真万确，中国已经在自己边境那一方大量地改善基础设施。这将使中国在必要时大规模地调动军力，有效地部署空军。印度不能忽视这些能力。"③ 耐人寻味的是，一位对华态度强硬的印度军方人士也反感印度媒体的某些不理智行为，并进行谴责："某些新闻报道说什么'印

---

① Gautam Das, *China-Tibet-India: The 1962 War and the Strategic Military Future*, p. 224.
② Gautam Das, *China-Tibet-India: The 1962 War and the Strategic Military Future*, p. 224.
③ Premvir Das, "Rethinking the China Threat," *Business Standard*, November 19, 2011.

等表达的观点的影响。"①

由于印度历史上曾为英国殖民地,作为辅助官方语的英语实际上在某种程度上起着国语的作用。掌握英语的政治精英和学者与西方开展各个层面和领域的合作历史悠久,这既便利了印度文化的西方传播和印度形象的正面建构,也使部分印度知识精英心灵中深刻地打上了西方话语的文化烙印。这种情况不可能不反映在印度主流英文媒体的对华报道中。对印度各主要英文报纸进行追踪调查可以发现,某些报纸不时地刊登或转载一些由华裔西方学者撰写、在西方报刊或网站发表的英文文章。这些文章多是对中国进行攻击或诋毁,它们惯常利用的手段是采纳西方所谓的民主和人权等话语来攻击中国的社会政治、抹黑中国形象。由于印度学者和媒体一般以世界最大的民主国家而自豪,那些包含着民主和人权话语的观点当然很能博得他们的好感。因此,转载这些英语文章的动机不言而喻。例如,《印度时报》2012年2月17日转载了"耶鲁环球在线"(Yale Global Online)的署名文章。该文称,中国试图增强自己的文化软实力但免不了"功亏一篑"。"中国的做法只是凸显了一种悖论。顾名思义,软实力产生于市民社会……中国拒斥民主和人权等西方的普遍价值观,但除了求助于传统的孔子思想外并无替代之物。"②《印度快报》2012年2月14日刊登了美国学者裴敏欣(音译)的文章《没必要羡慕中国》。文章写道:"在大多数印度人眼里,中国经济成功和全球影响令人羡慕。"但在他看来,大多数人没有意识到这样一种事实:"事实上,中国非但没有从有效的独裁政权获得预料的好处,反而为一党制遭到重罚,而印度却因为民主获取实在的红利……至于印度,民主红利的受益者也是它的人民,即便是他们大多数人并未意识到这一点。"③ 这种谬论违背了中国改革开放几十年给中国普通百姓带来的实际好处,也没有对印度式民主之于印度经济发展的负面影响进行深入考察,其结论显得非常偏颇,但却因其包裹着民主和人权等西方话语,也因为其抹黑和诋毁的对象是中国而得到某些印度媒体的青睐。

---

① Shalini Saksena, *India, China and the Revolution*, "Introduction," X.
② Frank Ching, "Playing the Gentle Giant," *The Times of India*, February 17, 2012.
③ Minxin Pei, "No Need to Envy China," *The Indian Express*, February 14, 2012.

印度媒体为了招徕读者以追求经济利益，不得不在惨淡激烈的市场竞争中使出浑身解数，而打"中国牌"无疑是其中重要而有效的一招。"中国"这个蕴涵着无数政治色彩和意识形态的字眼，无疑是很多媒体受众愿意"品尝"的"消遣之物"或"精神快餐"。例如，《印度时报》2012年2月2日刊登一篇署名文章，标题耐人寻味：India Can't Be China（印度不可能成为中国）。标题说明是："媒体信息不会为社会动乱负责。"仔细读来，该文论述的内容与中国并无多大关联。显然，该文有"叫卖"标题之嫌。

上边分析了印度主流英文媒体对华负面报道的一些复杂诱因。目前，中印均处在发展崛起的关键时刻，均需要稳定和睦的双边关系以保障各自的周边安全和国内经济发展。为了营造健康友好的周边安全环境，中国必须高度重视印度媒体对华报道对中印关系的潜在影响。

毋庸置疑，中印关系的主旨应为中印友好合作。某种程度上，中印之间目前还暂时处于政府主导型的政治外交阶段，经济外交尚未达到理想的水平。为此，中印双方应该以官方高层互访常态化为目标，在此基础上建立政治互信。但是，如何尽快解决几十年来悬而未决的边界问题，如何妥善处理西藏问题、流亡藏人问题、达赖问题，将是考验两国官方和民间智慧的几道难题。同时，中印之间必须加大经贸往来的力度，在政治不能触及或忽略的地方，让经济交流充当友好使者，以达到经济外交的新阶段。这种政治外交和经济外交如能在目前基础上达到更加理想的程度，将会使中印关系迈向新的阶段。这又势必会对印度主流媒体对华报道产生积极的影响。

为了扭转印度媒体对华报道的某些不健康趋势，加强公共外交，加强民间交往、特别是两国间青年交流的力度是中印两国的当务之急。只有这样，才能为印度媒体对华报道营造健康的环境。中国开展对印公共外交是刻不容缓的急务。其实，对印度来说，开展对华公共外交也必定是一种受益匪浅的活动。《印度教徒报》驻北京记者阿南塔·克里希纳认为，用今天的眼光来看，中印两国人民对对方的整体印象是过时的，而且并不准确。比如，在不少中国人看来，所有印度人都能歌善舞，且擅长瑜伽；任何一个印度人都是四大种姓中的一员；不论是哪个种姓，所有的印度人都很穷；在电影《流浪者》之后，印度电影中唯一值得一提的就是《贫民窟的百万富翁》。而在大多数印度人眼中，中国的饮食都来自四川，非常辣；中国人都会功夫；中国人很守纪律，也因此缺少创造性。他感叹说："两国毗邻而居，而且有着2000多年文明交往史，但令人惊讶的是，两国人民居然彼此了解甚少。"他还认为，应该加强两国大学生交流，加强两国媒体的交流。他说："印度和中国的同时崛起也许是我们这一代最大的传奇，可是作为故事的主角，两个国家仍彼此极不了解，这种情况需要改变。"①《印度教徒报》2012年1月7日发表未署名社论《从义乌获得的教训》。该文认为："事实上，两国人民之间的不信任常常是两国之间互相猜忌的产物。贸易本身并不是什么魔杖。如果新德里和北京想要认真地在普通公众层面营造一种积极的心态，它们必须主动地促进人员互动交流，在此基础上，采取诸如鼓励教育和文化交流以及旅游观光等措施。它们还必须停止对彼此不利的宣传。"② 这段话似乎为印度英文媒体在2012年初关于义乌商人风波的报道画上了一个比较完美的句号。

  印度媒体对华报道虽然属于新闻活动，但却与印度对华认知密切相关，因此这种媒体实践显然超越了新闻活动的范畴，已经不知不觉地上升到跨文化形象传播的高度。有的学者认为，物质因素、制度因素和精神因素构成了国家形象的三大要素。"一个国家若想在国际社会中拥有和维系良好的国际形象，必须同时重视以上各要素的建设……只有这样，才能在强化内部凝聚力的基础上树立国家的良好形象，在国际社会赢得较高的国家美誉度。"③ 该学者还认为，中国对外宣传需要革新传统的话语体系和传播观念，及时调整中国国家形象的传播策略，根据变化的时代主题和国际传播环境推动中国对外传播事业的改革和发展。④ 有的学者认为，构建中国外交话语体系，不能盲目与西方话语体系接轨，必须用中国话讲述中国外交的价值理念和世界观体系。美国式软实力很大程度上依赖于对外输出

---

① ［印］阿南塔·克里希纳："中印社会存在相互了解的缺口"，《环球时报》2010年12月16日。
② "Lessons from Yiwu," *The Hindu*, January 7, 2012.
③ 张昆：《国家形象传播》，上海：复旦大学出版社，2005年版，第186页。
④ 张昆：《国家形象传播》，第258页。

美式民主自由制度，而中国式软实力则依赖于"交心、相互尊重、相互欣赏，寓义理于故事和事实之中"。① 这似乎可以作为中国对印传播话语体系，培育文化亲和力的一种思想原则。这些观点对于我们思考如何加强对印宣传，塑造良好国家形象不无启示。

跨文化形象传播当然也与文化互动、心灵沟通密切相关。因此，中国与印度必须加强文化互动与学术交流，促进双方的相互了解，发挥两国知识精英的特殊作用，为跨越"喜马拉雅鸿沟"而努力。这必将间接而积极地影响印度主流媒体对华报道的内容和心态。和政治互动、经贸往来等相比，文化交流与学术互动具有潜移默化的功能。如此持续不断，印度媒体对华报道必将开拓很多新的视野，必将增添很多玫瑰色调。

印度学者狄伯杰谈到了中印媒体应该建立友好合作关系的问题。《印度教徒报》2012年1月7日的社论即《从义乌获得的教训》则呼吁中印两国停止对彼此不利的宣传。这些都说明，中印媒体友好合作、良性互动已经到了刻不容缓的地步。就中国方面而言，我们应该主动加强与印度媒体之间的跨国对话或互动交流，引导印度媒体报道动向，如报道中国的西部大开发成就、中国少数民族地区特别是印度媒体受众非常关注的西部少数民族聚居区发展新貌、中国发展少数民族地区旅游业现状、中国的文化强国举措等。例如，印度记者N.拉姆两次到过中国。2000年，他在印度《前线》杂志上撰文介绍的是西藏的落后景象。2007年，当他再次访问中国西藏时，他为西藏的新变化激动不已。2007年7月3日，《印度教徒报》登载了他题为《经济高速增长时代的西藏》的报道。他在报道中说，西藏自治区人民的宗教信仰、语言和文化等都得到了中国政府的尊重。"很明显，崛起的中国有能力为西藏自治区带来全面的发展，这一地区在过去曾经问题成堆。"② 中国方面还应该向印度媒体及时准确地介绍中国的印度研究概况，以为良性互动创造必要前提。由于很多印度记者的中文水平有限，中国政府可以设立为此设立专项奖学金，吸引他们来华留学，为印度记者提高中文阅读和交流能力创造必要前提。中国政府和新闻界相关职能

---

① 苏长和："气势磅礴的2013年中国外交"，《中国社会科学报》2014年1月3日。
② Mohan Guruswamy and Zorawar Daulet Singh, *India China Relations: The Border Issue and Beyond*, New Delhi: Viva Books, 2009, p. 50.

部门也应该对某些媒体关于印度的偏激言论适当合理地进行疏导,以营造中印媒体良性互动的健康环境和必要前提。

中印媒体如何正确地报道对方,以促进中印关系健康发展,中印两国政府如何引导两国媒体对对方国家的正确报道,中印两国学者如何正确认识中印媒体报道对方过程中出现的一些问题并思考对策,这些都是非常现实的命题,也是非常重要的国际关系问题。在此背景下,中印两位记者兼学者的观点值得一提。唐璐指出:"对于构建良好的中印关系,中国媒体应该发挥其重要作用。首先,中国媒体人必须加强对印度的了解,这样才能知道报道印度的哪些方面。其次,我们要以一种平和客观的态度去看待印度,这样才能让我们的报道不掺杂更多的感情因素,才能客观地评论印度以及中印关系。中印媒体未来的合作,不仅要加强媒体与媒体、媒体人与媒体人之间的合作与理解,同时也要加强政府与媒体之间的合作与理解,我们需要清楚几点:第一,不要试图立竿见影,我们要有一个长期的计划;第二,要考虑到印度媒体的属性是私人的,而中国的媒体是国家的,中印政府需要在媒体合作中发挥重要作用;第三,鉴于印度是一个年轻的国家,所以媒体合作应重点着眼于年轻人。"[1] 拉贾·莫汉则认为:"中印是两个非常大的国家,两个国家都需要找到自己的发展方向,我们基本上属于同样的情况,都是从半殖民地、殖民地的国家转变成为发展中的现代社会。但是我们是如何发展起来的,这是一个非常重要的问题。过去60年我们并不需要来自于西方的赞赏才能生存下去,我们并不需要西方国家拍拍你的肩,说你这个做法是对的,是符合我们的。西方对世界的统治是非常短暂的,我们要设定我们自己的基调。中国和印度现有的实力,还有我们所面临的挑战,都会使我们携起手来共同增强彼此的协作,增强文化产业的协作,使双方都能够受益。"[2]

某些印度主流英文媒体对华报道持负面立场,这也与中国学者的中国话语在印度难觅蛛丝马迹有关。由于没有中国话语的引导和互动交流,印

---

[1] "中印媒体对话",环球网,http://world.huanqiu.com/special/2013china_india_topic/index.html?col=1_6。

[2] "中印媒体对话",环球网,http://world.huanqiu.com/special/2013china_india_topic/index.html?col=1_6。

度媒体和公众自然倾向于采纳西方关于中国的观点。由于印度主流英文媒体罕见发表或介绍中国学者的文章或观点,印度民众和学者很难接触中国学者的观点,也就很难形成正确的中国观。这对建构友好的中印关系极为不利。因此,中国学者必须尽可能在印度媒体或出版机构多发英文论文、英文著作,主动介绍中国的发展概况与中国的和平理念、中国文化价值观,在印度语境中扭转西方话语对中国话语的逆差现象,让印度思想界、新闻媒体与中国话语而非西方话语进行积极互动,为印度主流媒体对华报道创造友好的氛围。前边说过,印度主流英文媒体有时喜欢发表或转载包括华裔学者在内的西方学者撰写的中国述评,但却罕见发表由中国政治家或学者撰写的英文文章。根据笔者在印期间的有限阅历,以《印度时报》和《印度教徒报》为例,它们很少发表中国人撰写的英文述评。值得欣慰的是,近年来这种情况已有改观的迹象。① 例如,《印度教徒报》2011年12月30日评论版第2版发表题为《我们知道和不知道的泰戈尔》的报道,介绍了在印度贝拿勒斯印度教大学举行的泰戈尔国际研讨会简况。该文还介绍了中国社会科学院亚太研究所印度文学研究专家刘建的观点:"这次研讨会的第一位发言人即中国社会科学院亚太研究所刘建教授关注的是,中国20世纪早期某些重要知识分子误读泰戈尔的事实、原因和后果。在他看来,陈独秀等激进的革命家和鲁迅等著名作家在很大程度上误读了泰戈尔。原因在于,尽管泰戈尔于1913年获得诺贝尔文学奖后立即成名,但他在1924年访华前,其作品绝大多数并未译为中文。他的访华激起了'持续不断的热情',加强了中印文化联系。"② 《印度教徒报》2012年1月16日第6版头条发表了中华人民共和国国务委员、中印边界问题特别代表戴秉国的英文文章《中国与印度并肩创造辉煌的未来》,阐述中印关系和中国和平发展理念。③ 有的学者据此认为:"中国领导人在印度主流媒体撰文

---

① 近年来,笔者曾经在不同场合与相关论文中涉及此一话题,强调在印度重要的英文媒体发出中国政治家与学者的声音的重要性。所幸的是,这种良好的局面正在形成(具体情况可参看中国驻印度大使馆网站),并且,部分印度学者如狄伯杰等也在《环球时报》等发行量很大的中文报纸上发表关于中印关系等问题的观点。

② Meena Banerjee, "Tagore, As We Know and Don't," *The Hindu*, December 30, 2011.

③ Dai Bingguo, "A Brighter Future When China and India Work Hand in Hand," *The Hindu*, January 16, 2012.

阐述对中印关系的看法,这可能是第一次,说明中方对印度的重视。"① 因此,似乎可将2012年1月视为中国对印媒体外交的一个新开端。李克强总理在2013年5月20日发行的《印度教徒报》和《觉醒日报》发表了题为《跨越喜马拉雅山的握手》的署名文章。② 印度《外交官》杂志2013年5月刊发表了中国驻印度大使魏苇题为《站在新起点的中印关系》的署名文章。③《印度教徒报》2014年1月6日发表魏苇题为《开辟中印关系发展新篇章》的署名文章。④ 2014年2月10日,国务委员杨洁篪在《印度快报》发表题为《中国梦和印度梦息息相通》的署名文章。⑤ 2014年4月14日,中国驻印度大使魏苇在印度主流英文报纸《经济时报》发表《古老文明交相辉映,携手再铸丝路辉煌》一文,介绍"丝绸之路经济带"和"21世纪海上丝绸之路"倡议。他说,中印应从以下几个方面加强在"一带一路"建设上的合作:"一是加强政策沟通……二是加强道路联通……三是加强投资、贸易畅通……四是加强货币流通……五是加强民心相通。在中印百人青年团互访、媒体互访等基础上,继续加强两国人民特别是基层民众的友好往来,增设更多友好城市,为双方人员往来提供更多便利,增进相互了解和传统友谊。"⑥ 2014年4月28日,印度《经济时报》刊登对中国驻印度大使魏苇谈中印关系前景的专访。⑦ 7月15日,魏苇又在该报发表《金砖国家合作:期待中印建设更紧密的发展伙伴关系》一文,介绍中印在金砖国家合作机制下的合作前景。

客观来看,目前向印度学界和英文媒体传播中国声音,还存在许多困

---

① 赵干城:《中印关系现状·趋势·应对》,第66页。
② 参见中国驻印度大使馆网站2013年5月22日报道,http://www.fmprc.gov.cn/ce/cein/chn/sgxw/t1042584.htm。
③ 参见中国驻印度大使馆网站2013年5月27日报道,http://www.fmprc.gov.cn/ce/cein/chn/sgxw/t1044291.htm。
④ 参见中国驻印度大使馆网站2014年1月6日报道,http://www.fmprc.gov.cn/ce/cein/chn/sgxw/t1114742.htm。
⑤ "国务委员杨洁篪在《印度快报》发表署名文章《中国梦和印度梦息息相通》",http://www.fmprc.gov.cn/ce/cein/chn/sgxw/t1126864.htm。
⑥ "驻印度大使魏苇在《经济时报》发表署名文章《古老文明交相辉映,携手再铸丝路辉煌》",http://www.fmprc.gov.cn/ce/cein/chn/sgxw/t1146643.htm。
⑦ "魏苇大使接受《经济时报》专访谈中印关系前景",http://www.fmprc.gov.cn/ce/cein/chn/sgxw/t1150667.htm。

难。因此，以此方式培育印度媒体对华报道的友好氛围，是一种任重道远的艰难工作。

第三节 Chindia：21世纪的"中印大同"

21世纪初，具体说是2004年前后，在印度学界及部分媒体那里，展开了中国是敌是友的争论，部分人还预测中印竞争，有的则热衷于中印经济发展比较，并探讨印度应该向中国学习什么。从中印关系发展史来看，这是一种符合时代潮流的趋势。① 正是在这种时代语境中，一些印度政治家和学者大胆超越了中印比较或相互学习的思维模式，倡导中印联合发展的新思维，并将其表述为Chindia，谭中将其形象地译为"中印大同"。毋庸置疑，这是一个崭新的地缘文化话语。在这方面，杰伦·兰密施（Jairam Ramesh）与谭中二人可谓"二马当先"。前者创造英文单词即Chindia，后者创造中文词汇即"中印大同"并给予完美的文化阐释。围绕它们，中印学界多有评述，赞誉支持者甚或振臂高呼者有之，冷漠相向甚或口诛笔伐者有之。本节拟对"中印大同"的滥觞演变、思想内涵、现况前景，以及缠绕在它头上的是是非非进行简要说明。

一、"中印大同"的滥觞和演变

"中印大同"思想来源于泰戈尔和尼赫鲁等印度智者及谭云山的天才设计。历史上的中印文化联系、对于西方侵略亚洲的现实思考，使得泰戈尔与中国等东方国家的心靠得更近。他提出了理想化色彩浓厚的亚洲大联合方针。1942年，尼赫鲁指出："长期以来，我梦想印度和中国在目前和

---

① 本节论述参阅拙文："CHINDIA：新世纪'中印大同'简析"，《南亚研究季刊》2007年第4期。

未来会并肩前进……我深信，印度和中国的问题不解决，就谈不上世界问题的和平解决。"① 谭云山对中印文化关系的清理催生了他的"中印文化"思想。其核心是联合中印，发展一种以不杀生为特征、以互识互补为目的的共同文化即"中印文化"。②"中印文化"的实质是提倡一种中印文化大同的理念。这对谭中的中印大同思想有着直接影响。可以说，泰戈尔和尼赫鲁、谭云山等人已经形成了中印大同思想的雏形。

当代中印大同思想的诞生当然离不开印度经济学家兰密施的天才构想，但客观来看，他只是从经济合作角度涉及到中印大同的一个侧面，而从各个层面来对中印大同进行详细阐释，并将之与发展中印友好关系联系起来的人，非谭中莫属。谭中之所以如此，与他多年来关注中印合作，并身体力行地倡导中印互相理解对方的学术实践紧密相关。

1994 年，被印度人 N. 德塞称为"既是印度人又是中国人"的谭中应印度文化关系委员会（ICCR）之邀主编了一期具有特殊意义的英文刊物《印度地平线》。N. 德塞在该书"出版者言"中认为："有这样一句谚语：有两只沉睡的老虎，当它们醒来时，世界都将发抖。这两只老虎是印度和中国……单方面来看，中印均是大市场。联合起来，那将是一个特别巨大的市场。"③ 这似乎为该期《印度地平线》定下了"发言"基调。这期刊物邀请了当代中印多位学者撰稿，还刊登了泰戈尔、尼赫鲁、季羡林、袁水拍等人的文章或诗歌。该期设"泰戈尔与中国"、"尼赫鲁与中国"、"谭云山与中国"、"亚洲巨人们的未来"和"理解对方"等十多个专栏，充分体现了谭中的设想，即通过文化对话达到中印心灵交流的目的。一些印度学者或政界人士在这里畅所欲言，或追忆自己的中国经历，或纵论老子《道德经》与印度奥义书哲学的相似点，或畅谈中国人的性格爱好，或描摹中国的风土人情与经济发展。一些学者如 D. 班纳吉等对邓小平的"亚洲世纪"说作出了热烈回应。班纳吉认为，中印应该在边界问题解决、

---

① Jawaharlal Nehru, *Selected Works of Jawaharlal Nehru*, Vol. 12, New Delhi: Orient Longman, 1978, p. 476.
② Tan Yun-shan, *Ahimsa in Sino-Indian Culture*, Santiniketan: Viswa Bharati, 1949, p. 2.
③ Tan Chung, ed. *Indian Horizons*, Vol. 43, No. 1 - 2, "Publisher's Note," New Delhi: Indian Council for Cultural Relations, 1994.

武器研制与生产、开发"南方丝绸之路"(即从四川成都市经云南、缅甸、印度阿萨姆、孟加拉国再到西孟加拉邦)等方面进行战略合作。班纳吉说:"当两个主要大国能解决彼此间问题并进行区域合作时,整个亚洲的和平稳定才能得到保障。只有这样,亚洲世纪才能完全实现。"① 此即中印大同的早期基调之一。

四年后即1998年,谭中主编的《跨越喜马拉雅鸿沟:印度寻求理解中国》出版。该书篇幅庞大,将视野延伸到历史文化、政治、经济、外交等多个领域,全部由印度各个领域的中国问题研究专家撰稿,也刊登了一些政治家和外交官的文章或回忆录。它显示,印度在致力于中印相互理解方面走在了中国同行的前面。在该书中,一些印度学者采取比较研究方式,对中印经济发展、社会变革、民主自由现状乃至《孙子兵法》和《政事论》的异同进行研究。印度前驻华大使任嘉德在《怎么理解邓小平治下的中国》的文章中写道:"中印间建立更加紧密的全方位联系、更深地理解对方并进行合作,这有着吉祥的预兆……我们两个国家都对标志冷战后世界特征的新国际无序状态感到不安。"此外,中印在国际市场、国际谈判的立场协调,在面对宗教极端主义势力的威胁等方面都有着诸多共同语言。② 可以说,通过主持中印互相理解对方的两大学术工程,中印大同的思想根基已经在谭中的头脑中夯实。

这一时期,由于中印关系的快速发展,中国和印度经济的不断增长,一些印度媒体在倡导中印经济合作方面,进行了舆论准备和鼓吹宣传。这为中印大同的英文名字即Chindia的诞生充当了催化剂的作用。2005年4月20日,《经济时报》发表文章《印度—中国自由贸易区?》。作者的观点是,即使中国和印度都与东南亚国家联盟即东盟组成自由贸易区,如果中印之间没有签署自由贸易区的协定,一个积极有效的亚洲集团也不可能形成。作者详细地说明了他的理由。2005年5月12日,《经济时报》发表文章《中国还是印度?是中国与印度》。作者经过对中印信息产业、服务业和制造业等领域的分析后得出结论:"现在,即使各自一方市场都继续强

---

① Tan Chung, ed., *Indian Horizons*, Vol. 43, No. 1-2, p. 341.
② Tan Chung, ed., *Across the Himalayan Gap: An Indian Quest for Understanding China*, p. 486.

调经营服务业或制造业，也没有必要再争论中国还是印度（China or India）。实实在在只有中国与印度（China and India）。"①《印度时报》2005年4月6日、9日、12日分别发表《中国弹珠》、《崛起，Chindia 的崛起》和《亚洲世纪：西方人拭目以待》等三篇文章论述 Chindia。4月9日的报纸除了在第13版登载《崛起，Chindia 的崛起》外，还在该版刊登了 S. 拉古拉曼的文章《为什么中印自由贸易区使我们处于不利地位》和 C. 拉加卡塔的文章《亚洲时代，印度的优势?》。该版配有几幅插图如翻腾飞升的巨龙、中国电影明星成龙与印度女星的合影及一只可爱的熊猫（代表中国）恬静地伏在健壮的大象（代表印度）的背上共同前进。它们无疑都寄托了编辑很深的寓意。在《崛起，Chindia 的崛起》一文中，作者维卡斯·辛格认为，中印两大文明古国必须要忘记不幸的过去，进行商贸往来，联合缔造一个伟大的新世界。他说，在印度，与以往着眼于讨论中印竞争不同，人们现在对中印合作的潜在利益发生了更多的兴趣。中国可以学习印度工程管理等领域的经验。印度可以向中国学习有关基础设施建设、制造业和发展基础教育等方面的经验。辛格在文章最后说："那么，现在时机是否已经成熟到中印两国进行战略联合，Chindia 的创造是否会震惊世界？这还有很长的路需要跋涉，特别是当印度对于中印自由贸易区还心有提防的时候。但正如中国最恰当不过的一句谚语所云：'千里之行，始于足下。'"② 辛格在这里引用了兰密施创造的新英文词 Chindia。

上述几例皆是从经济层面论及中印合作，但已涉及中印大同的文化思维。兰密施创造的英文词 Chindia 在这一背景下诞生。印度著名经济学家、现任印度总理经济顾问契特（G. K. Chadha）曾对兰密施有过评述："印度当代经济学家兰密施同样提出了'中印合一'（即中印大同）的概念，认为没有什么能阻挡中印两国在人力资源、物质资源或自然资源等方面的合作。这意味着，世界会真正地将我们两个国家放在一起来考虑。"③ 德里大学东亚研究系的谈玉妮指出，当今印度看中国分为四派：第一派认为中国

---

① Tony Nash, "China or India? It's China & India," *The Economic Times*, May 12, 2005.
② Vikas Singh, "The Rise & Rise of Chindia," *The Times of India*, April 10, 2005.
③ 郁龙余、[印] 契特："中印学者畅谈中印合作与发展前景"，《南亚研究》2006年第1期，第3页。

是对印度的威胁；第二派主张走中间路线，认为印度在维持军事与经济力量的同时可以和中国建立长期稳定的关系；第三派即兰密施所描写的"文明派"，包括师觉月、谭云山、谭中等人，提倡中印文明大联合；第四派属于左翼思想集团及其他社会主义组织，因为中国属于社会主义国家而对中国亲善。① 谈玉妮将兰密施归入第二派。属于第二派的兰密施与属于第三派的谭中竟然在提倡"中印大同"思想上产生了不可思议的契合，这是中印关系发展的时代召唤所致。

2005年4月18日，兰密施在美国的《华尔街日报》发表文章，首次使用Chindia一词，引起媒体高度注意。2005年8月22日，美国《商业周刊》在同一天发表了三篇集中讨论Chindia现象的文章，其中有两篇以Chindia为题。这显示，西方媒体对于Chindia的出现，有些惊慌失措的感觉。《Chindia的崛起》一文写道，中印人口占世界人口三分之一。中印将结成联盟取代日本和欧洲而抗衡美国。这是西方冷战思维传统的反映。美国显然担忧Chindia的真正实现。自从兰密施2005年出版他关于Chindia阐释的新著后，谈论Chindia已经成为世界媒体的焦点话题。Chindia占领了西方世界不少报纸的头版头条。例如，2005年10月25日，美国有线电视新闻网（CNN）发表署名文章《印度和中国：是竞争对手还是伙伴？》；2006年1月31日，澳大利亚《时代》杂志发表文章《印度、中国和Chindia，哪个是沉睡的巨人？》；2006年1月英国《经济学家》周刊发表文章《Chindia的未来霸权》，认为Chindia是虚幻的东西，是缺席的存在，可能还是中印之间竞争和阴谋的温床。"显然，大多数西方人理解Chindia，除了从经济学角度将之作为一种特殊的国别经济现象比较外，还抱着西方的固有价值观对东方的崛起产生种种忧虑，他们将中印看作是挑战西方的'可怕力量'，正忧心忡忡寻求应对Chindia威胁的最佳策略。"② 这可视为西方中心主义思想的延续，又可看作冷战时期以意识形态划界的余毒。兰密施创造的Chindia在中文媒体中，较早引荐的是《国际先驱导报》。2005年4月19日，该报刊登了题为《中印"双崛起"恰逢其时，打造亚洲世

---

① [印] 杰伦·兰密施，蔡枫、董方峰译：《理解CHINDIA：关于中国与印度的思考》，银川：宁夏人民出版社，2006年版，第42页。本节相关论述和介绍多处参考该书，特此说明。
② [印] 杰伦·兰密施：《理解CHINDIA：关于中国与印度的思考》，第161页。

纪》的文章,介绍了 Chindia 这个新词。Chindia 几乎同时出现在印度媒体与中国媒体上。这是 Chindia 的创造者兰密施本人的幸运,其实也是 Chindia 生逢其时。如果不是全球化时代到来的国际大气候,和中印两国逐渐抛弃历史包袱、走向对话的小气候,Chindia 就难以得到中印媒体的高度关注。

二、从"中印大同"到中印"地缘文明范式"

2006 年,兰密施在接受中国记者采访时对 Chindia 一词做了解释:"Chindia 意味着中国和印度共同前进与合作,两国都彼此明了相互之间的差异,两国总是会非常在乎彼此间需要和平与和谐共存。"① 兰密施在著作中,对其中印大同思想进行如下阐述:

> "在很长时期内,我对中国保持着学术性的兴趣。对于像我这样的人来说,关注中国经济是很自然的事……和大多数印度人一样,我是在学习法显和玄奘的过程中长大的。这两个人的作品对于发现我们印度的过去至关重要。我是尼赫鲁的信徒,因而意识到中印两国之间始终有一种互相借鉴、相辅相成的特别纽带。
>
> 我虽然对那些'印中文明'派如师觉月、谭云山、谭中,还有最近涌现的阿玛蒂亚·森等人打心眼同情与赞赏,但我不爱空想。我对现代中国的看法是很现实的。现代的这个中国和鸠摩罗什以及达摩时代的中国已相去甚远。这两个'印度人'于公元第一千年的早期在中国创立了佛教。那时候的中国对印度怀着钦佩之情。但是,我的看法是:不应该像我们一般自然而然地妖魔化中国,而是应该更进一步去了解它,在各个方面去和它更紧密地接触。
>
> ……
>
> 在过去数年里,由于种种原因,人们对中国和印度的兴趣再次被

---

① 转引自[印]谭中:"实现'中印大同',建设'和谐亚洲'",《参考消息》2006 年 7 月 25 日。

激起。从人口统计学的角度看,这两个国家的人口占了全世界人口的将近五分之二,这个数字所承担的消费量尤为突出。从增长的角度看,这两个国家都是世界上增长最快的经济体,而且就按照购买力平价法计算的国内生产总值指标来看,都位居世界四大经济体之列。从战略的角度看,这两个核武国家有着长期悬而未决的边界冲突。最终只有一个现实:下一世纪将以亚洲为引擎,因此认识中印大同(Chindia)就变得重要了。"①

兰密施认为,没有别的办法可以取代中印对话。为了寻找中印大同的学理依据和历史渊源,兰密施把邓小平与瓦杰帕伊等中印政治家请到了前台"现身说法"。邓小平认为,如果下个世纪有一个亚洲时代的话,这一定要等到印度和中国的经济都发展了才能实现。瓦杰帕伊在俄罗斯圣彼得堡会见中国国家主席胡锦涛时说:"如果两国合作的话,这甚至可以让整个21世纪都变成亚洲世纪。"对此,兰密施点评道:"这种希望当然不是第一次提出来。至少两位印度名人泰戈尔和尼赫鲁在20世纪就强烈地表达了同样的愿望。"② 这等于说,兰密施承认了自己是站在许多眼界开阔的思想大师肩膀上"发言"和推陈出新的。

兰密施是中印大同的英文词创造者,对它进行文化阐释的人则是谭中。因为深受泰戈尔、谭云山、尼赫鲁等人倡导中印联合的思想熏陶,谭中对中印大同的内涵理解更深。他对Chindia这口"文化深井"的开掘更见功力。

2006年,谭中与耿引曾合著的《印度与中国:两大文明的交往和激荡》在中国出版。从研究鸦片战争以来的中外关系,构建真实正面的中国形象,到引领印度学界和中国学界面对面地认识对方,以跨越两国文化心灵间的"喜马拉雅鸿沟",再到提出"中印合璧"的理念,谭中在当代中印文化交流的舞台上不断展示自己独特的身影。他在书中说:"我个人认为,本书的几十万字中,分量最重的就是'中印合璧'这四个字。我差不

---

① [印]杰伦·兰密施:《理解CHINDIA:关于中国与印度的思考》,第69—71页。
② [印]杰伦·兰密施:《理解CHINDIA:关于中国与印度的思考》,第105页。

多使劲了所有分析能力与智慧才把这四个字的分量开发出来。"① 的确如此。谭中在该书引言里揭示了"中印合璧"的历史语境。他认为，中印文明是互相呼唤的文明，两大文明存在复制现象，中印文明是一种以道义精神而非物质主义为主的背靠背的关系。

当谭中带着"中印合璧"之眼阅读兰密施的新著《理解Chindia》时，他的眼前一亮："如果兰密施的书早出一年，我就会把'中印合璧'译成'Chindia'而不是'Sino-Indic Ratna'了。因为后者是带连接号的，不如前者把两种文明整合得难分难解……可是反过来看，我那'中印合璧'的概念早就在等待'Chindia'的出现了。等于说，几十年来我早已在作'Chindia'这篇文章了。"② 谈到将Chindia翻译成为对应的汉语单词时，谭中说："我看，只有'中印大同'才是Chindia的最好中文符号。"③

谭中认为，要准确理解兰密施的Chindia，首先应该用四种不同的公式来概括中印关系：一是China versus India（中对印）；二是China and India（中与印）；三是China-India（中—印）；四是Chindia（中印大同）。在谭中眼里，第一种公式代表的心态是中印对立，带着敌意互相竞争；第二种公式暗示中印关系只是一般的X和Y，非敌非友；第三种公式提示中印关系不一般，应该增进合作、谅解、友好；第四种公式代表的心态可以说是"追求两国关系的最高境界"。④ 关于这种"最高境界"，谭中的理解是，中印大同指的就是中印文明之间的亲属关系。"换句话说，'Chindia/中印大同'指的是：（1）精神上、文化上中印创办了合资企业（像佛教经典翻译成中文而结果使中文变成全世界佛教著述的最庞大、最宝贵、最重要的宝库）；（2）两国知识精英毕生心血的结晶。"⑤ 谭中认为，泰戈尔虽然没有使用Chindia即"中印大同"这个词，但他仍然是近代思想家提倡中印大同的"第一人"。⑥ 谭中还循着兰密施的逻辑进行思考，认为他的中印大

---

① ［印］谭中、耿引曾：《印度与中国：两大文明的交往与激荡》，北京：商务印书馆，2006年版，第521页。
② ［印］杰伦·兰密施：《理解CHINDIA：关于中国与印度的思考》，第2—3页。
③ ［印］杰伦·兰密施：《理解CHINDIA：关于中国与印度的思考》，第5页。
④ ［印］杰伦·兰密施：《理解CHINDIA：关于中国与印度的思考》，第6页。
⑤ ［印］杰伦·兰密施：《理解CHINDIA：关于中国与印度的思考》，第14页。
⑥ ［印］杰伦·兰密施：《理解CHINDIA：关于中国与印度的思考》，第28页。

同理想包含三点精神:"(1)捐弃前嫌,重新开始;(2)文明挂帅,见利思义;(3)取长补短,共同繁荣。"①

2006年7月,谭中在一篇文章中再次对Chindia进行阐释。他认为,中国领导人先后提出要建设"和谐世界"与"和谐亚洲",但从实践来看,应该先建设"和谐亚洲",才能进一步建设"和谐世界"。要建设"和谐亚洲",又必须实现中印大同的理想:"中印两国人口占亚洲2/3。如果真正实现了国际大学中国学院宗旨指出的'研究中印学术,沟通中印文化,融洽中印感情,联合中印民族',一个'和谐亚洲'的轮廓就会在地平线上出现。"② 2006年11月8日,谭中参加中国社会科学院的座谈会时说:"我推动Chindia,把它翻译成'中印大同',并不是说两个国家将来要变成新的霸主,而是希望恢复到以前中印两个文明交流的亲密程度。"③

从谭中对中印大同思想的解说来看,他受到了泰戈尔等人的深刻影响,从而将中国与印度视为可以共生共荣的亲戚文明。回顾过去100年来印度看中国的历史,谭中与兰密施的眼光和心态有接通泰戈尔时代的痕迹。这说明,中印关系的不断发展使印度的中国形象逐渐发生良性的变化。如果说妖魔化中国是20世纪60年代后印度中国观的第一次大转型,到了倡导中印大同的时期,印度中国观已经抵达第二次转型的门槛,尽管它仍处于"众声喧哗"的状态。

不光是殚精竭虑地进行中印大同的理论鼓吹,谭中还不遗余力地往来穿梭于中国、印度和美国,进行中印大同意义上的文化交流,为增进中印人民之间的相互理解贡献力量。2007年4月底,深圳大学举行了"中国印度关系国际研讨会",并举行了谭中主编的《中印大同:理想与实现》一书的首发式。谭中对该书的出版动机解释道:"这本书所代表的不止是出书,而是掀起一个学术运动,要把'Chindia/中印大同'的理想推向政治,推向国际关系领域。"④ 随后,谭中还将中印大同推衍为中印地缘文明范式

---

① [印]杰伦·兰密施:《理解CHINDIA:关于中国与印度的思考》,第29页。
② [印]谭中:"实现'中印大同',建设'和谐亚洲'",《参考消息》2006年7月25日。
③ 刘朝华整理:"中印边界问题座谈会纪实(上)",《南亚研究》2007年第1期,第44页。
④ [印]谭中主编:《中印大同:理想与实现》,"鸣谢",银川:宁夏人民出版社,2007年版。

的思考。

在题为《从地缘文明透镜看'Rubi兄'与'Susima'之间的心传》的文章中,谭中认为,1924年中国卷入斗争与革命的浪潮之中,无法真正欣赏泰戈尔访华时的言论。"今天,中国政治气氛变成提倡国际之间的和谐了解,这就有了对历史事件重新评价的可能了。徐志摩与'Rubi兄'泰戈尔之间的亲密情谊是帮助我们打开从地缘文明透镜认识泰戈尔访华事件的窗口。用正确的地缘文明观点就可以把泰戈尔访华看成一种文明运动。"① 这种将泰戈尔与徐志摩的个人交往升华为中印文明之间的友好"运动"是否属实,自然是见仁见智之说,但它确实体现了谭中一贯的主张即中印大同。接下来,在对美国学者塞缪尔·亨廷顿(Samuel P. Huntington)的"文明冲突论"进行驳斥后,谭中认为,如果带着一种"地缘文明透镜"深入研究泰戈尔与徐志摩的诗,一定会发现中印文明间动人的激荡与回响。由此,谭中断言,徐志摩和泰戈尔的密切交往是中印文明亲属关系的一种体现,他们的神交就是中印文明神交的缩影。谭中再次强调该文的旨趣所在:"我这篇文章是故意借题发挥,东拉西扯,主要目的是提倡地缘文明观点……我想突出的是中印两大文明之间的亲属关系,我认为泰戈尔对中国的重要性正是因为他在发现这一亲属关系上是个先知者。"② 谭中还在《中国古典诗歌对泰戈尔的影响初探》一文中说,中国诗歌是否影响泰戈尔可能是从没有人讨论过的问题。他之所以大胆尝试进行讨论,是希望"能帮助我们推动'Chindia'即中印大同的学说,为促进今后中印睦邻伙伴关系作出贡献"。③ 在另一篇文章《深刻认识泰戈尔与中国、亚洲的情结》中,谭中通过挖掘历史事例、透视泰戈尔的相关论述和印度学者阿米亚·德武(Amiya Dev)对"东方愿景"的考察,继续阐释国际关系的"地缘文明范式"。他说:"朝圣精神可以把我们引导到地缘文明范式,泰戈尔是它的号角。我曾经为这地缘文明孤零零地声嘶力竭,现在却受德武

---

① 王邦维、[印] 谭中主编:《泰戈尔与中国》,北京:中央编译出版社,2010年版,第92页。
② 王邦维、[印] 谭中主编:《泰戈尔与中国》,第119—120页。
③ 王邦维、[印] 谭中主编:《泰戈尔与中国》,第191页。

文章鼓舞。"① 至此，谭中借题发挥的意图已经非常明确。

关于中印大同，中印两国从媒体到民间都曾有所反应。这说明，一段时期内，中印大同的概念为印度与中国媒体、民间人士所熟悉。印度学者狄伯杰、玛姐玉和谈玉妮等人也曾撰文支持中印大同的思想理念。② 这促进了中印大同思想的早期传播。

三、"中印大同"的是是非非

在中印大同的思想阐释中，中国文明的形象发生了积极的变化，她成为与印度密切相连的姊妹文明、兄弟文明或亲戚文明。这是对殖民主义时期甘地和泰戈尔式中国观的理性回归和呼应。巧的是，谭中擅长文化研究，常常从历史与文明角度论述中印大同的理想。中文语境中的中印大同思想其实就是谭中一人倡导、众人呼应的，兰密施是地道的经济学家，常常从经济问题入手讨论。他们不约而同地绕开政治、军事领域，从经济、文化层面进入中印大同这个国际文化或曰地缘文化的话语建构，并将之成功地发展为一次跨越"喜马拉雅心理障碍"的"中印大同运动"。这显示了当今经济全球化趋势对国际关系传统思维模式的冲击，也反映了跨文化对话与世界经济一体化浪潮的互相促进。

乍一看，兰密施和谭中等人倡导的中印大同运动似乎有些过于前卫和超越的姿态。这有些近似于国际关系理论发展史上的第一个学派即理想主义学派的某些主张。以美国前总统威尔逊（Woodrow Wilson）等为代表的理想主义者相信，人性可以改造，战争可以避免，国家间利益可以调和从而达成国际和平，公众舆论也可以确保世界和平。以汉斯·摩根索（Hans Morgenthau）等人为代表的现实主义学派则认为人性本恶，应该依靠均势维持国际和平，道德价值观是相对的，国家利益高于一切。现实主义者曾经对理想主义理论发起抨击。残酷的事实告诉我们，理想主义在过去的国际关系实践中屡屡碰壁，现实主义学派却往往大出风头。但从理论

---

① 王邦维、[印]谭中主编：《泰戈尔与中国》，第171页。
② 这三位印度学者的相关文章，参阅[印]谭中主编：《中印大同：理想与实现》。

上讲,理想主义和现实主义学派的国际关系理论均有其优劣之处,二者不可偏废。① 这说明,理想主义色彩浓厚的中印大同思想和中印地缘文明范式必将遇到很多理解上的障碍。

事实上,中印大同观要经受时间的考验,更要经受中印现实互动的严峻考验。谭中和兰密施不会不注意到印度国内目前赞同中印大同思想的人数多寡。在中国,因为学术的"西风"往往压倒"东风",目前中印大同运动尚不能打开一呼百应的良好局面。中印大同运动鼓吹的时间短,许多理论问题还有待论证,具体的实践操作也亟待展开,这些都给中印两国的该运动鼓吹者和响应者提出了挑战。一个运动,有了领导人和设计师自然很好,但还需动员广大民众参加。目前,中印人员往来、文化交流的规模都亟待扩大,这对中印大同运动的开展是一种制约。另外,西方世界对中印大同运动的高度关注和警惕,美国、日本等国家对印度的战略拉拢,都是深入开展中印大同运动的消极因素。

2006 年的"中印友好年"活动和中国元首访问印度,一时间被国际媒体形容为"Chindia/中印大同"的实现,甚至是"Hindi Chini Bhai Bhai/印度中国是兄弟"的复活。印度学者谈玉妮预测道:"从这种迹象来看,我们的'Chindia/中印大同'进行时已经有了一个很好的开始。假以时日,必然会变成两国人民,甚至世界人民的共识。"② 这种论调固然有其美好和正确的一面,可它却有意忽略了很多现实的消极因素。

事实上,自中印大同的思想理念成型至今,虽然它在呼吁中印人民增加人文交流、增进相互理解等方面贡献巨大,但也出现了遭受冷遇的尴尬局面。近年来,中印两国学界、政界、商界、媒体等各个方面的人士很少再提这一地缘文化话语,便是明显的例证。虽然说谭中将中印大同发展为中印地缘文明范式等新的话语体系,但也难以掩盖他的思想遭受某些人冷遇的基本事实。另外,Chindia 的英文创造者本人的遭遇和现况也能说明问题。下边对此现象进行简要分析。

作为 Chindia 一词的缔造者,2010 年 5 月兰密施因批评印度内政部和

---

① 关于国际关系理论的理想主义和现实主义学派的比较分析和全面评价,参见倪世雄等著:《当代西方国际关系理论》,第 82—88 页。

② [印]谭中主编:《中印大同:理想与实现》,第 90 页。

安全部对中国"过度防御"而遭受印度舆论的"政治围攻",不得不道歉了事。尽管谭中此后接着倡导构建中印地缘文明新范式的理念,但是除了极少数中国学者外,印度学者几无回应。印度学者、特别是印度的中印关系研究者对于该词大多取缄默态度。当然,谭中本人侨居遥远的西半球,住在美国,这为他将中印大同思想转化为印度学界、民众的真实行动带来了不小的障碍。印度主流英文媒体近期也基本不再引述或运用 Chindia 一词。不过也有少数的例外,例如《印度时报》2012 年 1 月 12 日的一篇发自迪拜的短讯报道以该词为标题:Chindia Drives 50% of Global Growth(中印两国带动了全球经济增长的 50%)。这已经不是谭中对该词中译文的意义发挥。这则报道中写道:"尽管速度放慢,中国和印度仍然占到了世界经济增长额的一半以上……由于经济规模和增长速度,中国和印度特别重要。"[1] 兰密施现任印度乡村发展联合部长,根据《印度教徒报》2012 年 2 月期间的报道,他关注的是印度的农村发展等问题,他基本不再就中印关系在印度主流英文媒体发表言论。[2]

再看一位长期住在中国的印度女记者艾蓓(Pallavi Aiyar)对中印大同思想的冷漠反应。出于"文化过客"的心态,艾蓓在某种程度上认可中国社会面貌的巨变,也与某些中国人建立了友谊,但她的心中始终未能建构一幅美好的中国形象。相反,她在自己的中国游记中,对中印大同理念进行讽刺。这一姿态居然博得了印度国内部分人士的热烈喝彩。如有人撰文称,艾蓓的中国游记冲击了"印度闪亮"(India Shining)的空想,同时也使那些鼓吹"中印大同"者华而不实的陈词滥调趋于破产。事实上,在中国游记的开场白中,艾蓓便提到了 Chindia 即"中印大同"的字眼。她认为,这个新造的缩略词主要是谈论中印之间存在的地缘政治和经济互动潜力,这个词也探讨中印互动对警觉中的世界其他地方有

---

[1] "Chindia Drives 50% of Global Growth: Report," *The Times of India*, January 12, 2012.
[2] Deepa H. Ramakrishnan and Rajesh B. Nair, "Redesign Programmes Taking States' Needs into Account, Says Jairam: Union Minister calls for More Freedom for States in Spending Money for Projects," *The Hindu*, February 11, 2012; G. Srinivasan, "I Believe in Grow Now, Protect Now: Jairam Ramesh, Union Minister and Member of the High Level UN Panel on Global Sustainability, on the Committee's Recently Released Report," *The Hindu*, February 12, 2012.

何影响。① 身为触觉敏锐的记者，艾蓓虽然看到了中印之间从渗透苦涩意味的"印中兄弟"（Hindi-Chini Bhai Bhai）转向了经济贸易的"印中买卖"（Hindi-Chini Buy Buy）的可喜现实，但她仍然以冷冰冰的系列数据告诉读者，"中印大同"是不切实际的一种幻觉。她说："另外，那种认为中印力量的联合将会出现一个统一的经济巨人的想法即中印大同，充其量是一个幻想而已。"② 艾蓓认为，如果真有一个"中印大同"境界存在的话，那或许只能由两国的孩子们来为此奠基。但这也不容乐观，因为很多年轻人并不把对方国家视为留学的首选目的地。在中国游记的叙述接近尾声时，艾蓓再次提到"中印大同"。她认为，这是一个带有口号味道的时髦修辞，其要旨泛善可陈。究其原因，这是中印政治制度不同等前提所决定的。艾蓓进一步分析道："在中国，印度是用来揭示民主陷阱的最佳范例，而在印度，那些羡慕中国成就的人同时也抱怨，这些成就的获取只能以民主为代价。"③ 按照谭中的说法，"中印大同"也可以理解为地缘文明范式中的"中印合璧"。如果将其要旨视为"联合中印民族、创造人类和平、实现世界大同"的话，那么这个概念就可以"帮助在世界范围广泛推广 Chindia 而不产生负面影响"。④ 由此看来，艾蓓从地缘政治和意识形态、政治体制等各个角度颠覆或解构了"中印大同"的历史文化内涵。

印度军方人士、战略分析家国多马（Gautam Das）将中国和印度分别比作"发出嘘声的龙"和"局促不安的虎"。这非常形象地暗示了部分印度人对中国"傲慢自大"和印度"委屈受窘"的认识。他认为，中印比较毫无必要。他接着点到了 Chindia 这个词，并借题发挥道："Chindia 这个概念只是用来比较两个领域：中印各自经济发展速度的比较，中印人口规模、人口增速和人口结构的比较。显而易见，在中印经济规模、军事实力和其他什么具体的方面进行比较是可笑的。中国和印度之间的比较毫无用处。当那些追求轰动效果的媒体对中印两国进行例行公事般的比较时，它

---

① Pallavi Aiyar, *Smoke and Mirrors: An Experience of China*, New Delhi: Harper Collins India, 2008, p. 4.
② Pallavi Aiyar, *Smoke and Mirrors: An Experience of China*, p. 81.
③ Pallavi Aiyar, *Smoke and Mirrors: An Experience of China*, p. 257.
④ ［印］谭中主编：《中印大同：理想与实现》，"序言"，第17页。

们伤害了印度大众的感情。媒体的文章需要诱人的标题或迷人的音节，以达到'抓人眼球'，从而提升其广告价值的目的。"①

前述的海外印度战略分析家莫汉·马力克对"中印大同"也是嗤之以鼻。他在文章中写道："有人谈论说，中国令人敬畏的加工制造业可与印度令人羡慕的 IT 业和服务业进行合作，并说这将使 Chindia（中印）成为世界工厂和世界的后勤办公室。"② 马力克否认了中印合作发展的现实可能。在他看来，中印之间的经济竞争、安全困境和敏感的"相互威胁"是现实而残酷的，这便扼杀了中印合作的机遇。自然，这也是他和国多马等人对中印大同理念毫不在意、甚至反感的内在诱因。他说："实际情况是，中国和印度都被一种安全困境所套牢。一国将自己的行动视为自我防御时，另一国却视其为具有进攻性质的行为。印度和中国的军界人士都视对方为未来的对手，每一方的趋向和行为在对方眼里都带有威胁的意味。"③ 马力克还具体地谈到了中印之间的相互疑惧和"相互威胁感"的诸多起源，如国家治理的不同思想路径，两国的历史负担，两国媒体对对方国家形象的消极刻画，根深蒂固的偏见，悬而未决的领土争端所产生的紧张气氛，两国围绕自然资源和市场而展开的全球竞争，中国对印度与日本、美国发展关系产生疑虑所导致的双边关系紧张和相互猜疑，印度对中国"包围印度"的"遏制意图"的理解，中国向巴基斯坦等盟国"出售武器"导致印度周边地区的"核扩散"，等等。④ 尽管这些分析很多纯属子虚乌有的无端指控，但也的确说明了印度对中国、特别是中印关系发展史上出现的诸多"历史负担"或现实难题的忧虑。在这种虑及印度自身发展的保守思维中，任何涉及中印合作的思想自然是不相兼容的"异端学说"而已。或许正因如此，有个别印度极端人士甚至违反历史事实，信口雌黄，将中国与印度视为"千年文明对手"（rival civilizations for millennia），并认为中

---

① Gautam Das, *China-Tibet-India: The 1962 War and the Strategic Military Future*, p. 222.
② Kevin J. Cooney and Yoichiro Sato, eds. *The Rise of China and International Security: America and Asia Respond*, p. 189.
③ Kevin J. Cooney and Yoichiro Sato, eds. *The Rise of China and International Security: America and Asia Respond*, p. 189.
④ Kevin J. Cooney and Yoichiro Sato, eds. *The Rise of China and International Security: America and Asia Respond*, p. 190.

国文明和印度文明曾经进行过"一场长达千年之久的角逐"。[1] 马力克对当下的印度定位是：唯一的中国势力平衡者或抗衡者。他说："在中国所有的周边国家中，印度的角色非常独特，因为，它一直是长期平衡中国势力的唯一亚洲大国，20世纪50年代末以来尤其如此。"[2] 在马力克等人这种防范、猜疑、警惕中国的思维中，中印大同或中印地缘文明范式等文化思维或文明思维完全是不相兼容的异类。国多马和马力克等人代表了一些印度人士的中国观，这似乎可视为中印大同思想在印度遇冷的基本缘由。

事实上，客观地看，中印大同思想所蕴涵的地缘文明观或特殊的中国观与当代风行国际关系研究领域的现实主义甚或进攻性现实主义理论属于不同的思维范畴。中印大同或中印关系的地缘文明范式属于典型的理想主义学说。这也是部分印度军方人士和记者、政治家、学者对之毫不动容的根本原因。按照现实主义理论的代表人物摩根索的观点，理性外交政策就是良好的外交政策，理性的外交政策能够使危险减至最小，使国家利益增至最大，所以它符合道德上的谨慎原则和政治上的成功原则。摩根索说："现实主义认为，以权力所界定的利益这一关键概念是普遍适用的客观范畴，但是它并不赋予这个概念一个永久固定的含义。利益的观念确实是政治的实质，不受时间和空间的环境的影响。"[3] 在摩根索看来，权力（实力）和利益成了国家这一国际行为体所追求的终极目标。"权力包含人对人的支配。……有时，权力是一股未经驯服的野蛮力量，实力是其唯一的法则，扩张是其唯一的正当性。"[4] 正因如此，一方面，政治现实主义拒绝把特定国家的道德愿望等同于放之四海而皆准的道德原则。"另一方面，恰恰是以权力界定的利益概念可以把我们从道德上的极端和政治上的愚蠢中拯救出来……因此，政治现实主义和其他学派之间的差异是真实的、深刻的。无论政治现实主义理论受到多大的误会和曲解，它对政治问题所抱

---

[1] Kevin J. Cooney and Yoichiro Sato, eds., *The Rise of China and International Security: America and Asia Respond*, p. 212.

[2] Kevin J. Cooney and Yoichiro Sato, eds., *The Rise of China and International Security: America and Asia Respond*, p. 199.

[3] [美] 汉斯·摩根索，徐昕、郝望、李保平译：《国家间政治：权力斗争与和平》，北京：北京大学出版社，2012年版，第14页。

[4] [美] 汉斯·摩根索：《国家间政治：权力斗争与和平》，第15页。

的独特的思想态度和道德态度是毋庸置疑的。"① 总之，对于权力和利益的极力追求，使得中印大同等理想色彩浓厚的话语体系很难在这个急功近利的世界惬意生存。但是，中印之间要想保持近期和长期合作的话，必须首先根除中印是"天然竞争者"的观念。"中印之间应该加强沟通和交流，进而建立战略互信，最终将彼此定位为'伙伴'而非'敌人'，'中印大同'（Chindia）才能最终取代'中印对抗'。"②

值得欣慰的是，部分印度有识之士也看到了这一点。他们虽未明确地引用 Chindia 这一词汇，但其言谈思考却与之相距甚近。例如，在中印经济发展比较的过程中，一些印度学者认识到了印度与中国合作发展以求共赢互惠的必要性。有的学者虽然将 Chindia 称为"相当不舒服的措辞"，但依然认可其存在的"真实颗粒"或积极因素："套用两种已经风行印度媒体的老掉牙的说法：印度大量地提供软件，而中国则大量地提供硬件。中国是制造业中心，而印度则是服务业中心。这是陈词滥调，太过简化，但这种主张中有些真实的成分。再说，我们已经从'印度中国是兄弟'（Hindi-Chini bhai-bhai）过渡到'印度中国做买卖'（Hindi-Chini buy-buy）。"③ 还有学者认为："不过，两国间的竞争并不意味着冲突或冲撞。印度与中国已经变得更少情绪化，更为成熟，更加讲求实际。近年来，比起传统的地缘政治和安全关切来，地缘经济变得更加重要。因此，印度和中国必须学会和平相处，相互合作。这就正如有人所说的那样：'你可换朋友，但你不可换邻居'。"④ 此处所谓"地缘经济"区别于国际关系理论中的地缘政治话语，它有些近似于中印大同等地缘文明话语。这反映出部分印度有识之士面对中印关系正常发展这一现实的理智和睿智。这为中印大同思想、地缘文明范式的继续存在奠定了宝贵的心理基础。

在关于中印大同思想的思考过程中，谭中一直坚持不懈。和其他许多印度、中国的有识之士一样，他已经看出一点：中印人民的心灵沟通和相

---

① ［美］汉斯·摩根索：《国家间政治：权力斗争与和平》，第 18 页。
② 郑斌、许少民："印度对中国崛起的认知"，《南亚研究》2011 年第 4 期，第 12 页。
③ Harsh V. Pant, ed, *The Rise of China: Implications for India*, p. 49.
④ Bhawna Pokharna, *India-China Relations: Dimensions and Perspectives*, pp. 304–305.

互尊重是中印大同运动顺利启航和继续前进的先决条件之一。例如,他在2011年即提出中印大同说五年后认为,中印两国人民应该培育"将心比心"、"设身处地"和"推己及人"等来自传统文化的"恕道"理念,相互学习,共同发展。他说:"中国的了不起,印度必须承认,笔者尚未见到印度不承认这一点的权威言论。反过来说,印度的了不起,中国必须承认,而笔者还没有看到很多中国承认这一点的权威言论……我认为,如果印度朋友不承认中国这个'文明'了不起,他们就一定不能真正深刻地了解中国。同样地,如果中国人不承认印度这个'文明'了不起,他们就一定不能真正深刻地了解印度。"① 换句话说,只有到了这个能够"推己及人"的"恕道"阶段,中印大同思想才会被更多的人所接受,它所遭受冷遇尴尬的概率才会大大地下降甚至消失。

总之,Chindia或中印大同是联接中印两大亲戚文明的心灵对话。相信随着时间的推移,随着全球化的步伐加速,随着中印关系的全方位深入发展,随着中印文化交流达到理想状态,汇集到这一思想旗帜下面的中印人士会越来越多。时代的召唤是"中印大同"思想产生的动力,也必将是它不断成熟和发展的催化剂。

第四节 印度作家和记者的中国观

1988年以来、特别是进入21世纪后,来华长期居住和短期访问的印度作家、记者和其他各界人士逐渐增多。他们在耳闻目睹中国崛起的事实或亲身体验中国社会生活、感受中国文化魅力后,纷纷以各种形式发表感言,这便是他们各自的中国题材游记或小说。当然,其中也有部分印度作家或海外印度作家根本没有或很少到过中国,但是他们仍然对中国的历史

---

① [印]谭中:"加强中印两大文明国之间的'恕道'",《南亚研究》2011年第4期,第153页。

文化和现实发展抱有非常浓厚的兴趣，也在自己的笔下描述中国。① 下边以两位当代印度作家、记者的中国游记为案例，对印度中国观的特殊表现形式进行简略分析。

一、印度之眼看中国：普兰·苏里的中国观

普兰·苏里女士（Pooram Surie，下简称普兰）是印度前驻华大使苏里宁先生（Nalin Surie）的夫人。她曾经随夫在华生活多年，与中国人民结下了深厚的友谊。回到印度后，她创作了中国游记《寻找中国的灵魂》（China：A Search for Its Soul）。该书于 2009 年出版。中国网曾为此书的出版发行进行了视频专访。② 该书在印度出版了精装本与平装本。该书有多幅插页，为作者在中国各地旅游时拍摄，包括北京街景、北京寺庙、云南石林、云南藏族人民歌舞场景、敦煌石窟、云冈石窟、五台山寺庙、新疆喀什的穆斯林风情等。翻开书页，浓烈的中国文化气息扑面而来。书中可见嫦娥飞天、八仙过海和弥勒佛等数十幅中国民间装饰画。20 世纪 80 年代以来，除了维克拉姆·赛特等极少数印度人士曾经长住中国并有相关游记问世外，要搜寻印度当代作家或学者的中国游记，并不是一件很容易的事。普兰的中国游记弥补了这一缺憾。

（一）中国魂：寻找之旅的主题

普兰早年曾在德里经济学院学习。她在坦桑尼亚、比利时、波兰、美国、不丹和中国等国家留下过足迹，这使她具有一种观察世界的宏阔视野。她在中国的文化体验和现实观察其实是一种漫长而收获颇丰的寻找之旅。从该书的"引言"来看，普兰是一个学者型作家。她引用了林语堂、H. G. 罗林森（H. G. Rawlinson）、罗凯西·钱德拉（Lokesh Chandra）、卡

---

① 印度海外作家描写中国的例子，可以参阅 Kunal Basu, *The Yellow Emperor's Cure*, New Delhi：Picador India, 2011. 也可参阅拙文："为西方寻求'黄帝疗法'：印度海外作家的中国形象"，《世界文学评论》，第 17 辑，武汉：世界图书出版公司，2013 年版。该文已收入笔者在中央编译出版社（北京）出版的论文集即《华梵汇流：尹锡南讲印度文学与中印文学关系》一书中。

② 李雅芳、刘宇明："中印发展论坛：媒体公共外交的成功实践"，《公共外交季刊》2011 年春季号，总第 5 期，第 97 页。

比拉·瓦赞娅和罗古·维拉（Raghu Vira）等中国、印度和西方著名学者的相关著作，以说明她对中国历史文化的理解和对中印千年文化关系进行探索和思考的强烈兴趣。

在"引言"中，普兰首先回顾了中印历史友谊，也没有回避当代现状。她说："印度和中国是一对被喜马拉雅山分隔开来的邻居，不仅拥有共同的历史联系，还有共同的古代文明。它们拥有庞大的人口，都有广袤而重要的乡村地带。它们的文化具有相似性。它们都有过动荡不安的历史……对于这些古老的勇士来说，21世纪带来了严峻的挑战。它们忙于在世界舞台上为自己定位。"[①] 接着，普兰叙述了自己中国之旅的基本动机或诸多困惑："当我住在中国时，我努力观察这片神奇土地上的人们。他们是些什么样的人呢？他们是否像我们一样地思考？中国所走的道路是否会使他们完全与众不同？在我看来，一个国家或民族的精神或灵魂要比一个民族的历史、政治或风俗更为深奥。这要求研究他们的思维模式、内在性格、信念、信仰、宗教、精神和解决他们所面临问题的方式。"[②]

不难看出，普兰的上述困惑是一种饱含人文关怀的热烈追问，也是一种社会学意义上的冷静叩问，还是跨文明视野中严肃的自我设问。因为她接下来的困惑是："印度与其邻国的文化交流何如？中国是否曾经影响过印度？如果是的话，又是以什么方式影响印度？努力理解这些问题，或许会惠及两国，并有助于更好地理解我们的两大文化。"[③] 这些话说明，印度对古代和当代中国了解均未达理想地步，这是普兰追问和叩问中国之魂的基本动力。它还说明，普兰也在努力接续师觉月等印度先贤关于中印文化交流的健康思维。众所周知，师觉月曾经提倡中印文化双向交流说和中印文明融合说。这对后来的印度学者产生过重要影响。在印度汉学界，师觉月的开创性理论建树就是中印文化双向交流说。中印文化交流看起来完全是单向度的，但是他深信："即使稍微留意一下，我们也能发现中国对印

[①] Pooram Surie, *China: A Search for Its Soul, Leaves from a Beijing Diary*, "Introduction," New Delhi: Konark Publishers, 2009, XI.

[②] Pooram Surie, *China: A Search for Its Soul, Leaves from a Beijing Diary*, "Introduction," XI - XII.

[③] Pooram Surie, *China: A Search for Its Soul, Leaves from a Beijing Diary*, "Introduction," XII.

度生活思想的影响痕迹。"① 师觉月还探索了老子的《道德经》对印度宗教哲学的深刻影响。尽管这些结论甚或探索本身也许还存在学术上的意见分歧,但它毕竟已为师觉月的中印文明融合说亦即"共同文明"说成功奠基。

普兰的一些困惑是,现代生活是否会使中国人产生一种更浓烈的理解宗教的愿望,以从中汲取精神动力?在中国经济繁荣和物质消费思潮日趋强烈的背景下,中国社会是否会有一种皈依宗教或理解宗教的趋势?抑或金钱的魔力驱动一切?这些疑惑的确显示了普兰追寻中国灵魂之问的宗教视角,她带着印度的宗教之眼观察和思考中国。当然,中国的神秘未解也是她走进中国文化深处,接触现实生活以寻找中国之魂的基本动机。她说:"我们对中国所知甚微,对于我们很多人来说,这个国家仍是一个很大的谜。它是一种神话(myth),一个紧闭门户的神奇国度,一个被团团的朦胧幻想(misty illusion)所覆盖的国度。我们大多数外国人住在自己的居所并为其所限,但我却想打破这一局限,体验真实的中国,品尝街头美食,与人们交谈,并努力理解和发现这个国家人性的一面。"② 这说明,普兰的中国之旅或寻找之旅既是文化之旅,也是现实之旅;既是她对文化中国的膜拜和崇敬,也是她对现实中国的观察和思考,还是她对中印文化灵魂联系的历史考察。换句话说,普兰意欲寻找的既是中国传统文化之魂,也是中国当代人的生活之魂,还是中印文化合流之魂。例如,她还如此写道:"我对中国和中国人的兴趣越来越浓厚。即使我看到了城市的现代一面,忽略了那种盲目冲动的消费思潮,但却是那看不见的穷邻居、糟糕的街道和坍塌的墙壁激发了我更好地理解这个国家及其人民的愿望。我不仅决心寻找中国的灵魂,还想发现中国与印度灵魂的紧密联系。各位历史学家、社会学家、外交官和中国学者已经著文,对印度与中国之间的历史联系做了详细的探索。另一方面,我还想发现两国人民生活方式、精神灵魂、文化传统和价值观念的相似点。"③ 这样看来,普兰给自己的中国之旅或寻找之旅定下了合理的基调,但这却是艰巨的重任,因为文化之旅与现

---

① Prabodh Chandra Bagchi, *India and China: A Thousand Years of Cultural Relations*, p. 197.
② Pooram Surie, *China: A Search for Its Soul, Leaves from a Beijing Diary*, pp. 2 – 3.
③ Pooram Surie, *China: A Search for Its Soul, Leaves from a Beijing Diary*, pp. 44 – 45.

实之旅或曰文化追问与现实叩问的合二为一，将是每个外国作家或学者均须面对的严峻挑战。

（二）佛道儒：对文化中国的思考

普兰在书中随处插入中外学者关于佛教或中国佛教、道家和儒家思想的介绍文字。这既显示了她欲以学术探索的姿态对待自己在中国的宗教之旅，也表明了她想以这种普及中国文化的方式向印度和世界各地的英语读者传播中国传统文化精华的美好愿望。

普兰在书中这样写道："2000 年来，中国人已经熟悉了孔子的哲学和道家的生活方式，尽管是在共产党统治时期，佛教也对中国文明继续发挥着影响。儒家思想、道家思想和佛教思想是我寻找中国灵魂的出发点。"[1] 正是沿着儒家、道家和佛教的思想痕迹，普兰走进了文化中国的核心地带。

既然来自印度，普兰首先关注的自然不是产自中国的本土宗教，而是历史上来自印度并在中印思想合流中起过重要作用的佛教。为此，她在北京、山西、陕西、四川、甘肃等地旅行期间，造访了多处佛教寺庙，感受佛教在中国的历史风韵和现实境况。其中，山西的悬空寺和五台山、洛阳的白马寺等给她留下了深刻的印象。

佛教著名的悬空寺，又名玄空寺，位于山西浑源县，距大同市 65 公里，悬挂在北岳恒山金龙峡西侧翠屏峰的半崖峭壁间，是全国重点文物保护单位。悬空寺始建于 1500 多年前的北魏王朝后期即北魏太和十五年（公元 491 年）。[2] 普兰在参观悬空寺时非常激动，她后来写道："造访悬空寺是一种独特的体验。它矗立在衡山脚下，建于公元 491 年。它经过了两次建造……悬空寺是一个建筑奇迹，它从山的正面悬挂而下，仅靠柱子支撑。"[3] 她还记录了悬空寺的奇特惊险及其宗教特色："这种景象非常惊险刺激。我们什么都看不清，只见周围几英里内都是高耸的山脉。悬空寺的奇特之处在于它的大殿，佛教、道教和儒教等在此并行不悖，大殿都有释

---

[1] Pooram Surie, *China：A Search for Its Soul, Leaves from a Beijing Diary*, p. 30.
[2] 此处关于悬空寺的介绍参见相关网络资料：http://lvyou.baidu.com/xuankongsi/。
[3] Pooram Surie, *China：A Search for Its Soul, Leaves from a Beijing Diary*, p. 131.

迦牟尼、孔子和老子的塑像。"①

佛教的中国化是印度佛教向中国传播过程中的必由之路。普兰对这一点尤为关注。为此，她在《佛教的中国化》一章中大量地引用了两位学者的研究成果，对佛教中国化的历程，中国佛教全面影响中国文学、思想、语言、艺术和科学，中国佛教的各种宗派等问题进行简介。对于佛教征服中国的历史现象及其独特性，她在书中写道："佛教为了在中国生存下来，必须适应中国社会的特点。因此，佛教不得不进行改造，去掉自己的印度身份，变为中国身份。在印度，佛教的义理是自然演变的一种文化进程。在中国，如何阐释佛教经典成了一个大问题，因为所能见到的经文（sutras）都是在不规则的零散状态中完成撰写的。"② 普兰还提到观音菩萨从印度男性变为中国女性的有趣现象："在一个具有强烈父权制色彩的社会中，男菩萨变为女菩萨的现象成为人们大量争论和探讨的一个主题。"③ 普兰还注意到观音菩萨在中国古代文人心目中的崇高地位，她为此引用了唐代大诗人白居易在《水月观音画赞》一诗中表露的佛教主题为例证。

在《21世纪的佛教》一章中，普兰重点思考佛教或曰中国佛教之于中国当代社会生活的重要关系。她的出发点是，宗教是否可与变化迅速的当代社会保持协调发展？她说："佛教是否是与中国的现代科学发展最协调的宗教？佛教能给21世纪的中国带来什么真理？这是一个有趣的问题，也是与当今中国关系特别紧密的一个问题。"④ 根据自己的观察，普兰基本上肯定了这一点。她看出了其中的缘由，那就是："现代中国的佛教乐意调适自己，以适应现代世界，这或许是正确的一个步骤。"⑤ 普兰不敢确信，在21世纪，中国佛教是否会保持一成不变的面貌？在这种高科技知识和信息技术时代，中国佛教将发挥什么作用？还有一个重大的问题："佛教是否有能力改变和影响印度与中国的关系？"⑥ 普兰的这些问题，其实超越了宗教范畴。

---

① Pooram Surie, *China: A Search for Its Soul, Leaves from a Beijing Diary*, p. 132.
② Pooram Surie, *China: A Search for Its Soul, Leaves from a Beijing Diary*, p. 178.
③ Pooram Surie, *China: A Search for Its Soul, Leaves from a Beijing Diary*, p. 187.
④ Pooram Surie, *China: A Search for Its Soul, Leaves from a Beijing Diary*, p. 231.
⑤ Pooram Surie, *China: A Search for Its Soul, Leaves from a Beijing Diary*, p. 235.
⑥ Pooram Surie, *China: A Search for Its Soul, Leaves from a Beijing Diary*, p. 251.

关于道教，普兰赞同这是中国本土宗教的说法。她写道："在佛教、伊斯兰教、道教、天主教和新教等存在于中国的五种宗教中，道教是唯一纯粹在本土成长起来的宗教。"① 她还写道："道教是中国的本土宗教，它有大约 2000 年的历史，发端于先秦时代的道家思想学派和古代的萨满教思想。春秋时代的哲学家老子被视为道教的第一位神灵。"② 为了理解中国道教这种纯正的本土宗教，她特意拜访了白云观等道观，以求获得感性认识。

佛教在传入中国后，为了生存，故而吸收了道教的慈航普度道人形象，于是产生了南海观世音菩萨的信仰，又称南海大士，故而也称观世音菩萨为观音大士。有的学者认为，印度佛教观音信仰在中国民间所经历的变革也可视为印度佛教文化与中国道教文化的对话与交融。"通过这一对话与交融的过程，对于印度佛教文化来说，在接受道教对观音神格的全方位改造的同时，依然保持了观音慈悲、神通、救世等印度佛教固有的基本特色；对于道教文化来说，源于印度佛教的观音崇拜也被吸收作为道教神灵体系中的一个重要分支；对于中国民间文化来说，则形成了一种全新的信仰形态——中国民间的观音信仰。"③ 普兰自然也看出了这种重要的中印宗教对话现象，她写道："众所周知的女菩萨是中国最受尊敬和欢迎的神灵……如果道教信奉观音的话，那么佛教肯定影响到了道教。道教的核心要旨是'道'。"④ 普兰还论述了佛教影响道教的其他一些重要现象，她说："佛教的风头压过了道教，这一事实为道教吸收佛教的佛身概念而证明。道教徒们相信，老子就是至高无上的道的化身之一，他不时地显出人形。这一观念来自于佛教中佛有两种身体的原理（法身和化身）……同样，因果报应（karma）和再生的观念来自佛教。最后，欲界、色界和无色界的佛教概念也被道教所吸收。"⑤

在思考了道教的历史之维后，普兰接下来思考道教的现实之维："道

---

① Pooram Surie, *China: A Search for Its Soul, Leaves from a Beijing Diary*, p. 62.
② Pooram Surie, *China: A Search for Its Soul, Leaves from a Beijing Diary*, p. 64.
③ 李利安："从中国民间观音信仰看中国道教文化与印度佛教文化的对话"，http://www.fjdh.com/wumin/2009/04/06554647376.html。
④ Pooram Surie, *China: A Search for Its Soul, Leaves from a Beijing Diary*, p. 65.
⑤ Pooram Surie, *China: A Search for Its Soul, Leaves from a Beijing Diary*, p. 272.

教可否像佛教已经实行的那样,也进行一种自我革新,在中国走出一条更为大众化的路径?"① 换句话说,道教是否也能像佛教那样,改革自身,以适应当前社会的需要?对于这个问题,普兰引用中国学者的观点进行答复:"近来,中国道教协会已经在宣传一些适应日常生活的原理……纵观整个历史发展进程,道教一直在寻求各种方法路径,以应对思想追求和实际生活之间产生的冲突。"②

普兰还思考了另一个复杂问题:"道教与印度教之间是否有过联系?"③她没有直接回答这个问题,而是引用师觉月在其名著《印度与中国的千年文化关系》中的相关论述来进行说明。师觉月在书中探索了老子对印度的影响。师觉月的结论是:"后来,道家思想因此闻名于印度,不管是佛教、婆罗门教还是毗湿奴派的印度神秘论者,都广泛地运用它来发展自己的教义。在中国和印度,这种实践都局限于秘密群体。"④

对于儒家思想是否是儒教或曰中国的一种宗教,迄今为止,学术界多存争议。普兰自然没有放过对这种重要思想或"宗教"的考察。她引用了雅斯贝尔斯的"轴心时代"说,在世界宗教和世界哲学史的坐标上定位孔子所代表的儒家思想。她认为,儒家思想也是佛教传入以前的中国社会思想的一部分。研究社会中的人际关系是儒家思想的重要聚焦点。普兰高度评价了《论语》,并引申出儒家所倡导的行为准则对印度有何助益的问题:"就我们的社会与家庭关系而言,孔子的《论语》很有意义,这种情形与孔子当初创立《论语》中的那些学说时相似。孔子的教导具有放之四海的魅力,因为它们都是一套行为准则,世界上任何地方均可运用。这套准则在中国社会中长期受到重视,研究它很有意义。《论语》的这些行为准则可否补益于印度人的精神灵性,从而与其宗教原则相得益彰?"⑤ 通过观察思考,普兰得出这样的结论,即《论语》为代表的儒家思想(即普兰心目中的"儒教")与印度思想存在联系。她说:"《论语》使人想起,印度普

---

① Pooram Surie, *China: A Search for Its Soul, Leaves from a Beijing Diary*, p. 269.
② Pooram Surie, *China: A Search for Its Soul, Leaves from a Beijing Diary*, p. 273.
③ Pooram Surie, *China: A Search for Its Soul, Leaves from a Beijing Diary*, p. 69.
④ Prabodh Chandra Bagchi, *India and China: A Thousand Years of Cultural Relations*, p. 202.
⑤ Pooram Surie, *China: A Search for Its Soul, Leaves from a Beijing Diary*, p. 157.

通的中产阶级家庭与中国中产阶级家庭的行为法则存在相似的地方。问题由此产生：印度教究竟是否影响过儒教？答案是，存在过间接的影响。儒教受到过佛教的影响，并发展演变为'新儒家'……'新儒家'（Neo Confucianism）成为了新的思想流派，它吸纳了佛教思想原理，演变为一种新的社会规范体系。"① 普兰认为，儒家思想受到印度教思想的间接影响。

普兰在观察儒家思想的当代传播时，还注意到这样一个重要的现象，即中国政府计划在世界各地创办孔子学院，以传播中国文化。她自然引申出众所周知的一个重要问题："孔子的学说对当今世界是否还有意义？"② 经过对孔子思想的检视，普兰肯定了经过现代调适的儒家思想之于当代世界的重要价值。她说："现代儒学家认为，本世纪的理性主义、科学主义和物质主义方式将导致一种功利主义，从而降低人类价值。他们相信，孔子的信念可以克服这一危机……然而，现代儒家思想已经重构传统儒家思想，摒弃了后者对封建独裁的支持立场，接纳了科学和组织的观念。它至少不会与现代精神相冲突，因此不会阻碍现代化进程……另一方面，可以这样认为，如同它们过去曾经对世界发挥过作用那样，儒家学说也对当代世界有着现实的价值意义。"③

由上所述可以发现，普兰对中国三大宗教哲学思想的观察和思考均存在两个重要的特点：首先，她关注儒家、道家和中国佛教之于印度宗教思想的联系；其次，她非常重视考查三大宗教哲学思想对于中国社会乃至整个世界的当代运用价值。这说明，她是在国际文化交流和经世致用心态中考察中国的宗教哲学的。这种立场和姿态与 20 世纪的师觉月、拉达克里希南等人存在一定的思想联系，这与普兰对他们著作的了解和认同存在一定的关系。

不仅考察中国宗教哲学，作为印度人，普兰自然也注重考察印度教文化在中国传播的微弱痕迹。她在云冈石窟中参观时无比欣喜地发现了这一点。她写道："其中一个石窟有湿婆、毗湿奴和因陀罗的雕像。湿婆有三

---

① Pooram Surie, *China: A Search for Its Soul, Leaves from a Beijing Diary*, p. 158.
② Pooram Surie, *China: A Search for Its Soul, Leaves from a Beijing Diary*, p. 159.
③ Pooram Surie, *China: A Search for Its Soul, Leaves from a Beijing Diary*, p. 163.

头、八臂,他的姿态被表现为骑在公牛上。"① 普兰还引用了别人的研究成果,介绍了象头神(Ganesha)在中国为人所知的具体情况。② 她还探讨了印度教神猴哈努曼与《西游记》中孙悟空的文化联系。③

寻找中国灵魂的普兰还对长城之于中国的重要意义与文化隐喻做了阐释。她说,长城不只是灰泥和石头砌成的建筑,它远远超越了一切世俗的东西。它不仅是中国古代一套完整的防卫体系,还相当于中国的民族精神和文化风格。"中国的灵魂就隐含在长城中……由于长城已经成为中国历史文化不可分割的一部分,它在文学中占有显著的地位。长城与诗人、诗歌紧密相连。"④

普兰在书中还多处引用王昌龄、李商隐、白居易、王翰等人的诗歌。从这一点来看,除了中国古代宗教哲学外,她对中国古代文学、特别是唐代诗歌非常感兴趣。她在书的扉页处还并列引用了《奥义书》和李商隐描写古代印度的诗句。她所引用的《迦陀奥义书》中的句子是:"感官对象高于感官,思想高于感官对象,智慧高于思想,而伟大的自我高于智慧。未显者高于伟大的自我,原人高于未显者,没有比原人更高者,那是终极,至高归宿。"⑤ 这种随处引用和比较使得普兰笔下的中国形象显得更加丰满而美好,也是她对中国文化追问的自然结果。

(三)"咄咄逼人的本性":对现实中国的观察

普兰的中国之旅不仅是一次文化之旅,也是一次现实体验之旅。她在书中说:"我尝试与当地人接近,用他们的眼睛观察片刻,看看这片神秘而总是令人惊奇的国度的生活是何面貌? 为了打破人为的墙壁,我漫步在普通中国人中间。"⑥ 为此,她走进寺庙和公园,漫步在胡同和大街小巷。她和僧人们喝绿茶,同佛教徒一起朝觐,同所有愿意交谈的人谈话。"我坐着火车和地铁旅行,以感受这个城市。我遇见了各种各样的人,透窗而

---

① Pooram Surie, *China: A Search for Its Soul, Leaves from a Beijing Diary*, p. 126.
② Pooram Surie, *China: A Search for Its Soul, Leaves from a Beijing Diary*, p. 143.
③ Pooram Surie, *China: A Search for Its Soul, Leaves from a Beijing Diary*, p. 67.
④ Pooram Surie, *China: A Search for Its Soul, Leaves from a Beijing Diary*, p. 318.
⑤ 黄宝生译:《奥义书》,北京:商务印书馆,2010 年版,第 271 页。
⑥ Pooram Surie, *China: A Search for Its Soul, Leaves from a Beijing Diary*, p. 32.

视，穿门而入，这使我走进了迷人而又普通的家庭。我看见了这个国家人性的一面。最后，我开始发现了自己一直在寻找的中国。"①

事实上，为了使自己的发现之旅或寻找之旅达到目的，普兰不仅走进白云观、法源寺和悬空寺，感受中国古代宗教文化的历史余韵，还走进雍和宫、云南石林、河南少林寺、成都杜甫草堂、峨眉山和长江三峡，并聆听泸沽湖的摩梭人走婚习俗，了解宝莱坞电影如何为中国年轻人所欢迎。"伴着舞步的宝莱坞歌曲在北京变得越来越流行。"② 这便是她对中国的现实叩问的全部轨迹。换句话说，如果说普兰对中国的文化追问往往带着印度之眼和宗教之心，并时刻关注中国宗教与印度宗教跨越时空的思想互动，那么她对中国的现实叩问也往往是在印度的聚焦镜下完成的，并时常带有或隐或现的中印比较痕迹。

通过对中国社会生活各个方面的仔细观察，普兰发现："传统价值观念已经衰落。一户只生一个孩子的政策造就了娇生惯养而又孤独寂寞的一代人，这代人试图应对外面变化多端的世界……目前这批年轻人能否在忽视传统文化遗产的基础上，在世界中找到适合自己的位置呢？他们是否会自信地做到这一点？"③ 这些话的背后隐含着比较的逻辑，那就是印度的"人口红利"和"民主制社会"。

普兰还敏锐地察觉到，婚姻和家庭这些中国社会最重要的单元细胞正在悄然而迅速地发生着裂变。她发现，以前不为中国社会所认同的未婚同居，现在已经大体上为社会所认可。因此，中国社会的离婚率居高不下，且有逐年攀升的趋势。"一些年轻夫妇正在认真地考虑不要孩子，这便使其父母非常失望。他们的父母按照儒家思想思考问题，认为年轻人应该在合适的年龄结婚生子，以延续家庭香火。"④ 普兰还观察到，被人们视为迷信的传统婚礼仍然存在。有人结婚前，要请算命先生看看新郎和新娘的八字，然后择期成婚。劳动节和国庆节也是新人成婚的好日子。2008年8月8日即北京奥运会开幕式当天，中国年轻人视为成婚的最佳日期。但是，

---

① Pooram Surie, *China: A Search for Its Soul, Leaves from a Beijing Diary*, p. 33.
② Pooram Surie, *China: A Search for Its Soul, Leaves from a Beijing Diary*, p. 299.
③ Pooram Surie, *China: A Search for Its Soul, Leaves from a Beijing Diary*, p. 44.
④ Pooram Surie, *China: A Search for Its Soul, Leaves from a Beijing Diary*, p. 295.

也有很多"与时俱进"的变化让普兰看不懂。例如，有的人不按照传统婚礼成亲，而是寻求新的刺激，采取奇异的方式举行婚礼。还有更多的年轻人干脆抛弃中国传统婚礼，按照西式婚礼完成人生最重要的一个仪式："许多婚礼在教堂里举办，这并非因为夫妻二人是信徒，而是因为在教堂举行婚礼显得与众不同，显得'很酷'。"① 这便造成一种相当尴尬但却不为人注意、或根本无人理会的一种现象，这便是："尽管红色在中国象征幸福吉祥，而白色则代表着死亡，但是时下的结婚礼服大多是白色的花边装饰和面纱，这和西方新人们的穿着完全一样。"②

普兰还发现，中国人的社会面貌和精神面貌发生着巨变。她提到了李宇春、周笔畅等人所代表的"超女"现象。她还为北京因为城市改造而迅速进行的"新老交替"而着急和惋惜。她写道："2006 年的北京是一个迅速变化的城市。因为胡同在慢慢的却又是肯定的消失中，我觉得，很有必要去那些仍然还在的老胡同里体验一下氛围。"③ 只要到过印度旅游的中国人，一般可以理解普兰此处为何心情如此急迫。她的焦急提示我们，应该如何珍惜文化遗产，不让它们因为经济开发或社会发展的缘故而突然消逝。其实，早在半个多世纪前，普兰的前辈、印度外交家 K. P. S. 梅农便在自己的中国游记中写下了类似的感慨："我在此怀念起了中国，那昔日的中国，那承载着我童年梦想的中国。她彷佛就是古老建筑上的圆形屋顶，虽然说是客观的存在，但却宛如仰视才见的天堂。现代中国居然完全抛弃了旧式风格的建筑，这真是遗憾！在印度，譬如在新德里，我们在努力调和老式和新式的建筑风格。至于我们在多大程度上达到了初衷，专家们意见不一。"④

在普兰看来，中国当下社会"咄咄逼人"的消费思潮"来势汹涌"。普兰以北京为例进行说明："放眼北京，购物中心和百货商店吸引着来自各国的游客们。但是，在这种咄咄逼人的本性（aggressive nature）背后，潜藏着的却是当今中国真正的销售欲，是大赚一笔的想法。如果说还存在

---

① Pooram Surie, *China: A Search for Its Soul, Leaves from a Beijing Diary*, p. 296.
② Pooram Surie, *China: A Search for Its Soul, Leaves from a Beijing Diary*, p. 297.
③ Pooram Surie, *China: A Search for Its Soul, Leaves from a Beijing Diary*, p. 148.
④ K. P. S. Menon, *Delhi-Chungking: A Travel Diary*, p. 215.

一种人们一直信任的东西，那么它便是人们的艰辛劳作和节俭的本性，以及成功的欲望。"① 在这种带有一定倾向性的叙述中，不难读出作者对当代中国社会某些问题的隐忧，这是值得中国人警惕的东西。物质的进步不能以牺牲精神信仰的失落为代价，这或许是普兰的话给人的启发。

普兰还发现，印度的瑜伽在中国很多城市流行。一时间，瑜伽会所或瑜伽中心遍布中国各地。她兴奋地将之视为印度文化软实力在中国的又一次成功登陆。她说："这场静悄悄的革命正横扫中国的城市。人们都认为，瑜伽来到中国是因为它先在西方成为一种时髦，然而，瑜伽运动也是印度软实力披荆斩棘地进入喜马拉雅邻国的一种方式。瑜伽会所、瑜伽中心和坐禅地等是中国城市中的一些热闹地方。"②

普兰也遇到了一些可谓"文化休克"的例子。例如，当笃信印度教的她问一位35岁的女翻译白丽丽（音译）为何不到佛教寺庙祈福时，对方答复她道："为何要浪费时间信教呢？我的周末时间非常宝贵，因为我喜欢购物！"③ 普兰对此不解，而她以印度视角看待中国文化或中国社会生活时，必然会遭遇此种尴尬。再如，在成都旅游时，来自四川大学南亚研究所的一位女学生临时充当她的导游。这位姑娘将她带进一家火锅店，司机与她一同坐下用餐。她接下来的叙述是："我害怕与一个完全陌生的人亲昵地共用一道菜。司机根本没有意识到我的尴尬不安，他自顾品尝食物，用筷子胡乱地挑菜，大声地吮吸着面条和喝汤、吃菜。还有人在我们身后响亮地拧鼻子，在我旁边吐口痰。这一下子使我感到相当宽慰，因为这些声音使我想起了家乡的相似场景。"④ 尽管这样，普兰还是爱上了成都的辣子与火锅。特别是，为她充当导游的姑娘一路上对她非常照顾。她的描述是："这位姑娘喜欢上了我，我也喜欢她。她开始叫我印度妈妈，我叫她中国女儿。临近点灯节时，她还特意穿上莎丽，用电子邮件发来她和未婚夫的一幅合影。"⑤

---

① Pooram Surie, *China: A Search for Its Soul, Leaves from a Beijing Diary*, p. 311.
② Pooram Surie, *China: A Search for Its Soul, Leaves from a Beijing Diary*, p. 204.
③ Pooram Surie, *China: A Search for Its Soul, Leaves from a Beijing Diary*, p. 236.
④ Pooram Surie, *China: A Search for Its Soul, Leaves from a Beijing Diary*, p. 54.
⑤ Pooram Surie, *China: A Search for Its Soul, Leaves from a Beijing Diary*, p. 55.

叙述至此，可以得出这样一种结论：普兰在中国的灵魂追寻之旅已经结束。虽然说不上十分完美如愿，但是她毕竟已经感受了真正的中国文明。平心而论，通观普兰的中国游记，她比赛特、艾蓓等人作品中所体现出来的中国观更加积极、更为客观和理性。例如，普兰根本没去表现某些印度人士偏爱表现且可借机抨击中国的西藏主题。相对而言，普兰所感受和刻画的文化中国形象似乎更加令人欣赏，她的文化追问是圆满的；她所体验的现实中国却少有这般乐观和惬意，她的现实叩问也是真诚的，正因如此，也更显得虚幻和令人失望。究其原因，这种文化之魂的美好和现实之魂的灰色并非完全来自普兰眼中所见、心中所想的文化中国和现实中国，而是来自她的印度之眼。值得注意的是，不能否认普兰对中国当代社会某些弊端进行批评的正确一面。当然，某种程度上，她笔下浮现的中国形象也带有西方之眼所透视的痕迹。

二、"雾里看花"：印度记者艾蓓的中国观

2002年3月28日，北京至印度新德里的直航班机开通，两国人员往来从此变得更加便捷。当年9月，一位年轻的印度女士艾蓓（Pallavi Aiyar）来到了北京，她和西班牙男友在此住了七年，并于2005年在北京结婚。2008年离开北京后，艾蓓与丈夫去欧洲，同行的还有她携带的两只中国喵咪。她现与丈夫、儿子和两只喵咪定居比利时布鲁塞尔。来华前，艾蓓曾经在德里大学学习哲学，并在英国牛津大学学习经济学。2002年，她以北京广播学院国际传播学院（2004年更名为"中国传媒大学"）所聘外籍教师的身份来华。她的名字即Pallavi意为"蓓蕾"，因此她结合自己姓的谐音取名为"艾蓓"。艾蓓除了中国的外教身份外，还有一重印度驻华记者的身份。她在书中透露，当时在华印度记者只有三人，其中只有她会说中文。她这样回忆道："教了一年书并探究了普通话声调的微妙差异后，在这个国家，另一条道路开始呈现在眼前。我继而成为印度在华第一位，也是唯一一位讲中文的外国记者，我先为《印度快报》，后为《印度

教徒报》撰写报道。"① 事实上,她还为《印度时报》撰写报道。

2007年即艾蓓来华五年后,她根据自己的耳闻目睹写成了中国游记《雾里看花的中国体验》(Smoke and Mirrors: An Experience of China,也有人译为《烟与镜:亲历中国》)。该书于2008年在印度出版。当年曾有媒体这样报道艾蓓及其中国游记:"印度人的身份,给了艾蓓一个不同于西方人观察中国的视角。艾蓓的书中,阐述了她五年来在中国的各种经历。从最初北京广播学院的一名外籍教师,到生活在北京胡同里的日子,再到从事记者工作后,走遍中国28个省份,接触到更广大的中国社会的经历。2007年,她以在中国的出色报道和分析能力,获得印度普雷姆·巴蒂亚纪念奖,成为这个奖项最年轻的获奖者。"② 艾蓓在接受这个奖项时说:"这是印度新闻界对中国重要性的肯定。"③ 作为一本在印度受到读者欢迎的中国游记,该书所描写的内容、所思考的问题和体现的复杂而微妙的印度视角值得分析。

(一) 政治优先:意识形态的中国观察

艾蓓游记的书名取自谚语"烟雾与镜子"亦即"雾里看花"。她想借此说明,中国实际上是个很丰富的国家,如果你真想了解她,就必须深入到她不同的层面。2003年,她在写给一家西方报纸的报道中说:"从一个外国人的角度来看,中国是只多头怪兽:在耀眼和怪诞之间纠缠不清,在令人愉悦和使人沮丧之间左右摇摆。对某些人来说,它是商业机会;而对另外一些人,它则是一个笼罩在帝王光芒下的古老而奇异的文明。但对我来说,在最近一年里,中国已经完全成了一个家。甚至在两年前,中国是'家'的想法还是不可想象的。作为一个在新德里长大的印度人,而家庭中接受的又是英国式牛津剑桥的教育,对我来说,中国尽管在地理上与我们毗邻而居,却几乎从来没在我脑中的世界地图上浮现过,有关中国的知

---

① Pallavi Aiyar, *Smoke and Mirrors: An Experience of China*, p. 5.
② 佚名:"外国人在北京:一个印度记者眼中的中国",2008年8月24日,http://news.cctv.com/china/20080824/102718.shtml。
③ 京港台:"印度女记者中国亲历记:做印度人还是中国人好?",2014年4月8日,http://tieba.baidu.com/p/2971974911。感谢中国社会科学院的刘建先生向笔者提供该报道及其相关信息。

识几乎也是一片空白。"①

　　从这种对中国文明"一片空白"的认识状态起步，在印度长大且在家庭中接受"英国式教育"的艾蓓开始在地理距离上不断地丈量和探索中国，也在灵魂深处认真而又理性地思考中国。耐人寻味的是，艾蓓在游记的最后部分写道："过去五年来，很多时候，我都忍不住要妖魔化或美化我所目睹的一切。但是，接下来的其他一些时刻，我突然会失去信心，我怀疑自己早先作出的公正结论是否具有道德基础。"② 可以说，艾蓓的不自信恰好说明，她的中国游记具有思想和艺术的丰富张力，这便是她的中国观察值得认真分析的根本原因。

　　先看看艾蓓对中国社会的观察。令人惊讶的是，读完全书，除了少数例外，读者在大多数页码里很难找到艾蓓对中国社会的溢美之辞。潜藏在书页深处的是艾蓓那经济学者冰冷的目光。这使该书几乎成了田野调查报告。在这份近似于人类学体验的报告中，作者显然充分地展示了自己身为记者的职业素养。许多章节的遣词造句或谋篇布局力求简洁明了、通俗易懂，但又不失作者的敏锐犀利。

　　艾蓓戴着意识形态的"有色眼镜"观察中国。学生们在课堂作业中认为，新闻报道是政府职能的一部分。政府应该鼓励教育大众，更多地宣传中国和印度之间的古代联系。奇怪的是，艾蓓对此无动于衷。③

　　在艾蓓看来，北京大学印度研究中心是中国最著名的印度学研究中心，但这里教授的课程却集中于印度语言和印度宗教，印度经济和印度在国际上的作用不值一提。印度历史和文化被简约为印度宗教。中国仿效西方长期流行的模式，在研究上集中于印度宗教。"我在这个国家常常见到聚焦印度宗教特性的情况，因此很感惊讶，因为中国本身明显缺乏精神或宗教信仰……在我到达中国时，信仰结构再次发生改变，新的神灵活在银行和自动取款机上。"④

---

① 艾蓓，贾冬婷译："感受北京"，《经济观察报》，2003年12月26日，http://finance.sina.com.cn/roll/20031226/2212579520.shtml。
② Pallavi Aiyar, *Smoke and Mirrors: An Experience of China*, p. 262.
③ Pallavi Aiyar, *Smoke and Mirrors: An Experience of China*, pp. 20–21.
④ Pallavi Aiyar, *Smoke and Mirrors: An Experience of China*, p. 171.

正是因为意识形态偏见，再加上印度社会复杂微妙而又挥之不去的"西藏情结"，艾蓓对中国的西藏政策无端地进行抨击。① 艾蓓在书中声称，自己没有什么宗教信仰，但她的书随处可见对宗教问题的敏感，这说明，她无法摆脱宗教意识的影响。她继承了部分反华人士的"西藏情结"，这便使他的中国观察显露出更多的消极色彩。

相比而言，艾蓓的观察心态和半个多世纪以前的 K. P. S. 梅农等人相比，已经发生了本质的变化。例如，梅农曾经在自己的中国游记中客观地叙述了中国的宗教现状和藏传佛教特性："一般而言，中国很少出现宗教迫害的现象。没有哪个国家像中国这样对宗教信仰取宽容姿态。在中国，没有对异教徒的杀戮、焚烧和绞杀行为。佛教在此影响力减弱的原因只不过是，儒家这一更加适合中国人思维的思想体系得到了复兴。在西藏，佛教得到了复兴，但只是名义上的复兴而已。眼下的藏传佛教是佛教原理的奇怪模仿。"② 应该说，梅农的观察没有考虑到佛教中国化的深层原因，其论述有不完善之处，但其整体观察和论断是比较客观的。艾蓓的意识形态观察与此不可同日而语。再看 S. 拉达克里希南的相关观察："中国没有任何形式的严重的宗教迫害，这一事实并不能使我们得出这样一种结论：中国人缺少宗教精神。"③ 这里的叙述仍然存在文化误读的成分，但其否认中国存在"宗教迫害"的事实非常明显。

由于意识形态偏见，艾蓓的中国观察在很多场合都打上了灰色的标记。她在书中刻意描述中国社会的阴暗面与一些或重或轻的社会问题，即使叙述一些积极事件如北京筹备 2008 年奥运会的相关活动，她也是如此。她注意到，北京某些地方的招牌存在一些引人发笑的汉语式英语。艾蓓认为，中国多年来坚持实行的计划生育政策已经带来了老龄化的问题。她所住胡同的老年人很多，一些空巢老人豢养宠物，并将之命名为极富人情味的名字如"宝贝儿"、"乖乖"或"橡皮"等等。这使她深有感触："对我的胡同邻居们来说，很显然，宠物是孩子的替代品……和一户只生一个孩

---

① Pallavi Aiyar, *Smoke and Mirrors: An Experience of China*, p. 206.
② K. P. S. Menon, *Delhi-Chungking: A Travel Diary*, p. 153.
③ S. Radhakrishnan, *India and China: Lectures Delivered in China in May 1944*, p. 11.

子的政策相似,在北京,每个家庭只许养一条狗。"①

(二) 孰优孰劣:艰难痛苦的中印比较

作为一位来自印度的外教兼记者,艾蓓对印度与中国的各方面互动颇为关注。在华期间,艾蓓造访了中国各地,因此邂逅了很多来华的印度同胞,同各阶层的印度人进行交流,了解到他们的在华情况和对中国社会的真实看法。她在温州的王朝酒店见到了在此担任门卫的锡克教徒辛格。艾蓓觉得很意外,因为1949年以前,在上海曾经生活着很多被称为"红头阿三"的锡克教卫兵,但随着时光迁移,这些锡克教徒早已从中国大陆消失了踪影。辛格在浙江的出现说明,中印人员往来有了新的进展。辛格见到了来自印度的女同胞,也分外高兴,对她叙说起在华生活的喜怒哀乐。例如,辛格抱怨道:"小姐,我在这里非常恼火的问题是饮食。我简直难以下咽。"② 和普兰·苏里一样,艾蓓还欣喜地注意到,印度的瑜伽已经成规模地进入中国人的日常生活之中。她发现,2005年前后来华的印度人中,最多的是两类即"中国造印度医生" (Made in China Indian doctors) 和瑜伽师。其中,前者是指来华在各个大学学习医学的印度学生。在艾蓓看来,由于中国人喜欢异国情调,这便给了一些印度人发财的绝佳机会。仅以北京一地为例,当时便有3500人随印度瑜伽师修习瑜伽,而当时全国则有上万人修习瑜伽。艾蓓在北京认识了一位来华教瑜伽的印度小伙子莫汉,他在印度的乡村中默默无闻,但在中国开办的瑜伽培训却是行情看涨。艾蓓认为,这主要是因为,中国改革开放以后,新富的人群追逐新潮的东西,把一切外国的东西视为新奇的事物。这么一来,就出现了这样的可笑局面:"褐色人可能成了米兰和巴黎时装表演台上的新黑人,但在北京,瑜伽却成了新的太极拳。"③

虽然说艾蓓对在华印度人的情况很感兴趣,但她对中印社会的比较更为着迷,这种比较有时甚至是以痛苦而不得解的尴尬结局草草收场的。这也说明,艾蓓的中国观察,其实也是一种潜意识的中印比较,或者毋宁说

---

① Pallavi Aiyar, *Smoke and Mirrors: An Experience of China*, p. 117.
② Pallavi Aiyar, *Smoke and Mirrors: An Experience of China*, p. 93.
③ Pallavi Aiyar, *Smoke and Mirrors: An Experience of China*, p. 90.

是一种曲折而隐晦的印度观察。她的很多描叙和思考潜藏着"剪不断理还乱"的印度情结。

作为在华的外国人一员，艾蓓不可避免地要与各阶层的中国人打交道。她在与出租车司机们的交谈中发现，中国人对印度的了解很有限，只限于很久以前在中国放映过的《流浪者》（Awara）和《大篷车》（Caravan）等少数几部印度电影。其中，1971 年由 Jeetendra Asha Parekh 主演的《大篷车》在 80 年代初的中国上演后，迅即在北京等地引起轰动。"对整个一代中国人来说，这部电影便成了了解印度的主要方式。"[①] 很多人和艾蓓谈起这些印度电影时，都问她印度妇女是否都像电影中的演员那么又唱又舞。这种既刻板定型又幼稚可笑的问题使她感到惊讶。艾蓓感到，她接触的一些中国人对印度的印象很糟，他们将其视为贫穷的国度，到处都是乞丐，路况糟糕。有的出租车司机还对她说，印度人口太多了，为了发展，必须像中国一样实行计划生育，即每户只生一个孩子。对方不等艾蓓用"民主和自由"来辩解印度人的生育权，便一摆手为没有展开的争论做了了断，还一再重复说印度的人口实在太多。这自然使艾蓓大感不快。

如果说艾蓓论述中国与印度保持传统的态度差异有些道理的话，那么她对中印媒体报道的比较所得出的某些结论则令人不敢恭维，这也充分说明她以所谓"民主"、"自由"的眼光看待中国时体现的某种不健康的思维定势。例如，她在书中这样写道："自由的媒体意味着新德里比北京享有更好的信息反馈机制。"[②] 这种刻板印象或陈辞滥调在其他很多印度记者或西方记者笔下也屡见不鲜。

艾蓓的上述观察和思考，是以西方之眼看待中国的政治体制所导致的偏见。其实，关于中国的政治体制问题，自尼赫鲁时代以来，便有很多的认知混乱。在中印关系处于"蜜月期"的 20 世纪 50 年代，印度很多对华友好人士并未纠结于中印政治体制的差异，不过细究起来可以发现，尼赫鲁等人对此问题的认识还是存在某种程度的摇摆。"尼赫鲁对中国若干领域的快速发展即使印象很好，这也充其量只能使他建议，印度必须在某种

[①] Pallavi Aiyar, *Smoke and Mirrors: An Experience of China*, p. 46.
[②] Pallavi Aiyar, *Smoke and Mirrors: An Experience of China*, p. 257.

程度上迎头赶上。很明显，不同的政治体制允许存在不同的发展速度，尼赫鲁似乎对印度自己的议会民主制抱有坚定的信心。"① 可以说，印度部分人士对华政治体制的长期认知偏见，必然会影响到他们观察中国的心态和结论。艾蓓的相关论述便是这种偏见谱系上的一环。

除了对中国前途表示悲观外，艾蓓的中印比较还将她导向另外一个维度，即印度必须学习中国。她在该书接近尾声时再次提到2003年的"非典事件"。她这样写道："正如非典（SARS）报道的障眼法及随后带来的恐慌所表明的那样，中国试图协调涉及突发性卫生和环境灾难危机的能力值得怀疑……印度令人敬畏的成就在于构建了一套持久有效的民主体制，尽管这种民主远远谈不上完美。"② 艾蓓的这种二元对比其实不值得一驳，只要看看2008年中国政府应对汶川大地震的严重危机后成功主办夏季奥运会的壮举便可知道，她对中国政府和人民力挽狂澜的能力的认识还远远不够。尽管如此，作为长期生活在中国的印度记者，艾蓓还是看到了中国社会日新月异的盛唐气象。她以复杂而痛苦的心态写道，中国成功地"提高其人民的物质生活水平，这对印度来说，应该既是一种羞辱，也是一种希望……因此，印度各政党真正可以向北京的官员们学习的就是，超越选举的合法有效，转而聚焦于实现发展和公共利益，并将此作为其最终目标或倒数第二个目标（penultimate goal）。敦促印度政客们为国家利益而无私行事，这是一种无可救药的幼稚行为。但这是我们从中国共产党那里所获得的宝贵教训"。③ 艾蓓这种贬中有赞、誉中有毁的中印比较的确耐人寻味。

艾蓓之所以执着于中印比较，是因为她必须面对西方和印度的两种相似且异的问题："从报纸编辑到家庭主妇，我所碰到的最普通问题貌似简单：印度可以向中国学习什么？中国一直在做的事情，印度该如何做？对中国而言，自我衡量国家力量和成就，美国一直是其主要的参照目标，而对印度来说，中国成了评价自己进步与否的常用标准。"④ 不管怎样，虽然

---

① Krishna Prakash Gupta, "Indian Approaches to Modern China-II: A Social-Historical Analysis," p. 47.
② Pallavi Aiyar, *Smoke and Mirrors: An Experience of China*, p. 258.
③ Pallavi Aiyar, *Smoke and Mirrors: An Experience of China*, p. 258.
④ Pallavi Aiyar, *Smoke and Mirrors: An Experience of China*, p. 239.

纠缠于意识形态的痛苦思考，但中国的经济发展和社会进步使艾蓓印象很深。在与北京大学印地语系的学生们争论中印孰优孰劣的时候，艾蓓不得不承认，印度社会存在某些无奈的现实问题。她说："很多时候，显然是中国为她的人民提供社会正义，为女性提供自由，为穷人提供保护。中国人或许缺乏'选举权'（vote），绝大多数印度人亦复如是。印度穷人有选举权，但这往往算不上一个发言权（voice）。"① 艾蓓根据自己胡同岁月的观察写道："在中国，共产主义保持着的传统遗产之一是对工人尊严的基本信念，正是这一信念造成了印度和中国之间的最大差异。从根本上说，这是一种远比基础设施建设引人注目的 GDP 增速更难填平的差距。"② 为此，艾蓓以自己家的仆人们为例，批判了与中国社会流动性强相反的严苛刻板的种姓制度，说明中国要比"民主的"印度更加重视人民的生命尊严。政治套话掩盖不住艾蓓正视印度现实的焦虑。她看到了印度在服务业、基础教育事业（如脱盲）等方面与中国相比所存在的巨大差异。艾蓓有些激愤地写道："或许，这是印度政府最大的败笔，因为它不能保证将近三亿印度人民的基础教育……中国共产党在保证中国人民受教育方面，要比民主印度做得好得多。"③ 这说明，艾蓓对中国社会的发展进步印象很深，对中国的下层民众如城市清洁工等享有比印度低等种姓更多的人格尊严和生活幸福尤为称道。因此，自称无信仰的她声称，果有来世，且为富人，她愿再次降生于印度母邦。倘若身为地位低下的穷人，她却宁愿选择在中国出生。这是因为，有钱就意味着能心安理得地生活在享有选举自由的"民主"印度。"另一方面，如果我生来穷困，我愿意选择在奉行威权主义的中国出生。在这里，尽管没有选举权，十有八九，我却可以相当有尊严地吃饭、穿衣和住宿。重要的是，中国可以给我提供在社会经济层面得以跃升的较多机遇。因此，即便是出生贫寒，在中国，我也很可能不会像在印度那般悲惨可怜地死去。"④ 从这些叙述来看，艾蓓和很多外国人一样，对于中国误解或偏见颇深，但对中国建立于经济迅速发展基础上的社

---

① Pallavi Aiyar, *Smoke and Mirrors：An Experience of China*, p. 77.
② Pallavi Aiyar, *Smoke and Mirrors：An Experience of China*, p. 105.
③ Pallavi Aiyar, *Smoke and Mirrors：An Experience of China*, p. 112.
④ Pallavi Aiyar, *Smoke and Mirrors：An Experience of China*, p. 243.

会保障体系比较赞赏。艾蓓这种隐晦的中印比较仍然带有一丝不为常人觉察的痛苦味道。

(三) 文化疏离：淡而无味的中国体验

在书中接近尾声的地方，艾蓓对自己的中国生活进行总结："想起我当初对中国人的认识，这有些令人不快。中国人的筷子和他们那难以捉摸的表情使我难以承受。他们的面容何时又变得柔和起来？或许是邻居们用普通话谈天说地的声音不再刺耳，反而变成我一生中开始珍惜的温柔背景的时候吧？那时，我明白，对陌生事物失去兴趣是极为错误的。"[1] 从这些话来看，艾蓓在某种程度上还是融入了中国的社会生活之中，虽然她的思想深处还在不断地抗拒中国的现实。

事实上，由于艾蓓身为记者，她对中国政治局势的思考和中印比较导致的焦虑压倒了对中国社会积极面的关注，也遮蔽了她对中印友好事业的关注。在题为《尾声》的结束语中，心情复杂的艾蓓耐人寻味地写道："中国持久不断的变化本质令人振奋，但也使人疲惫……因此，我也期待着到永远平静的牛津去呆上一段时日；我盼望着见到那些鹅卵石街道和古老的建筑物，它们不会有涂上'拆除'记号的危险。在中国不停地奔波之后，我需要休息了。"[2]

在作出离开中国的决定后，她还跑到自己曾经任教的北京广播学院，和自己的"北京广播学院幽灵之忆"(the call of the ghost of the BBI)彻底告别，也与自己的中国经历依依惜别。在这样的一种叙事基调中，细心的读者不难发现艾蓓与访问母邦的奈保尔离开印度时相似的灰色心情。背负文化疏离的痛苦无奈，奈保尔对近在咫尺的印度文明无法达成文化"共识"。他在游记中叹息道："身在印度，我总觉得自己是一个异乡人，一个过客。"[3] 艾蓓与奈保尔离开中国、印度之后的地理和文化归宿不约而同地指向欧洲的英国，这似乎暗示，后殖民时代存在着跨文化写作者的某种心灵"契约"。虽然艾蓓后来在欧洲写出了以两只中国喵咪为主人公的寓言

---

[1] Pallavi Aiyar, *Smoke and Mirrors: An Experience of China*, p. 261.
[2] Pallavi Aiyar, *Smoke and Mirrors: An Experience of China*, p. 263.
[3] [英] V. S. 奈保尔，李永平译：《幽暗国度》，北京：三联书店，2003年版，第196页。

小说《中国猫须》(Chinese Whiskers),寄托着她"剪不断、理还乱"的中国"乡愁",但那也只是一种袅袅余音而已,并不真正代表她对中国的精神回归。①

正是由于这种奈保尔式的"过客"心态,艾蓓在某种程度上认可中国社会面貌的巨变,也与某些中国人建立了友谊,但这并不能使她达到泰戈尔那种试图以文化互动联系中印的境界。相反,她对谭中等人所提出的Chindia(中印大同)理念嗤之以鼻,并在书中多处进行讽刺。这一姿态居然博得了印度国内部分人士的热烈喝彩。如有人撰文称,艾蓓的中国游记冲击了"印度闪亮"(India Shining)的空想,同时也使那些鼓吹"中印大同"者华而不实的陈词滥调趋于破产。艾蓓认为,这是中印政治制度不同等前提所决定的。由此看来,艾蓓颠覆或解构了"中印大同"的历史文化内涵,这注定使她自觉排斥与中印文化互动相关的理想设计,体现了她与中国不可谓不深的"文化疏离"。

艾蓓的中国观察也是部分印度人士观察中国的自然延伸,他们背负着1962年中印边界冲突的"历史包袱",并受到西方自由、民主等意识形态话语的深刻影响,这便是他们难以形成中印文化亲和力或不能从中国内部看问题的根本原因所在。例如,在游记中,艾蓓描述或实录了中国的很多方面,但整体看来却偏于揭露和贬低,对中国社会的很多积极面如西部大开发的积极成果、中国保护少数民族文化的各项举措等均未涉及,她也忽略了印度两大史诗在中国先后翻译出版,中国广大读者和学者对泰戈尔作品的热爱、译介和研究等重要内容。她到了浙江绍兴,但却只字未提中国现代伟大作家鲁迅。她误以为北京大学聚焦于印度宗教研究,忽视研究印度经济问题及其国际地位,但却忽略了北京大学、云南社会科学院(南亚研究所)和四川大学(南亚研究所)等单位或机构对印度经济、印度政治、中印关系等各个领域的深入研究。可以说,这使她的中国观察成为名副其实的"雾里看花",成为一种纯粹的政治观察,她的中国体验也成为一场艰难的跨文明"阵痛"。

---

① Pallavi Aiyar, *Chinese Whiskers*, New Delhi: Harper Collins India, 2010.

第四章

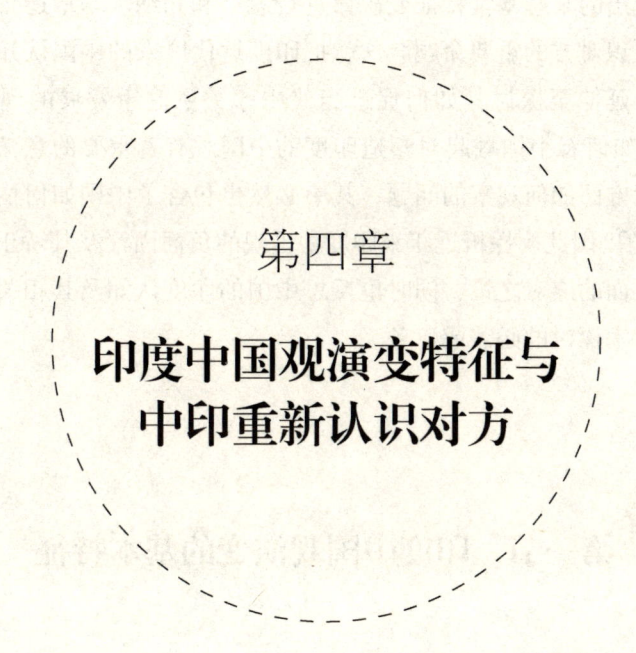

印度中国观演变特征与中印重新认识对方

在前几章对印度中国观历史演变进行追踪的基础上,本章先对其演变过程中表现出的某些基本特征或规律进行总结和归纳。本章还将探讨中印如何重新认识对方的重要命题。这就把印度近代以来的中国认知从学术梳理的层面,延伸至探讨其如何促进当代中印关系健康发展的现实应用层面。"印度如何看中国崛起对塑造印度的中国观有着重要的意义,但这又不仅是印度方面如何观察的问题,其中必然也包含了中国如何估量印度崛起的问题。"① 因此,探析近年来印度中国观的负面因素及其矫正方法,并反思中国方面的应对之策,同时也反思中国的印度认知及其相关问题,便成为一种学术探讨的必需或急务。

第一节　印度中国观演变的基本特征

一般说来,印度近代以来的中国观演变大致可分三个时段。各个时段的认知特征既有前后相因,也有断裂变异。60多年来,当代印度的中国认识并非铁板一块,而是一直呈现出复杂的特征。其中,当代印度中国观的两次重要转型是中印关系风云变迁的"晴雨表",而第二次转型正在进行中。全面地看,近现代印度受西方中国观影响较小,当代印度、特别是边界冲突后的印度对华认知受西方中国观影响大。近代以来,中印间长期存在的认知不对称现象值得分析。近现代印度不仅有对中国形象的浪漫想

---

① 赵干城:"印度如何估量中国崛起",《东南亚南亚研究》2011年第3期,第24页。

象，也有对中国作为印度独立斗争榜样的理想刻画，这是对中国潜力的政治挖掘或形象升华。当代印度60年来对中国形象的复杂认识和演变耐人寻味。近年来，随着中印关系渐入成熟期，印度中国观有一种回归理性的趋势。

从近代以来印度中国观的历史演变轨迹和基本特征看出，其中可以大致分为三个比较宽泛的时段进行考察，即近代至1949年新中国成立的第一阶段；1949年至1988年的第二阶段；1988年至今的第三阶段。第二阶段实际上还包含了中印边界冲突前后两个时段的考察，前一段是近代和现代中国观的延续和迅速升华。具体地说，前后两个阶段之间的中国观还存在继承沿袭或转型变异的复杂趋势。

1840年鸦片战争是中国历史步入近代阶段的标志性事件。鸦片战争到1949年的100多年间，印度文化与政治精英对中国社会、政治与文化等方面的认识以美好与朦胧为特色，以正面和积极的声音为主旋律。不过，随着印度对中国政治和社会现实了解的逐步深入，特别是在国共两党展开大决战和新中国成立期间，印度政治和文化精英对中国的认识开始清晰。他们部分人对国民党政府的批判，对共产党和社会主义道路的疑虑和警觉证明了这一点。这为独立后印度的对华认知开始出现不同声音悄然做好了铺垫。

1949年新中国成立至1988年的40年间，印度中国观经历了曲折而漫长的"心理长征"。它首先经过了20世纪50年代的浪漫"蜜月期"，以赞美中国的主流话语和警惕中国的支流话语为双轨，但时代背景使然，前者无疑压倒了后者的声音。

20世纪50年代的中印关系"蜜月期"里，印度中国观的主流心态是，忽略中印政治体制差异的意识形态因素。边界冲突爆发前后，这种积极而乐观的心态彻底转向承认并蓄意放大政治体制差异的消极趋势。这是对20世纪50年代印度中国观支流心态合乎逻辑的思想继承。这种支流心态变为主流心态的中国观演变，是中印边界冲突对中印关系影响的典型心理症候。

1988年至今20余年间，印度中国观进入一个新的阶段。随着中国和印度的先后崛起，"崛起的印度"对"崛起的中国"的全面认知出现了非常复杂的局面。换句话说，印度政界与学界、媒体、公众等各个阶层、领域的人在认识中国崛起的过程中，发出了不同的声音。进入21世纪以来，印度各界对中国经济增长、军事现代化和地区影响力等重要方面的看法各异。于是，当代印度纷纭复杂，三维立体的中国形象若隐若现，印度中国观处于混杂激荡的"众声喧哗"状态。

考察当代印度60多年来的对华认知，有两个特点或两个基本规律值得注意。首先，当代印度中国认知在每一个阶段都并非铁板一块的静止状态，而是动态地塑造着至少具有正负两面的中国形象，只是这两面形象中各自的色彩强弱或明暗调子在不停地发生变化而已，这以对华认知主流心态和支流心态的轮番出现为表演形态。这和鸦片战争至新中国成立前的100多年的情形有所区别。究其实，民族国家身份的成功建构，地缘政治考量的悄然兴起，冷战和冷战后国际局势的变化万千，西方中国观的负面影响和英语霸权话语对印度文化心灵的"侵蚀"，这一切复杂因素使得当代印度中国观难以重现殖民主义时期那种纯粹的美好形象。

其次，当代印度中国观的两次重要转型是中印关系风云变迁的"晴雨表"，其中的第二次转型处于现在进行时。经过20世纪50年代末至60年代初中印关系的急转直下，特别是随着中印边界冲突拉开序幕，印度中国观便开始了史无前例的大转型。这次转型的结果以塑造极端负面的中国形象为主要特色。1988年以来，随着中印关系的大幅改善和短期波动，印度看待中国的态度在逐渐发生变化，这使得印度中国观呈现出非常微妙而复杂的格局，同时面临第二次重大转型的极佳"战略机遇"。一旦转型成功，印度的对华认知将突破"非敌即友"的传统模式，渐变为双边机制或多边框架合作背景下的新型中国观。目前，如何最大限度地协调印度民意，在印度舆论界将中国形象的明暗调子调整到最合适的比例，这是两国政治家、学者们应该高度重视的问题。中印关系正在步入日渐成熟的新阶段，正面临重要转型的印度中国观对此将发挥什么样的作用，人们将拭目以待。

通观近代以来印度中国观的历史演变可以发现，印度独立前受西方中国观影响较小，对西方中国观负面成分吸收不多，而当代印度、特别是边界冲突至今受西方中国观影响较大。

有的学者认为:"现代印度突然对中国产生了非同寻常的热情,而且情不知所起,一往而深,诗人如此,政治家更甚。究竟是一种什么样的文化或政治冲动,使中国在印度想象中突然变得重要而美好起来?长久的冷漠与一度的热情究竟缘何而生?中国形象在印度现代文化自觉中的意义是什么?"① 该学者还认为,泰戈尔和尼赫鲁时代的现代印度重新发现中国,是通过大英帝国殖民体系的媒介。"现代印度的自我身份确认及其中国形象的构建,都是在西方现代性精神结构中完成的。西方现代性注定了东方的命运。"② 其实不然,因为上述说法经不住推敲。以泰戈尔为例,他对中国的热情绝非来自所谓西方的"亚洲想象",而是来自于他对中国和中国文化的热爱,来自于他对中国被殖民势力压迫的深刻同情。从另一个角度来说,现代印度并不是"突然对中国产生了非同寻常的热情",而且"情不知所起"。近代以来,两国受到殖民势力的干扰而被迫中断了早先由佛教产生的友好联系,但中印人民的交往依然存在。在华印度士兵正是通过亲眼目睹中国的惨痛现实,才对中国产生一种深切的同情。共同的被殖民境遇和两国悠久的历史文化纽带,使中印冲破殖民势力的物质与心理封锁以后,打开了友好交往的大门。这是一种水到渠成的"文化或政治冲动",它使殖民势力造成的"长久的冷漠"变为"一度的热情"。泰戈尔1924年访华就是这一动向的组成部分。对于辩喜和奥罗宾多等文化精英而言,中国形象在"印度现代文化自觉"中的意义是正面的,但他们即使借用亚洲或东方等字眼,也不能表明他们是通过现代性等西方思想来认识中国的,而只能说明,他们借用西方词汇而非思维定势表达自己对中国的观察和思考。

对泰戈尔的世界文明观进行深入研究会发现,他的确接受过西方文明价值观的熏染,但他心目中的亚洲与欧洲、东方与西方以及他眼中的中国形象充满了丰富而辩证的色彩。尼赫鲁认为,尽管泰戈尔具有完美的国际主义理念,他却"一直扎根于印度的土壤,他的灵魂里浸透了奥义书智

---

① 周宁:"'我们的遥远的近邻'——印度的中国形象",《天津社会科学》,2010年,第1期,第89页。

② 周宁:"'我们的遥远的近邻'——印度的中国形象",《天津社会科学》,第91页。

慧"。① 中国学者认为，泰戈尔"在接受西方思想时，往往涂上一层东方的色彩；或者是用东方的思想来融合西方的思想，将西方纳入东方的轨道。这是因为泰戈尔对印度文化，对东方的精神文明具有一种偏爱。"② 例如，泰戈尔曾经质疑过西方舶来的"文明"一词。他认为，印度梵语词 dharma（汉译"达摩"）与"文明"一词的词义最为接近："文明就是要表现人的'达摩'，而不单纯是他的聪慧、能力和对财富的占有。"③ 这说明，泰戈尔是以印度文化观念过滤性地接受西方话语。换句话说，文明或东方文明、亚洲文明等西方概念在深受印度文化精髓熏染的泰戈尔那里产生了文化变异。这便是印度式的"文化自觉"。因此，下述论点值得商榷："泰戈尔思考东方或亚洲的基本观念是西方的，他的所有问题与方法也是西方现代性思想结构的。东方不是一个东方概念，亚洲也不是一个亚洲概念，只有在与西方或欧洲相对的意义上，东方或亚洲才有意义……泰戈尔的文化自信、文化使命感甚至知识系统，很大程度上都是西方提供的。"④ 泰戈尔思考东方或亚洲问题时当然受到西方的影响，但是印度文化才是其文化自信、文化自觉的坚实基础。泰戈尔的个案也能很好地说明尼赫鲁、奥罗宾多、辩喜等很多现代印度知识分子的文化自觉立场。正是有了这种文化立场，他们的中国观有时才显得更为客观和理性。

与英国作家对中国和印度的书写姿态相比，殖民主义时期的印度智者对中国的论述大多是积极的主调。尼赫鲁和泰戈尔等人对东方、西方概念的解构，暗示了他们乃至很多印度智者看待中国文明的思想姿态。换言之，中国是他们可以"并肩抗衡欧洲"的文化盟友，是他们同情讴歌、引为知己的东方兄弟，而非以东方与西方、文明与野蛮等二元对立的话语对之进行贬低、矮化的对象。在他们那里，中国可能有时是浪漫抒情、诗意联想的对象，但是却很难成为神秘恐怖的地方。因此，反观殖民主义时期印度智者对中国的描绘，很难发现西方殖民作家描绘中国、印度时所运用

---

① Jawaharlal Nehru, *The Discovery of India*, Oxford: Oxford University Press, 1988, p. 340.
② 宫静："泰戈尔哲学思想的渊源及其特点"，《南亚研究》1989 年第 3 期，第 9 页。
③ [印] 泰戈尔，刘建译：《人的宗教》，刘安武、倪培耕、白开元主编：《泰戈尔全集》，第 20 卷，第 335 页。
④ 周宁："'我们的遥远的近邻'——印度的中国形象"，《天津社会科学》，第 92 页。

的那些变化多端的套话。正因如此,很难得出近现代印度智者完全拜倒在西方思维的"石榴裙下"而对中国"缺乏认知基础"的结论。

后殖民时期、特别是20世纪50年代末60年代初中印关系变冷以来的很长一段时期内,印度的中国观开始丧失文化自觉意识,无形中为借用西方之眼看中国而打开了"潘多拉盒子"。50年代的中印关系"蜜月期"里,印度对华认知的主流姿态是忽略中印政治体制的差异。边界冲突爆发前后,这种立场彻底转向蓄意放大政治体制差异的一方。在一些人眼中,中国既是"扩张主义"和"霸权主义"的化身,也是所谓"独裁暴政"和"集权统治"的代名词。这一"反派角色"的正面参照系便是西方所谓"民主"和"自由"的资本主义制度。这鲜明地体现了印度中国观变异背后的意识形态偏见,实质上是印度借用西方之眼看中国的必然结果。

从印度作家的中国题材创作来看,殖民时期与后殖民时期所塑造的中国形象也有明显的差异,这与他们是否或如何接受、过滤西方观念的影响有关。例如,泰戈尔和当代印度作家维克拉姆·赛特(Vikram Seth)分别是殖民和后殖民时期深受中国文化影响的人。他们都属于穿梭东西两半球的"世界公民"。他们对中国文化都有一种化为我用的"拿来主义"精神。不过,由于时代的差异,赛特和泰戈尔的中国观存在差异。赛特既受此前与同时代一些印度人士的消极中国观影响,又附和西方借西藏问题所推销的反华舆论,其中国观察反映出严重的政治偏见。泰戈尔笔下是一个亲切美好的"文化中国"形象,而赛特笔下往往是美好的"文化中国"与晦暗神秘的"政治中国"形象并存。再往后看,印度女记者艾蓓的中国观察也受到西方自由、民主等意识形态话语的深刻影响。她的中国观察成为名副其实的"雾里看花",成为一种纯粹的政治观察,也使她的中国体验成为一场艰难的跨文明"阵痛"。

关于当代印度存在借用西方之眼看中国的这一消极现象,印度著名国际问题专家K. 苏布拉马尼亚曾在1974年撰文指出,20世纪50年代末中印关系恶化前,存在一种认识中国的印度中心观。"然而,1959年以后,出现了一种强烈的趋势,即日益依赖于美国的中国观察家们对中国的评价。"① 但是，这种反共的、带有偏见的美国中国观不利于印度形成正确的中国观。这自然会造成印度关于中国认知的消极后果。② 该学者认为："因此，从我们的政策制定和国家安全来说，独立的以印度为中心的中国认知是必要的。"③ 对于印度培育客观而理性的中国观来说，这一观点的价值至今存在。具体说来，中印关系"蜜月期"里，印度的中国观基本未受外界太大的影响，确实具有自己的独立因子。关于这一点，另一位印度学者指出："我认为，在我们独立的早期岁月里，一种独特的印度中国观已然存在。"④

近现代中国与印度的相互认知失衡现象也同样值得关注和分析。康有为等人塑造了关于印度的"亡国奴"形象，它是警醒同样处于沦亡边缘的中国的一面政治镜子，这是对印度形象的政治利用而非浪漫乐观的文化想象。这与同时期印度智者辩喜等人对中国文明的无限憧憬和赞美形成了强烈反差。

辩喜与康有为的对视，是近代中印两国知识界杰出代表的对视，也是近代印度中国观和近代中国印度观的一种碰撞。这种不对称的相互认知典型地体现了中印文化心灵的距离之遥，这其中又与中国开始将目光聚焦于西方，印度却几乎同时借用西方之眼发现中国文明伟大活力这两大不对称的失衡心态关联紧密。

进一步说，当代印度自20世纪70年代便开始以学术探索的方式关注中国与印度的相互认知，而印度中国观在中国受关注则是近年来的事情，且其焦点还集中于当代印度如何认识中国崛起的近期事件上，这刚好说明了中印相互认知的不对称状况。从这个角度说，印度中国观或中国观研究中的某些负面因素，也应该将某些中国学者的消极"贡献"计算在内。

通过对近现代印度中国观和当代印度中国观基本面貌的比较还可发现一些基本规律：近现代印度认为中国是一大文明古国，能够引领亚洲复兴，在文化方面尊敬历史悠久、丰富灿烂的中国文明，在现实政治中认同

---

① S. K. Ghosh & Sreedhar, eds. *China's Nuclear and Political Strategy*, 1975, p. 8.
② S. K. Ghosh & Sreedhar, eds. *China's Nuclear and Political Strategy*, p. 11.
③ S. K. Ghosh & Sreedhar, eds. *China's Nuclear and Political Strategy*, p. 13.
④ Mira Sinha Bhattacharjea, *China the World and India*, New Delhi: Samskriti, 2001, p. 249.

和欣赏中国的民族团结和无穷活力,其关于中国的浪漫想象是一种文化利用,而其将中国设计为在印度民族独立斗争中的学习榜样,则是对中国潜力的政治挖掘或形象升华。与此相反,当代中印关系的"蜜月期"中,印度将中国的文化利用和形象认同化做了在社会经济发展方面学习中国的具体行动,并在具体的评价过程中,将中国的经济发展、社会进步与中国的政治体制脱钩。中印边界冲突爆发后,印度中国观有过很长一段时期的妖魔化逆流,但在21世纪,印度中国观有一种理性回归的态势,这从印度高层领导在一段时间的徘徊犹豫后终于逐渐回归理性成熟的对华认知可以看出。在此背景下,一些学者呼吁,在社会发展和经济建设上学习中国,但同时却不将经济发展与政治体制脱钩。这种姿态耐人寻味,它体现了中印关系复杂的历史纠葛对印度部分人士的心理"重压",也体现了他们借用西方之眼看中国的意识形态偏见。谭中等人酝酿的中印大同构想是对师觉月和泰戈尔等人的美好理念的遥远回应,但其因缺乏适宜的气候,不仅暂时无法在印度大面积"开花结果",还遇到了一些人的冷嘲热讽。这和当初殖民主义时期中国部分知识分子对泰戈尔等人联合中印、复兴东方文明的宏伟愿景的冷漠回应几乎相似。尽管这样,全球化时代中印经贸关系的深化、中印人文交流的逐步正常化等因素,必将慢慢地改变印度中国观中的不健康因素。

第二节 中印如何重新认识对方

正如前述,长期以来,印度中国观的正面因素给于中印关系的健康发展带来了诸多积极的促进作用,但其消极因素却给中印关系发展带来了不容忽视的负面影响。例如,中印双方对1962年边界冲突的认识出现强烈反差便是一例:"印度不论从官方还是民间,都把这场战争看成是'心中抹不去的痛',是中国对印度的'背叛'。而在中国,人们对那次边界冲突的印象并没有那么深、那么沉重。许多印度人认为,只要边界问题解决了,中印之间的贸易和投资就会有一个大幅度的发展。这也可以理解为,在边界问题没有得到解决之前,印度对中国很难有真正的信任。"[1] 21 世纪,印度应该如何客观地看待中国的崛起,中国应该如何理性认识印度中国观中的负面因素,如何正确构建客观合理的印度观,以与印度中国观进行良性互动,这应成为中印关系研究的重点之一。

一、当代印度中国观的消极影响

当代印度中国观之于印度对华外交或中印关系的消极影响不容忽视。如果从历史的维度进行梳理和考察,这一点便看得更加清楚。此处略举几例加以说明。

早在1979年,一位印度学者便指出,印度在1962年边界冲突中的失败,是印度中国观恶性转变的最大诱因,这种消极中国观给中印关系带来了极为恶劣的影响,这就是军事层面的中印对峙。他说:"这种中国形象(The Chinese image)导致印度的外交政策发生永久的改变。印度的军事力量迅速地发展起来,并装备了现代武器……现在的事实表明,印度与中国之间的安全态势大约如下:沿着整个印中边境,印度部署了几个山地师,就其人员、装备和火力而言,比起当时部署在另一方的中国力量要占绝对的优势。说到增援力量,印度方面占据了绝对优势。印度军队的供给线更短,机动运输能力更强,与中国在新疆的力量集结相比,印度方面的空降能力更强。"[2] 而在1964年10月16日中国第一次核试验后不久即当年12月4日,印度部分政治家便呼吁政府废弃此前的和平外交政策,"敦促印度政府相应地改变立场"。[3] 这表明,中印边界冲突后印度的"中国核威胁论"得以借机"出笼"。循着这种"中国威胁论"的思维逻辑,印度的核战略在争论中逐步变为现实。

1998年5月11日即印度核试验的当天,印度总理瓦杰帕伊给美国总统克林顿写信解释此次核试的理由道:"亲爱的总统先生:你大概已经知

---

[1] 张贵洪等著:《中美印三边关系研究》,北京:时事出版社,2013年版,第31页。
[2] Giri Deshingkar, *Security and Science in China and India* (*Selected Essays*), p. 26.
[3] Shyam Bhatia, *India's Nuclear Bomb*, p. 112.

道了在印度进行的地下核试验的消息。我写这封信是想说明一下进行这些试验的理由。我一直对印度过去一些年来所面临的不断恶化的安全环境，特别是不断恶化的核环境深感不安。我们有一个公开的核武器国家与我们接壤，这个国家1962年对印度发动了武装侵略。虽然我们同这个国家的关系最近10年左右已经改善，但是主要由于边界问题没有得到解决，一种不信任的气氛继续存在。这个国家还从物质上帮助我们的另一个邻国成为一个秘密的核武器国家，从而加剧了这种不信任。最近50年来，我们遭受了这个对我们深怀仇恨的邻国的三次侵略。"[1] 可以说，自1950年帕特尔酝酿"中国威胁论"的雏形到20世纪60年代"中国威胁论"的登峰造极，再到中印关系"解冻"后，1998年中印关系遭遇一次前所未有的尴尬。因为美国的《纽约时报》于1998年5月12日即印度核试验次日公开了此信，几天后印度各家报纸也登出了此信。耐人寻味的是，早在核试验前几天即5月5日，《金融时报》报道，当时的印度国防部长费尔兰德斯声称中国是印度的"最大的潜在威胁"（potential threat number one）。[2] potential threat（潜在威胁）一词可谓道出了当时部分印度政治精英继承"历史包袱"的隐蔽心态。"当费尔南德斯在印度核试验前公开道出中国是印度在战略上的首要威胁时，他只不过是说出了印度外交部里长期以来窃窃私语的和印度军方日益公开地表达出来的想法。"[3] 此举给中印关系和印度外交形象造成严重伤害："在致克林顿总统的信中提到中国，印度国防部长乔治·费尔兰德斯早先的声明，确实对印度的外交造成了损害……不管怎样，政府不久似乎急于修复对华关系，开始强调改善关系和合作。"[4] 尽管这样，这些事件至今仍在一些中国人心目中留下了难以释怀的负面印象。部分人对印度的"敌意"似乎有了一些新的理解，这从很多涉及印度1998年核试验的学术著述几乎必提此事便可看出。可以说，当代以各种形式出现的印度版"中国威胁论"对印度外交和中印关系的负面冲击，以1998年的核

---

[1] 转引自赵蔚文：《印中关系风云录（1949—1999）》，第368页。原文参见 Ninan Koshy, *Under the Empire: India's New Foreign Policy*, New Delhi: Leftword Books, 2006, pp. 31 – 32.

[2] Ninan Koshy, *Under the Empire: India's New Foreign Policy*, p. 32.

[3] 林良光、叶正佳、韩华：《当代中国与南亚国家关系》，北京：社会科学文献出版社，2001年版，第99—100页。

[4] Ninan Koshy, *Under the Empire: India's New Foreign Policy*, p. 33.

试验及印度政治领导层的相关表态最为典型。

印度中国观的消极因素在解决中印边界问题这一跨世纪难题方面，起着不可忽视的重要影响。这又特别以印度方面的地缘政治考量、历史认识和宗教情结最为复杂。例如，1985年D. K. 班纳吉出版《中印边界争端》。他从印度宗教神话的视角探索中印边界冲突的原因。他说，大史诗《罗摩衍那》中的女主人公悉多和印度教英雄罗摩都诞生在喜马拉雅边地的尼泊尔。大史诗《摩诃婆罗多》的主要人物如般度族和俱卢族英雄都来自喜马拉雅山。因此，喜马拉雅山的神圣对于印度人来说不言而喻。中国对印度的"侵略"因此成为"亵渎神灵"的行为。班纳吉还说，印度的边界领土要求是合理的，印度不应该放弃一寸领土，必要时可以不惜一战。① 虽然时间过去了将近30年，但此种复杂心态并未在印度消逝。因此，当前两国处理边界争端必然会考虑来自民意的严峻挑战："但不可否认的是，在边界争端这个敏感议题上，两国尽管政治制度不同，但政府决策均受到民意的严重制约，要想边界谈判有所突破，两国政治领导人都需要更大的政治勇气和政治决断。"②

由于目前印度国内还存在一定的对华疑虑或防范心理，这便使正常的中印经济互动、人文交流等均受到某些制约。例如，根据《印度斯坦时报》网站2011年1月17日的报道，印度反对将土库曼斯坦—阿富汗—巴基斯坦—印度（TAPI）天然气管道的建设工程承包给任何中国公司。印度、土库曼斯坦、阿富汗和巴基斯坦四国于2008年4月25日在伊斯兰堡签署了《天然气管道框架协议》，该管道计划在2015年开始输送天然气。这条计划修建的天然气管道将有735公里位于阿富汗境内，另外还有800公里穿越巴基斯坦。印度反对中国参与的态度影响了这一项目的建设。为该项目提供资金的亚洲开发银行指出，由于中国公司在短时间建设长距离管道线路方面经验丰富，它希望该项目能有中国公司参与。但印度石油部高级官员称，新德里对此举的战略影响感到担忧。某些人担心，中国参与该项目的建设有可能使其被视作印巴之间"颇受尊重的和平仲裁者"。中

---

① D. K. Banerjee, *Sino-Indian Border Dispute*, p. 74.
② 李莉："中印关系走向成熟及其原因探析"，《现代国际关系》2013年第3期，第55页。

国的参与甚至有可能被视为其未来在南亚地区发挥更大作用的先兆。①

一段时期以来，中国方面向印度申请商务签证和学者签证，有时会遇到等待周期过长、甚至是拒签等问题。就此现象而言，印度的中国认知是不能排除的因素。关于这一点，就连印度学者自己也承认。例如，2006年，位于新德里政策研究中心的研究员威尔基斯（B. G. Verghese）在题为《不失时机地与中国对话》的文章中写道："印中经贸关系已经稳步改善，但仍有互惠互利的长远发展空间。印度不太愿意大大方方地给中国访问者发放签证，对申请竞标咨询和管理合同的中国公司持戒备心理。与此相关的是安全关切（security concerns）。这些言行夸大了事态，对于一个想在世界舞台上充当重要角色的国家来说，这样做得不偿失。希望立即重新考虑上述做法。"② 签证之难，看来不是难在什么看得见的外部力量上，而是难在一些看不见、摸不着但却无处不在的复杂因素上。这是印度中国观消极因素的具体表现之一。

西藏问题历来是印度政府、民众和媒体关注的问题。究其实，这与部分印度政治精英、文化精英和民众对中国西藏与印度历史悠久的宗教文化联系的认识分不开。他们对西藏的地位和归属问题所持的模糊姿态自然也影响到中印文化交流。2011年11月至12月，围绕印度政府是否允许达赖喇嘛参加在新德里举行的世界佛教大会并发表主旨演讲，中印两国政府进行了外交"博弈"。结果是，印度政府拒绝了中国方面阻止达赖参会并发表演说的请求，允许达赖参会。为此，中印边界谈判被推迟，中国佛教学者失去了与世界各国学者进行对话的宝贵机会。达赖参加新德里第一届世界佛教大会所惹出的外交风波在印度引发的思考，有的反映在主流英文媒体中。有人将"达赖风波"上升到一个新的高度即"新的冷战"。③ 这可视为印度中国观负面因素恶性发作的一例。

就提倡中印合作发展的双赢模式而言，2005年以来，最为显眼的莫过

---

① ［印］贾扬特·雅各布："TAPI管道：印度反对中国参与建设"，《参考消息》2011年1月18日。

② Gurudas Das and C. Joshua Thomas, eds., *India-China Trade and Strategy for Frontier Development*, p. 245.

③ Shobhan Saxena, "Return of Buddha," *The Times of India*, December 4, 2011.

于"中印大同"。该英文词近年来在印度国内已很少提及。① 究其原因，Chindia 似乎更为容易令人想起 Hindi Cheeni Bhai Bhai（印度中国是兄弟）的苦涩记忆来。

再举最近的一个例子：法国国际广播电台 2014 年 3 月 20 日报道称，据《印度时报》网站消息，中方请求让包括两艘护卫舰、一艘救难舰在内的 4 艘军舰进入安达曼和尼科巴群岛海域，以协助搜索失联马航 MH370 班机，但印度方面"婉拒"这一人道主义的救援请求。印度官员表示，由于印方此前已派军舰和飞机搜索过孟加拉湾及安达曼海域，因此上述请求已被"婉拒"。"印度官员指出，印度方面避免让中国战舰用搜寻失踪班机或反海盗巡逻作借口，在周边进行打探。"②

以上为当代印度中国观对中印关系、印度外交、中印文化交流等领域造成负面影响的几个例子。它们说明，当代印度的中国认知存在很多的误区。下边从印度和中国两个视角出发，对如何解决这些认知误区的问题进行简单分析。

二、印度如何培育成熟的中国观

当代印度如何走出看待中国崛起过程中出现的认知误区，这是一个必须认真加以思考的问题。迄今为止，自印度领导层至学界，很多人已经敏锐地意识到这一问题的重要性和紧迫性。他们的相关论述具有重要的意义。

印度朝野各界人士应该弱化中印竞争意识，强化中印合作意识，并借此弱化乃至最终消除中国威胁论对印度外交和中印关系的负面影响。

正如有的学者所指出的那样："总体而言，印度对中国的快速崛起是戒心和忧虑更大一些，这影响印度的政策选择和行为逻辑。对印度而言，

---

① 印度主流英文媒体近期很少运用该词。当然，也有少数例外。如《印度时报》2012 年 1 月 12 日的一篇发自迪拜的短讯标题引用了该词：Chindia Drives 50% of Global Growth：Report。拉梅什现任印度乡村发展联合部长，根据《印度教徒报》2012 年 2 月期间的最新报道，他关注的是印度农村发展等问题，他不再就中印关系在印度主流英文媒体发表言论。

② 王莉兰："印度'婉拒'中国军舰进入进入其领海搜寻失联飞机"，环球网，2014 年 3 月 21 日，http://world.huanqiu.com/exclusive/2014-03/4920519.html。

如何处理对华关系在很大程度上将影响印度的国际环境，因此将中国视为敌人的观点是不符合印度的利益的，这恐怕是印度决策层面的共识。"① 尽管这样，但中国目前的国际地位在某些方面优于印度，如中国是安理会常任理事国，中国经济总量于 2010 年超过日本成为世界第二，中国是国际社会认可的合法的核武大国，等等。因此，在中国崛起是否有利于印度以同样的方式崛起于全球化时代的世界体系方面，印度国内外的观点是分歧的。从印度主要的英文媒体、政界、学界的中国观察来看，存在这样一种引人注目的局面："在谈及中国的崛起时，政治评估、特别是中国的快速发展对印度的政治与安全意义成为讨论的主要方面，而且总体来看，认为中国的快速发展对印度的负面影响更大。"② 早在 2002 年，另一位中国学者也曾指出过相同的问题。她认为，印度对中国的看法，特别是对中国的安全考量更多地是从地缘政治角度出发，而非把中国视为实实在在的威胁。"更确切地说，与其说印度担心中国对印度安全构成威胁，不如说是印度对过去 20 年来本身的战略环境的变化，特别是对中国经济腾飞与国际地位的提高而造成的中印实力与影响力差距的加大感到'不舒服'的反映。"③

正是这种"不舒服"的看法，造成了印度中国观的许多负面因素如"中国威胁论"的出现。有的人断言，中国崛起必将以阻止印度等国家的崛起为基本前提："中国在世界政治的新兴战略态势中引人瞩目。作为一个新兴的大国与美国全球优势最可能的挑战者，中国的崛起已经具有一种重要的世界性影响……随着中国经济强大，它必然会野心勃勃，在全世界塑造自己的形象。纵观历史，这是所有大国都追随的潮流……为了在亚洲地区获得优势地位，中国积极地贯彻自己的外交战略，以防止日本和印度等地区大国的崛起。既然清醒地意识到将要几十年的时间才能真正地与美国的全球霸权进行竞争，中国的战略力量便聚焦于亚洲。中国外交政策的

---

① 赵干城："印度如何估量中国崛起"，《东南亚南亚研究》2011 年第 3 期，第 21 页。
② 赵干城："印度如何估量中国崛起"，《东南亚南亚研究》2011 年第 3 期，第 23 页。
③ 韩华："友好邻邦还是安全威胁——中印如何看待对方"，《南亚研究》2002 年第 2 期，第 11 页。

目标是，提高自己的经济和军事实力，以获取亚洲的地区霸权。"[1] 还有印度学者认为，中国崛起必然导致中印竞争的局面出现："对印度而言，中国的崛起已经造成了令人胆寒的理论和策略方面的挑战……印度和中国是亚洲的两个重要大国，它们均有世界抱负，也有一些重要的利益冲突……接下来的几年中，如果印度和中国保持上升势头，这两个地区巨人之间的安全竞争也将是在所难免。如果印度真的渴望崛起为一个重要的世界大国（a major global power）的话，那么它必须应对中国崛起所带来的挑战。一个崛起的中国不会容忍作为其竞争者角色而出现的一个崛起的印度。即使崛起的印度没有成为地区霸权角色的任何意图，很大程度上，中国也会竭尽全力地像以往那样限制它的发展。印度需要防范的正是中国对它的这种遏制。"[2] 从这些话中，人们不难读出一种带有"遏制理论"色彩的冷战意味。这种思维或论调与促进中印关系发展的时代潮流相背离。"遏制理论"是美国驻苏代办乔治·凯南于1946年2月22日向美国国务院发回的八千字电报中提出的。它的主要目的是灵活运用美国的实力，将苏联的势力和影响限制或阻止在本土及东欧范围之内。[3]

令人欣慰的是，在中印经济发展比较的过程中，一些印度学者认识到了印度与中国合作发展以求共赢互惠的必要性。例如，有的学者认为，两国间的竞争并不必然会意味冲突。比起传统的地缘政治（geo-politics）和安全关切来，印度与中国之间的地缘经济（Geo economics）变得更加重要。因此，印度和中国必须学会和平相处，相互合作。[4] C. 拉贾·莫汉等从国际体系新变化的角度认为，美国担忧正在崛起的中印两国是否会服从国际规则，因为中印有相同的国际利益诉求，可能会改变现有的国际秩序。[5] 这其实给中印关系在内的中印美三边关系带来了新的变数，自然也会影响到当代印度的中国观与中国的印度观："随着权力东移，中印正在

---

[1] Harsh V. Pant, ed., *The Rise of China: Implications for India*, p. 1.
[2] Mohanan B. Pillai, ed., *Foreign Policy of India: Continuity and Change*, pp. 108 – 109.
[3] 方连庆、刘金质、王炳元主编：《战后国际关系史（1945—1995）》（上），北京：北京大学出版社，2003年版，第49—50页。
[4] Bhawna Pokharna, *India-China Relations: Dimensions and Perspectives*, pp. 304 – 305.
[5] Alyssa Ayres and C. Raja Mohan, eds. *Power Realignments in Asia: China, India and the United States*, New Delhi: Sage Publications India Pvt Ltd., 2009, pp. 286 – 287.

成为新型关系的设计师。中国和印度的崛起并不只是重新定义均势（balance of power，或译权力平衡），而是要设计一系列问题国际治理新规则：经济体制、地区和全球安全、价值观与国际法、能源体制和环境治理。"① 毋庸置疑，在这种共同设计新型双边关系和国际治理新规则的道路上，中印两国的共同语言越来越多。赵干城认为："长远来看，中印以发展中大国身份崛起为国际体系中的新兴大国是不可逆转的趋势，因此无论印度是以积极的态度还是消极的眼光来看中国的崛起，都不会从根本上阻碍两国关系在摩擦和矛盾中发展与前进，因为两国面对西方主导的现行国际体系，一定有着诸多共同利益。"② 印度领导人也睿智地看到了这一点。2008年1月15日，印度总理曼莫汉·辛格在中国社会科学院发表演说时称："我对未来感到乐观，同时对印度和中国注定要在亚洲和整个世界变革中发挥作用感到乐观。这种乐观根植于我们的一个信念，那就是世界足够大，可以让印度和中国在加强合作的同时共同发展和繁荣……印度和中国在建立本地区和平、安全与稳定方面大有可为。"③ 印度总理的这番话所包含的基本理念常为中印两国领导人与学者、政治家们所引用，这便是：世界足够大，有足够的空间容得下双方共同发展。2013年5月20日，中印两国发表的联合声明中称："三、中印面临经济社会发展的历史机遇，实现两国的发展将促进亚洲乃至世界的和平与繁荣。双方欢迎对方的和平发展，认为这是一个相互促进的过程。世界有足够空间供中印共同发展，世界也需要中印实现共同发展。作为世界上两个最大的发展中国家，中印关系超越双边范畴，具有地区、全球和战略意义。双方视对方为互利伙伴，而非竞争对手。"④ 可以说，在这种合作发展、互利共赢的思路指导下，印度的中国观必将产生一种革命性变化。

印度朝野各界应该培育自己独立的中国观，相关学界人士和政治家应

---

① Alyssa Ayres and C. Raja Mohan, eds., *Power Realignments in Asia: China, India and the United States*, p. 327.
② 赵干城：《中印关系现状·趋势·应对》，第150页。
③ "印度总理曼莫汉·辛格在中国社会科学院发表演讲"，2008年1月15日，http://big5.china.com.cn/international/txt/2008-01/15/content_9533777.htm。
④ "中华人民共和国和印度共和国联合声明"，2013年5月20日，http://www.fmprc.gov.cn/ce/cein/chn/zywl/t1041929.htm。

该对印度中国观的历史进行梳理,发现其中的变化规律,以反思过去,矫正谬误,导引 21 世纪印度的对华认知。

早在 1971 年,一位印度的中国问题专家便在《中国述评》上发文《亟需印度的中国观》(Wanted an Indian Approach to China)指出,印度必须培育自己独立的中国观,不必亦步亦趋地充当西方视角的思想"奴隶"。1962 年中印边境冲突失败后,印度朝野很多人士接受了西方以权力观(power approach)认识中国与中印关系的立场和方法。这位专家对此不以为然,她说:"权力观本质是属于西方的思维模式。西方世界已经赋予了'权力'(power)某种明确的含义,作为印度人与亚洲人,对我们来说,接受西方的臆说、方法和结论就是模仿和缺乏创意,这本质上不适合我们。我们有自己的传统、经验和思想,有对权力的个人理解。"[1] 具体到印度的中国观,这位专家指出:"然而,一个国家亦即印度的中国观必须以我们自己的世界观和原则为基础……我认为,在我们独立的早期岁月里,一种独特的印度中国观(a distinctly Indian approach to China)已然存在。它来自我们共同感受的宏阔的历史经验,来自我们与自己传统一脉相承的亚洲意识和世界观。正是这种独特的中国观使得亚洲的许多人充满了希望,也使得其他地方的人们发现了理解中国之谜的一把钥匙。同样也是这种独特的中国观,才使得印度的外交政策原则具有了某种世界意义,使得印度成为新兴第三世界的公认代言人。"[2] 这位专家对独立以后印度的中国观进行了总结,她说:"这种中国观具有某些新颖而真实的因素……同样重要的是,这种中国观表明,印度具有世界性视野,中国只是其全球策略中的一个因素而已。"[3]

这种对印度中国观的自觉反思有些类似于美国汉学家柯文(Paul A. Cohen)在其汉学著述中体现出的批判性思维。柯文曾经质疑和抨击美国汉学家费正清的中国研究模式。柯文认为,研究中国近代史的美国学者,最严重的问题是种族中心主义造成的"歪曲"。费正清的"冲击与回应"模式从几方面歪曲了历史,阻碍人们深入研究与西方入侵没有关联的

---

[1] Mira Sinha Bhattacharjea, *China the World and India*, p. 246.
[2] Mira Sinha Bhattacharjea, *China the World and India*, p. 249.
[3] Mira Sinha Bhattacharjea, *China the World and India*, p. 250.

历史事实。由于它把解释历史的重点放在"中国对西方挑战的回应"上,就"自然会引导人们采用思想、文化和心理的解释方法,而削弱了采用社会、政治和经济的解释方法"。① 为此,柯文给出了矫正"冲击—回应"研究模式弊端的方法。他认为,必须把中国历史视为三个不同层代组成的历史。柯文告诫说,必须把注意力集中于一种远为错综复杂的冲击—回应网络:"在这网络中不论冲击或回应都应该既是中国的又是西方的。"② 柯文的批评性思维要旨在于,必须培育一种"在中国发现历史"的"中国中心观",而这位印度学者的要旨在于,必须在印度的中国问题研究领域,培育一种"在印度发现中国"的印度中国观。只有这样,才能拨乱反正,继往开来,为印度中国观成熟期的到来打下坚实基础。

增加公共外交力度,加强中印文化交流,培育印度对中国的文化亲和力,这些都是印度培育理性而成熟的中国观的必要前提和充分条件。

2008年1月,印度总理在中国社会科学院发表演说时指出:"首先,我们必须拉近印度和中国之间的认知距离,我们应该长期地努力,来确保相互之间有正确的了解。不仅了解彼此的文化和历史,也了解彼此目前的发展。我们应该加强人文交流,消除误解和偏见。我们需要在学术界、媒体、非政府专业人士和文艺界之间开展广泛、全面的对话。"③ 2013年5月20日,中印两国发表的联合声明中称:"双方认识到青年交流对促进相互理解发挥着重要作用,决定继续举行百人青年代表团年度互访活动。双方鼓励中国国家汉办与印度中等教育中央委员会加强汉语教学合作……双方决定于2014年完成《中印文化交流百科全书》编撰工作,同意启动中印经典作品互译工程。"④ 2014年2月11日,中国驻印使馆在新德里举行"中印友好交流年"启动仪式,正在印度访问的国务委员杨洁篪、印度副总统安萨里出席。杨洁篪在致辞时表示,中印友好交往源远流长。进入新世纪,中印成为世界上最具活力的新兴市场国家。习近平主席和辛格总理

---

① [美]柯文:《在中国发现历史——中国中心观在美国的兴起》,第40页。
② [美]柯文:《在中国发现历史——中国中心观在美国的兴起》,第42页。
③ "印度总理曼莫汉·辛格在中国社会科学院发表演讲",2008年1月15日,http://big5.china.com.cn/international/txt/2008-01/15/content_9533777.htm。
④ "中华人民共和国和印度共和国联合声明",2013年5月20日,http://www.fmprc.gov.cn/ce/cein/chn/zywl/t1041929.htm。

一致指出，中国梦和印度梦息息相通，相互契合，中印两国携手合作，共谋发展，一定能实现各自民族复兴梦。安萨里在致辞时表示，当今印中的复兴梦又使双方走到了一起。印中要打开大门，扩大人员往来，相互学习，增进理解，加强团结合作，促进印中关系的大发展。[1] 事实上，印度中国观的许多负面因素正是在"印度和中国之间的认知距离"上发生的。只有加强人文交流，加强以青年为主导的中印公共外交力度，促进中印文化交流与学术合作，才能在最大限度上缩短中印之间的"认知距离"，增进理解，为培育印度健康理性、成熟客观的中国观创造前提。

加强对中国国情的了解，摒弃意识形态或情绪化的中国认知或中国观察，学会换位思考，这也是印度培育成熟理性的中国观的重要一环。由于边界冲突、意识形态等复杂历史因素，印度中国观存在很多偏激的情绪化色彩或痕迹，这方面的例子在印度学界不胜枚举。例如，有的印度学者认为，中国在很多时候"言行不一"，忽视印度，不愿与之打交道。只是在印度1998年核试验成功后，中国才逐渐接受现实，视印度为"一个大国"。[2] 海外印度学者则认为，中国历来"轻视"印度："事实上，中国讨厌别人将印度和它相提并论。许多中国人认为，国际上不断增多的比较中印的趋势'令人不快'和'有失颜面'。"[3] 还有印度学者认为，中国对印度的"蔑视"和"偏见"一直"没有得到真正的改变"。[4] "傲慢自负"或"背信弃义"的中国对印度的好意从来"不懂感恩"。[5] 上述关于中国的认知不但有失客观和理性，也违背了中印关系健康发展的时代要求。仍用辛格总理于2008年1月在中国发表的演说为证。他指出："今天印度和中国都处于快速变革的时期，我们两个社会的中心任务都是发展。我们的社会制度虽然不同，但是创造更加美好的未来是我们两国人民的共同愿望。当

---

[1] "中印友好交流年启动仪式在新德里举行"，2014年2月12日，http://www.fmprc.gov.cn/ce/cein/chn/sgxw/t1127679.htm。

[2] Bhawna Pokharna, *India-China Relations: Dimensions and Perspectives*, p.283.

[3] Kevin J. Cooney and Yoichiro Sato, eds., *The Rise of China and International Security: America and Asia Respond*, p.181.

[4] R. V. Kumar, *Chinese Air Force Threat*, New Delhi: Manas Publications, 2003, pp.88-89.

[5] Arun Shourie, *Are We Deceiving Ourselves Again? Lessons the Chinese Taught Pandit Nehru But Which We Still Refuse to Learn*, New Delhi: Rupa. Co., 2008, pp.17, 27, 200.

中印人口加起来有25亿的大国摆脱束缚，发挥创造力的时候，她的影响注定是世界性的……进一步发展印中关系的确是我们的共同责任，两国政府在这方面要发挥重要的作用。但是，我们也必须请你们，也就是中国的知识分子、思想家和学者们和其它的人们发挥带头作用，同你们的印度同事紧密合作。的确，通过思想和不同观点的自由交流，我们两国社会可以进一步地巩固我们两个文明之间的联系。"[1] 的确，只有超越政治制度的差异，超越思想信仰的差异，认真了解中国文明的悠久历史和中国社会的发展现状，倾听来自中国而非西方的声音，在不同思想和观点的自由对话中找寻中印学术界的兴趣点和共同着力点，这样才能形成理性而成熟的中国观。同样，对于中国学者培育理性而成熟的印度观来说，道理也是一样的。

印度应该尽量引导媒体的报道动向，营造比较健康理性的公众对华舆论，为形成理性而成熟的中国观创造必要的思想氛围。某种程度上，印度主流媒体代表大众民意，这一点不可置疑。印度学者S.萨克塞纳在探讨新中国成立前后印度媒体对华报道时指出："印度大众的看法在英语和印度语言的报纸、期刊和杂志上得到表达。印度新闻界可以视为印度大众舆论的晴雨表，在唤醒和影响印度各种对华反映这一点上，它发挥了重要的作用。"[2] 20世纪70年代，《印度时报》报道中印边界问题时充满火药味，这便是大众情绪基于历史记忆的集中爆发。[3] 鉴于印度媒体在近年来印度中国观的形成过程中所扮演的特殊角色，很有必要由政府出面组织开展公共外交，以引导两国媒体良性互动。邻人欣慰的是，2013年5月20日，中印两国发表的联合声明中称："双方同意，加强两国新闻媒体交流与合作，增进两国人民相互了解和友好感情。双方同意举办'中印媒体高峰论坛'。两国外交部将在这方面密切合作。"[4] 这说明，中印两国政府已经意识到并从两国关系发展的战略高度重视这一严峻问题。2013年6月20日，

---

[1] "印度总理曼莫汉·辛格在中国社会科学院发表演讲"，2008年1月15日，http://big5.china.com.cn/international/txt/2008-01/15/content_9533777.htm。

[2] Shalini Saksena, *India, China and the Revolution*, "Introduction," VIII.

[3] Girish Mathur, *New Delhi-Peking: A Study in Relationship*, p. 27.

[4] "中华人民共和国和印度共和国联合声明"，2013年5月20日，http://www.fmprc.gov.cn/ce/cein/chn/zywl/t1041929.htm。

中国驻印度大使魏苇在官邸会见《印度快报》总编谢卡·古普塔一行，双方就中印关系、国际和地区形势交换看法。魏大使表示，李克强总理对印度进行了成功访问，包括《印度快报》在内的印度媒体积极报道此次访问，营造了良好的舆论氛围。访问期间，中印发表了联合声明，强调加强两国新闻媒体交流与合作，增进两国人民相互了解。中方重视媒体对中印关系发展发挥的积极作用，愿继续支持并推动两国媒体开展互访、交流、合作，增强两国互信，拉近感情距离。谢卡·古普塔感谢魏大使会见，并简要介绍了快报集团情况。他表示，当前部分印度民众仍对中国缺乏基本了解，中国民众对印度的认识也不够全面，两国媒体还需要加强报道对方国家，不断增进两国民众的相互了解和认知，促进中印关系健康发展。[1] 2014年1月30日，驻印度大使魏苇在使馆会见了正在印度访问的《环球时报》执行副总编李剑一行。双方就中印关系、中印媒体合作等议题交换看法。魏大使肯定该报对中国读者了解国际时局起到的积极作用，同时希望该报从中印关系友好和发展大局出发，积极开展两国媒体交流与合作，加深两国相互了解，促进两国人民友好。[2] 假以时日，这种中印媒体间的良性互动和政府主导的媒体间公共外交，必将在很大程度上改变印度媒体对华报道负面成分占优的畸形状况，从而为培育印度成熟而理性的中国观创造又一个重要的基础。

三、中国如何认识印度的中国观

进入21世纪以来，中国南亚学界开始对印度中国观和中印相互认知问题进行探讨。例如，《南亚研究》2002年第2期发表韩华的文章《友好邻邦还是安全威胁——中印如何看待对方》。文中有这样的论述："中国和印度，一个被称为'崛起的大国'（rising power），一个被称为'正在出现的大国'（emerging power），对亚洲乃至世界的稳定与安全有着重要的影响，

---

[1] "魏苇大使会见《印度快报》总编古普塔一行"，2013年6月21日，http：//www.fmprc.gov.cn/ce/cein/chn/sgxw/t1052395.htm。
[2] "驻印度大使魏苇会见《环球时报》代表团"，2014年1月30日，http：//www.fmprc.gov.cn/ce/cein/chn/sgxw/t1125261.htm。

而且，这种影响随着两国力量的增长而增长。因此，两国关系越来越受到注目。一个成熟与稳定的关系需要两国人民客观而现实地看待对方。"[1] 2005年，《南亚研究》发表张贵洪的署名文章，其中有这样的句子："中国和印度是转型中的巨型社会和崛起中的亚洲大国。过去20多年，中印两国的综合国力都得到了迅速提升，国际社会普遍关注'崛起的中国'和'崛起的印度'。"[2] 2006年，一位学者在文章中写道："中印两国都是发展潜能可观的大国，注定要在国际事务中担当越来越重要的角色，无论从现实还是未来看，两国既有许多共同利益，也存在某些需要消除的不确定因素。面向新世纪，与印度发展睦邻友好关系是中国值得努力的方向，但更需要从战略高度关注印度崛起的意义，准确定位和引导两国关系的走向。作为与发展双边关系直接有关的基础工作，中印都有必要在新的起点上重新认识对方。"[3] 从2002年到2006年的短短几年，印度的形象从"正在出现的大国"变为"崛起的印度"或"发展潜能可观的大国"，这种形象变化显示，印度的大国地位正逐渐变为中国学界的共识。当然，很多学者对印度中国观的探讨习惯于聚焦它的负面因素，特别是聚焦于当代印度的"中国威胁论"。这容易造成中国学者和普读者对印度中国观的认知误区。因此，此处对中国如何认识当代印度中国观的问题进行简要说明。

首先，作为印度中国观的研究者和信息传播者，中国学者应历史而客观地全面认识印度的中国观，既深刻认识其友好、乐观、真实的一面，也注意观察其带有敌意或虚假、悲观的因素，还注意分析其演变发展的隐秘趋势。

1949年至1988年的40年间，印度中国观经历了曲折而漫长的"心理长征"。它经过了20世纪50年代的浪漫"蜜月期"，以赞美中国的主流话语和警惕中国的支流话语为双轨，但前者无疑压倒了后者的声音。经过20世纪50年代末至60年代初中印关系的急转直下，印度中国观开始了史无

---

[1] 韩华："友好邻邦还是安全威胁——中印如何看待对方"，《南亚研究》2002年第2期，第12页。"正在出现的大国"（emerging power）或可译为"新兴大国"。
[2] 张贵洪："印度对中国崛起的看法和反应"，《南亚研究》2005年第1期，第27页。
[3] 张力："中国与印度：相互再认识的必要"，张敏秋主编：《跨越喜马拉雅障碍：中国寻求了解印度》，第355页。

前例的大转型,理性地思考中国、浪漫地想象中国的声音成了边缘化的"涓涓细流"。这给21世纪印度中国观的形成造成了无法忽视的影响。

1988年至今20余年间,中印两国的综合国力都得到了迅速提升,国际社会普遍关注"崛起的中国"和"崛起的印度"。印度政界与学界、媒体、公众等各个阶层、领域的人在认识中国崛起的过程中,发出了不同的声音。"总体而言,印度对中国的快速崛起是戒心和忧虑更大一些,这影响了印度的政策选择和行为逻辑。对印度而言,如何处理对华关系在很大程度上将影响印度的国际环境,因此将中国视为敌人的观点是不符合印度利益的,这恐怕是印度决策层面的共识……历史遗留问题和地缘政治非均衡状态使印度在观察中国崛起时易倾向于防范和戒备,这对印度的相关行为产生的影响较大。"① 从过去20多年来印度政治高层的对华认知来看,他们也有过很多反复和曲折。例如,1998年5月印度核试验前后,印度总理瓦杰帕伊致信美国总统克林顿,渲染"中国威胁",而国防部长费尔南德斯称中国是印度安全的潜在的"头号威胁"。不久,费尔南德斯否认自己的说法,并于2003年成功地访问中国,而印度总统在印度核试验后,也表态不同意瓦杰帕伊的"中国威胁论"。瓦杰帕伊本人顺应潮流,于2003年访问中国。这些事实说明,印度高层领导虽然有过对华不友好言论,但基本都能审时度势,纠正自己的偏激观点,为维护中印友好而抛却个人偏见。21世纪以来,中印关系虽然有过一些"不和谐"声音的存在,但总体趋势仍令人乐观。这与印度高层大多能够审时度势,把握全球化时代赋予中印各自的历史机遇不无关联。

其次,中国应辩证而理性地看待印度中国观的负面因素,它既是影响中印关系的"定时炸弹"或"陷阱",也是促使我们反省自身对印言行的一种正能量和催化剂。中印双向认知中的"信任赤字"也是值得我们关注的重要现象。

尼赫鲁对以毛泽东为代表的中国人的消极认知,便是明显的一例。1954年,尼赫鲁访问中国。次年即1955年,他对T. N. 考尔说起自己所感受的中国印象:"对我来说,中国是一个难解之谜。很难知道他们的脑子

---

① 赵干城:《中印关系现状·趋势·应对》,第149页。

里在想什么。他们在说一些最冷酷无情的东西时，还在微笑。毛泽东微笑着告诉我，他并不惧怕原子弹……但是，从中国人那里，你不得而知。你必须准备接受一些意外的反应。这可能部分地来自于中国受孤立的现实，但我想，它大体上还是中国人的性格使然。"① 尼赫鲁对毛泽东思想的理解并不充分和全面，因此得出了中国是"难解之谜"的错误印象。尼赫鲁的这种消极中国观，对其对华外交政策产生直接或间接影响的可能性不能完全排除。在20世纪50年代，中国外有抗美援朝，内有百废待兴的社会重建巨任，不可能通过公共外交或其他适当形式，向尼赫鲁为首的印度政府、民众完整而系统地传达中国的价值理念。尼赫鲁为首的印度政治精英成分复杂，也不可能在短短几年中完全理解中国。西藏问题、边界问题出现以后，印度中国观的消极因素完全占据上风，直到1998年印度核试验，这种消极中国观的恶劣影响仍然隐约可见。

1972年，K. P. 古普塔在文章中写道："中国确已敞开眼睛看世界，但其目光与往常一样凝视西方。印度仍然无足轻重，处于边缘化的位置。"② 如不介意产生这一说法的特定语境，它所给予当代中国的启示不容忽视。

有的中国学者指出："总之，由南亚核试验以及印度对中国的口诛笔伐而引发的中国人对印度的大讨论不仅表明了中国人对印度从一种忽视到被动注意的转变。在此过程中，他们对印度的看法在相应改变。对中国人来说，身边突然出现一个公开表示敌意的核国家，对中国的安全环境无疑是种挑战，而且这种挑战伴随着印度经济的快速发展和军事开支的大幅增加而来，就不能不引起中国人某种程度上的忧虑。然而，总体来讲，对印度的注意没有根本上改变中国人对印度的看法，而印度对中国的安全还没有构成现实的威胁。随着中印关系快速走上正轨，对印度的注意和不满逐步归于沉寂。"③

对于"中国人对印度从一种忽视到被动注意的转变"的奇怪现象，还

---

① T. N. Kaul, *Diplomacy in Peace and War: Recollections and Reflections*, pp. 69–70.
② Krishna Prakash Gupta, "Indian Approaches to Modern China-I: A Social-Historical Analysis," p. 46.
③ 韩华："友好邻邦还是安全威胁——中印如何看待对方",《南亚研究》2002年第2期，第9页。

有学者进一步指出:"相比之下,中国对印度的重视不及印度对中国的重视。或换句话说,中印各自对对方的看法并不对称。至少从现状看,中国对印度的崛起和潜力还未给予足够的关注,还没有重视它的急迫感,似乎还未真正将印度看成是一个相称的合作伙伴或竞争对手。其表现之一是多数中国人在谈到印度时仍表现得漠不关心和缺乏兴趣,甚至不少学者和企业家也是如此。大多数商务考察和学术访问仍停留在走马观花的水平,对印度缺乏了解所导致的交往障碍往往使本可深入和获得成功的合作机遇无疾而终。对于这一现象,我们似不应简单将责任完全推给印方,也需从我们这一方寻找原因,例如试着调整我们自己的思维和行为方式。应该意识到,在我们与印度交往的过程中,手段与目的同样重要,关键是要努力通过沟通、理解来实现两国的互利和双赢……可以说,假如我们总是想当然地漠视印度这头悄悄崛起的大象,将来有可能会为此付出高昂代价。"① 从这些话中不难发现,21世纪初的中国学者已经在很大程度上回答或回应了K. P. 古普塔的困惑。这也可视为印度中国观的消极因素对于当代中国最有现实意义和理论启迪之所在。

关于中印双向认知中的"信任赤字",印度学者指出:"从个人层面分析,印度和中国精英人物的认知差异也呈现出未来中印双边关系的一副令人忧虑的景象。北京和新德里政治精英中对彼此的意图仍旧保持高度的疑虑。尽管都在谈论亚洲团结,两国间的文化差异一直明显。经过1962年的灾难性失败后,印度的政治精英觉得很难信任北京……在公众层面,关于对方国家的消极认知盛行。正如印度前驻华大使拉奥琦所说的那样:'中印双方人民对于中印双边关系的消极认知,这仍旧是一个重大的挑战。'"② 这些"信任赤字"是如何产生和积累的,又该怎么消除,应该引起学界的广泛注意。

此外,中国应该加强中国印度观的历史演变研究,让印度学者了解中国怎么看待印度,了解中国对印度友好的历史情谊,破除所谓中国一直"敌视"和"蔑视"印度的虚假论断。

---

① 张力:"中国与印度:相互再认识的必要",张敏秋主编:《跨越喜马拉雅障碍:中国寻求了解印度》,第352—353页。

② Harsh V. Pant, ed., *The Rise of China: Implications for India*, p. 17.

关于中国"蔑视"印度的说法，最初主要来自印度学界。例如，前述的 K. P. 古普塔说："中国的非佛教徒几乎总是反感印度。从儒家的观点看，印度教的信条就是弃世绝欲，这和中国传统的世俗人文主义永远谈不到一块。"①

值得注意的是，古普塔关于中国印度观的某些偏激观点或绝对化判断，对一些当代印度学者产生了消极的影响，例如，G. 马图尔在自己的著述中引用了 K. P. 古普塔关于中印双向认知不对称的一段言论："与此相对，中国的印度形象一直保持着同样的历史特色，它早就拒绝了东西方融合的理念，也否认印度模式的发展潜力。即使在和平共处的最佳时期，中国也没有任何人写出一篇报道，对印度的体制和发展模式稍微表示一点认可。访问印度的中国人回国后，便将印度忘得一干二净，从未对印度的见闻发表过什么积极的评述。"② 古普塔的这段话存在严重的政治偏见，并有不顾事实而盲目夸大的嫌疑。事实上，当时很多访印的中国学者、作家，如季羡林、冰心等都对自己的印度见闻有过精彩的描述，这些积极正面的印度印象对当时中国读者产生了非常好的影响。古普塔对此或许有所不知，这才得出上述偏激和错误的结论。而马图尔完全不加分析地引用，这自然配合了当时印度主流话语的对华姿态，也对印度读者、学者形成消极的中国观起到了推波助澜的作用。这是一种非常遗憾的行为。K. P. 古普塔在1979年《中国述评》第15卷第2期上撰文《中国的印度形象塑造》（The Making of China's Image of India），其核心观点为印度战略分析家所引用："还有另一个重要因素影响着中国的印度观。中国一直是其他国家朝贡的大王国，而印度则是由零散小邦组成的国家。"③ 海外印度学者的观点与 K. P. 古普塔的观点类似，他们认为，中国历来"轻视"印度："事实上，中国讨厌别人将印度和它相提并论。许多中国人认为，国际上不断增

---

① Krishna Prakash Gupta, "Indian Approaches to Modern China-I: A Social-Historical Analysis," pp. 38 – 39.

② Krishna Prakash Gupta, "Indian Approaches to Modern China-II: A Social-Historical Analysis," p. 45.

③ R. V. Kumar, *Chinese Air Force Threat*, New Delhi: Manas Publications, 2003, p. 88.

多的比较中印的趋势'令人不快'和'有失颜面'。"① 这种与 K. P. 古普塔相似的说法不乏情绪化色彩，但也道出了几分事实。因为迄今为止，在看待印度时，部分对印度不太了解或根本不了解的中国学者和普通民众的确存在上述不健康的思想倾向。

　　正如谭中所分析的那样，就中国而言，她的文化之眼所感知的印度形象可以分为六个阶段进行分析，即神异阶段、敬仰阶段、虚无阶段、同情阶段、友好阶段和冷淡阶段。在神异阶段，印度形象是以模糊而美好的面貌出现在中国的文化典籍中的。古代中国人感知的印度形象是以神话传说的形式隐秘地表现出来，这一印度形象代表了中印文明的共生性质。印度形象到了两汉之际佛教传入中国以后，产生了显著的变化。这一时期，中国人开始了对印度文化的"敬仰阶段"，中国有了佛教徒也就意味着开始有了"崇印族"，中国对印度的敬仰从佛教徒弥漫到整个社会。中国正史把"身毒"改成"天竺"，按照儒家"名不正则言不顺"的传统对印度的形象进行"正名"，等于说是中国社会肯定了佛教徒敬仰印度的基本态度。这显示了"敬仰期"里中国知识分子无比美好的印度形象。佛教影响鼎盛时期在中国结束。这就导致关于印度形象的"虚无阶段"的产生。由于佛教在中国开始衰落，也由于印度国内的政治变化，过去那种以佛教或印度教为主导思想的"五天竺"已经不复存在，"天竺"的名称消失了。中国人心目中的印度形象开始在虚无缥缈中徘徊。佛教因素消失后，在"敬仰阶段"印度和中国结成的孪生兄弟关系结束。英国殖民者吞并印度以后，中印两国又成为同病相怜的孪生兄弟了。印度遂又成为英国侵略中国的东方跳板。形势的新发展使得中国知识分子走出了对印度认识的"虚无阶段"，开始留意印度所起的各种变化。这就是中国对印度的同情阶段的开始。在 1947 年印度独立和 1949 年新中国诞生以前，中国对印度争取民族独立的斗争给予坚决支持，还对处于殖民困境中的印度人民寄予无限的同情。梁启超、康有为、章太炎和孙中山等人塑造了一个关于印度的"亡国奴"形象，它是警醒同样处于沦亡边缘的中国的一面政治镜子，这是对印

---

① Kevin J. Cooney and Yoichiro Sato, eds., *The Rise of China and International Security: America and Asia Respond*, p. 181.

度形象的政治利用。客观地看，中印关系在同情阶段就已经开始了友好阶段。随着1947年印度独立、1949年新中国诞生，中印关系进入一个崭新的"友好阶段"。这一阶段大致延续了10年左右，直到1959年左右中印关系由晴转阴为止。这一时期，中国人眼中的印度不再是亡国奴的形象，不再是值得同情的任人宰割的被殖民者，而是从患难与共的道路上跋涉而来的东方兄弟，是冷战时期抗衡西方霸权的东方盟友。印度形象的变化反映了中国对亚洲及世界地缘政治新变化的重新定义和判断。不幸的是，中印关系走过短暂的友好阶段后，就急速地走向漫长而又令人痛心的"冷淡阶段"，中国人心目中的印度形象产生了前所未有的剧烈转型。虽然20世纪80年代后期，中印关系改善使得中国开始正面认识印度成为可能，但是"冰冻三尺，非一日之寒"，长期的"冷淡阶段"使中国感知印度似乎回到了历史上的"虚无阶段"。[①] 近年来，在中印政治经济互动不断增强的前提下，虽然中国认识印度有了一些积极的变化，但是文化领域的西方中心主义使得中国人心目中西方的美好压倒了印度的东方魅力。印度形象还处在调整和变化时期。不过，积极的迹象正逐步地呈现出来。

综上所述，自有史记载以来到20世纪50年代末以前，中国的印度观与印度的中国观的确存在步调比较一致的特点。1962年边界冲突及此后多年间中印关系处于不正常状态，这自然影响到中印双向认知的立场和心态。但从2000多年的中印文明交往史来看，中印之间短暂而消极的双向认知，实在是友谊长河中微不足道的一道浊流。如果中国学者注重对中国印度观及中印双向认知史进行研究，并与印度同行进行交流，这样，便可在可以预见的未来，在中印关系继续健康发展的前提下，有效地清除印度朝野中国观中的某些消极成分（如中国一直"蔑视"印度等说法），从而为印度培育更加理性而成熟的中国观创造良好的氛围。

[①] [印] 谭中："中国文化眼睛中印度形象的变迁"，张敏秋主编：《跨越喜马拉雅障碍：中国寻求了解印度》，第31—50页。此处关于中国对印度形象的六阶段认识，参考该文相关内容写成，特此说明。

四、中国如何培育成熟的印度观

中国如何培育成熟的印度观,也是非常重要的一环。正如前述,印度的中国观对中印关系会产生某些潜移默化的影响,同样的道理,中国的印度观也会对中印关系产生某种潜移默化的影响。某些印度学者近年来的著述注意到中国媒体略带情绪化色彩的对印报道便是一例。印度中国观虽然产生于印度人心目中,但对中国人会有所冲击。在这种情况下,中国如何培育客观而真实、理性而成熟的印度观,以与当代印度中国观形成良性互动,便成为值得探讨的问题。

培育成熟的印度观,中国学者和政治家首先必须高度重视印度,重视印度研究,尊重和热爱印度文化,并引导中国民众正确地认识印度。谭中在解释中印关系从"蜜月期"突然转入20世纪中后期冷淡阶段的原因时说:"这其中既有主观,也有客观的因素,包括两国彼此之间信息的错误以及对对方信号的误解。我们注意到,两国舆论在关系交恶以前,偏重于只从文化的观点来看两国之间的友好感情;1962年边界战争以后,就完全抛开文化而光从地缘政治的角度来责备对方。这似乎是冷战的后遗症。"①这种中印相互认知的非对称性就是:"中国对印度特别冷漠,印度却对中国特别关注。中国学术机构中几乎看不到'印度'的名字,少得可怜的'南亚'名称又不断被'亚太'、'亚非'所取代。"②这便造成了非常严重的畸形局面:"在印度全球战略的天平上,中国是重中之重;而在中国赶时髦的学术风气中,印度的地位比韩国低了一大截。这种本末倒置的现象,令人深思。时至今日,我们仍然在中国看不到'印度热'……看来,'冷淡阶段'还得继续些时日……只有真正从文化上看到印度社会的活力,否则这一'冷淡'的气候很难增温。"③

---

① [印]谭中:"中国文化眼睛中印度形象的变迁",张敏秋主编:《跨越喜马拉雅障碍:中国寻求了解印度》,第49页。
② [印]谭中:"中国文化眼睛中印度形象的变迁",张敏秋主编:《跨越喜马拉雅障碍:中国寻求了解印度》,第49页。
③ [印]谭中:"中国文化眼睛中印度形象的变迁",张敏秋主编:《跨越喜马拉雅障碍:中国寻求了解印度》,第50页。

人们对印度或印度文化的隔膜或漠视，造成了诸多学术笑话、甚或外交笑话。例如，前述的印度人口学家、曾经于1958年访问中国的S.钱德拉色卡拉提到，一个中国学生认为有两个印度，并将他视为来自南方的"共产党印度"的客人。这不啻于一种真正的国际笑话。这使印度客人处于非常尴尬的境地。因此，钱德拉色卡拉不无偏激地写道："就相互促进了解对方生活方式的问题而言，中国一直是三心二意。当我们想起，他们的兴趣不在理解而在破坏印度的生活方式时，这一点便不值大惊小怪。中国在向她的人民宣传关于我们的正确知识方面的失败并非偶然，而是蓄意而为。"① 为此，他举出了一个活生生的例子："在北京，我问过一位学生领袖，他和他的老师们对印度及其领导人所知几何。他说：'如果我说得没错的话，有两个印度。北方是资本主义印度，尼赫鲁先生是她的总理，他对我们很友好……印度南方的政府和我们一样，是人民政府。'当我们的翻译告诉这位学生我来自印度南方时，他紧紧地拉住我的手，将我视为同志，非常热情地欢迎我来到他们的校园！这并非偶尔的例外。我在中国旅行时，遇到了这种误解印度的情况，这无论如何不是孤立的个案。人们已经开始按照被分治的朝鲜和越南的方式思考印度。这种想法只是一厢情愿，但它确实存在。"② 这个例子被印度学者无限放大为意识形态偏见下的中国认知，这自然对中国形象造成了损失。这其中的教训值得总结。

其次，塑造正确的印度观，中国学者必须摒弃西方中心主义思想的余毒侵蚀，独立思考，描述有血有肉的印度形象，形成客观真实、合理可信的相关判断，不为西方的印度观所"俘获"。

有的中国学者认为："中印两国关系像世界上一切其他事物一样具有两重性。为了和平与发展，我们应该化干戈为玉帛。中印之间没有什么'文明的冲突'，中印之间存在的是'文化的交汇'。"③ 这便是独立而客观、理性而成熟的印度观在中印关系考察中的实际运用。

在借鉴国外学者、特别是西方学者的印度研究成果方面，中国学者应该具有较强的鉴别能力，并以此为契机，培育自己的独立思维。在这方

---

① S. Chandrasekhar, *Communist China Today*, p. 188.
② S. Chandrasekhar, *Communist China Today*, p. 189.
③ 林良光、叶正佳、韩华：《当代中国与南亚国家关系》，第110页。

面，很多印度学者因为中文不佳或根本不通中文的缘故，完全或部分依赖于西方关于中国研究的英文资料，并无条件地赞同西方关于中国的观察和思考，这便使其研究成果质量不佳或充满意识形态偏见，这是中国学者研究印度问题时应该警惕的地方。这是因为，西方学者的印度研究虽然具有很强或一定的公信力，但毕竟是西方之眼所见的印度，而且某些西方学者的结论值得商榷。例如，斯蒂芬·科亨对印度的下属观察基本属实："印度同时开展了广泛但不太稳定的文化交流。在这些文化交流中，印度想当然地以为印度文明对别国有很强的说服力……印度也令那些想来印度参观或访学的学者失望。印度政府过于多疑，认为那些学者是来印度暗中搞颠覆活动的。在另一些时间，印度利用这些文化交流项目来'惩罚'别的国家……有一段时间，印度效仿苏联，限制外国学者参与一些历史和文化项目的研究。这使得整整一代美国学者不能够更深入地研究印度，也使得在一些原先亲印的团体中出现了反印思潮。"[1] 再如："由于中印两国的文化差异是如此之大，对于印度的谈判代表和决策者来说，与中国的接触是一个很棘手的问题。除了少数汉学家之外，印度官员在了解北京方面有相当大的困难。他们对中国持有成见，认为中国'费解'、'傲慢'和'自私自利'。"[2] 但是，有的西方学者或记者对印度抱有成见或偏见，例如有人认为："有时，印度的外交官更在意礼节而非实质。印度需要总是被提起它如何重要，总是被恭维它的文明何其深远。"[3] 这是带有西方偏见的言论。对于此种言论，引用或评述时必须慎之又慎。再如，在论述中印对各自边界所持的态度时，西方学者米切尔·布莱切（Michael Brecher）说："印度需要'历史'边界这一概念（印度的领土要求基于历史）以维持国家身份（national identity），这就好比中国需要战略边界以维护（国家）安全。"[4] 这种论述中印边界纠纷的立场，是非常成问题的。事实上，中印边

---

[1] [美] 斯蒂芬·科亨，刘满贵等译：《大象和孔雀：解读印度大战略》，北京：新华出版社，2002年版，第80—81页。

[2] [美] 斯蒂芬·科亨：《大象和孔雀：解读印度大战略》，第88页。

[3] [英] 爱德华·卢斯，张淑芳译：《不顾诸神：现代印度的奇怪崛起》，北京：中信出版社，2007年版，第213页。

[4] Steven A. Hoffmann, *India and the China Crisis*, "Foreword," Delhi: Oxford University Press, 1990.

界问题远非历史边界、战略边界或国家身份、国家安全等概念便可澄清，这是一种涉及面很广的复杂问题，其中殖民主义语境断然不可忽视。这是一些西方学者和印度学者有意无意规避的盲点，中国学者断不可轻易放弃历史探源的研究路径。

我们不难发现一些充满研究热情的中国学者，想当然地全盘袭用西方理论资源或文献资料，得出了一些令人不敢苟同的结论。中国学者在批评某些印度学者有意无意地借用西方之眼看中国时，也得提醒自己，不要轻易陷入不加批判地借用西方之眼看印度的尴尬境地。

此外，提倡中印跨国学术合作，如合作研究中印关系史或其中双方感兴趣的重大问题，合作翻译文化经典，有利于促进中国印度观和印度中国观的良性互动，为双方正确、客观、理性地看待对方创造学术前提和有利条件。

许多中国人对印度的历史文化和现实国情不太了解或疏于了解。即使一些从事印度社会问题、现实问题研究的中国学者，也对此了解不多。在这种情况下，如果通过人文交流及思想互动，就能培育对印度和印度文化的兴趣，为很好地认识对方创造条件。再如，西藏问题和中印边界问题是中印关系绕不开的敏感问题，积极有效的学术合作可以在某种程度上淡化双方在历史敏感问题上的观点对立。S. 钱德拉色卡拉在书中写道："的确如此，西藏是经济和社会落后的一个国家，它的神性多于世俗色彩……中国迟早将意识到，她在获得西藏时，却会失去亚洲。"[1] 对西藏问题的这种立场至今在印度还有市场。在中国回忆录中，印度前外交部长 K. 纳塔沃尔·辛格记叙了自己于 1988 年 12 月陪同印度总理拉吉夫·甘地访华并会见中国国家主席杨尚昆的情景："上午 10 点半在人民大会堂会见杨尚昆主席（81 岁）……他（指杨尚昆——译者按）欢迎我们承认西藏是中国的一个自治区的声明。我给总理（指拉吉夫·甘地——译者按）递了一张纸条，告诉他重复一下我们的表述，但不要提及主权（sovereignty）。"[2] 中国学者指出，中国方面的疑虑便是："印度在西藏问题上坚持中国只有'宗主权'。"[3] 结合印度方面

---

[1] S. Chandrasekhar, *Communist China Today*, pp. 182 – 183.
[2] K. Natwar Singh, *My China Diary: 1956 – 1988*, p. 122.
[3] 吴永年、赵干城、马孆：《21 世纪印度外交新论》，上海：上海译文出版社，2004 年版，第 243 页。

在西藏问题方面的上述模糊姿态来看，中国方面的疑虑是有根据的。此外，中印边界冲突使得中国的"侵略者"形象在印度久久地挥之不去，这种对中国的错误认知反过来又会影响中国学者和民众对印度的认知和评价。这种消极互动对当今中印关系的健康发展十分不利。因此，有必要提倡通过文化交流、学术合作、翻译合作来淡化双方对某些历史问题的敏感，为其形成理性而成熟的中国观与印度观创造条件。

有的学者在世纪之交指出："半个世纪以来的中印关系总的来看坎坷曲折，并不理想。在人类即将进入 21 世纪之际，这种状况有必要来一个大的转变。但是，20 世纪 50 年的中印关系的历史经验告诉我们，仅仅一般地重复表示'中印关系源远流长'、'希望中印关系恢复到 50 年代水平'和'中印没有根本利害冲突'等等的良好愿望恐怕是无济于事的。"[①] 还有学者于近期指出："中印之间有分歧、有竞争甚至矛盾，这是事实，但并不可怕，关键是如何营造相互理解、信任与合作的氛围。加强制度化联系和对话机制固然重要，但增进文化关系、培育民间交流尤其是青年互动必须提到中印关系未来的高度来认识。"[②] 这些话对于我们研究印度中国观的历史演变或中国印度观的历史变化皆有重要的启迪意义。中印关系几十年的发展过程中出现的诸多矛盾和误解，提醒我们必须全方位地反思过去，探索切实可行的解决办法。总之，中国的印度观建构与印度的中国观塑造是以前未被广大中国学者所重视的问题，但是随着全球化时代的来临，随着中印关系发展步入日新月异的 21 世纪，随着中印人文交流、政治互动和经贸往来的不断增多，这些已经成为迫切需要重视的问题。由于它涉及到政治、经济、军事、文化、社会学、心理学和国际关系等诸多领域，探索难度很大，如有更多的中国学者加入这一领域，必将收获更丰富、质量更佳的学术成果，必将有助于中印关系研究，也必将为发展健康友好、理想成熟的中印关系提供必要的精神导向。

---

① 孙士海主编：《印度的发展及其对外战略》，北京：中国社会科学出版社，2000 年版，第 362 页。
② 吴兆礼："中印关系发展需要跨越'陷阱'"，http://www.qstheory.cn/special/2011dd/20111009/8/4/201109/t20110926_112906.htm。

余论

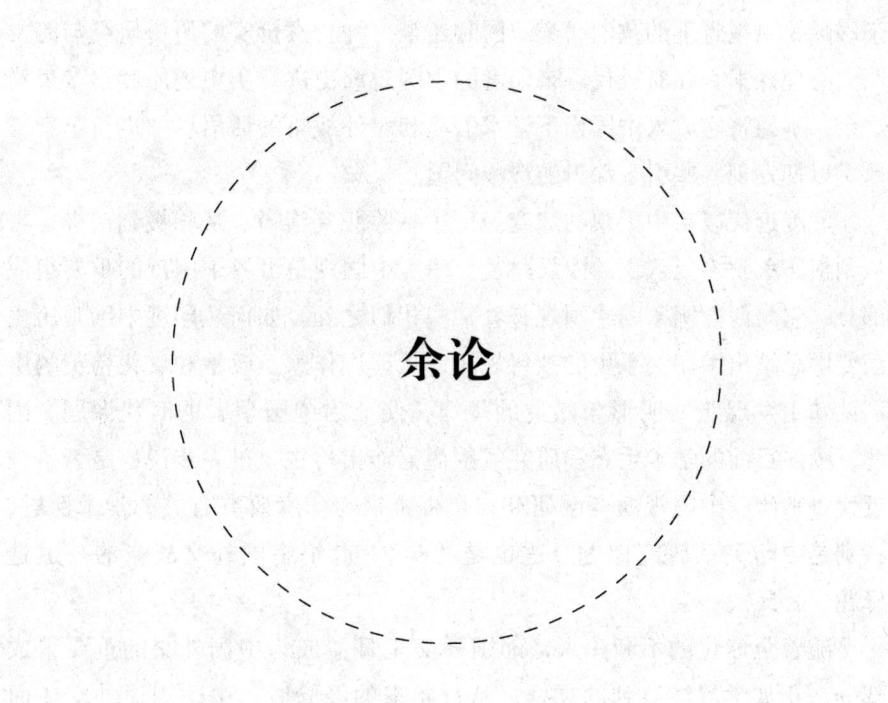

对印度中国观历史演变的考察既属于比较文学与比较文化范畴，也属于国际关系视野下的政治研究，同时还是一种货真价实的历史研究与跨文明的心理探索。在对近代以来印度的中国观念史进行历史还原和学术思辨之余，不妨将它放入中国当下学术语境和对外战略的话语场中进行重新考量，以期发现一些引人深思的严峻问题。

印度近代以来中国观的演变经历了从朦胧到清晰、从积极到消极、再从刻板印象到多元认识的漫长路径。印度中国观是世界中国观的重要组成部分，它与西方国家的中国观有着某些相似之处。如何从印度中国观历史演变中总结出中印关系史的独特规律，从印度作家、政治和文化精英的中国认知中发现跨文明形象塑造的规律，便成为中国学者的时代课题。因此，国内目前的学术生态和研究氛围尚需严肃检视。进一步说，是否重视近代以来印度中国观演变的研究，是否重视与印度研究有关的学术课题、特别是中印关系研究课题，这也是考验21世纪中国外交战略的一道选择题。

随着全球化的不断深入，邻国外交正日益成为中国外交的重要组成部分。正如学界注意到的那样，从近年来的经验看，中国周边外交还面临很多的问题。全面深入地了解印度中国观的演变成为中国对印外交的基本前提，它将为中国制定对印外交策略提供比较可信的参考依据。反之，无论是对中国的印度学研究，还是对中印关系的健康发展，都将弊大于利。

作为中国近邻与友好历史伴侣，近代以来印度中国观的演变又有自己的独特之处。正是这种独特性，构成了印度中国观演变的大致轨迹。这种独特规律便是近代以来印度中国观演变值得注意的两次转型：1959年前后开始的第一次重大转型和近年来印度中国观面临的第二次重大转型。目前,印度中国观的多元生态亦即"多声部合唱"预示其第二次重大转型已经拉开序幕,中国拉开大规模对印公共外交序幕的时机已经成熟且刻不容缓。在这一前提下,如何分析印度中国观第一次转型的前因后果,如何正确认识和有效利用第二次重大转型的战略机遇,开展对印公共外交,以塑造良好的国家形象,这是中印关系研究者(包括相关智库)和对印外交决策者均须高度重视的时代要务。

如果将眼光延伸至印度研究的总体领域,印度学者古普塔所谓"印度仍然无足轻重,处于边缘化的位置"的说法依然在某种程度上有效。他所论述的这种畸形学术生态或某些中国人看世界的畸形心态依然无法彻底矫正。假如将眼光进一步延伸至中国看印度的现实层面,印度"处于边缘化位置"的这种状况更为明显。这从某些国人、甚至某些知识精英对印度的冷漠、生疏、忽视或轻视便可看出。在一些人心目中,印度是一个佛国,是产生过甘地、泰戈尔等印度伟人的现代国家,但同时又是一个贫穷落后且"穷兵黩武"的国度。正是在这种民意认知"赤字"增加的基础上,中国开展对印公共外交的紧迫性不证自明。

当然,客观地看,必须承认,近年来中国看印度在继续呈现上述消极面貌的同时,也出现了一些积极的迹象。中国官方民间开始认识到印度国力的上升和印度文化的魅力,媒体开始以积极正面的调子传达客观真实的印度信息,尽管如此,它却没有完全摆脱一些消极的刻板化趋势。

随着中印关系不断改善,双方媒体对对方的关注程度不断增强。由于中印国情相似,彼此相邻,印度近年来在国际舞台频繁亮相,其经济发展呈现出巨大活力,这使得中国对印度的兴趣日益增强。进入 21 世纪以来,印度新闻已经成为目前中国媒体中比较能吸引读者眼球的国际新闻报道热门题材之一。除了网络媒体报道印度新闻外,一些传统媒体更是当仁不让地充当报道印度的急先锋。这包括中国发行量最大的国际新闻日报《参考消息》、中国共产党中央机关报《人民日报》,还包括全国性报纸如《中国青年报》、《环球时报》、《国际先驱导报》以及地方性报纸如上海的《新民晚报》、北京的《北京青年报》和四川的《成都商报》等。

唐璐认为,一段时期内,中国媒体报道印度存在这样一些特点。官方的中央媒体基本上本着实事求是的态度,全面客观地评价印度的内政外交。受市场化运作影响,中国许多主流平面媒体对印度报道的题材面不够广泛,大多显示出很强的随意性,或者是程度不同的民族情绪,且过于迎合读者的胃口。一些媒体常常把中国放到印度的对立面,经常有意拔高或者贬低印度,稿件内容失实现象时有发生。令人遗憾的是,对中国普通公众的印度形象产生强烈影响的往往是那些面向市场的都市类消费型报刊以及网络媒体。久而久之,那些仅仅是根据中国公众兴趣报道的印度新闻便构成了中国人眼中刻板的"套话"式印度形象:一个雄心勃勃地追求大国梦却又总是力不从心的国家,一个除软件业可圈可点外在其他方面远远落后于中国的国家,一个在任何事情上都喜欢和中国较劲的国家,一个要与美国、日本甚至澳大利亚联合遏制中国的国家,一个混乱动荡、环境肮脏的国家,一个穷兵黩武的核国家,一个宗教冲突不断、天灾人祸频繁降临的国家。①

改变中国媒体对印度的刻板化报道的办法之一是,从政治、经济和文化层面看到印度的活力,从历史友谊和未来合作等角度出发审视彼此的战略地位。可喜的是,这方面已经出现了一些显著的变化。例如,面向普通公众的《成都商报》经常转载关于印度的报道(该报无常驻印度的记者)。2007年8月15日即印度国庆日,《成都商报》组织了印度专栏,全为转载文章,主标题是《印度60岁,依然年轻,渴望伟大》。次级标题是《世界惊看大象起舞》、《印度是什么?头脑、瑜伽、宝莱坞》和《印度努力着……三年回收火箭,五年卫星翻番》。值得一提的是,该期报纸还在"旅游版"以《果阿:印度洋的欧洲遗梦》为题,对印度旅游圣地、前葡萄牙殖民地果阿的美丽风光进行图文并茂的详细介绍,并称果阿是"印度的夏威夷"。这对中国普通民众培育美好的印度形象不无好处。

此外,加强学术互动,加强中印文化交流的力度和频率,开拓文化交流的新途径,不失为消除中国认识印度与印度认识中国的误区的一个良策。据媒体报道,中国出版集团公司已经陆续开展包括"中印文化交流百科全书"、"中印经典和当代作品互译出版项目"在内的中印文化交流项

---

① 唐璐:"中国媒体对印度报道的偏好及其对公众的影响",《南亚研究季刊》2004年第1期,第68—72页。

目。郁龙余认为:"中印经典互译应成为中外关系史上的灯塔,照亮的是一片不同民族间文化交流互鉴的和谐之镜。经典互译,坚持十年,必有成效。"① 2014年6月,第二届"中国—南亚智库论坛"在云南昆明召开。参与论坛研讨的几位学者各抒己见。吴建民指出:"中国在建设新丝绸之路与孟中印缅经济走廊的过程中,人文方面的潜力还远远没有挖掘出来……现在我们更应该拓宽我们在人文交流方面的渠道,通过文化的沟通与交流增进了解与互信,加强合作与交流。这样,中国与南亚国家的怀疑感就会减少,亲近感会增加,这就是人文交流的重要性。"② 赵干城指出:"有印度学者提到能不能在中国建立泰戈尔中心、梵文中心等,我很赞同,这是一种互动,不要只注重在海外建孔子学院,也应该把别人好的东西请进来。"③ 马加力呼吁中央政府重视、组织和推动中国与印度在内的南亚国家进行教育、电影、戏剧、音乐、舞蹈、医疗等领域的人文交流。张蕴岭则强调中印学者加强沟通联系,加强合作研究。在接受"中国社会科学网"记者访谈时,胡仕胜指出:"随着我国对周边外交的愈加重视,一定会产生一个需求日益旺盛的市场,我国南亚研究还会兴旺如上世纪。这一点不用怀疑。当然,这需要一个过程。需要国家更多的战略投入,需要各研究机构改革人才培养机制。如今在一个信息化的、快餐式的社会里,一定要有学术政策性的倾斜,以鼓励有志趣的年青人投身南亚研究。"④

上述学者的建设性思维与中印两国政治家高瞻远瞩的战略规划基本一致。2014年9月,习近平访问印度。9月19日,《中华人民共和国和印度共和国关于构建更加紧密的发展伙伴关系的联合声明》在新德里发表,其中第十一条指出,鉴于中印之间深厚的文明联系,双方同意启动"中国—印度文化交流计划",进一步推动两国文化及人员交往。其主要内容包括:

---

① 转引自曾江、郝欣:"中印经典互译事业不断推进",《中国社会科学报》2014年4月21日。
② 孙喜勤、代丽整理:"周边环境与孟中印缅经济走廊建设:第二届'中国—南亚智库论坛'高端访谈",《东南亚南亚研究》2014年第3期,第3—4页。
③ 孙喜勤、代丽整理:"周边环境与孟中印缅经济走廊建设:第二届'中国—南亚智库论坛'高端访谈",《东南亚南亚研究》2014年第3期,第4页。
④ 毛莉:"中印两国互视为自身崛起的战略机遇:访中国现代国际关系研究院南亚东南亚及大洋洲研究所所长胡仕胜",中国社会科学网,2014年9月23日,http://www.cssn.cn/gj/gj_ft/201409/t20140923_1338679.shtml。

（一）两国领导人决定，2015年在中国举办"印度旅游年"，2016年在印度举办"中国旅游年"。期间，双方将开展一系列推广活动，促进双向游客往来，加强民间纽带。中方同意协助印方在华宣传与公元7世纪中国僧人玄奘相关的印度旅游产品和线路。

（二）鉴于青年交流对增进相互了解的重要意义，两国领导人决定继续开展青年互访，2015年至2019年每年各派200名青年互访。

（三）双方签署了相关谅解备忘录，为两国博物馆和其他文化机构交流搭建了框架。印度将于2014至2015年在中国举办印度佛教艺术展和当代印度艺术展。中国也将在印度举办类似展览。中国将作为伙伴国出席2016年德里国际书展。

（四）双方同意成立文化部部级磋商机制，以加强文化领域的合作。

（五）两国将加速推进中印经典及当代作品互译工程。

（六）双方将在电影、广播和电视领域加强交流合作。两国签署了视听合拍协议，为联合拍摄视听作品提供便利。中国将作为主宾国出席2014年印度国际电影节。

（七）双方将互相支持中国的印地语教学和印度的汉语教学。①

总之，解决上述问题的办法很多，但最主要的是如何解决认识印度这一文明古国的心态问题。只有不断反思，并借印度媒体对华负面报道的这面镜子反照自身言行，才能最终解决避免将印度"处于边缘化位置"的悲剧。毕竟，"边缘化"是对印度国家形象的歪曲，也是中国对印认知极不理性、极不成熟的一种表现。相信随着全球化时代的真正到来，随着中印良性互动的规模扩大和速度加快，中印认识对方都会更加客观而理性，媒体将对方"边缘化"或"妖魔化"的偏激手法会逐渐减少。这对夯实中印之间良好的民意基础关系重大。

---

① "中华人民共和国和印度共和国关于构建更加紧密的发展伙伴关系的联合声明"，http：//www.fmprc.gov.cn/ce/cein/chn/sgxw/t1193043.htm。

近年来出现了一种十分可喜的变化：中国学界已经将国家之间的形象塑造和相互认知、世界文化生态多样性等问题均归于国际问题研究范畴，并列入国家社会科学基金年度项目申报指南。例如，2011年国家社会科学基金项目的该类申报指南包括"国际关系中的文化自主性问题及话语权研究"、"西方媒体在国际政治中的角色与作用研究"和"网络文化与我国国家软实力建设研究"等选题方向；2012年的相应指南包括"开展多渠道多形式多层次对外文化交流战略研究"、"我国实施文化走出去工程战略研究"、"对外文化交流与维护国家文化安全研究"、"世界文化多样性研究"、"中外人文交流平台建设研究"、"面向外国青年文化交流机制研究"、"世界大国和周边国家'中国观'的演变研究"和"中国人的国外形象研究"等；2013年的相应指南包括"世界文化多样性与文明对话研究"、"国际话语权及相关建议研究"、"伊斯兰世界与西方的文化差异及矛盾研究"和"西方文化霸权的当代特性研究"等。2014年的相应指南包括"我国对外人文交流的现状及作用研究"、"中国民间外交研究"、"国际话语体系研究"、"西方媒体在国际关系中的角色与作用研究"、"西方文化霸权研究"等。① 这一学术动向非常切合当今国际政治、经济、文化互动加速的现实趋势，也说明了文化问题在当代国际关系研究中比重大大上升的可喜迹象。众所周知，当年美国学者亨廷顿的"文明冲突论"刚一问世，便遭到很多学者的"口诛笔伐"，这种"声讨"至今也未绝于耳。殊不知，他的"文明冲突论"是在追求"片面的深刻"或"深刻的片面"而一味求新的西方学术语境中诞生的，有着刻意标新立异的一面，也有将国际关系研究者的视线引向国际政治、国际经济、国际军事和安全等传统研究领域之外的旨趣。

亨廷顿"文明冲突论"所包含的"片面的深刻"或"深刻的片面"对于中国的国际关系研究不无启迪，对于当前学界的印度研究更是启示颇多。毕竟，面对古老而辉煌的印度文明的继承者即当代印度，中国学者应该在关注其政治、军事、安全和经济等维度的同时，对其充满活力的社

---

① 详见"全国哲学社会科学规划办公室"网站："项目申报与管理"，http://www.npopss-cn.gov.cn/GB/219471/index.html。

会、文化、文学、宗教、语言等文明因素抱以浓厚的探索兴趣甚或虔诚的敬意。在追求"文化强国"的梦想中，在走向实现"中国梦"的伟大征途中，中国学者、政治家和广大民众不仅应该辩证地借鉴"美国梦"等西方发展模式，还应客观而理性地观察和思考印度这个古老而年轻的东方文明国度，以期文化利用之效。这或许是国际关系跨学科研究的旨趣所在，自然也是跨文化形象考察的题中应有之义，更是思考印度中国观历史演变的自然结晶。

参考文献[1]

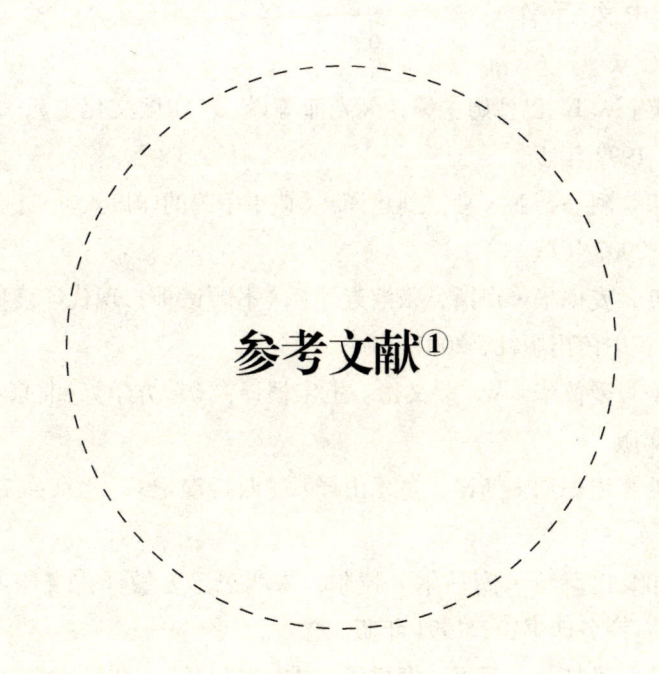

[1] 需要说明的是,"参考文献"列出的各种文献为本书初稿的参考来源。本书虽为删改版,但为显示笔者当初的思考轨迹,仍基本保留原始参考信息。

一、中文著作

1. ［英］A. L. 巴沙姆主编，闵光沛等译：《印度文化史》，北京：商务印书馆，1999年版。

2. ［印］阿马蒂亚·森，刘建译：《惯于争鸣的印度人》，上海：上海三联书店，2007年版。

3. ［英］爱德华·卢斯，张淑芳译：《不顾诸神：现代印度的奇怪崛起》，北京：中信出版社，2007年版。

4. ［美］爱德华·W. 萨义德，王宇根译：《东方学》，北京：三联书店，1999年版。

5. ［美］埃德加·斯诺，董乐山译：《西行漫记》，北京：三联书店，1980年版。

6. ［印］巴萨特·库马尔·拉尔，朱明忠、姜敏译：《印度现代哲学》，北京：商务印书馆，1991年版。

7. ［英］贝特兰·罗素，秦悦译：《中国问题》，北京：学林出版社，1996年版。

8. 蔡和森：《蔡和森的十二篇文章》，北京：人民出版社，1980年版。

9. 陈兵、邓子美：《二十世纪中国佛教》，北京：民族出版社，2000年版。

10. 陈崧编：《五四前后东西文化问题论战文选》，北京：中国社会科学出版社，1985年版。

11. 陈扬炯：《中国净土宗通史》，南京：江苏古籍出版社，2000年版。

12. ［印］D. D. 高善必，王树英、王维、练性乾、刘建、陈宗荣译：

《印度古代文化与文明史纲》，北京：商务印书馆，1998 年版。

13. ［法］达里奥·巴蒂斯特拉，潘革平译：《国家关系理论》（第三版修订增补本），北京：社会科学文献出版社，2010 年版。

14. 邓小平：《邓小平文选》（第 3 卷），北京：人民出版社，1993 年版。

15. ［英］E. M. 福斯特，杨自俭译：《印度之行》，南京：译林出版社，2003 年版。

16. 方连庆、刘金质、王炳元主编：《战后国际关系史（1945—1995）》（上），北京：北京大学出版社，2003 年版。

17. 冯崇义：《罗素与中国：西方思想在中国的一次经历》，北京：三联书店，1995 年版。

18. 葛桂录：《雾外的远音：英国作家与中国文化》，银川：宁夏人民出版社，2002 年版。

19. ［美］哈罗德·伊罗生，于殿利、陆日宇译：《美国的中国形象》，北京：中华书局，2006 年版。

20. 韩方明主编：《公共外交概论》，北京：北京大学出版社，2011 年版。

21. ［美］汉斯·摩根索，徐昕、郝望、李保平译：《国家间政治：权力斗争与和平》，北京：北京大学出版社，2012 年版。

22. 何兆武、柳卸林主编：《中国印象——世界名人论中国文化》（下册），桂林：广西师范大学出版社，2001 年版。

23. 侯传文：《泰戈尔诗选导读》，北京：中华书局，2002 年版。

24. 侯传文：《话语转型与诗学对话——泰戈尔诗学比较研究》，北京：中国社会科学出版社，2010 年版。

25. 胡文仲主编：《英美文化辞典》，北京：外语教学与研究出版社，1995 年版。

26. 黄宝生译：《奥义书》，北京：商务印书馆，2010 年版。

27. 黄心川主编：《南亚大辞典》，成都：四川人民出版社，1998 年版。

28. 惠立、彦悰：《大慈恩寺三藏法师传》，北京：中华书局，2008 年版。

29. 季羡林：《中印文化交流史》，北京：新华出版社，1991年版。

30. 季羡林：《禅和文化与文学》，北京：商务印书馆国际有限公司，1998年版。

31. ［印］贾瓦哈拉尔·尼赫鲁，齐文译：《印度的发现》，北京：世界知识社，1956年版。

32. 姜景奎主编：《中国学者论泰戈尔》（上），银川：阳光出版社，2011年版。

33. 姜智芹：《文学想象与文化利用：英国文学中的中国形象》，北京：中国社会科学出版社，2005年版。

34. 姜智芹：《傅满洲与陈查理：美国大众文化中的中国形象》，南京：南京大学出版社，2007年版。

35. ［印］杰伦·兰密施，蔡枫、董方峰译：《理解CHINDIA：关于中国与印度的思考》，银川：宁夏人民出版社，2006年版。

36. ［印］卡·古普塔，王宏纬译：《中印边界秘史》，北京：中国藏学出版社，1990年版。

37. 康有为：《大同书》，北京：北京古籍出版社，1956年版。

38. ［美］柯文，林同奇译：《在中国发现历史——中国中心观在美国的兴起》，北京：中华书局，1989年版。

39. 李达三、罗纲主编：《中外比较文学的里程碑》，北京：人民文学出版社，1997年版。

40. 李侃等著：《中国近代史》（第四版），北京：中华书局，1994年版。

41. 梁漱溟：《东西文化及其哲学》，北京：商务印书馆，1999年版。

42. 林承节：《中印人民友好关系史（1851—1949）》，北京：北京大学出版社，1993年版。

43. 林良光、叶正佳、韩华：《当代中国与南亚国家关系》，北京：社会科学文献出版社，2001年版。

44. 林仁川、徐晓望：《明末清初中西文化冲突》，上海：华东师范大学出版社，1999年版。

45. 刘安武、倪培耕、白开元主编：《泰戈尔全集》，第17、19、20、

21、22、23、24 卷，石家庄：河北教育出版社，2000 年版。

46. 刘建、朱明忠、葛维钧：《印度文明》，北京：中国社会科学出版社，2004 年版。

47. 刘明翰主编：《世界史·中世纪史》，北京：人民出版社，1996 年版。

48. 刘小枫：《拯救与逍遥》，上海：上海三联书店，2001 年版。

49. 刘湛秋主编：《泰戈尔文集》（4），合肥：安徽文艺出版社，1997 年版。

50. 刘祚昌等主编：《世界史·近代史》，北京：人民出版社，1996 年版。

51. 鲁迅：《鲁迅全集》（3），北京：人民文学出版社，1956 年版。

52. ［英］罗素，秦悦译：《中国问题》，北京：学林出版社，1999 年版。

53. ［英］毛姆，陈寿庚译：《在中国屏风上》，长沙：湖南人民出版社，1987 年版。

54. 毛泽东：《毛泽东外交文选》，北京：中央文献出版社，1994 年版。

55. 孟华主编：《比较文学形象学》，北京：北京大学出版社，2001 年版。

56. ［英］内维尔·马克斯韦尔，陆仁译：《印度对华战争》，北京：世界知识出版社，1981 年版。

57. 倪培耕编：《泰戈尔集》，上海：上海远东出版社，1997 年版。

58. 倪世雄等著：《当代西方国际关系理论》，上海：复旦大学出版社，2001 年版。

59. ［印］毗耶娑，黄宝生等译：《摩诃婆罗多》（第 1、5 卷），北京：中国社会科学出版社，2005 年版。

60. 钱钟书：《谈艺录》，北京：三联书店，2007 年版。

61. 任继愈主编：《中国道教史》，上海：上海人民出版社，1990 年版。

62. 任继愈主编：《中国哲学发展史》，北京：人民出版社，1994 年版。

63. ［美］斯蒂芬·科亨，刘满贵等译：《大象和孔雀：解读印度大战略》，北京：新华出版社，2002年版。

64. 宋益桥：《新月才子》，济南：山东画报出版社，2000年。

65. 孙士海主编：《印度的发展及其对外战略》，北京：中国社会科学出版社，2000年版。

66. 孙宜学编：《泰戈尔与中国》，石家庄：河北人民出版社，2001年版。

67. 沙少海、徐子宏译注：《老子全译》，贵州：贵州人民出版社，1989年版。

68. 山东省儒学研究基地编：《孔子·儒学研究文丛》，济南：齐鲁书社，2001年版。

69. 上海市文物保管委员会编：《康有为遗稿·列国游记》，上海：上海人民出版社，1995年版。

70. 尚劝余：《尼赫鲁时代中国和印度的关系（1947—1964）》，北京：中国社会科学出版社，2009年版。

71. 申漳：《简明科学技术史话》，北京：中国青年出版社，1981年版。

72. 沈郑荣主编：《毛泽东思想史纲》，济南：黄河出版社，1994年版。

73. 石海峻：《20世纪印度文学史》，青岛：青岛出版社，1998年版。

74. 史学双周刊社编：《义和团运动史论丛》，北京：三联书店，1956年版。

75. ［印］谭中：《谭云山与中印文化交流》，香港：香港中文大学出版社，1998年版。

76. ［印］谭中、耿引曾：《印度与中国——两大文明的交往与激荡》，北京：商务印书馆，2006年版。

77. ［印］谭中主编：《中印大同：理想与实现》，银川：宁夏人民出版社，2007年版。

78. ［印］谭中、郁龙余主编：《谭云山》，北京：中央编译出版社，2012年版。

79. 唐仁虎、刘安武译：《普列姆昌德论文学》，桂林：漓江出版社，1987年版。

80. 汤志钧编：《康有为政论集》（下册），北京：中华书局，1981年版。

81. [英] V. S. 奈保尔，李永平译：《幽暗国度》，北京：三联书店，2003年版。

82. 王邦维、[印] 谭中主编、魏丽明副主编：《泰戈尔与中国》，北京：中央编译出版社，2010年版。

83. 王桧林主编：《中国现代史》（上册），北京：北京师范大学出版社，1991年版。

84. 王宏纬：《当代中印关系述评》，北京：中国藏学出版社，2009年版。

85. [印] 维希瓦纳特·S. 纳拉万，刘文哲、何文安译：《泰戈尔评传》，重庆：重庆出版社，1985年版。

86. 文富德：《印度经济：发展、改革与前景》，成都：巴蜀书社，2003年版。

87. 巫白慧主编：《东方著名哲学家评传·印度卷》，济南：山东人民出版社，2000年版。

88. 吴光辉：《日本的中国形象》，北京：人民出版社，2010年版。

89. 吴永年、赵干城、马孆：《21世纪印度外交新论》，上海：上海译文出版社，2004年版。

90. 向青：《共产国际与中国革命关系论文集》，上海：上海人民出版社，1985年版。

91. 许启贤主编：《世界文明论研究》，济南：山东人民出版社，2001年版。

92. 玄奘、辩机著、季羡林等校注：《大唐西域记校注》（上），北京：中华书局，2000年版。

93. 薛克翘：《中国与南亚文化交流志》，上海：上海人民出版社，1998年版。

94. 薛克翘：《中印文化交流史话》，北京：商务印书馆，1998年版。

95. 薛克翘：《中国印度文化交流史》，北京：昆仑出版社，2008年版。

96. 杨曾文：《中国佛教史论》，北京：中国社会科学出版社，2002年版。

97. 叶维廉：《中国诗学》，北京：三联书店，1992年版。

98. ［印］蚁垤著，季羡林译：《罗摩衍那》（四），北京：人民文学出版社，1982年版。

99. 义净著、王邦维校注：《南海寄归内法传校注》，北京：中华书局，1995年版。

100. 尹锡南：《英国文学中的印度》，成都：巴蜀书社，2008年版。

101. 尹锡南：《印度的中国形象》，北京：人民出版社，2010年版。

102. 郁龙余：《中国印度文学比较》，北京：中国社会科学出版社，2001年版。

103. 郁龙余等著：《梵典与华章：印度作家与中国文化》，银川：宁夏人民出版社，2004年版。

104. 乐黛云：《比较文学与比较文化十讲》，上海：复旦大学出版社，2004年版。

105. ［美］约瑟夫·奈，郑志国等译：《美国霸权的困惑：为什么美国不能独断专行》，北京：世界知识出版社，2002年版。

106. ［英］詹姆士·希尔顿，罗尘编译：《消失的地平线》，西安：陕西师范大学出版社，1999年版。

107. 张贵洪等著：《中美印三边关系研究》，北京：时事出版社，2013年版。

108. 张耿光：《庄子全译》，贵州：贵州人民出版社，1992年版。

109. 张金鹏：《莲花之上——印度行游书》，北京：中国青年出版社，2007年版。

110. 张力：《印度总理尼赫鲁》，成都：四川人民出版社，1997年版。

111. 张龙溪：《中西文化研究十论》，上海：复旦大学出版社，2005年版。

112. 张立文等主编：《中外儒学比较研究》，北京：东方出版社，1998

年版。

113. 张湖德主编：《中医养生康复名著选读》（医经分册），上海：上海中医学院出版社，1990 年版。

114. 张敏秋主编：《中印关系研究（1947—2003）》，北京：北京大学出版社，2004 年版。

115. 张敏秋主编：《跨越喜马拉雅障碍：中国寻求了解印度》，重庆：重庆出版社，2006 年版。

116. 张模超等主编：《新编中华人民共和国史》，成都：成都科技大学出版社，1994 年版。

117. 赵干城：《中印关系现状·趋势·应对》，北京：时事出版社，2013 年版。

118. 赵蔚文：《印中关系风云录（1949—1999）》，北京：时事出版社，2000 年版。

119. 郑逸梅、陈左高主编：《中国近代文学大系：1840—1919》（卷二十四），上海：上海书店出版社，1993 年版。

120. 周宁编著：《2000 年西方看中国》（上下卷），北京：团结出版社，1998 年版。

121. 周宁编著：《中国形象：西方的学说与传说》（共 8 卷），北京：学苑出版社，2004 年版。

122. 周宁主编：《世界之中国：域外中国形象研究》，南京：南京大学出版社，2007 年版。

123. 周宁：《天朝遥远：西方的中国形象研究》（上卷），北京：北京大学出版社，2006 年版。

124. 朱维之等著：《比较文学论文集》，天津：南开大学出版社，1984 年版。

二、中文报刊论文（不含网站论文，其具体引用情况参见正文脚注）

1. ［印］阿南塔·克里希纳："中印社会存在相互了解的缺口"，《环球时报》2010 年 12 月 16 日，第 14 版。

2. 陈来："对新文化运动的再思考"，《南昌大学学报》2000 年第 1 期。

3. 褚国飞："龙象共舞：中印建交 60 周年：访印度尼赫鲁大学中印问题研究专家狄伯杰"，《中国社会科学报》2010 年 10 月 21 日。

4. 邓兵："20 世纪印度的中国研究"，北京大学东方文学研究中心编：《东方研究》，北京：国际文化出版公司，2002 年版。

5. 丁则良："义和团运动时期一个印度士兵的日记"，《光明日报》1954 年 2 月 20 日，第 5 版。

6. 宫静："泰戈尔哲学思想的渊源及其特点"，《南亚研究》1989 年第 3 期。

7. 郭西山、金丰："印度借泰戈尔推广'软实力'"，《环球时报》2011 年 5 月 9 日，第 4 版。

8. 葛桂录："'中国不是中国'：英国文学里的中国形象"，《福建师范大学学报》2005 年第 5 期。

9. 金克木："泰戈尔的'什么是艺术'和'吉檀迦利'试解"，《南亚研究》1981 年第 3—4 期（合刊）。

10. 韩华："友好邻邦还是安全威胁——中印如何看待对方"，《南亚研究》2002 年第 2 期。

11. 郝娜："有关中印经济增长的几个误区"，《21 世纪国际评论》2011 年第 1 期。

12. 李恩侠："参加中共'五大'的共产国际代表罗易"，《党史文汇》2011 年第 10 期。

13. 李莉："中印关系走向成熟及其原因探析"，《现代国际关系》2013 年第 3 期。

14. 李雅芳、刘宇明："中印发展论坛：媒体公共外交的成功实践"，《公共外交季刊》2011 年春季号，总第 5 期。

15. 刘建："在'有限'中证悟'无限'的欢乐"，《社会科学报》2010 年 8 月 5 日。

16. 刘朝华整理："中印边界问题座谈会纪实（上、下）"，《南亚研究》2007年第1、2期。

17. 刘志强："共产国际代表罗易与中共'五大'的'左'倾"，《北京党史研究》1992年第6期。

18. ［印］莫汉·古鲁斯瓦米，佚名译："印度向中国学习什么"，《参考消息》2006年9月14日。

19. ［英］内维尔·马克斯韦尔，郑经言译："中印边界争端反思（上、下）"，《南亚研究》2000年第1、2期。

20. ［印］苏巴尔诺·查塔尔吉，万雪梅译："'印度中国亲如兄弟'：印度传媒中的中国形象"，《跨文化对话》第19辑，南京：江苏人民出版社，2006年版。

21. 苏长和："气势磅礴的2013年中国外交"，《中国社会科学报》2014年1月3日。

22. 苏杭："罗易向汪精卫出示'五月指示'原因新探"，《长白学刊》2004年，第4期。

23. 孙喜勤、代丽整理："周边环境与孟中印缅经济走廊建设：第二届'中国—南亚智库论坛'高端访谈"，《东南亚南亚研究》2014年第3期。

24. 尚会鹏、余忠剑："'龙'对'象'的魅力——印度民众对中国软实力的认知"，《国外社会科学》2012年第5期。

25. 沈泽民："太戈尔与中国青年"，《中国青年》第27期，1924年4月。

26. 谭晓辉："罗易与共产国际'五月指示'新论"，《河南师范大学学报》（哲学社会科学版）2004年第1期。

27. ［印］谭中："实现'中印大同'，建设'和谐亚洲'"，《参考消息》2006年7月25日。

28. ［印］谭中："加强中印两大文明国之间的'恕道'"，《南亚研究》2011年第4期。

29. 唐璐："中国媒体对印度报道的偏好及其对公众的影响"，《南亚研究季刊》2004年第1期。

30. 唐璐："印度主流英文媒体报道与公众舆论对华认知"，《南亚研究》2010年第1期。

31. 王宁："文化相对主义、文化多元主义和比较文学东方学派的崛起",《北京大学学报》1994年第5期。

32. 王汝良："泰戈尔笔下的中国形象",《东方论坛》2009年第4期。中国人民大学复印报刊资料《外国文学研究》2010年第1期全文转载。

33. 王燕："泰戈尔访华：回顾与辨误",《南亚研究》2011年第1期。

34. ［英］休曼·古普塔，欧阳闻捷译："美国和英国媒体的报道：2005年观察",《跨文化对话》第19辑，南京：江苏人民出版社，2006年版。

35. 薛克翘："老子与印度",《南亚研究》1990年第2期。

36. 佚名，叶正佳译："印度前驻华大使任嘉德等论印中关系的前途",《南亚研究》2000年第1期。

37. 佚名："印度须摆正中国在其安全计划中的位置",《商业在线》2011年3月30日，载《环球时报》2011年3月31日，第6版。

38. 尹锡南："CHINDIA：新世纪'中印大同'简析",《南亚研究季刊》2007年第4期。

39. 尹锡南："一百年来印度对中国认识的复杂变化",《南亚研究季刊》2007年第3期。

40. 尹锡南："印度媒体对中国形象的塑造",《面向南亚》2007年第3期。

41. 尹锡南："梵语诗学的现代运用",《外国文学研究》2007年第6期。

42. 尹锡南、陈小萍："二十世纪以来印度中国研究的脉络和基本特征",《南亚研究季刊》2011年第1期。

43. 尹锡南："2011年来印度英文媒体对华报道的基本动向",《南亚研究季刊》2012年第3期。

44. 尹锡南："近期印度媒体对华负面报道评析",《东南亚南亚研究》2012年第4期。

45. 尹锡南："印度学者普兰·苏里的中国观",《世界文学评论》第16辑，武汉：世界图书出版公司，2013年版。

46. 尹锡南："为西方寻求'黄帝疗法'：印度海外作家的中国形象",

《世界文学评论》第 17 辑，武汉：世界图书出版公司，2013 年版。

47. 尹锡南："'雾里看花'：印度记者的中国观察"，《东南亚南亚研究》2013 年第 4 期。

48. 尹锡南："近年来中国媒体对印报道及相关问题简析"，《东南亚南亚研究》2014 年第 1 期。

49. 郁龙余、契特："中印学者畅谈中印合作与发展前景"，《南亚研究》2006 年第 1 期。

50. 乐黛云："比较文学发展的第三阶段"，《社会科学》2005 年第 9 期。

51. 曾江、郝欣："中印经典互译事业不断推进"，《中国社会科学报》2014 年 4 月 21 日。

52. 张贵洪："印度对中国崛起的看法和反应"，《南亚研究》2005 年第 1 期。

53. 张金翠："印度'鹰派'学者的中国观——对布拉马·切拉尼教授的个案研究"，《世界经济与政治论坛》2012 年第 2 期。

54. 赵干城："印度如何估量中国崛起"，《东南亚南亚研究》2011 年第 3 期。

55. 中国中外文艺理论学会主办：《中外文化与文论》第 24 辑，成都：四川大学出版社，2013 年版。

56. 郑斌、许少民："印度对中国崛起的认知"，《南亚研究》2011 年第 4 期。

57. 周宁："我们的遥远的近邻——印度的中国形象"，《天津社会科学》2010 年第 1 期。

三、英文著作

1. Agarwala, Ramgopal, *The Rise of China: Threat or Opportunity*? New Delhi: Bookwell, 2002.

2. Aiyar, Pallavi, *Smoke and Mirrors: An Experience of China*, New Delhi: Harper Collins India, 2008.

3. Arora, R. S., *Ambassadors Exchanged after Thirty Years: Sino-American Relations, 1949-1979*, New Delhi: The Institute for the Study of International Relations, 1980.

4. Ayres, Alyssa and C. Raja Mohan, eds., *Power Realignments in Asia: China, India and the United States*, New Delhi: Sage Publications India Pvt Ltd., 2009.

5. Bagchi, Prabodh Chandra, *India and China: A Thousand Years of Cultural Relations*, New York: Philosophical Library, 1951.

6. Bagchi, Prabodh Chandra, *Indological Studies: A Collection of Essays*, Santiniketan: Visva Bharati, 1982.

7. Bagchi, Prabodh Chandra, *India and China: A Thousand Years of Cultural Relations*, New Delhi: Munshiram Manoharlal Publishers Pvt. Ltd., 2008.

8. Bajpai, Kanti & Amitabh Mattoo, eds., *The Peacock and the Dragon: India China in the 21st Century*, New Delhi: Har-Anand Publications, 2000.

9. Banerjee, D. K., *Sino-Indian Border Dispute*, New Delhi: Intellectual Publishing House, 1985.

10. Banerjee, Purnendu Kumar, *My Peking Memoirs of the Chinese Invasion of India*, Delhi: Clarion Books, 1990.

11. Basham, A. L., *A Cultural History of India*, Oxford: Oxford University Press, 1975.

12. Basu, Kunal, *The Opium Clerk*, New Delhi: Penguin Books, 2001.

13. Basu, Kunal, *The Yellow Emperor's Cure*, New Delhi: Picador India, 2011.

14. Bhatia, Shyam, *India's Nuclear Bomb*, Ghaziabad: Vikas Publishing House Pvt. Ltd., 1979.

15. Bhattacharjea, Mira Sinha, *China the World and India*, New Delhi: Samskriti, 2001.

16. Bhushan, Shashi, *China on the Way to Fascism*, New Delhi: Peoples Sector Publications, 1975.

17. Bhushan, Shashi, *China: The Myth of a Super Power*, New Delhi: Progressive People's Sector Publications, 1976.

18. Chakrabarti, Sreemati, *China and the Naxalites*, New Delhi: Radiant Publishers, 1990.

19. Chakravarti, P. C. , *India-China Relations*, Calcutta: Firma K. L. Mukhopadhyay, 1961.

20. Chandra Jain, Jagdish, *Amidst the Chinese People*, Delhi: Atma Ram & Sons, 1955.

21. Chandrasekhar, S. , *A Decade of Mao's China: A Survey of Life and Thought in China Today*, Bombay: The Perennial Press, 1960.

22. Chandrasekhar, S. , *Communist China Today*, Bombay: The Asia Publishing House, 1961.

23. Chaudhuri, Sailen, *Maoist Betrayal, India: A Case Study*, New Delhi: Sterling Publishers, 1980.

24. Chavan, R. S. , *Chinese Foreign Policy: The Chou En-lai Era*, New Delhi: Sterling Publishers, 1979.

25. Chellaney, Brahma, *Water: Asia's New Battleground*, New Delhi: HarperCollins Publishers, 2011.

26. Chengappa, Bidanda M. , *India-China Relations: Post Conflict Phase to Post Cold War Period*, New Delhi: APH Publishing Corporation, 2004.

27. Chopra, Surendra, ed. , *Sino-Indian Relations*, Amritsar: Guru Nanak Dev University, 1985.

28. Choudhury, Paramesh, *Indian Origin of the Chinese Nation: A Challenging, Unconventional Theory of the Origin of the Chinese*, Calcutta: Dasgupta & Co. Private Ltd. , 1990.

29. Cooney, Kevin J. and Yoichiro Sato, eds. , *The Rise of China and International Security: America and Asia Respond*, London and New York: Routledge, 2009.

30. Dalvi, J. P. , *Himalayan Blunder: The Curtain-raiser to the Sino-Indian War of 1962*, Bombay: Thacker & Company Limited, 1969.

31. Das, Gautam, *China-Tibet-India: The 1962 War and the Strategic Military Future*, New Delhi: Har-Anand Publications, 2009.

32. Das, Gurudas and C. Joshua Thomas, eds., *India-China Trade and Strategy for Frontier Development*, New Delhi: Bookwell, 2010.

33. Das, S. K., ed., *Talks in China*, Rabindra Bhavana: Visva Bharati, 1999.

34. Deshingkar, Giri, *Security and Science in China and India (Selected Essays)*, New Delhi: Samskriti, 2005.

35. Do Vang Ly, *Aggressions by China*, Delhi: Siddhartha Publications, 1959.

36. Dutt, Gargi and V. P. Dutt, *China's Cultural Revolution*, Bombay: Asia Publishing House, 1970.

37. Dutt, Subimal, *With Nehru in the Foreign Office*, Calcutta: The Minerva Associates, 1977.

38. Dutt, V. P., *China's Foreign Policy 1958 – 62*, Bombay: Asia Publishing House, 1964.

39. Dutt, V. P., ed., *China: The Post-Mao View*, New Delhi: Allied Publishers, 1981.

40. Frankel, Francine R. and Harry Harding, eds., *The India-China Relationship: What the United States Needs to Know*, New York: Columbia University Press, 2004.

41. Gandhi, Mahatma, *The Collected Works of Mahatma Gandhi*, Vol. 5, 48, 49, 68, New Delhi: The Publications Division, Ministry of Information and Broadcasting, Government of India, 1961, 1971, 1979, 1977.

42. Garver, John W., *Protracted Contest: Sino-Indian Rivalry in the Twentieth Century*, London: Oxford University Press, 2001.

43. Ghose, Sri Aurobindo, *Sri Aurobindo Bande Mataram, Early Political Writings*, Vol. 1, Pondicherry: Sri Aurobindo Ashram, 1972.

44. Ghosh, S. K. & Sreedhar, eds., *China's Nuclear and Political Strategy*, New Delhi: Young Asia Publications, 1975.

45. Gupta, Bhabani Sen, *Nuclear Weapons? Policy Options for India*, New Delhi: Sage Publications, 1983.

46. Gupta, Karunakar, *The Hidden History of the Sino-Indian Frontier*, Calcutta: Minerva Associates Publications, 1974.

47. Gupte, R. S., *History of Modern China: Nationalism and Communism in China*, New Delhi: Sterling Publishers, 1974.

48. Guruswamy, Mohan, ed., *Emerging Trends in India-China Relations*, New Delhi: Hope India Publications, 2006.

49. Guruswamy, Mohan and ZorawarDaulet Singh, *India China Relations: The Border Issue and Beyond*, New Delhi: Viva Books, 2009.

50. Hindi-Cheeni & D. Amba Bai, *Indian View of China before the Communist Revolution*, Cambridge: M. I. T., 1955.

51. Hoffmann, Steven A., *India and the China Crisis*, Delhi: Oxford University Press, 1990.

52. Indian Council of Social Science Research, *Economic Development of India and China: A Comparative Study*, New Delhi: Lancer International, 1988.

53. Isaacs, Harold R., *Image of Asia: American Views of China and India*, New York: Harper Torchbooks, 1972 (1958).

54. Jain, Girilal, *Panchsheela and After: A Reappraisal of Sino-Indian Relations in the Context of the Tibetan Insurrection*, Bombay: Asia Publishing House, 1960.

55. Jetly, Nancy, *India China Relations 1947 – 1977: A Study of Parliament's Role in the Making of Foreign Policy*, New Delhi: Radiant Publishers, 1979.

56. Johnson, Bruce, R. P. Misra, D. V. Urs, R. Dwarakinath, *People's China Today: Eye-Witness Report*, Mysore: People's Book House, 1979.

57. Karanjia, R. K., *China Stands Up and Wolves of the Wild West*, Bombay: People's Publishing House, 1952

58. Kathurja, Sanjay and Nisha Taneja, *The Challenge from China*, New Delhi: Indian Council for Research on International Economic Relations, 1986.

59. Kaul, T. N. , *Diplomacy in Peace and War: Recollections and Reflections*, New Delhi: Vikas Publishing House, 1979.

60. Kaul, T. N. , *India, China and Indochina: Reflections of a "Liberated" Diplomat*, New Delhi: Allied Publishers Private Limited, 1980.

61. Kipling, Rudyard, *The Naulahka, A Story of West and East*, New York: Doubleday, 1907.

62. Kipling, Rudyard, *Barrack-Room Ballads and Other Verses*, London: Methuen and Co. Ltd. , 1913.

63. Kathpalia, P. N. , *National Security Perspectives*, New Delhi: Lancer International, 1986.

64. Kondapalli, Srikanth and Emi Mifune, eds. , *China and Its Neighbours*, New Delhi: Pentagon Press, 2010.

65. Koshy, Ninan, *Under the Empire: India's New Foreign Policy*, New Delhi: Leftword Books, 2006.

66. Kumar, Shive & S. Jain, *History of Modern China (1839 - 1980)*, New Delhi: S. Chand & Company Ltd. , 1985.

67. Kumar, R. V. , *Chinese Air Force Threat*, New Delhi: Manas Publications, 2003.

68. Kurian, Nimmi, *Emerging China and India's Policy Options*, New Delhi: Lancer Publishers, 2001.

69. Lamb, Alastair, *The Mcmahon Line: A Study in the Relations between India, China and Tibet, 1904 - 1914, Vol. 1: Morley, Minto and Non-interference in Tibet*, London: Routledge & Kegan Paul, 1966.

70. Lamb, Alastair, *British India and Tibet: 1766 - 1910*, London and New York: Routledge & Kegan Paul, 1986.

71. Levi, M. Sylvain, *The Mission of Wang Hiuen-Ts'e in India*, Trans. by S. P. Chatterjee, Calcutta: Indian Geographical Society, 1967.

72. Lohia, Rammanohar, *India, China and Northern Frontiers*, Hyderabad: Navahind, 1963.

73. Mackerras, Colin, *Western Images of China*, Hong Kong: Oxford Uni-

versity Press, 1989.

74. Malaviya, H. D. , *Peking Leadership Treachery and Betrayal*, Delhi: New Literature, 1979.

75. Mankekar, D. R. , *The Guilty Men of 1962*, Bombay: The Tulsi Shan Enterprises, 1968.

76. Mansingh, Surjit, ed. , *Nehru's Foreign Policy, Fifty Years On*, New Delhi: Mosaic Books, 1998.

77. Mansingh, Surjit, ed. , *Indian and Chinese Foreign Policies in Comparative Perspective*, New Delhi: Radiant Publishers, 1998.

78. Mathur, Girish, *New Delhi-Peking: A Study in Relationship*, New Delhi: Kalamkar Prakashan, 1978.

79. Menon, K. P. S. , *Delhi-Chungking: A Travel Diary*, London: Oxford University Press, 1947.

80. Menon, K. P. S. , *China: Past & Present*, Bombay: Asian Publishing House, 1968.

81. Menon, K. P. S. , *Twilight in China*, Bombay: Bharatiya Vidya Bhavan, 1972.

82. Mohan, C. Raja, *Crossing the Rubicon: The Shaping of India's New Foreign Policy*, Hampshire: Palgrave Macmillan, 2004.

83. Moulik, T. K. , *Mao's China: The Dilemma*, Bombay: Somaiya Publications, 1982.

84. Mukhopadhyay, Tapati, *Yangtze to Ganga: Impact of Economic Reform on Space in China and India*, New Delhi: Manak Publications, 2010.

85. Mullik, B. N. , *The Chinese Betrayal: My Years with Nehru*, Bombay: Allied Publishers, 1971.

86. Munshi, K. M. & R. R. Diwakar, *Chinese Aggression and Its Implications*, Bombay: Bharatiya Vidya Bhavan, 1963.

87. Murty, T. S. , *Paths of Peace: Studies on the Sino-Indian Border Dispute*, New Delhi: ABC Publishing House, 1983.

88. Murty, T. S. , *India-China Boundary: India's Options*, New Delhi:

ABC Publishing House, 1987.

89. Nag, Kalidas, ed. , *Tagore and China*, Calcutta: Federation of Indian Music and Dancing and Calcutta Art Society, 1945.

90. Nagarjun, *Peking's World Network: Survey of China Lobby in Five Continents*, New Delhi: Perspective Publications, 1965.

91. Nair, V. G. , ed. , *Professor Tan Yunshan and Cultural Relations between India and China*, Madras: Indo-Asian Publication, 1958.

92. Narasimhaiah, C. D. , *Raja Rao*, New Delhi: Arnold-Heinemann Publishers, 1974.

93. Narayan, Shyamala A. , *Raja Rao: Man and His Works*, New Delhi: Sterling Publishers, 1988.

94. Nargolkar, Kusum, *In the Wake of the Chinese Thrust*, Bombay: Popular Prakashan, 1965.

95. Narsimha, Sushila and G. Balatchandirane, eds. , *India and East Asia: Learning from Each Other*, Delhi: Department of East Asian Studies, University of Delhi, 2004.

96. Nehru, Jawaharlal, *India-China Relations: Speeches Delivered in Lok Sabha on November 27, 1959*, New Delhi: Ministry of Information and Broadcasting, Government of India, 1959.

97. Nehru, Jawaharlal, *India's Foreign Policy: Selected Speeches, September 1946 – April 1961*, New Delhi: Publications Division, Ministry of Information and Broadcasting, Government of India, 1961.

98. Nehru, Jawaharlal, *We Accept China's Challenge*, New Delhi: Publications Division, Ministry of Information and Broadcasting Government of India, 1962.

99. Nehru, Jawaharlal, *Chinese Aggression in War and Peace: Letters of the Prime Minister of India*, Publications Division, Ministry of Information and Broadcasting, Government of India, 1962.

100. Nehru, Jawaharlal, *Prime Minister on Sino-Indian Relations*, Vol. 1: Indian Parliament: Part 2, New Delhi: External Publicity Division: Minister of

External Affairs Government of India, 1963.

101. Nehru, Jawaharlal, *Selected Works of Jawaharlal Nehru*, Vol. 2, 6, 7, 9, 10, 11, 12, New Delhi: Orient Longman, 1972, 1974, 1975, 1976, 1977, 1978, 1978.

102. Nehru, Jawaharlal, *Jawaharlal Nehru's Speeches*, Vol. 3—5, New Delhi: Publications Division, Ministry of Information and Broadcasting Government of India, 1983.

103. Nehru, Jawaharlal, *The Discovery of India*, Delhi: Oxford University Press, 1988.

104. Nehru, Jawaharlal, *Prime Minister on Chinese Aggression*, New Delhi: Publications Division, Ministry of Information and Broadcasting Government of India, no date.

105. Panda, Jagannath P., *China's Path to Power: Power, Military and the Politics of State Transition*, New Delhi: Pentagon Security International, 2010.

106. Pande, Ira, ed., *India China: Neighbours, Strangers*, New Delhi: HarperCollins Publishers, 2010.

107. Panikkar, K. M., *In Two Chinas: Memoirs of a Diplomat*, London: George Allen & Unwin Ltd., 1955.

108. Panikkar, K. M., *India and China: A Study of Cultural Relations*, Bombay: Asia Publishing House, 1957.

109. Panikkar, K. M., *An Autobiography*, Delhi: Oxford University Press, 1979.

110. Pant, Harsh V., ed., *The Rise of China: Implications for India*, New Delhi: Cambridge University Press India Pvt. Ltd., 2012.

111. Patil, R. K., B. J. Patel and F. N. Rana, *Report of the Indian Delegation to China on Agrarian Co-operatives*, New Delhi: Government of India Planning Commission, 1957.

112. Patnaik, Priyadarshi, *Rasa in Aesthetics: An Application of Rasa Theory to Modern Western Literature*, New Delhi: D. K. Printworld, 1997.

113. Phadke, R. V., *China's Power Projection*, New Delhi: Manas Publi-

cations, 2005.

114. Pillai, Mohanan B., ed., *Foreign Policy of India: Continuity and Change*, New Delhi: New Century Publications, 2010.

115. Pokharna, Bhawna, *India-China Relations: Dimensions and Perspectives*, New Delhi: New Century Publications, 2009

116. Prasad, GJV, ed., *Vikram Seth: An Anthology of Recent Criticism*. New Delhi: Pencraft International, 2003.

117. Radhakrishnan, S., *India and China: Lectures Delivered in China in May 1944*, Bombay: Hind Kitabs Ltd. 1954.

118. Raganathan, C. V. and Vino C. Khanna, *India and China: The Wat Ahead after "Mao's India War'"*, New Delhi: Har-Anand, 2000.

119. Raman, G. Venkat, *State Authority and Decentralization: A Comparative Study of Mao Zedong and Deng Xiaoping's Thoughts on Development Strategy*, Gurgaon: Hope India Publications, 2008.

120. Rao, Raja, *The Serpent and the Rope*, London: John Murray, 1960.

121. Rao, Raja, *The Chessmaster and His Moves*, New Delhi: Vision Books, 1988.

122. Rao, Raja, *The Meaning of India*, New Delhi: Vision Books, 1996.

123. Rajgopal, P. V., ed., *I Was Nehru's Shadow*, New Delhi: Wisdom Tree, 2006.

124. Ram, Mohan, *Politics of Sino-Indian Confrontation*, New Delhi: Vikas Publishing House, 1973.

125. Ray, Haraprasad, *Trade and Diplomacy in India-China Relations: A Study of Bengal during the Fifteenth Century*, New Delhi: Radiant Publishers, 1993.

126. Ray, Haraprasad, ed., *Contribution of P. C. Bagchi on Sino-Indo Tibetology*, Kolkata: The Asiatic Society, 2002.

127. Ray, Haraprasad, *Chinese Sources of South Asian History in Translation: Data for Study of India-China Relations through Ages*, Vol. 1—4, Kolkata: The Asiatic Society, 2004, 2006, 2009, 2011.

128. Ray, Haraprasad, *Chinese Sources of South Asian History in Translation: Data for Study of India-China Relations through Ages*, Vol. 2, Kolkata: The Ray, Sibnarayan, ed. *Selected Works of M. N. Roy* (1927 – 1932), Vol. 3, Delhi: Oxford University Press, 1990.

129. Ray, Sibnarayan, ed. , *M. N. Roy: Philosopher-Revolutionary*, New Delhi: Ajanta Publications, 1995.

130. Rowland, John, *A History of Sino-Indian Relations: Hostile Co-existence*, Bombay: Allied Publishers, 1971.

131. Roy, Arundhati, *The God of Small Things*, New Delhi: IndiaInk, 1997.

132. Roy, M. N. , *My Experiences in China*, Calcutta: Renaissance Publishers, 1945.

133. Roy, M. N. , *Revolution and Counter-revolution in China*, Calcutta: Renaissance Publishers, 1946.

134. Roy, M. N. , *M. N. Roy's Memoirs*, Bombay: Allied Publishers Pvt. Ltd. , 1964.

135. Roy, M. N. , *Men I Met*, Delhi: Ajanta Publications, 1968.

136. Saksena, Shalini, *India, China and the Revolution*, New Delhi: Anmol Publications, 1992.

137. Salisbury, Harrison E. , *Orbit of China*, London: Secker & Warburg, 1967.

138. Sarma, KVSRama, *China: Second Liberation*, New Delhi: Lancers Books, 1985.

139. Seth, Vikram, *The Humble Administrator's Garden*, New Delhi: Viking, 1985.

140. Seth, Vikram, *From Heaven Lake: Travels through Sinkiang and Tibet*, New Delhi: Penguin Books India, 1990.

141. Seth, Vikram, *All You Who Sleep Tonight*, New Delhi: Viking, 1990.

142. Seth, Vikram, *Three Chinese Poets*, New Delhi: Viking, 1992.

143. Sharma, K. R. , *China: Revolution to Revolution*, New Delhi: Mittal Publications, 1989.

144. Sharma, Ravindra, *Paradoxes of Chinese Socialism*, New Delhi: Manak Publications, 2007.

145. Sharma, Surya P. , *India's Boundary and Territorial Disputes*, New Delhi: Vikas Publications, 1971.

146. Sheel, Kamal, *Peasant Society and Marxist Intellectuals in China: Fang Zhimin and the Origin of a Revolutionary Movement in the Xinjiang Region*, New Jersey: Princeton University Press, 1989.

147. Shourie, Arun, *Are We Deceiving Ourselves Again? Lessons the Chinese Taught Pandit Nehru But Which We Still Refuse to Learn*, New Delhi: Rupa. Co. , 2008.

148. Siddharthan, N. S. and K. Narayanan, eds. , *Indian and Chinese Enterprises: Global Trade, Technology and Investment Regimes*, London, New York and New Delhi: Routledge, 2010.

149. Sidhu, Waheguru Pal Singh & Jing-dong Yuan, *China and India: Cooperation or Conflict*, London: Lyner Rienner Publishers, 2003.

150. Sikdar, Bimal Kumar andAmitabh Sidkar, *India & China: Strategic Energy Management and Security*, New Delhi: Manas Publications, 2009.

151. Singh, A. K. , *A History of China in Modern Times*, New Delhi: Surjeet Publications, 1984.

152. Singh, K. Natwar, *My China Diary: 1956 – 1988*, New Delhi: Rupa & Co. , 2011.

153. Singh, Naunihal, *China in the 21st Century*, New Delhi: Mittal Publications, 2006.

154. Singh, S. , ed. , *India and China: Mutual Reflections*, New Delhi: Anmol Publications Pvt. Ltd. , 2006.

155. Sinha, Satyanarayan, *The Chinese Aggression: A First Hand Account from Central-Asia, Tibet and the High Himalayas*, New Delhi: Rama Krishna & Sons, 1961.

156. Subrahmanyam, K. , ed. , *Nuclear Myths and Realities*, New Delhi: ABC Publishing House, 1981.

157. Sundarlal, *China Today: An Account of the Indian Goodwill Mission to China, September-October 1951*, Allahabad: Hindustani Culture Society, 1952.

158. Sunder, B. Shyam, *The Menace of the Dragon*, Maharashtra: Citizens' Defence Committee, 1963.

159. Surie, Pooram, *China: A Search for Its Soul, Leaves from a Beijing Diary*, New Delhi: Konark Publishers, 2009.

160. Swamy, Subramanian, *Economic Growth in China and India: A Perspective by Comparison*, New Delhi: Vikas Publishing House, 1989.

161. Swamy, Subramanian, *Inida's China Perspective*, New Delhi: Konark press, 2002.

162. Swamy, Subramanian, *Financial Architecture and Economic Development in China and India: A Comparative Perspective*, Delhi: Konark Publishers, 2006.

163. Tan Chung, *China and the Brave New World: A Study of The Origins of The Opium War (1840 – 1842)*, New Delhi: Allied Publishers, 1978.

164. Tan Chung, *Triton and Dragon: Studies on Nineteenth-Century China and Imperialism*, New Delhi: Gian Publishing House, 1986.

165. Tan Chung, ed. , *Indian Horizons*, Vol. 43, No. 1 – 2, New Delhi: Indian Council for Cultural Relations, 1994.

166. Tan Chung, ed. , *Across The Himalayan Gap: An Indian Quest for Understanding China*, New Delhi: Gyan Publishing House, 1998.

167. Tan Yun-Shan, *Cultural Interchange between India and China*, Santiniketan: Visva-Bharati, 1940.

168. Tan Yun-shan, *Ahimsa in Sino-Indian Culture*, Santiniketan: Visva-Bharati, 1949.

169. Tan Yun-shan, *Sino-Indian Culture*, Santiniketan: Visva-Bharati, 1998.

170. Tankha, Brij and Madhavi Thampi, *Narratives of Asia from India, Japan and China*, Calcutta and New Delhi: Sampark, 2006.

171. Thampi, Madhavi, *Indians in China: 1800 – 1949*, New Delhi: Manohar Publishers, 2005.

172. Thampi, Madhavi, ed. , *India and China in the Colonial World*, New Delhi: Social Science Press, 2005.

173. Thampi, Madhavi and Shalini Saksena, *China and the Making of Bombay*, Bombay: The K. R. Cama Oriental Institute, 2009.

174. Theroux, Paul, *Down the Yangtze*, London: Penguin Books, 1995.

175. Vepa, Ram K. , *Mao's China: A Nation in Transition*, New Delhi: Abhinav Publications, 1979.

176. Vivekananda, Swami, *The Complete Works of Swami Vivekananda*, Vol. 4, 5, 7, 8, Calcutta: Advaita Ashrama, 1979.

177. *China Vietnam and Non-alignment*, Proceedings of the Round Table Discussions held under the auspices of Krishna Menon Society, Delhi: New Literature, 1979.

178. *Notes, Memoranda and Letters Exchanged between the Governments of India and China, September-November 1959 and a Note on the Historical Background of the Himalayan Frontier of India*, White Paper No. 2, New Delhi: Ministry of External Affairs, Government of India, 1959.

179. *The Chinese Threat*, New Delhi: Publications Division, Ministry of Information and Broadcasting, Government of India, 1964.

180. *The Sino-Indian Dispute: Questions and Answers*, New Delhi: Publications Division, Ministry of Information and Broadcasting Government of India, 1963.

四、英文报刊论文

1. Anantharaman, Latha, "Little Insight, Less Entertainment," *The Hindu*, February 5, 2012.

2. Arshad, Sameer, "Distorted Map: Chinese Ambassador Tells Indian Journalist to Shut Up," *The Times of India*, November 3, 2011.

3. B anerjee, Meena, "Tagore, As We Know and Don't," *The Hindu*, December 30, 2011.

4. Bhashyam, Srikala, "Can India Catch up with China?" *Business Times*, June 13, 2005.

5. Bhattacharjea, Mira Sinha, "India-China-Pakistan: Beyond Kargil-Changing Equations," *China Report*, Vol. 35, No. 4, 1999.

6. Chhabra, Sagari, "Contradiction in India is a Total Contradiction," *The Times of India*, February 3, 2012.

7. Chellaney, Brahma & Madhu Bhalla, "Should India Consider China a Friend or Rival?" *The Times of India*, August 21, 2005.

8. Chellaney, Brahma, "Can You Hear the Chinese Whispers Grow Louder?" *The Times of India*, December 4, 2011.

9. Ching, Frank, "Playing the Gentle Giant," *The Times of India*, February 17, 2012.

10. Chopra, Suneet, "Surprise from China," *Frontline*, December 17, 2004.

11. Dai Bingguo, "A Brighter Future When China and India Work Hand in Hand," *The Hindu*, January 16, 2012.

12. Das, Premvir, "Rethinking the China Threat," *Business Standard*, November 19, 2011.

13. Dasgupta, Saibal, "China's Next First Lady May Sing to Appease Rebels," *The Times of India*, February 12, 2012.

14. Dasgupta, Saibal & Sachin Parashar, "Denied Medicine, Indian Official in China Collapses," *The Times of India*, January 3, 2012.

15. Dasgupta, Siddhartha, "The Many Possibilities of History," *The Hindu*, January 26, 2012.

16. Deshpande, G. P., "Globalisation, Regionalism, and Nationalism," *China Report*, Vol. 38, No. 2, 2002.

17. Deshingkar, Giri, "A Special Look on Jiang Zemin's Political Report," *China Report*, Vol. 34, No. 1. 1998.

18. Dikshit, Sandeep, "China Thanked for Swift Action'," *The Hindu*,

January 5, 2012.

19. Ganguly, Swagato, "India Should Use Taiwan's Help to Break into the Sinosphere," *The Times of India*, January 30, 2012.

20. Gupta, Krishna Prakash, "Indian Approaches to Modern China-I: A Social-Historical Analysis," *China Report*, Vol. 8, No. 4, July-August, 1972.

21. Gupta, Krishna Prakash, "Indian Approaches to Modern China-II: A Social-Historical Analysis," *China Report*, Vol. 8, No. 5, September-October, 1972.

22. Krishnan, Ananth, "The Fallen God," *The Hindu*, January 1, 2012.

23. Krishnan, Ananth, "Glowing GDP Growth in China Triggers a New Focus," *The Hindu*, January 19, 2012.

24. Krishnan, Ananth, "China Warns New Delhi against 'Providing a Platform for the Dalai Lama'," *The Hindu*, November 29, 2011.

25. Mehdudia, Sujay, "Follow China Model and Give Fillip to Solar Units," *The Hindu*, January 28, 2012.

26. Minxin Pei, "No Need to Envy China," *The Indian Express*, February 14, 2012.

27. Mohan, C. Raja, *India and the Balance of Power*, Foreign Affairs, Vol. 85, No. 4, 2006.

28. Mohanty, Manoranjan, "The New Ideological Banner: Deng Xiaoping Theory," *China Report*, Vol. 34, No. 1. 1998.

29. Mohanty, Manoranjan, "Forces of Unity in Contemporary China: A Response to Mori Kazuko," *China Report*, Vol. 34, No. 3. 1998.

30. Nandi, Jayashree & Prerna Sodhi, "Yiwu Nightmare Haunts Importers of Chinese Products," *The Times of India*, January 5, 2012.

31. Nash, Tony, "China or India? It's China & India," *The Economic Times*, May 12, 2005.

32. Pandit, Rajat, "India Snubs Oz, US Move to Check China," *The Times of India*, December 2, 2011.

33. Patranobis, Sutirtho, "Newest city of China, Sansha, has just 613

residents," *Hindustan Times*, July 25, 2012.

34. Ramakrishnan, Deepa H. and Rajesh B. Nair, "Redesign Programmes Taking States' Needs into Account, Says Jairam: Union Minister calls for More Freedom for States in Spending Money for Projects," *The Hindu*, February 11, 2012.

35. Samanta, Pranab Dhal, "Growing Up on China," *The Indian Express*, November 30, 2011.

36. Saxena, Shobhan, "Return of Buddha," *The Times of India*, December 4, 2011.

37. Shetty, Madhu, "The China Less Trodden," *The Hindu*, December 5, 2011.

38. Singh, Vikas, "The Rise & Rise of Chindia," *The Times of India*, April 10, 2005.

39. Srinivasan, G., "I Believe in Grow Now, Protect Now: Jairam Ramesh, Union Minister and Member of the High Level UN Panel on Global Sustainability, on the Committee's Recently Released Report," *The Hindu*, February 12, 2012.

40. Staff Reporter, "12 Diamond Traders Return after Detention in China," *The Hindu*, January 7, 2012.

41. Tan Chung, "Indian Images in Chinese Literature: A Historical Survey," *China Report*, Vol. 21, No. 1, 1985.

42. Tan Chung, "China: M. N. Roy's Paradise Lost," *China Report*, Vol. 24, No. 1, 1988.

43. Thampi, Madhavi, "Indian Soldiers, Policemen and Watchmen in China in the Nineteenth and Early Twentieth Centuries," *China Report*, No. 35, Vol. 4, 1999.

44. Uberoi, Patricia, ed., "Special Number on Lu Xun: Literature, Society and Revolution", *China Report*, Vol. 18, No. 2 & 3, March-June, 1982.

45. Varshney, Ashutosh, "China Faces Uncertain Future," *The Times of*

India，June 9，2005.

46. Virmani，Arvind & Sujit Dutta，"Partners in Trade：Can We Trust China?" *Sunday Times of India*，April 17，2005.

五、工具书

1. 《牛津现代高级英汉双解词典》，北京：商务印书馆，1996 年版。

2. 中国社会科学院语言研究所词典编辑室编：《现代汉语词典》（2002 年增补本），北京：商务印书馆，2004 年版。

3. M. MonierWilliams，*A Sanskrit-English Dictionary*，Delhi：Motilal Banarsidass Publishers，2002.

后记

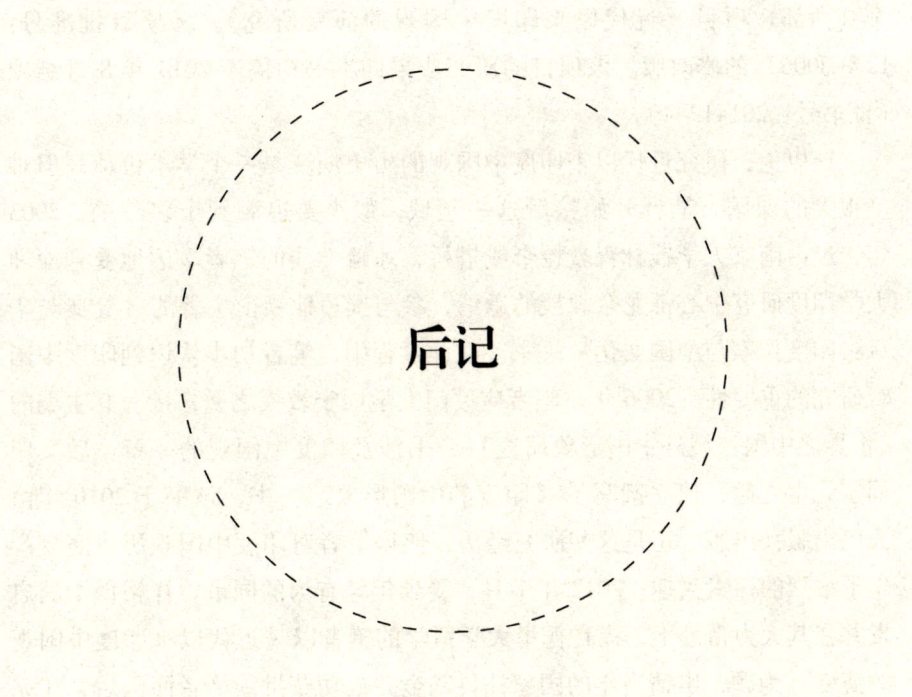

《印度中国观演变研究》是本人主持完成的2012年度国家社会科学基金（西部）项目《近代以来印度中国观的演变研究》（项目批准号：12XGJ006）的修改版。该项目的研究成果即本书初稿于2014年8月结项（证书号：20141244）。

窃以为，研究近代以来印度中国观的历史演变是一个学术价值高但难度很大的课题。笔者开始接触这一领域，似乎要追溯到十多年前。2003年，经由南京大学钱林森教授牵线搭桥，才疏学浅的笔者幸运地受到深圳大学印度研究中心郁龙余教授的邀请，参与撰写他领衔主著的《梵典与华章：印度作家与中国文化》一书。在此过程中，笔者初步认识到印度中国观研究的重要性。2006年，笔者应厦门大学周宁教授之邀，撰写其主编的《世界之中国：域外中国形象研究》一书涉及印度中国观的一章，后又应周宁先生之邀，独立撰写了《印度的中国形象》一书，该书于2010年由人民出版社出版。正是这些研究经历，使得笔者对印度中国观历史演变产生了浓烈的探索兴趣。2012年1月，受到年轻有为的同事曾祥裕博士的启发并在其大力帮助下，尚在德里大学留学的笔者以《近代以来印度中国观的演变》为题，申请当年的国家社科基金并成功获批。笔者回国后，在完成其他相关研究任务后，开始了本课题的相关研究，并最终完成了50万字的初稿，后遵从匿名评审专家的建议，将其删改为30余万字。这便是本书的由来。

通过本项目研究，笔者感触很深。首先，笔者对国家哲学社会科学基金对印度研究、对西部地区科研工作者的支持深表感激。笔者在两次留学印度期间（2004年至2012年）发现，中国研究、特别是中国政治、中国军事和中印关系研究，一直是印度学界的"重头戏"，这与中国学界对印度研究某些重要领域长期缺乏热情形成鲜明对比。进入21世纪，印度研究开始得到国内学界应有的重视，这是非常好的事情。

其次，笔者要深深感谢评审本项目申请书的匿名通讯评审专家及同样至今不知其名的学科组评审专家！没有他们的肯定和支持，本课题难以获得立项资助。笔者也对五位鉴定本项目最终成果的匿名评审专家的辛劳表示深深的谢意！也对他们给予本项目成果的鼓励表示真诚的谢意！他们在肯定本项目成果价值的同时，也以科学而严谨的负责任态度详细指出了项目成果的诸多不足或谬误。没有这些专家的批评和宝贵建议，本书的修改将会留下更多的缺陷和遗憾。

笔者在撰写本书初稿和修改过程中，先后以电子邮件或电话等方式，咨询过国内一些专家，如中国社会科学院亚太所（现已更名为亚太与全球战略研究院）的刘建研究员、北京大学东方文学研究中心魏丽明教授、四川大学南亚研究所张力教授、华南师范大学外国语言文化学院尚劝余教授等人，他们均提供了宝贵的相关信息。特此致谢！

此外，笔者感激在本项目申请过程中提供宝贵支持的几位学者：四川大学南亚研究所张力教授、陈小萍博士、曾祥裕博士等！感谢在本项目研究开题时给予宝贵指点的几位学者：四川大学南亚研究所张力教授、文富德教授、陈继东教授和西南民族大学吴建国教授。

笔者也向四川省社科联成果处和四川大学社科处分管国家社科基金项目的几位老师表示深深的谢意！他（她）们在笔者的研究过程或申请项目成果鉴定评审的过程中，先后给予非常热情的指导和帮助！谢谢他（她）们的辛劳！

笔者也向刊登本项目前期阶段性成果的一些期刊，如云南社会科学院的《东南亚南亚研究》、四川大学南亚研究所的《南亚研究季刊》和武汉的《世界文学评论》等表示真诚的谢意！

第二次留学印度搜集资料期间，笔者还接受了几位中国留学生的无私帮助。首先是现已回国并在伊稻上海商业有限公司（简称ITO）工作的钱铮。他当时正在德里大学攻读商学学士学位。了解我去印搜集资料的意图后，他在各个方面给予笔者极大的支持。笔者最后从新德里英迪拉·甘地国际机场托运近千斤的文献回国时，也是他全程陪同笔者完成的。没有钱铮的大力帮助，很难想象笔者能顺利完成很多艰巨的任务。此外，当时留学德里大学的邵吕、张良、张洋（现正跟随印度尼赫鲁大学国际关系学院中国问题专家谢钢教授即 Prof. Srikanth Kondapalli 攻读副博士学位）、留学班加罗尔的徐国夫等同学也给笔者提供了各种形式的帮助。感谢上述几位年轻学子，祝他们前程似锦！

在笔者第二次留印收集资料期间，短期去印搜集资料的中山大学亚太研究院黄迎虹博士也给笔者搜集、托运资料提供了诸多宝贵的建议。毕生致力于促进中印友好事业的著名汉学家、华裔学者谭中先生，华南师范大学外国语言文化学院教授，现在拉脱维亚任孔子学院院长的尚劝余先生，中国社会科学院世界宗教所的邱永辉研究员，中国时任驻印度大使馆教育参赞黄志刚先生、方雯女士等也提供了各种帮助。他（她）们给予我的无私帮助和大力支持，我将永远铭记在心！

感谢四川大学985工程3期"当代南亚与国际问题研究"创新基地和教育部人文社会科学重点研究基地四川大学南亚研究所的出版经费资助！感谢四川大学南亚研究所负责人李涛教授、杨文武教授等对本书出版的大力支持！感谢我的同事曾祥裕博士的诸多宝贵支持！

感谢责任编辑胡仕胜先生和时事出版社的谢琳女士为本书所付出的艰辛劳动。他（她）们提出了很多修改建议，指出了书稿中一些文字谬误，这使笔者的修改定稿受益匪浅。

感谢帮助借阅相关文献的几位研究生同学：李晓娟（四川大学南亚研究所2012级国际关系专业硕士生）、李怡娴、王琼林（均为四川大学历史文化学院2013级世界史专业硕士生）。二位小李（女）和小王以特殊方式为本书修改给予了无私奉献。

笔者感谢在收集相关资料时提供帮助的国内多家图书馆或图书室：北京大学图书馆、北京大学东方文学中心图书室、北京大学外国语学院原东方语言文学系图书室、国家图书馆、四川大学图书馆、四川大学南亚研究所图书室等等。

本项目研究所需资料的收集之所以能够较为顺利地完成，也与众多印度朋友和学术机构的支持密不可分。

笔者第一次去印留学期间，曾经搜集了大量的印度文论资料，但关于中印关系研究的资料收集不甚理想。这便激发了笔者再度赴印收集资料、拜访印度汉学家的强烈兴趣。笔者首先要感谢德里大学东亚研究系的汉学家玛姐玉教授（Madhavi Thampi）以及先后担任该系系主任的玛杜·巴拉教授（Madhu Bhalla）、阿妮塔·夏尔玛教授（Anita Sharma）等学者。没有这三位女士的倾力相助，笔者或许很难获得二次留印的宝贵机会。特别需要提到的是玛姐玉女士（又名"单玛薇"），她对中印近现代关系史的深入研究令人耳目一新（其研究成果的重要价值必将为越来越多的中国史学家、尤其是中国近代史和中外关系史学者们所认识），她不仅热情地为笔者联系留学事宜，还为笔者拜访印度各地的汉学家提供各种信息，并将其关于中印关系史的新著赠予笔者。因此，笔者将本书郑重地献给这位不遗余力地促进中印友好事业的印度汉学家！

其次，笔者要感谢其他很多印度学者在笔者第二次赴印搜集资料期间所提供的各种帮助。感谢印度中国研究所的各位专家如 M. 莫汉迪教授（Manorajan Mohanty）、潘翠霞（Patricia Uberoi）教授、S. 查克拉巴蒂教授（Sreemati Chakrabarti）等。感谢国际大学中国学院院长阿维杰特·巴纳吉博士（Avijit Banerjee）、那济世教授（Arttatrana Nayak）及印度杰、桑托西等该院学习中文的多位印度学生。感谢贝拿勒斯印度教大学人文学院院长、汉学家嘉玛希教授（Kamal Sheel）、该校中文系杜特教授（Kamal Dutt）、阿迪提教授（Atithi Jha）。感谢尼赫鲁大学汉学家狄伯杰教授（B. R. Deepak）、邵葆丽教授（Sabaree Mitra）和马尼克教授（Malik Bhattacharya）。感谢德里大学东亚研究系的 K. C. 马图尔教授（K. C. Mathur）、谈玉妮教授（Ravni Thakur）等。感谢普兰·苏里女士（印度前驻华大使苏里宁先生的夫人）的宝贵支持。2012 年 1 月初，她在印度国际中心亲自将其中国游记交到笔者手中，这使遍寻该书未果的笔者喜出望外。

笔者还要感谢国际大学中国学院图书馆、古吉拉特大学图书馆、贝拿勒斯印度教大学大学图书馆、尼赫鲁大学图书馆、印度国际中心图书馆、新德里印度文学院图书馆等给予笔者资料收集所提供的大力支持！由于笔者留学所在单位是德里大学，该校人文图书馆和德里大学东亚研究系图书室便是我搜集资料的重点依托。感谢上述两家图书馆（图书室）的各位工作人员在各个方面为我提供的各种帮助。想起他（她）们，笔者便想起其热情友好的笑容，便想起著名汉学家哈拉普拉萨德·雷先生（Haraprasad

Ray）的心声："印中友好万岁。"2011 年 12 月 7 日上午，笔者在印度西孟加拉邦的首府加尔各答拜会雷先生，他在赠送我的一本关于中国古代南亚史料译文集上写下了这几个力透纸背的汉字。

至今还记得二次留学期间在印度各地的图书馆寻觅到一本本珍贵资料时的狂喜之情，如在尼赫鲁大学图书馆发现 M. N. 罗易的《我的中国经历》（1945 年版）、《中国革命与反革命》（1946 年版）和 K. P. S. 梅农的《从德里到重庆的旅行日志》（1947 年版）、在德里大学图书馆沾满灰尘的一些旧书中发现森德拉尔的《今日中国：印度友好代表团访华记》（1952 年版）、在德里大学东亚研究系图书室发现几十本中印关系史资料、在泰戈尔创办的国际大学中国学院图书馆发现谭云山先生的一些英文著述、在新德里中国研究所图书室发现前述雷先生的几本译文集，等等。当然，笔者也无法忘记那特殊的一段经历：乍暖还寒的 2012 年初春，笔者因为整日泡在德里大学图书馆寻觅资料而不断去水龙头洗手（图书馆的书灰尘一般很多），以翻阅新的资料，终于因此而弄得双手开遍血口，以至于洗菜做饭时痛苦不堪。还记得 2011 年那个冬雾弥漫的季节，在疲惫饥渴和夜幕降临时，为了住进巴特那大学和勒克瑙大学价格便宜的宾馆（为了节约钱以复印和购买更多的资料运回国内），不谙印地语的我只能给两位教中文的印度朋友，即尼赫鲁大学的狄伯杰教授、国际大学的阿维杰特·巴纳吉博士分别打长途电话，恳请他俩用印地语与宾馆不谙英语的管理员沟通，这样我方才获准入住。（2014 年 9 月 19 日晚上，我在中央电视台的"新闻联播"中看到老朋友巴纳吉与其他印度友人一起受到访印的习近平主席亲切接见的情景，兴奋之情难以言表！）我出生于云雾缭绕、风景秀丽的重庆酉阳土家族苗族自治县，生活于常年多雾的四川成都，但那年那月印度北方漫山遍野的白雾却是如此迷惘而多情、如此陌生而温暖！

最后一点必要的说明：与笔者将拙译《印度比较文学论文选译》和《印度翻译研究论文选译》的封面设计为印度教神灵画像的姿态相似（意在向国内读者传递丰富而地道但却较为陌生的印度文化信息），本书也有刻意追求中印对话的旨趣。这也是国际关系研究走向当今跨学科、跨文明时代后的必然趋势。换句话说，笔者期待本书与此前出版的某些拙著一样，能在中印人文交流、学术互动频率加快的今天，为部分印度汉学家或中国问题专家、学者所不同程度地了解。因此，本书中的某些内容也体现了这一旨趣，如第四章第二节"中印如何重新认识对方"的"印度应该如何培育成熟的中国观"便是如此。当然，这些初衷或曰美好愿望是否能够实现，只能由各种复杂的因素来决定了。无论如何，笔者期盼中印文化交流步入更加美好的境界、中印关系在21世纪进入崭新而成熟的发展阶段，这也将是笔者终生矢志不移的信念。

通过本项目研究，笔者深刻地认识到，就中印关系研究这一领域而言，自己虽有十分浓厚的探索热情和研究兴趣，并先后两次赴印收集大量相关资料，但在理论分析、田野调查等诸多方面，仍然存在诸多"补课"的空间。就目前国内学界而言，部分学者期待笔者能对印度各界（包括各类普通民众）的中国认知进行全面而详细的考察和研究，但遗憾的是，限于各种复杂因素，如语种繁多、资料异常丰富、实地问卷调查不够等，拙著自然难遂人意。总之，期待中印学界同行、师友们对拙著提出宝贵的富有建设性的批评意见，以利于笔者进行相关领域的后续研究。

2014年10月15日于四川大学